高职高专电子商务专业规划教材

电子商务技术基础

（第二版）

陈孟建　张贵君　商　玮　编著

内容提要

本书是“高职高专电子商务专业系列教材”之一，是一本通用的电子商务技术基础实用教材，编写格式是由理论知识、课后练习组成。采取循序渐进的方式安排内容，讲解方法通俗易懂。书中采用的应用实例大多是当前电子商务使用较为广泛且读者比较喜欢的，具有通俗性、新颖性和实用性的特点，特别适合职业技术学院学生动手能力的培养。

本书包括电子商务导引、电子商务硬件技术、电子商务软件技术、电子商务安全技术、HTML 标注语言、XML 标注语言、数据库技术等内容。

本书可作为高职高专学院电子商务专业基础教材或参考用书，也适合具有中等以上文化程度的读者自学之用。

图书在版编目（CIP）数据

电子商务技术基础 / 陈孟建，张贵君，商玮编著. —2 版.
—杭州：浙江大学出版社，2003.9（2010.5 重印）
高职高专电子商务专业规划教材
ISBN 978-7-308-03435-7

Ⅰ.①电… Ⅱ.①陈… ②张… ③商… Ⅲ.电子商务－高等学校：技术学校－教材 Ⅳ.F713.36

中国版本图书馆 CIP 数据核字（2003）第 072470 号

电子商务技术基础（第二版）

陈孟建 张贵君 商 玮 编著

责任编辑 邹小宁
封面设计 吴慧莉
出版发行 浙江大学出版社
（杭州市天目山路 148 号 邮政编码 310007）
（网址：http://www.zjupress.com）
排　　版 杭州中大图文设计有限公司
印　　刷 杭州浙大同力教育彩印有限公司
开　　本 787mm×1092mm 1/16
印　　张 20
字　　数 499 千
版 印 次 2010 年 5 月第 2 版 2010 年 5 月第 4 次印刷
印　　数 5001—7000
书　　号 ISBN 978-7-308-03435-7
定　　价 40.00 元

第二版前言

本书出版至今已近七年了,七年来经全国各地广大读者的使用受到了一定的好评,在这期间也收到了不少读者的来信,在多位教师、读者以及出版社提出宝贵意见和建议之下,我们特此对本书进行第二版的修订。

网络技术发展日新月异,更新的、更全面的电子商务技术不断涌现,为了使广大学生适应电子商务技术发展的需要,我们在本次修订工作中作了以下几个方面的调整:

(1)系统地修改和完善了原书中第一章、第二章、第三章和第四章的内容。

(2)增加了网络安全技术一章的内容。

(3)删除了原书中第七章、第八章、第九章和第十章的内容。

(4)原书中的第五章、第六章的内容基本保持不变。

(5)对原书中的某些案例也作了相应的调整。

总之,我们尽量保持原书的固有风格,既能方便学生的学习,又能方便教师的教学,希望能够给广大读者带来更大的帮助。

本书由浙江经贸职业技术学院陈孟建、商玮,杭州师范大学张贵君共同编写。在编写过程中,得到了陈奕婷、李锋之、邹玉金、袁江军、邵贵平、刘一鸣、袁志刚等专家、教授们的帮助,在此,表示衷心地感谢!

由于写作时间仓促和作者水平有限,书中如有不当之处敬请读者批评指正。

编　者

2010 年元月于杭州

目 录

第 1 章

电子商务导引

电子商务作为信息学、经济学、管理学、法学、计算机技术和理工类交叉的一个新兴学科,其所涉及的技术内容是相当的广泛,但其存在的前提是几项关键性的技术,包括通信技术和网络技术、Web 技术、数据库技术、安全技术和电子支付技术等。最重要的技术当然是互联网技术,除了这种彼此连接的网络系统外,还有很多其他的硬件和软件也是重要的支持手段,这些硬件和软件包括数据库软件、网络交换中心和集线器、加密硬件和软件、多媒体支持工具,当然还包括 WWW。把这些硬件和软件集成起来支持电子商务的方法也是日新月异,另外这些支持工具的发展速度也是极其迅速的。我们又可以将这些分为电子商务硬件技术与软件技术。本书就是从实用的角度出发来阐述电子商务的各种技术的一个基本情况,为以后各个专业性技术的学习将打下一个非常坚实的基础。本章主要介绍电子商务交易技术及相关的知识,通过本章的学习,要求:

- 掌握电子货币的概念。
- 掌握电子交易的概念。
- 掌握电子支付的模型。
- 了解 EDI 技术环境。
- 掌握网络银行的概念。

1.1 电子货币

1.1.1 电子货币概述

人类已经进入 21 世纪,电子商务必将成为新世纪人类信息社会商业活动的核心,也是 Internet 应用的发展方向。而电子货币在电子商务中占据举足轻重的地位,电子货币应用的深度和广度直接影响着电子商务的发展。

1. 电子货币的定义

目前,对于电子货币的定义尚无确切的定论,而且,世界各国推行的有关电子货币的试验项目也是形态各异,就目前情况而言,大多数电子货币的基本形态是一样的。本节讨论的电子货币的基本形态如下:用一定金额的现金或存款从发币处兑换并获得代表相同金额的数据,通过使用某些电子化方法将该数据直接转移给支付对象,从而能够清偿债务。该数据本身即可称作电子货币,如图 1-1 所示。

从图 1-1 中可知,电子货币发行和运行的流程分为以下步骤:

①发行,电子货币的使用者 M 向电子货币的发行者 S(银行、信用卡公司等)提供一定金额的现金或存款并请求发行电子货币,S 接受来自 M 的有关信息之后,将相当于一定金额的电子货币的数据对 M 授权。

②流通,电子货币的使用者 M 授受了来自 S 的电子货币,为了清偿对电子货币的另一使用者 N 的债务,将电子货币的数据对 N 授权。

③回收,S 根据 N 的支付请求,将电子货币兑换成现金支付给 N,或者存入 N 的存款账户。

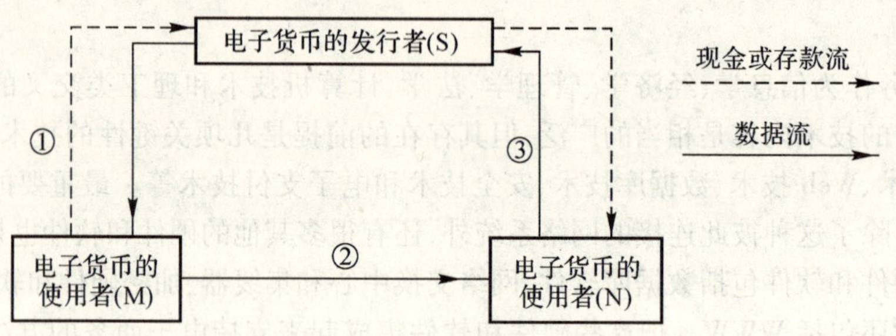

图 1-1　电子货币的基本形态

2. 电子货币体系

电子货币体系基本上以图 1-1 所示的基本形态为基础,尚有另一种较典型的体系,即在发行者与使用者之间有中介机构介入,例如,在基本形态中的 S、M、N 三个当事人之外,S、M 之间介入了银行 A,S、N 之间介入了银行 B,如图 1-2 所示。

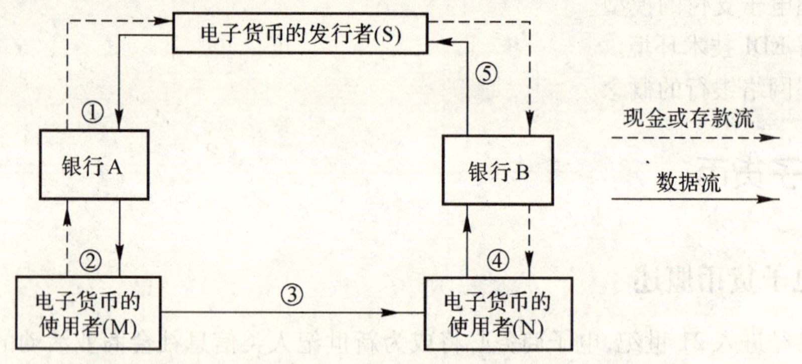

图 1-2　有中介机构介入的电子货币体系

该电子货币体系的运行分为以下几个步骤:

①S 根据 A 银行的请求,发行电子货币与现金或存款交换。

②M 对 A 提供现金或存款,请求得到电子货币,A 将电子货币向 M 授权。

③M 将由 A 接受的电子货币用于清偿债务,授权于 N。

④N 的开户银行 B 根据 N 的请求,将电子货币兑换成现金支付给 N(或存入 N 的存款账户)。

⑤A 根据从 N 处接受了电子货币的银行 B 的请求,与电子货币兑换将现金支付给 B(或存入 B 的存款账户)。

3. 电子货币的特征

电子货币作为现代金融业务与现代科学技术相结合的产物,具有如下特征:

①传统货币以实物的形式存在,而且形式比较单一。而电子货币则不同,它是一种电子符号,其存在形式随处理媒体的不同而不断变化,如在磁盘上存储时是磁介质,在网络中传播时是电磁波或光波,在CPU处理器中是电脉冲等。

②电子货币的流通以相关的设备正常运行为前提。新的技术和设备也引发了电子货币新的业务形式的出现。

③电子货币的安全性,不是依靠普通的防伪技术,而是通过用户密码、软硬件加密解密系统以及路由器等网络设备的安全保护功能来实现的。

1.1.2 电子货币的表现形式

电子货币的表现形式是多种多样的。

1. 电子资金传输

电子资金传输与电子支票是同义词。电子支票系统从20世纪60年代就开始使用了。电子支票系统通过剔除纸面支票,最大限度地开发了现有银行系统的潜力。电子资金传输是一个十分多样的系统,例如:

①通过银行自动提款机(ATM)网络系统进行普通费用的支付。

②通过跨省市的电子汇兑、清算,实现全国范围内的资金传输。

③大额资金在海外银行之间的资金传输。

④每月从银行账户中扣除电话费等。

电子资金传输包含三个实体——购买方、销售方及金融中介。其运作过程如图1-3所示。

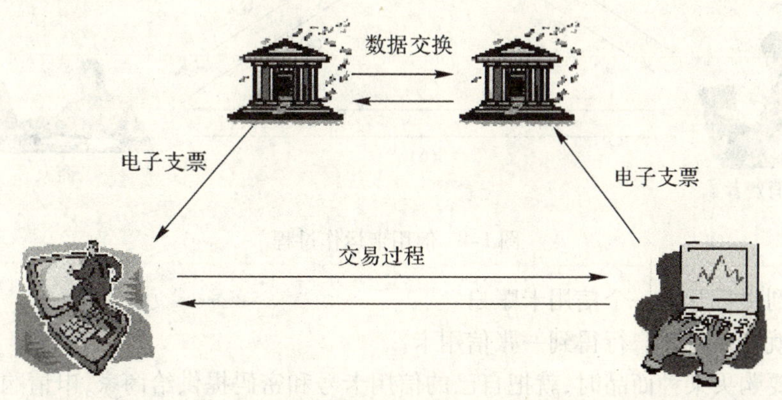

图1-3 电子支票使有过程

首先购买方从金融中介那里获得一个唯一的电子凭证即电子支票,当购买方和销售方进行交易时,销售方要求购买方付款,则购买方把这个付款证明(电子支票)交给销售方。销售方再交给金融中介,然后兑换成现金,从而完成整个交易支付。如果购买方和销售方没有使用同一家金融中介,则可使用金融中介之间的数据交换来完成,跟银行之间互通一样,这里的金融中介通常由国家中央银行(国内贸易)或国际金融机构(国际事务)来协同承担完成。

电子支票方式的付款可以脱离现金和纸张进行。购买方通过计算机或POS机获得一个电子支票证明,而不是寄支票或直接到柜台前付款。使用这种方式,可以减少事务的费用,而且处理速度会大大增加。总的来说,与传统的纸面支票相比,电子支票具有许多优点:

①节省时间。

②减少纸张传递的费用。

③没有退票。

④灵活性强。

电子支票系统目前一般是专用网络系统。国际金融机构通过自己的专用网络、设备、软件及一套完整的用户识别、标准报文、数据验证等规范化协议完成数据传输。系统今后将逐步过渡到公共互联网络上。

电子支票的整个事务处理过程要经过银行系统,而银行系统又有义务出文证明每一笔经它处理的业务细节。因此,电子支票的一个最大的问题就是隐私问题。

2. 银行卡

银行卡是由银行发行的,是银行提供电子支付服务的一种手段。信用卡(credit card)是一种常见的银行卡。信用卡具有购物消费、信用借款、转账结算、汇兑储蓄等多项功能。信用卡可在商场、饭店等许多场合使用。可采用刷卡记账主、POS结账、ATM提取现金等多种支付方式。其运作过程如图1-4所示。

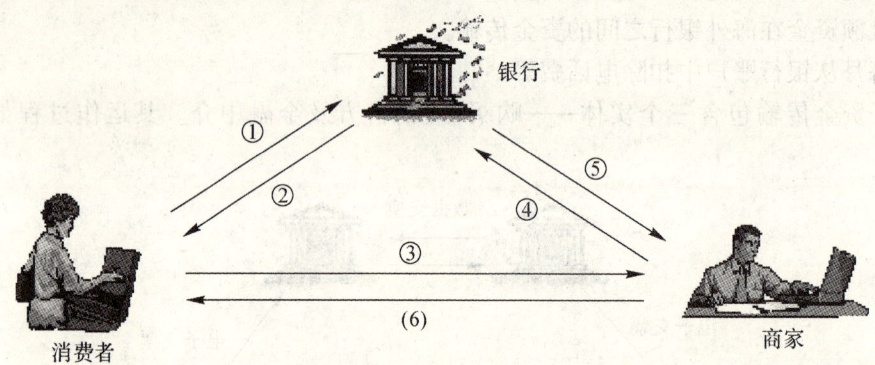

图1-4　信用卡运作过程

①用户到银行开立一个信用卡账户。

②用户就可以从开户行得到一张信用卡。

③用户要购买某种商品时,就把自己的信用卡号和密码提供给商家,申请购物。

④商家得到购物申请后,与开卡行取得联系,请求开卡行进行支付确认。

⑤开卡行在确认持卡人的身份之后,给商家返回一个确认信息批准交易。

⑥商家供货给持卡人,银行则把相应的货款由持卡人的账户转到商家的账户上。

3. 银行卡的优点

从上面的交易过程可以看出，与普通现金相比，使用信用卡交易有以下几个优点：

①携带方便，不易损坏。信用卡一般用塑料制成，小巧轻薄，便于携带，而且不容易损坏。而普通现金一般由纸制成，容易污损。此外，如果所需数量较多时，携带也不方便。

②安全性好。信用卡有账户和口令，丢失后可以挂失，而且还有口令这层保护，而普通现金丢失后，就很难找回了。

③可以进行电子购物。使用信用卡支付可以通过电话或网络进行，普通现金没有这样的功能。

当然，使用信用卡也存在着一些问题。其中最主要的就是安全问题。盗用信用卡的事件也时常有所发生，如果在SET协议的规范下，进行安全电子交易，在一定程度上可以避免这样的事情发生。

信用卡与其他银行卡（借记卡（debit card）、灵通卡、专用卡等）相比一个重要的差别在于信用卡不仅是一种支付工具，同时也是一种信用工具。使用信用卡可以透支消费，给用户带来了方便。但这同时也给银行带来了恶意透支的问题。

4. 数字现金

数字现金，又称电子现金，是以数字化形式存在的现金货币。在网上付款方式上，数字现金可能是取代纸钞最主要的付款方式，它所具备的特性是具有金钱价值、互通性、可取得性和安全性。数字现金以数字签名的密码系统为基础。它的主要好处就是它可以提高效率，方便用户使用。

（1）数字现金的属性

数字现金有以下四个属性：

①货币价值。数字现金必须有一定的现金、银行授权的信用或银行证明的现金支票进行支持。当数字现金被一家银行产生并被另一家所接受时不能存在任何不兼容性问题。如果失去了银行的支持，数字现金会有一定风险，可能存在支持资金不足的问题。

②可交换性。数字现金可以与纸币、商品（包括服务）、网上信用卡、银行账户存储金额、支票或负债等进行互换。数字现金一般倾向于在一家银行使用。事实上，不是所有的买方都会使用同一家银行的数字现金，他们甚至不使用同一个国家的银行的数字现金。因而，数字现金就面临多个银行之间的互通使用问题。

③可存储性。可存储性将允许用户在家庭、办公室或途中对存储在一个计算机的外存、IC卡，或者其他更易于传输的标准或特殊用途的设备中的数字现金进行存储和检索。数字现金的存储是从银行账户中提取一定数量的数字现金，存入上述设备中。由于在计算机上产生或存储现金，因此伪造现金非常容易，最好将现金存入一个不可修改的专用设备。这种设备应该有一个友好的用户界面以有助于通过Password（口令）或其他方式的身份验证，以及对于卡内信息的浏览显示。

④重复性。必须防止数字现金的复制和重复使用。因为买方可能用同一个数字现金在不同国家、地区的网上商店同时购物，这就造成数字现金的重复使用。一般的数字现金系统会建立事后检测和惩罚。

(2)数字现金的应用过程

数字现金的应用过程如图1-5所示可以分为五步：

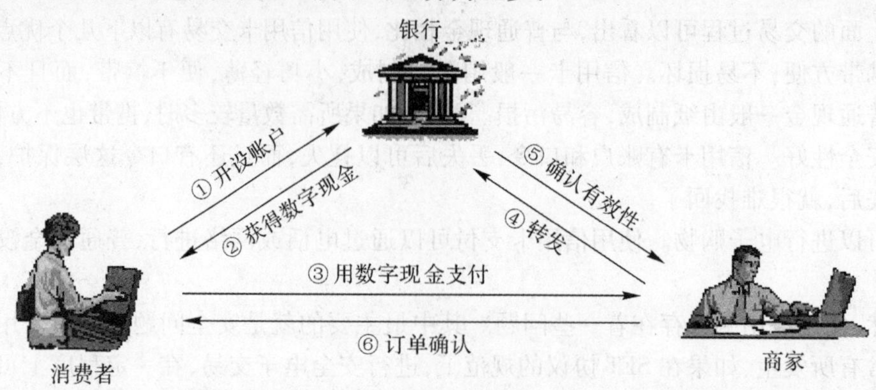

图1-5　数字现金运作过程

①购买e-cash。买方在数字现金发布银行开e-cash账号并购买e-cash。要从网上的货币服务器(一般是网上银行)购买数字现金，首先要在该银行建立一个账户，将足够资金存入该账户以支持今后的支付。目前，多数数字现金系统要求买方在一家网上银行上拥有一个账户。这种要求对于全球性和多种现金交易非常严格，买方应该能够在国内获得服务并进行国外支付，但需要建立网上银行组织，作为一个票据交换所。

②存储e-cash。使用PC e-cash终端软件从e-cash发行银行取出一定数量的e-cash存入硬盘。一旦账户被建立起来，买方就可以使用数字现金软件产生一个随机数，它是银行使用私钥进行了数字签名的随机数，通常少于100美元作为货币，再把货币发回给买方。这样，它就有效了。

③用e-cash购买商品或服务。卖方同意接收e-cash的买方订货后，买方用卖方的公钥加密e-cash后，传送给卖方。

④资金清算。接收e-cash的卖方与e-cash发放银行之间进行清算，e-cash银行将买方购买商品的钱支付给卖方。

这时可能有两种支付方式：双方和三方的。双方支付方式是涉及两方，即买卖双方。在交易中卖方用银行的公共密钥检验数字现金的数字签名，如果对于支付满意，卖方就把数字货币存入它的机器，随后再通过e-cash银行将相应面值的金额转入账户。所谓三方支付方式，是在交易中，数字现金被发给卖方，卖方迅速把它直接发给发行数字现金的银行，银行检验货币的有效性，并确认它没有被重复使用，将它转入卖方账户。图1-5就是三方支付方式。在许多情况下，双方交易是不可行的，因为可能存在重复使用的问题。为了检验是否重复使用，银行将从卖方获得的数字现金与已经使用数字现金数据库进行比较。像纸币一样，数字现金通过一个序列号进行标识。为了检验重复使用，数字现金将以某种全球同一标识的形式注册。但是，这种检验方式十分费时费力，尤其是对于小额支付。

⑤确认订单。卖方获得付款后，向买方发送订单确认信息。

(3)常见数字现金系统

①CyberCash。1995年CyberCash公司推出了CyberCash，它综合了现金和支票的特性，可以用于多种互联网的结算，包括信用卡、小额支付和支票结算等方式。

②Mini-pay。IBM 的 Mini-pay 系统提供了一种 e-cash 模式。该产品使用 RSA 公共密钥数字签名,交易各方的身份认证是通过证书来完成的,电子货币的证书当天有效。该产品主要用于网上的小额交易。

③DigiCash。DigiCash 是数字现金的先驱,是一个无条件匿名数字现金支付系统。主要特点是通过数字记录现金,集中控制和管理现金,是一种足够安全的电子交易系统。其缺点是只能一次性使用,还不能真实的模拟现金可以多次转手使用。

④Netcash。可记录的匿名数字现金支付系统。主要特点是设置分级货币服务器来验证和管理数字现金,其中电子交易的安全性得到保证。

⑤Checkfree。Checkfree 服务器为大企业和互联网用户提供在线结算处理服务。Checkfree服务器为他们提供了基础设施和软件,允许用户用电子支票支付账单。

1.1.3 电子货币支付方式发展

金融创新的主要内容,可分为金融技术创新和金融制度创新两个方面,而金融技术创新中最引人注目的新生事物当属电子货币。其名称多种多样,例如,电子货币、电子通货、数字现金等。其表现形式也不尽相同,例如,英国有个名为 Swindon 的城市,虽然人口只有171 万,但近年来却引起了世界各国的注意,其原因是它在世界上率先推行了"电子货币"实验。其后,欧美各国也竞相开展了各种各样有关电子货币的实验,以至形成一股热潮,逐渐波及包括亚洲各国在内的世界各地。

在英国 Swindon 市推行的电子货币实验是由英国最大的零售银行之一的米德兰银行(MidlandBank)和五大银行之珠国民西敏西银行(National WestminsterBank)共同出资开办了名为"MondexUK"的 IC 卡。在这个 IC 卡内,装入了一个集成电路芯片(即 IC 芯片),其中存入的电子信息代表着一定金额的货币信息,该电子信息即相当于电子货币。Mondex 卡的持有者在参加实验的商店内,可以使用卡中存储的电子货币购物。当然,不仅在商店,而且在火车站售票处、机动车停车场、自动售货机等场所,也可使用 Mondex 卡购物和消费。商家对顾客提交的 Mondex 卡,使用为该卡专门设计的读卡终端机,首先插卡并输入商品的销售金额,然后只需按确认键,即可完成支付。以 Mondex 卡代替现金支付,其处理过程是将相当于销售金额的电子信息(电子货币)IC 卡写入(移动)到商家的终端机内。

当 Mondex 卡的余额不足或余额用完时,可使用自动柜员机(ATM)或是专用的电话机,以联机方式从自己的银行账户上把电子货币移动(补充)到 Mondex 卡内。该过程相当于从自己的账户支出一部分存款,再将该存款作为电子货币储蓄到 Mondex 卡内。不过,一枚 Mondex 卡存储的电子货币的金额设置有上限,现阶段设为500 英镑。

Mondex 卡通过专用的便携式终端,还可从某一枚个人卡往另一枚个人卡移动电子货币,即与普通的现金一样可用于个人之间的支付。若使用专为 Mondex 卡开发的专用电话机,即使是远距离相隔的个人用户,也可在瞬间完成电子货币的移动。这种联网操作,不仅可以使用普通的电话网络,而且目前还正在研究和实验通过 Internet 网络移动电子货币。而作为一般的信用卡储值卡是不具备上述功能的。正因为 Mondex 卡正在实验和实施一般信用卡和储值卡尚不具备的功能,所以引起人们对电子货币的格外关注。

除了 Mondex 之外,目前世界各国争先恐后地开展着一系列花样繁多的关于电子货币的研究和实验项目,并逐渐走向实用化。例如,美国的"计算机现金"和"第一虚拟"、荷兰的

"e-cash"、丹麦的"DANMONT"、法国的"小电子钱包"、瑞士的"邮政卡"、芬兰的"先驱者"等不胜枚举。亚洲有中国台湾的"FIS 卡"、新加坡的"NETS"、中国香港面向 21 世纪交通售票系统开发的"IC 卡"等,而且上述的 Mondex 卡已计划由香港汇丰银行进行实验。日本以富士银行、第一劝业银行、樱花银行等大商业银行为首,在东应变临海副都心等一些区域推行了 IC 卡实验项目。中国国务院批准成立的国家金卡工程在协调领导小组的领导下,由电子工业部、中国人民银行、邮电部、内贸部、国家旅游局等部门参与,规划实施的"金卡工程",正在顺利推进。

1.1.4 电子货币发展战略

电子商务是数字化社会的标志,它将在 21 世纪的国际商贸和社会生活中占据主导地位。目前,各国政府都在大力促进其发展。电子货币则是电子商务的核心,它将在国际金融活动中逐步发挥重要作用。从 1994 年开始,欧洲十国中央银行集团、欧洲中央银行、美国中央银行都发表了电子货币的发展报告。报告全面研讨了消费者保护、法律、管理、安全等诸多问题,提出发展战略并鼓励新型金融服务的开展。欧洲中央银行于 1998 年 8 月发表的报告讨论了建立电子货币系统的最低要求。

①严格管理,电子货币的发行需要进行严格管理。

②明确可靠的法律准备,明确定义与电子货币相关方(消费者、商家、银行和操作者)的权利和义务,并可明确作为判决依据。

③技术安全保障,电子货币系统必须在技术、组织和处理过程方面足够安全,以防止盗窃活动,特别是防伪造。

④防范犯罪活动,在电子货币方案中必须考虑防范洗钱等犯罪活动。

⑤货币统计汇报,电子货币系统必须向相关国家中央银行汇报货币政策要求的有关信息。

⑥可回购,电子货币发行商在电子货币持有者的要求下必须可向中央银行一对一回购货币。

⑦储备要求,中央银行可以向所有电子货币发行商提出储备要求。

此外应该进一步注意的问题有系统规模、管理当局合作及电子货币跨国使用等。我国电子商务的应用才刚刚开始,一些实验性项目正在建成,这些应用项目迫切要求建设电子货币系统以保证电子商务活动的进行。目前中国人民银行组织了一定的力量开始研究和探讨网上电子货币、建立电子货币系统以及相关的经济、社会、法律法规等问题,相信这必将促进我国电子商务的应用。我国电子货币系统的发展应该统一规划、放眼未来,以全球电子商务活动为基础,建立适应我国特色的系统。

应考虑如下几个方面的问题:

①电子货币系统的发展是关系到 21 世纪国家经济建设、宏观控制管理以及国际金融合作的大事,它对发行、管理及技术保障有特殊要求。

②可在原有的银行卡系统的基础上进行扩展改造,发展公共网络信用卡支付系统。

③智能卡形式的电子现金,特别是多用途电子钱包具有巨大的潜力。

④金融专用网络可逐步改造过渡成为公共网络,由此扩展金融服务方式和领域。

⑤中央银行应建立电子货币的自动化监控和管理体系。

⑥研究开发电子货币支付的安全技术保障和管理的方法及设备。

⑦建立完善的电子货币发行、交易流量的监测与统计机制,保障电子货币系统的正常工作。

⑧建设全国统一管理的数字认证中心,确认参加电子商务活动人员(消费者、商家、银行、工商税务、政府管理部门)的合法身份,保障电子交易安全可靠。

⑨研究制定相关的法律法规,促进电子商务发展。

在经济活动中的各个方面都促进电子商务环境的形成。

开展国际性电子商务的交流与合作,积极参加全球电子商务活动。发挥中央银行的管理、协调作用,集中力量研究、制定规范和政策。规范电子货币系统。

由于电子商务活动无时间和空间限制,国家的界限也将在某种程度上消失,世界金融业的竞争更加激烈。同时电子商务需要处理好信息流、物流和资金流中的各个环节,才能健康运行和发展。电子货币的流动必须在可管理性、安全性、及时性、保密性、灵活性以及国际化等方面均达到一定的水平,才能在电子商务中可靠地应用。

1.2　电子交易技术

1.2.1　电子交易概述

1. 电子交易的概念

电子交易是运用 Internet 进行交易的一种新的交易方式,相比于其他交易方式,电子交易有着明显的经济效益。

电子交易是指通过电子系统进行的交易,不同于在交易所交易大厅面对面进行的交易。在电子商务中没有哪一部分比电子交易更引人注目了。

电子交易将不再是简单地开辟一条新的网上销售渠道。它将采用技术手段改善企业模式、增加企业收入和效率;它将降低经营成本并能帮助企业与客户、供货商以及合作伙伴建立更为密切的合作关系。这样一来,可以在网上将经销商和生产厂家联系起来,从而优化交易过程,减少文书工作。也可以通过建立与供货商直接联系的网络而获利,从而削减库存和运输消耗,快速响应用户要求。还可以通过网上账单和支付系统改善与客户和供应商的关系。

这样,企业不但赢得客户的信任,更能提高订货效率、降低库存损耗、保持资金全部周转和降低实际销售支出,进而降低成本、增加利润。

电子交易不仅仅是打开一个新的在线销售渠道而已。它将通过技术使商业模型流线化,增加收入并提高效率。它将通过降低成本并与客户、供应商和合作伙伴建立更紧密、反应更迅速的关系来推动收入和利润。

电子交易使您能够在增加收入的同时建立起客户忠诚度,通过提高订单处理效率得以降低成本。降低库存和库房开支的同时还能保持满货率并降低销售交易的实际成本。

2. 电子交易的基本类型

电子交易有很多形式,按照不同的划分方法,可以将电子交易划分为不同的类型。

(1)按交易主体划分

市场经济的交易主体主要有三种:企业(enterprise)、消费者(consumer)、政府(government)。因而,以企业为主体的电子商务,不管电子交易被冠以何种美名,从其实质内容来看,一般分为三个层次:企业与企业之间的电子交易(B2B)、企业对消费者的电子交易(B2C)、企业和政府之间的电子交易(B2G)。这三者都是建立在电子交易的基础设施之上,运用电子手段和电子工具进行的交易活动。当然,由于电子商务的概念十分广泛,消费者(个人)与消费者之间(C2C)、消费者与政府之间(C2G)、政府与政府之间(G2G)也有所谓的电子商务的说法。

①B2B。B2B(Business TO Business)是指企业与企业之间的交易。企业与企业之间的电子交易是电子交易业务中的重头戏,约占整个电子商务的70%。就目前来看,电子交易最热心的推动者也是商家,这也不足为奇。因为相对来说,企业和企业之间的交易才是大宗的,是通过引入电子交易能够产生大量效益的地方。近几年来,美国企业之间借助于Internet从事的商务活动正激剧增加,主要包括企业与供应商之间采购事务的协调、销售机构与中间商之间的协调、物流部门与实体分配机构的协调等。2009 年中国 B2B 电子商务交易额规模已达到 2.4 万亿元人民币,预计 2010 年全年国内 B2B 电子商务交易额还将保持30%左右的增长速度。国内已有 1000 多万家企业成为或者正在成为电子商务用户,企业应用电子商务前后的变化中,67%的企业认为合作伙伴增多,业务渠道更宽;58%的企业客户增多、销售额增加,56%的企业信息化水平提高。

②B2C。B2C(Business TO Consumer)是指企业与消费者之间的交易。目前 B2C 的交易额虽然不及 B2B,但从长远来看,企业对消费者的电子交易将取得长足的进展,并将最终在电子交易领域占据重要地位,并且 B2C 永远都是电子交易中最活跃的一部分。

③B2G。B2G(Business TO Government)是指企业与政府之间的交易,政府与企业之间的各项事务都可以涵盖在其中,包括政府采购、税收、商检、管理条例发布等。也有人将之划归为 B2B 模式。这方面应用目前还比较少,但随着政府身体力行地推进电子交易的发展,将会迅速增长。政府在这里有两重角色:既是电子交易的使用者,进行购买活动,属商业行为。又是电子交易的宏观管理者,对电子交易起着扶持和规范的作用。

④C2C。C2C(Consumer TO Consumer)是指消费者(个人)之间的交易,它主要是通过Internet而实现的个人拍卖活动。个人收藏品、二手货均可以通过网络拍卖实现其最高的价值。

⑤C2G。C2G(Consumer TO Government)被称作为消费者与政府之间的电子交易,确切地说,这是一种电子事务的模型:通过网络,政府可以向消费者征收各种应征税务,消费者也可以通过网络进行投票等活动,行使自己的权利。

⑥G2G。G2G(Government TO Government)被称作政府之间的电子交易,它主要是指同级政府之间的公文传递,上下级政府之间的信息传递,属于电子政务的范畴。

(2)按交易客体划分

电子交易的交易客体大致可分为三类:实物商品、数字化商品、在线服务。

①实物商品交易。通过电子方式交易实物商品和传统交易的实物商品是没有什么两样的,从理论上来讲,凡是通过传统方式进行交易的物品都可以实行电子交易。电子交易只不过是将商品的有关信息放在网络上,让用户来选择是否购买,然后通过送货公司再将货物送

到用户的手上。当然,货款的支付方式是不同的,有在线支付,也有款到送货,还有货到付款等。

②数字商品交易。数字商品是电子交易独有的商品,它是不可能在普通的商店出售的。所谓数字商品,就是由“比特”组成的商品,换句话说是可以直接在网上传输的数字信息产品,例如各种软件、在网络上出版的各种电子书刊,都是直接可以在网络上流通的,电子书刊是由计算机制作出来的,通过计算机网络发行,读者也是通过计算机屏幕来阅读的。它完全可以没有实物形式,是仅存在于网络空间的东西。在 Internet 上有许多网站都出版电子书刊,用户只需在网络订阅,每月缴纳一定数量的订阅费,就能够在自己的电子邮箱定时收到自己所订的书刊。当然,这些数字化商品在一定的程度上也能够转化为实物商品,如把电子书刊制作成光盘、磁盘等,但在网络发展的今天,这是多此一举。随着计算机网络技术和数字化技术的发展,各种影视产品也将大量数字化,各种数字化电影、数字化电视、数字化新闻都会取代传统的电影、电视、新闻而成为主流,所以在未来虚拟商店出售的数字化产品将会越来越多,无论是商品的种类还是商品的交易量都将会占越来越大的比例。

③在线服务。在线服务是服务的电子交易,是指在计算机网络上提供的各种服务,这类服务包括信息服务和中介服务等。例如,Internet 上的许多网站上都提供股市行情,这是典型的金融证券信息服务,用户可以在自己家中通过计算机获得即时的股市行情。中介服务也是网络提供在线服务的最普遍的一种形式,目前较常见的有代订飞机票、在线预定旅馆房间、医院预约、房地产中介等。

(3)按交易的中介划分

按交易的中介划分可分为直接交易和中介交易。

①直接交易。直接交易是没有中间商的电子交易方式,生产企业通过网络直接将商品销售给用户。直接交易是电子交易的重要特征之一,电子交易支持企业的直接销售方式。像 DELL、东芝都进行网上直销。从而直接将产品卖给顾客,而不经过任何中间商。

②中介交易。中介交易是通过网上商品交易中心进行交易的交易方式。网上商品交易中心的作用在于将各种供求信息按类别进行划分,可以免去交易双方在网络上的搜索时间,有的商品交易中心还可以进行交易自动撮合。

3. 电子交易的特征

电子交易是一种新的交易形式,与传统的交易方式相比,具有以下特点:

(1)虚拟交易

通过 Internet 为代表的计算机互联网络进行的贸易,买卖双方可以在网上提供信息并搜寻对方,通过信息的推拉互动,签订电子合同,完成交易并进行电子支付。整个交易都在网络这个虚拟的环境中,无需当面进行。

(2)直接交易

电子交易大大简化了商品流通环节,提高了交易效率。电子交易利用电脑网络快捷、便利的通信手段,在更广阔的时空里实现了商品流通,信息的咨询、交换,以至直接开展网上贸易。在这里,Internet 用一条前所未有的纽带把全世界的商品供需双方联系在一起,客户在不与商家碰面的情况下即可完成意向洽谈、看样订货、实际购买和支付货款的交易全过程。电子交易模式的出现,取代了商品流通中大量的中间行为,商品代理制、分销商、层层叠叠的批发,以及展览会、展销会等都有可能随着电子交易这种新型销售方式的崛起而变得不再那么重要。

(3)实时交易

电子商业时代的交易是当场交易,即实时交易,服务的特征为不间断的全天候型。电子商业实时交易运作的神速,可以称为“商业的魔术”。电子商业的电子商店是一个全天候永不关闭的展览厅,供访问者随时参观和接受反馈意见。

(4)便利交易

电子商业在时空上缩短了距离,可以免去交通工具和时间。在电子商业时代,电子通信将完全代替了交通,这是电子商业的一大特点。很多商业活动可以在网上完成,不必到商店办理。有一个统计数表明,日本一家制造企业按传统的方式实现销售100万美元的目标,要花费一个人100公里的交通费和10小时的时间。如果利用网上完成,则可以节省这部分的费用和时间。对于家庭购物更是方便,有人做过一个测试,一个普通的三口人家庭,要购买其生活所需品,每个月花费在购物的时间是15~20小时,如果再加上交通时间,这就更长了。在网上购物,足不出户,就可以购买到自己所需的产品,节省了大量的购物时间。

(5)透明交易

买卖双方从交易的洽谈、签约以及货款的支付、交货通知等整个交易过程都在网络上进行。通畅、快捷的信息传输可以保证各种信息之间互相核对,可以防止伪造信息的流通。例如,在典型的许可证EDI系统中,由于加强了发证单位和验证单位的通信、核对,所以假的许可证就不易漏网。海关EDI也帮助杜绝边境的假出口、兜圈子、骗退税等行径。

(6)高效交易

由于因特网将贸易中的商业报文标准化,使商业报文能在世界各地瞬间完成传递与计算机自动处理,原料采购、产品生产、需求与销售、银行汇兑、保险、货物托运及申报等过程无须人员干预就可在最短的时间内完成。传统贸易方式中,用信件、电话和传真传递信息,必须有人的参与,每个环节都要花不少时间。有时由于人员合作和工作时间的问题,会延误传输时间,失去最佳商机。电子交易克服传统贸易方式费用高、易出错、处理速度慢等缺点,极大地缩短了交易时间,使整个交易非常快捷与方便。

(7)优质交易

顾客可以通过网络直接与厂家见面和交谈,与每个商品厂家都有实时的联系,建立对话关系,这是传统报纸、杂志和电视广告没法做到的。顾客可以在网上听取厂家对商品的介绍,厂家也可以解答顾客的疑问,这样会有良好的顾客关系和销售成果。

1.2.2 电子交易模型

1. 面对消费者的直销模式

网络商品直销是指消费者和生产者,或者是需求方和供应方直接利用网络形式所开展的买卖活动。这种买卖交易的最大特点是供需直接见面、环节少、速度快、费用低。其流转过程如图1-6所示。

网络商品直销过程可以分为以下6个步骤:

①消费者进入Internet,查看企业和商家的主页。

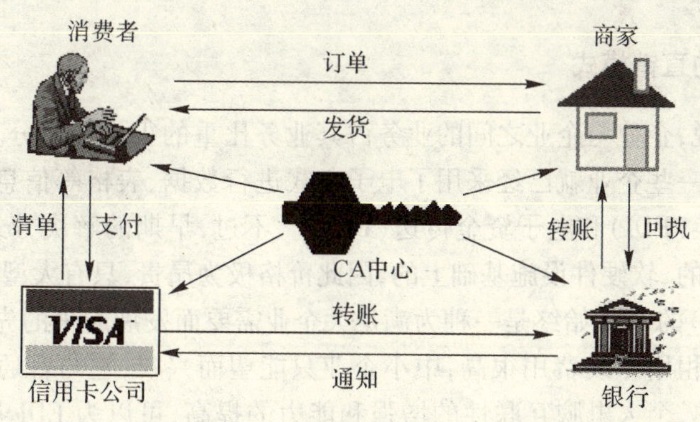

图 1-6 B2C 直销流程

②消费者通过购物对话框填写姓名、地址、商品品种、规格、数量、价格。

③消费者选择支付方式,如信用卡,也可选用借记卡、电子货币或电子支票等。

④企业或商家的客户服务器检查支付方服务器,确认汇款额是否认可。

⑤企业或商家的客户服务器确认消费者付款后,通知销售部门送货上门。

⑥消费者的开户银行将支付款项传递到消费者的信用卡公司,信用卡公司负责发给消费者收费单。

在整个过程中,需要第三方证书授权(CA),以确认在 Internet 上经商者的真实身份。所有这些过程均在 SET 协议下进行,应用在安全电子商务交易的四个环节中,即从消费者、商家、支付网关到认证中心。

网络商品直销的诱人之处,在于它能够有效地减少交易环节,大幅度地降低交易成本,从而降低消费者所得到的商品的最终价格。在传统的商业模式中,企业和商家不得不拿出很大一部分资金用于开拓分销渠道上。分销渠道的扩展,虽然扩大了企业的分销范围,加大了商品的销售量,但同时也意味着更多的分销商的参与。无疑,企业不得不出让很大一部分的利润给分销商,用户也不得不承担高昂的最终价格。这是生产者和消费者都不愿看到的。电子交易的网络直销可以很好地解决这个问题。消费者只需输入厂家的域名,访问厂家的主页即可清楚地了解所需商品的品种、规格、价格等情况,而且,主页上的价格最接近出厂价,这样就有可能达到出厂价格和最终价格的统一,从而使厂家的销售利润大幅度提高,竞争能力不断增强。这方面做得最好的应该算 Dell 电脑,读者可以去 http://www.dell.com.cn 看看 Dell 的网上电脑直销方式。

从另一方面讲,网络商品直销还能够有效减少售后服务的技术支持费用。许多使用中经常出现的问题,消费者都可以通过查阅厂家的主页找到答案,或者通过 E-mail 与厂家技术人员直接交流。这样,厂家可以大大减少技术服务人员的数量,减少技术服务人员出差的频率,从而降低了企业的经营成本。

网络商品直销的不足之处主要表现在两个方面。第一,购买者只能从网络广告上判断商品的型号、性能、样式和质量,对实物没有直接的感知,在很多情况下可能产生错误的判断。而某些生产者也可能利用网络广告对自己的产品进行不实地宣传,甚至可能打出虚假广告欺骗顾客。第二,购买者利用信用卡进行电子交易,不可避免地要将自己的密码输入计算机,由于新技术的不断涌现,犯罪分子可能利用各种高新科技的作案手段窃取密码,进而盗窃用户的钱款。这种情况不论是在国外还是在国内,均有发生。

2. 面对企业的直销模式

对于企业来说，企业与企业之间的业务占其业务比重的很大一部分。早在因特网技术被大量采用之前，一些企业就已经采用了电子方式进行数据、表格等信息的交换，如广为流行的电子数据交换（EDI）和电子资金传送（EFT）。不过，早期的解决方式多是建立在大量功能单一的、专用的、软硬件设施基础上的，因此价格极为昂贵，只有大型企业才会利用。像基于专用网（VAN）的EDI始终是一种为满足大企业需要而发展起来的先进技术手段，必须遵照统一的标准，租用专线费用很高，中小企业只能望而兴叹，它与普通公众也是无缘的。因特网技术的成熟、个人电脑互联性的增强和能力的提高，可以为EDI技术提供一个较为廉价的服务环境，以满足大量中、小企业对EDI的需求。其运作过程如图1-7所示。

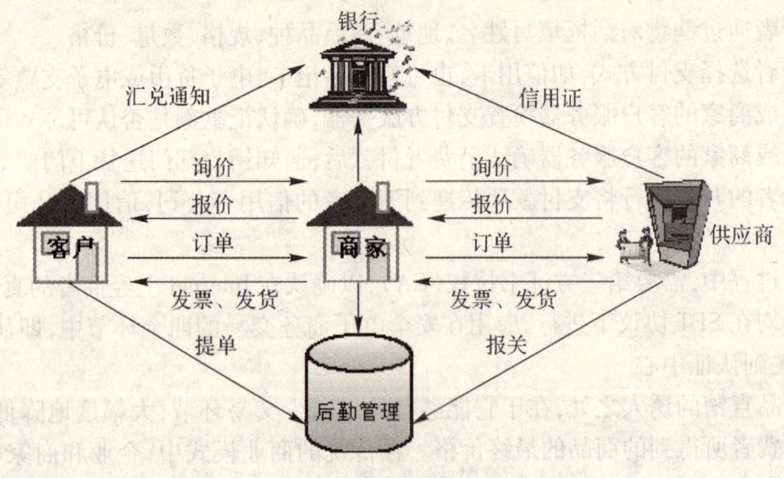

图 1-7　B2B 直销流程

企业间电子交易通用交易过程可以分为以下四个阶段。

（1）交易前的准备

这一阶段主要是指买卖双方和参加交易各方在签约前的准备活动。

①买方根据自己要买的商品，准备购货款、制订购货计划、进行货源市场调查和市场分析，反复进行市场查询，了解各个卖方国家的贸易政策，反复修改购货计划和进货计划，确定和审批购货计划。再按计划确定购买商品的种类、数量、规格、价格、购货地点和交易方式等，尤其要利用Internet和各种电子交易网络寻找自己满意的商品和商家。

②卖方根据自己所销售的商品，召开商品新闻发布会，制作广告进行宣传，全面进行市场调查和市场分析，制定各种销售策略和销售方式，了解各个买方国家的贸易政策，利用Internet和各种电子交易网络发布商品广告，寻找贸易伙伴和交易机会，扩大贸易范围，提高商品所占市场的份额。其他参加交易的各方如中介方、银行金融机构、信用卡公司、海关系统、商检系统、保险公司、税务系统、运输公司也都为进行电子交易做好准备。

（2）交易谈判和签订合同

这一阶段主要是指买卖双方对所有交易细节进行谈判，将双方磋商的结果以文件的形式确定下来，即以书面文件形式和电子文件形式签订贸易合同。电子交易的特点是可以签订电子交易贸易合同，交易双方可以利用现代电子通信设备和通信方法，经过认真谈判和磋商后，将双方在交易中的权利，所承担的义务，对所购买商品的种类、数量、价格、交货地点、交货期、交易方式和运输方式，违约和索赔等合同条款，全部以电子交易合同作出全面详细的规定，合同双方可以利用电子数据交换(EDI)进行签约，可以通过数字签名等方式签名。

(3)办理交易进行前的手续

这一阶段主要是指买卖双方签订合同后到合同开始履行之前办理各种手续的过程，也是双方贸易前的交易准备过程。交易中要涉及有关各方，即可能要涉及中介方、银行金融机构、信用卡公司、海关系统、商检系统、保险公司、税务系统和运输公司等，买卖双方要利用EDI与有关各方进行各种电子票据和电子单证的交换，直到办理完可以将所购商品从卖方按合同规定开始向买方发货的一切手续为止。

(4)交易合同的履行和索赔

这一阶段是从买卖双方办完所有各种手续之后开始，卖方要备货、组货，同时进行报关、保险、取证、发信用证等，卖方将所购商品交付给运输公司包装、起运、发货，买卖双方可以通过电子交易服务器跟踪发出的货物，银行和金融机构也按照合同，处理双方收付款、进行结算，出具相应的银行单据等，直到买方收到自己所购商品，完成了整个交易过程。索赔是在买卖双方交易过程中出现违约时，需要进行违约处理的工作，受损方要向违约方索赔。

参加交易的买卖双方在做好交易前的准备之后，通常都是根据电子交易标准规定开展电子交易活动，电子交易标准规定了电子交易应遵循的基本程序，简述如下：

①客户方向供货方提出商品报价请求，说明想购买的商品信息。

②供货方向客户方回答该商品的报价，说明该商品的价格信息。

③客户方向供货方提出商品订购单，说明初步确定购买的商品信息。

④供货方向客户方对提出的商品订购单的应答，说明有无此商品及规格型号、品种、质量等信息。

⑤客户方根据应答提出是否对订购单有变更请求，说明最后确定购买商品的信息。

⑥客户方向供货方提出商品运输说明，说明运输工具、交货地点等信息。

⑦供货方向客户方发出发货通知，说明运输公司、发货地点、运输设备、包装等信息。

⑧客户方向供货方发回收货通知，报告收货信息。

⑨交易双方收发汇款通知，买方发出汇款通知，卖方报告收款信息。

⑩供货方向客户方发送电子发票，买方收到商品，卖方收到货款并出具电子发票，完成全部交易。

3. 网络商品中介交易模式

(1)网络商品中介交易的意义

①网络商品中介为买卖双方展现了一个巨大的世界市场，以中国商品交易中心(www.ccec.com.cn)为例，这个中心控制着从中心到各省分中心、各市交易分部及各县交易所的所有计算机系统，构成了覆盖全国范围的“无形市场”。这个计算机网络能够储存中国乃至全世界的几千万个品种的商品信息资料，可联系千万家企业和商贸单位。每一个参加者都能够充分地宣传自己的产品，及时地沟通交易信息，最大限度地完成产品交易。这样的网络商品中介机构还通过网络彼此连接起来，进而形成全球性的大市场。这个市场是由全球1亿多的拥有电脑、电话和调制解调器的Internet用户，即国际消费者组成，而且其数目仍在以

每年70%的速度递增。

②网络商品交易中心可以有效地减少交易中的纠纷在买卖双方签订合同前,网络商品交易中心可以协助买方对商品进行检验,只有符合质量标准的产品才可入网。这就杜绝了商品“假、冒、伪、劣”问题,使买卖双方不会因质量问题产生纠纷。合同签订后便被输入网络系统,网络商品交易中心的工作人员开始对合同进行监控,监督合同的履行情况。如果一方出现违约现象,系统将自动报警,合同的执行就会被终止,使买方或卖方避免受到经济损失。如果合同履行顺利,货物到达后,网络商品交易中心的交割员将协助买方共同验收。买方在验货合格后,在24小时内将货款转到卖方账户后方可提货,卖方也不用再担心“货款拖欠”的现象了。

③网络商品交易中心结算方便。在结算方式上,网络商品交易中心一般采用统一集中的结算模式,即在指定的商业银行开设统一的结算账户,对结算资金实行统一管理,有效地避免了多形式、多层次的资金截留、占用和挪用,提高了资金风险防范能力。这种指定委托代理清算业务的承办银行大多以招标形式选择,有商业信誉的大商业银行常常成为中标者。

网络商品交易中心仍然存在一些问题需要解决。目前的合同文本还在使用买卖双方签字交换的方式,如何过渡到电子合同,并在法律上得以认证,尚需解决有关技术和法律问题。信息资料的充实也有待于更多的企业、商家和消费者参与。整个交易系统的技术水平如何与飞速发展的计算机网络技术保持同步,是在网络商品经交易中心起步时就必须考虑的问题。

(2)网络商品中介交易的交易过程

网络商品中介交易是通过网络商品交易中心,即虚拟网络市场进行的商品交易。在这种交易过程中,网络商品交易中心以Internet为基础,利用先进的通信技术和计算机软件技术,将商品供应商、采购商和银行紧密地联系起来,为客户提供市场信息、商品交易、仓储配送、货款结算等全方位的服务。其运作过程如图1-8所示。

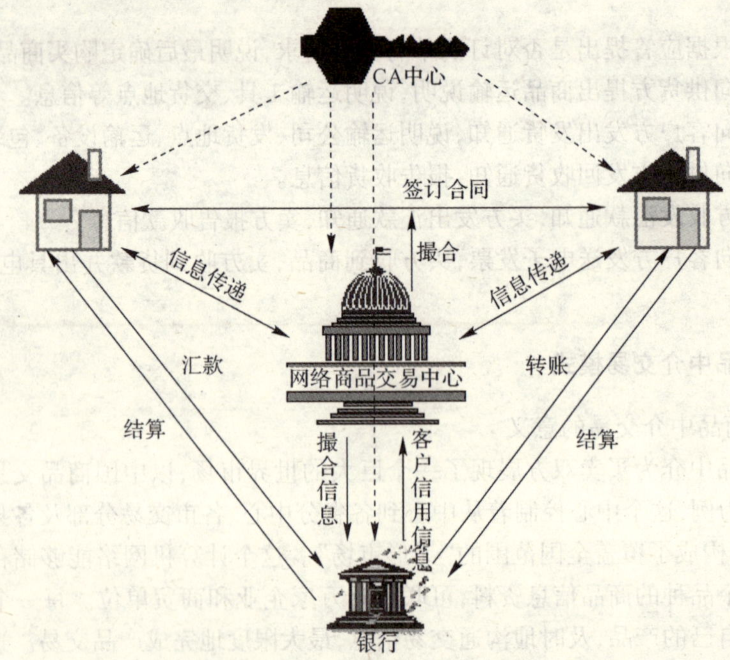

图1-8 网络商品中介交易过程

网络商品中介交易的流转程式可分为以下几个步骤：

①买卖双方将各自的供应和需求信息通过网络告诉给网络商品交易中心，网络商品交易中心通过信息发布服务向参与者提供大量的、详细准确的交易数据和市场信息。

②买卖双方根据网络商品交易中心提供的信息，选择自己的贸易伙伴。网络商品交易中心从中撮合，促使买卖双方签订合同。

③买方在网络商品交易中心指定的银行办理转账付款手续。

④网络商品交易中心在各地的配送部门将卖方货物送交买方。

1.2.3 电子交易支付模型

电子商务的业务主要包括两大部分，一部分是 B2B，即企业与企业之间的业务活动，主要是保证企业生产供应链的通畅。另一部分是 B2C，即企业与消费者之间的业务，是为了方便企业销售和消费者购物，主要表现为网上购物。目前在 Internet 上提供网上购物服务的公司很多，包括金融公司、信用卡公司、批发零售公司等。在美国，网上购物服务流程完全按照实际购物的流程进行设计，用户在网上购物时非常方便，感觉与实际购物环境差别不大。

最初的网上购物不包括电子支付功能，只负责商品浏览和下订单，付款是通过其他途径（如电话、传真等）完成的。电子支付功能是网上购物的关键问题，既要使消费者感到方便快捷，又要保证交易各方的安全保密，这就需要一个比较完善的电子交易模型。目前，电子交易模型有以下五种。

1. 支付系统无安全措施的模型

(1)流程

用户从商家订货，并把信用卡信息通知商家。信用卡信息的传递方法有两种，一种是通过电话、传真等非网上手段。另一种是通过网络传送，但没有安全措施。信用卡信息的合法性检查是在商家和银行之间进行的。其运作流程如图 1-9 所示。

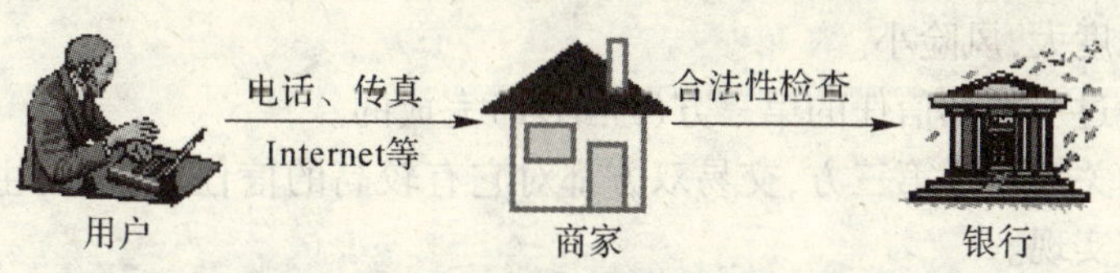

图 1-9 支付系统无安全措施模型的流程

(2)特点

①风险由商家承担。

②商家完全掌握用户的信用卡信息。

③信用卡信息的传递无安全保障。

(3)不足

①商家得到了用户的信用卡信息，这样商家就有义务妥善保护用户的这些信息，否则用户的隐私权很容易遭到侵犯。事实上，有些商家并未履行这个义务，而是为了商业利益把信息透露给第三方。

②信用卡信息的传递没有安全保障，这样就很容易被人截获或篡改。由此可以看出，这

种模型是很不安全可靠的。

2. 通过第三方经纪人支付的模型

用户在第三方付费系统服务器上开一个账户,用户使用这个账户付款。这种方法交易成本很低,对小额交易很适用。

(1)流程

用户在网上经纪人处开立一个账户,网上经纪人持有用户的账户和信用卡号。用户用这个账户向商家订货,商家将用户账户提供给经纪人,经纪人验证商家身份,给用户发送电子邮件,要求用户确认购买和支付后,将信用卡信息传给银行,完成支付过程。其运作流程如图 1-10 所示。

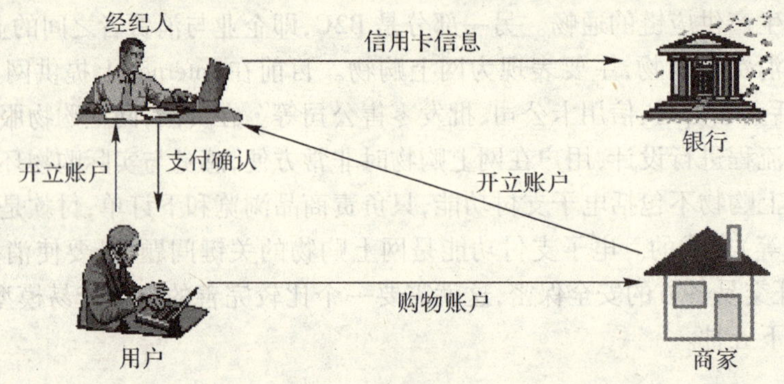

图 1-10 通过第三方经纪人支付的模型

(2)特点

①用户账户的开设不通过网络。

②信用卡信息不在开放的网络上传送。

③通过电子邮件来确认用户身份。

④商家自由度大,风险小。

⑤支付是通过双方都信任的第三方(经纪人)完成的。

这种方式的关键在于第三方,交易双方都对它有较高的信任度,风险主要由它承担,保密等功能也由它实现。

3. 数字现金支付模型

用户在现金服务器(一般是银行)账户中预先存入现金,就可以得到相应的数字现金,并可以在电子商业领域中进行流通。数字现金的主要优点是匿名性和不可追踪性,缺点是需要一个大型数据库来存储用户的交易情况和数字现金的序列号,以防止重复消费。这种模式适用于小额交易。

(1)流程

用户在银行开立数字现金账户,购买兑换数字现金。然后使用个人电脑数字现金终端软件从银行账户取出一定数量的数字现金存在硬盘上。用户从同意接收数字现金的商家订货,使用数字现金支付所购商品的费用。接收数字现金的商家与用户银行之间进行清算,用户银行将用户购买商品的钱支付给商家。其运作流程如图 1-11 所示。

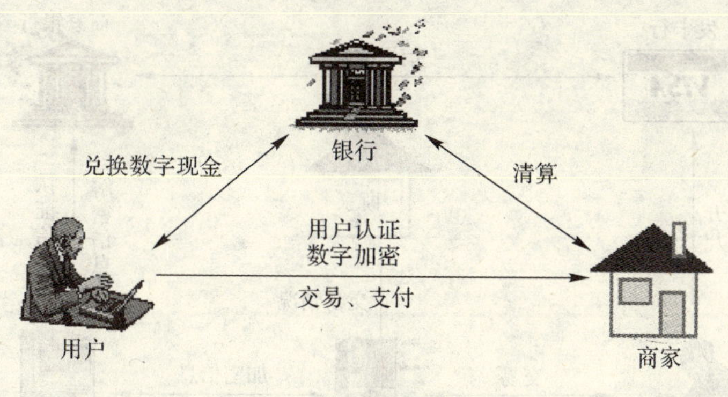

图 1-11 数字现金支付模型

(2)特点

①银行与商家之间应有协议和授权关系。

②用户、商家和数字现金的发行都需要使用数字现金软件。

③适用于小额交易。

④身份验证是由数字现金本身完成的。数字现金的发行在发放数字现金时使用数字签名。商家在每次交易中将数字现金传送给银行,由银行验证数字现金的有效性。

⑤数字现金的发行负责用户与商家之间实际资金的转移。

⑥数字现金与普通现金一样,可以存、取和转让。

4. 简单加密支付系统模型

这是现在比较常用的一种支付模式。用户只需在银行开立一个普通信用卡账户。在支付时,用户提供信用卡号码,但传输时要进行加密。采用的加密技术有 SHTTP、SSL 等。这种加密的信息只有业务提供商或第三方付费处理系统能够识别。由于用户进行网上购物时只需提供信用卡卡号,这种付费方式带给用户很多方便。但是,一系列的加密、授权、认证及相关信息传送,使交易成本提高,所以这种方式不适用于小额交易。

(1)流程

用户在银行开立一个信用卡账户,并获得信用卡卡号。用户向商家订货后,把信用卡信息加密后传给商家服务器。商家服务器验证接收到信息的有效性和完整性后,将用户加密的信用卡信息传给业务服务器,商家服务器无法看到用户的信用卡信息。业务服务器验证商家身份后,将用户加密的信用卡信息转移到安全的地方解密,然后将用户信用卡信息通过安全专用网传送到商家银行。商家银行通过普通电子通道与用户信用卡发生联系,确认信用卡信息的有效性。得到证实后,将结果传送给业务服务器,业务服务器通知商家服务器交易完成或拒绝,商家再通知用户。整个过程只要经历很短的时间。交易过程的每一步都需要交易方以数字签名来确认身份,用户和商家都必须使用支持此种业务的软件。数字签名是用户、商家在注册系统时产生的,不能修改。用户信用卡加密后的信息一般都存储在用户的家用电脑上。其运作流程如图 1-12 所示。

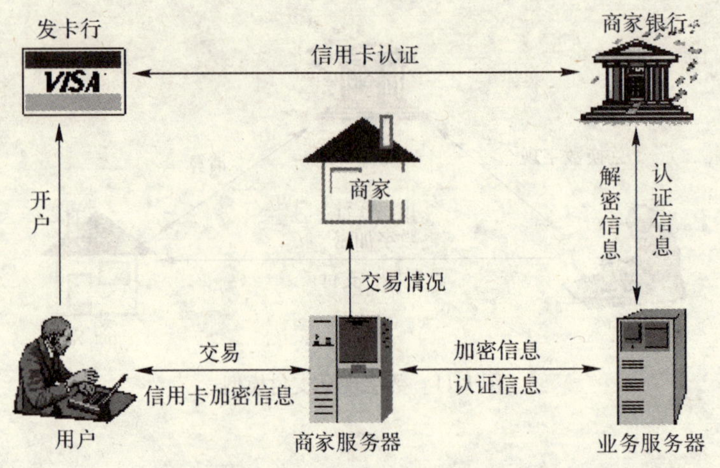

图 1-12 简单加密支付系统模型

(2)特点

①信用卡等关键信息需要加密。

②使用对称和非对称加密技术。

③可能要启用身份认证系统。

④以数字签名确认信息的真实性。

⑤需要业务服务器和服务软件的支持。

这种模型的关键在于业务服务器,保证业务服务器和专用网络的安全就可以使整个系统处于比较安全的状态。由于商家不知道用户信用卡的信息,就杜绝了商家泄露用户隐私的可能性。

5. SET(Security Electronic Transaction)模型

"安全电子交易",简称为 SET,是一个在开放的因特网上实现安全电子交易的一个国际协议和标准。SET 最初是由 VisaCard 和 MasterCard 合作开发完成的,其他合作开发伙伴还包括 GTE、IBM、Microsoft、Netscape、SAIC、Terisa、Verisign 等。

(1)SET 标准的目标

SET 是以信用卡支付为基础的网上电子支付系统规范,为了满足用户、银行和软件厂商的多方需求,它必须实现以下目标:

①信息在因特网上安全传输,不能被窃听或篡改。

②用户资料要妥善保护,商家只能看到订货信息,看不到用户的账户信息。

③持卡人和商家相互认证,以确定对方身份。

④软件遵循相同的协议和消息格式,具有兼容性和互操作性。

(2)SET 标准的内容

①加密算法。

②证书信息及格式。

③购买信息及格式。

④认可信息及格式。

⑤划账信息及格式。

⑥实体之间消息的传输协议。

(3)流程

SET 协议的工作流程与实际购物流程非常接近,但一切操作都是通过 Internet 完成的。用户在银行开立信用卡账户,获得信用卡。用户在商家的 Web 主页上查看商品目录选择所需商品。用户填写订单并通过网络传递给商家,同时附上付款指令。订单和付款指令要有用户的数字签名并加密,使商家无法看到用户的账户信息。商家收到订单后,向发卡行请求支付确认。发卡行确认后,批准交易,并向商家返回确认信息。商家发送订单确认信息给用户,并发货给用户。然后,商家请求银行支付货款,银行将货款由用户的账户转移到商家的账户。其运作流程如图 1-13 所示。

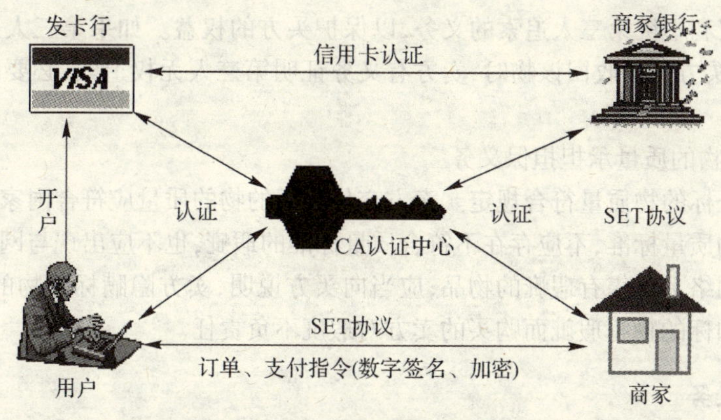

图 1-13　SET 模型

(4)SET 协议的安全措施

①加密技术。同时使用私钥与公钥加密法。

②数字签名技术。

③电子认证。电子交易过程中,必须确认用户、商家及其他相关机构身份的合法性,这要求建立专门的电子认证机构(CA)。关于电子认证机构在安全性一节已进行了讨论,这里不再详述。

④电子信封。为了保证信息传输的安全性,交易所使用的密钥必须经常更换,SET 使用电子信封的方式更换密钥。方法是,由发送方自动生成专用密钥,用它加密明文,再将生成的密文同密钥本身一起用公钥密钥的手段加密传出去。收信人用公钥方法解密后,得到专用密钥,再次解密。

SET 提供对交易参与者的认证,确保交易数据的安全性、完整性和交易的不可抵赖性,特别是保证了不会将持卡人的账户信息泄露给商家,这些都保证了 SET 协议的安全性。再加上多家大公司的支持,相信 SET 协议在未来几年的应用前景会比较乐观。

1.2.4　电子交易中买卖双方当事人的权利

买卖双方之间的法律关系实质上表现为双方当事人的权利和义务。买卖双方的权利和义务是对等的。卖方的义务就是买方的权力,反之亦然。

1. 卖方的义务

在电子交易条件下，卖方应当承担以下三项义务。

(1)按照合同的规定提交标的物及单据

提交标的物和单据是电子交易中卖方的一项主要义务。为划清双方的责任，标的物交付的时间、地点和方法应当明确规定。如果合同中对标的物的交付时间、地点和方法未作明确规定的，应按照有关合同法或国际公约的规定办理。

(2)对标的物的权利承担担保义务

与传统的交易相同，卖方仍然应当是标的物的所有人或经营管理人，以保证将标的物的所有权或经营管理权转移给买方。卖方应保障对其所出售的标的物享有合法的权利，承担保障标的物的权利不被第三人追索的义务，以保护买方的权益。如果第三人提出对标的物的拥有权，并向买方提出收回该物时，卖方有义务证明第三人无权追索，必要时应当参加诉讼，出庭作证。

(3)对标的物的质量承担担保义务

卖方应保证标的物质量符合规定。卖方交付的标的物的质量应符合国家规定的质量标准或双方约定的质量标准，不应存在不符合质量标准的瑕疵，也不应出现与网络广告相悖的情况。卖方在网络上出售有瑕疵的物品，应当向买方说明，卖方隐瞒标的物的瑕疵，应承担责任。买方明知标的物有瑕疵而购买的卖方对瑕疵不负责任。

2. 买方的义务

在电子交易条件下，买方同样应当承担以下三项义务。

(1)买方应承担按照电子交易规定方式支付货款的义务

由于电子交易的特殊性，网络购买一般没有时间、地点的限制，支付货款通常采用信用卡、智能卡、电子钱包或电子支付等方式，这与传统的支付方式也是有区别的。但在电子交易合同中，采用哪种支付方式应明确规定。

(2)买方应承担按照合同规定的时间、地点和方式接受标的物的义务

由买方自提标的物的，买方应在卖方通知的时间内到预定的地点提取。由卖方代为托运的，买方应按照承运人通知的期限提取。由卖方运送的，买方应作好接受标的物的准备，及时接受标的物。买方迟延接受时，应负迟延责任。

(3)买方应当承担对标的物验收的义务

买方接受标的物后，应及时进行验收。规定有验收期限的，对表面瑕疵应在规定的期限内提出。发现标的物的表面瑕疵时，应立即通知卖方，瑕疵由卖方负责。买方未及时进行验收，事后又提出表面瑕疵，卖方不负责任。对隐蔽瑕疵和卖方故意隐瞒的瑕疵，买方发现后，应立即通知卖方，追究卖方的责任。

3. 对买卖双方不履行合同义务的补救

卖方不履行合同义务主要是指卖方不交付标的物、单据或交付迟延。交付的标的物不符合合同规定以及第三者对交付的标的物存在权利或权利主张等。当发生上述违约行为时，买方可以选择以下补救方法：

①要求卖方实际履行合同义务,交付替代物或对标的物进行修理、补救。

②减少支付价款。

③对迟延或不履行合同要求损失赔偿。

④解除合同,并要求损害赔偿。

买方不履行合同义务,包括买方不按合同规定支付货款和不按规定收取货物,在这种情况下,卖方可选择以下补救方法:

①要求买方支付货款、收取货物或履行其他义务,并为此规定一段合理额外的延长期限,以便买方履行义务。

②损害赔偿,要求买方支付合同价格与转售价之间的差额。

③解除合同。

1.3 EDI 技术

1.3.1 EDI 概述

在电子商务活动中,特别是国际贸易中往往会涉及交易双方、进出口代理商、海关、商检、金融、保险、承运等部门,这些部门相互之间需要交换大量的信息。过去,这些信息的交换主要是依靠纸张,表现为各种单证、票据的形式。所以一笔外贸业务所需的票证可能会多达几十种,用传统的人工方式处理这些票证,存在着工作量大、速度慢、成本高、重复劳动多、容易出错等缺点。在 20 世纪 70 年代末 80 年代初,一些大企业纷纷采用了电子消息技术这种新型的信息传递手段,而这种技术的主体正是电子数据交换(EDI, Electronic Data Interchange)。

1. EDI 的概念

EDI 是指将贸易伙伴之间的单证、票据等商业文件,用国际公认的标准格式,通过计算机通信网络实现数据交换与处理的电子化手段。EDI 将贸易过程中的订货单、发票、提货单、海关申报单、进出口许可证、货运单等数据以标准化格式,通过计算机和通信网进行传递、交换、处理,代替了贸易、运输、保险、银行、海关、商检等行业间人工处理信息、邮递互换单证的方式,使交易行为更加快速、安全和高效。

EDI 取代纸面贸易,信息传递快,可靠性强,提高工作效率和竞争能力,在贸易伙伴间建立更好、更密切的关系。EDI 从根本上改变了现代产业的结构、组织管理和贸易方式,因此 EDI 被认为是一场全球性的商业大革命。

正确理解 EDI 的含义,要把握以下要点:

①EDI 处理和传输的数据是参与贸易各方之间的商业文件。

②文件传输采用国际公认的 EDI 标准报文格式,通过专门的计算机网络实现。

③信息的发送,接收与处理是由计算机自动进行的,无须人工干预。可以直接从一方的计算机管理信息系统(MIS)中提取数据,经处理后发送,接收的数据也可直接送到计算机管理信息系统中去,而不需要人工重新输入。

2. EDI 的工作原理

EDI 的工作原理如图 1-14 所示。

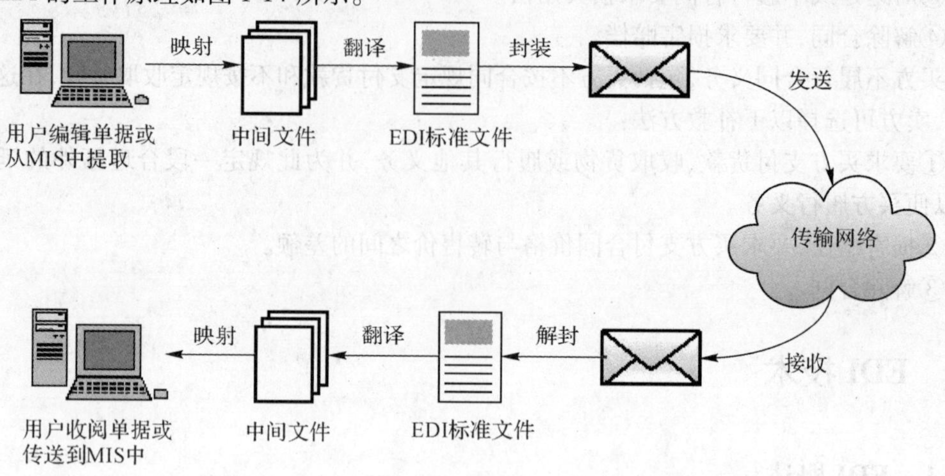

图 1-14　EDI 工作原理

(1)映射——生成中间文件

用户将利用 EDI 应用系统编辑的数据(如单证、票据)或数据库中直接导出的数据,组成一种标准的中间文件。这一过程被称为映射(mapping)。

中间文件是用户通过应用系统直接编辑、修改和操作的单证或票据文件,它可直接阅读、显示和打印输出。

(2)翻译——生成 EDI 标准文件

翻译是将中间文件通过翻译软件生成 EDI 标准格式文件。EDI 标准文件,就是所谓的 EDI 电子单证,或称电子票据。它是 EDI 用户之间进行贸易和业务往来的依据。EDI 标准文件是一种只有计算机才能阅读的 ASCII 文件。具有统一的标准和格式。

(3)封装、发送

接下来是给 EDI 标准文件加上通信交换信封。然后接入 EDI 信箱系统,将 EDI 电子单证通过 VAN(增值服务网络)或直接投递到对方的信箱中。并按照通信协议的要求,为电子单证加上信封、信头、信尾、投送地址、安全要求及其他辅助信息。

(4)EDI 文件的接收、解封

接收、解封过程是封装、发送过程的逆过程。首先需要接收用户通过通信网络接入 EDI 信箱系统,打开自己的信箱,解封,将来函接收到自己的计算机中,经格式校验、翻译、映射还原成应用文件。最后对应用文件进行编辑、处理和回复。

在实际操作过程中,EDI 系统为用户提供了 EDI 应用软件包,包括了应用系统、映射、翻译、格式校验和通信连接等全部功能。其处理过程,用户可看作是一个"黑匣子",完全不必关心里面具体的过程。

3. EDI 的分类

按照 EDI 的功能,可分为 4 类。

(1)订货信息系统

该系统又称为贸易数据互换系统 TDI(Trade Data Interchange),它用电子数据文件传输订单、发货票和各类通知。

(2)电子资金转账系统

该系统简称 EFT(Electronic Funds Transfer),即在银行和其他组织之间进行电子费用汇兑。

(3)交互式应答系统

该系统简称 IQR(Interactive Query Response),它可应用在旅行社或航空公司作为机票预订系统。

(4)图形资料自动传输的 EDI

带有图形资料自动传输的 EDI,最常见的是计算机辅助设计(CAD)图形的自动传输。

4. EDI 的应用范围

基于 VAN 的 EDI 由于其相当高的成本,从而只有少数大公司才能够使用得起,但随着互联网的普及,基于 Internet 的 EDI 的出现而使其的应用已经扩大到许多领域,涵盖了金融、商业、外贸、工业、医疗、保险、运输、政府机关等,这些领域的应用一般是互为联系的、交叉的。对于国内 EDI,需要涉及贸易双方、银行、运输业;国际贸易 EDI 要涉及进出口公司、运输公司、保险公司、海关、商检、银行和外贸管理等部门,图 1-15 展示了国际贸易 EDI 的应用实例。

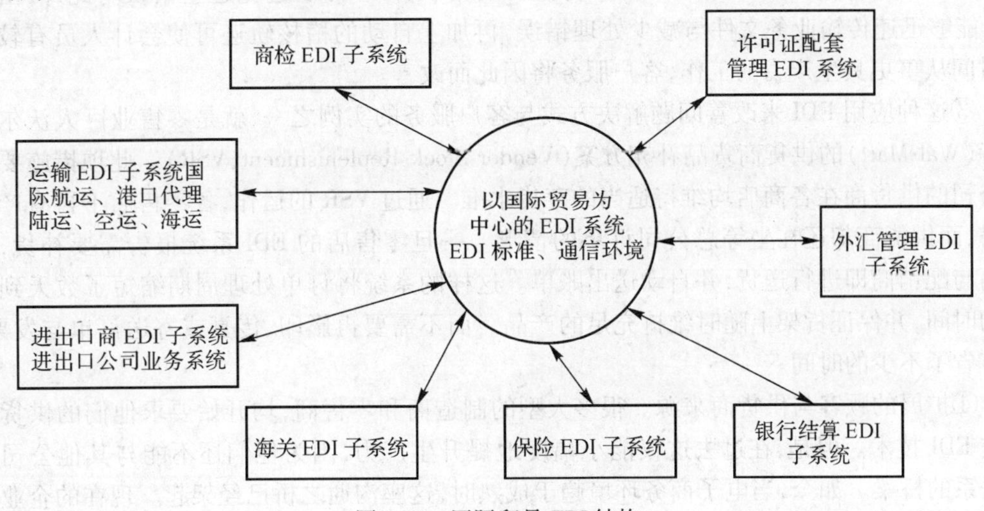

图 1-15　国际贸易 EDI 结构

1.3.2　EDI 系统结构和特点

1. EDI 系统结构

由于 EDI 标准文件必须适用于所有业务的需求,EDI 标准不但广泛且具一般性。而且所有信息都必须具备下列的共同结构。

①交易组(transaction set),相当于一份商业文件,如采购单。每一个交易组是由数个数

据段组成。

②数据段(datasegments),是资料项的逻辑组合,共同传达一项信息,如发票条件、运送信息或采购项目。

③资料项(dataelements),为个别的数据域位,如采购单号码、订购数量、单价。

EDI的观念和理论也已从固定长度、专属格式的数据传输,演变为变动长度、标准格式的数据传输。如果没有这些标准格式,产业界在电脑对电脑通信技术的应用成效,将因不同的格式与资料内容而大打折扣。

早期的EDI仅限于单一的应用(如采购作业),一套或两套交易组(如发票或采购单),以及数量有限的交易对象。近年来跨产业标准的发展,则使EDI大放异彩,在各种作业里成百上千的交易组可适用于各类商业交易。

2. EDI的特点

EDI具有下列几个明显的特点:

①减少纸张的作业制度。EDI将会影响组织在维护记录、纸张用品、档案橱柜、其他储存制度,以及管理这些事务的人员方面的需求与成本。电子化的交易取代了纸张的大部分功能,并因为自动化而大幅减少作业处理的时间。此外,由于不再需要寄送文件,EDI还将节省相关的邮费。

②改善的问题解决与客户服务。EDI能够减少企业花在追踪及解决与业务往来对象问题的时间。很多此类问题都起因于资料输入的错误,EDI可以避免这些错误。此外,由于EDI能够迅速传输业务文件与减少处理错误,再加上自动的稽核轨迹可使会计人员有较多的时间从事更具生产力的工作,客户服务将因此而改善。

③这种应用EDI来改善问题解决方式与客户服务的实例之一,就是零售业巨人沃尔·玛特(Wal-Mart)的供货商货品补充方案(Vendor Stock Replenishment,VSR)。此项措施要求该公司的供货商在各商店均维持适当的存货水准。通过VSR的运作,各零售店不再有产品售罄,而供货商却还在坐等总公司订单的情形。一旦零售店的EDI系统报告需要补货,供货商与配销商即进行送货,并自动送出账单。这样的系统将订单处理周期缩短了数天到数周的时间,并保证货架上随时维持充足的产品。而不需要再影印、传真或寄送订单与发票,也节省了不少的时间。

④扩展的顾客与供货商来源。很多大型的制造商和零售商,均开始要求他们的供货商引进EDI技术。但是,在过去这仅能小幅度地提升生产力,因为他们还不能与其他公司建立联系的桥梁。如今,当电子商务环境趋于成熟时,这座沟通之桥已经架起。现在的企业在评估是否销售一项新的产品或选择一个新的供货商时,实施EDI的能力在他们的评分表中占据很重的分量,这些公司势将逐渐放弃与未能遵循这项原则的供货商的业务。

1.3.3 EDI系统的组成

EDI数据标准、EDI软件、EDI硬件和通信网络,是构成EDI系统的四大要素。

1. EDI数据标准

由于各个企业的计算机应用软件通常是按照企业自身的需要而设计的,如果要求企业的每个 EDI 贸易伙伴都修改自己的应用软件以便与其他贸易伙伴互相通信,这是不现实的。因此,贸易伙伴之间必须共同讨论、制定一套共用的标准用于表示所交换的数据。目前,世界各国都把 UN/EDIFACT 作为本国用于表示所交换数据的标准。

2. EDI 软件

EDI 软件的功能是将用户数据库系统中的信息,译成 EDI 的标准格式的文件,以供传输交换。由于 EDI 标准具有相当的灵活性,可以适应不同行业的众多需求。然而,每个公司有其自己规定的信息格式,因此,当需要发送 EDI 电文时,必须用某些方法从公司的专有数据库中提取信息,并把它翻译成 EDI 标准格式再进行传输,这就需要 EDI 相关软件的帮助。

EDI 软件包括以下部分。

(1)转换软件

可以帮助用户将原有计算机系统的文件,换成翻译软件能够理解的中间文件,或是将从翻译软件接收来的中间文件,转换成原计算机系统中的文件。

(2)翻译软件

将中间文件翻译成 EDI 标准文件,或者将接收到 EDI 标准文件翻译成中间文件。

(3)通信软件

给 EDI 标准文件的外层加上通信信封,再传送到 EDI 系统交换中心的邮箱,或从 EDI 系统交换中心的邮箱内,将接收到的文件取回。

3. EDI 硬件

EDI 所需的硬件设备大致有计算机、通信线路及连网设备。

(1)计算机

企业现有的计算机(PC、工作站、小型机和主机等),一般均能满足 EDI 的要求。不必作特殊处理。

(2)通信线路

通信线路一般最常用的是普通电话线路,如果对传输速率有较高要求,可以考虑使用 ISDN 或 ADSL,甚至租用专用线路 DDN 或 X2.5 等。

(3)连网设备

连网设备与选择的通信线路有关,目前采用电话线路进行通信是最为普遍的方法,因此调制解调器(Modem)是最常见的硬件设备。如果选择其他通信线路,则必须选配相应的连网设备(像网卡、Hub、交换机和路由器等)。

4. 通信网络

通信网络是实现 EDI 的一个基础。早期的 EDI 通信是采用贸易伙伴之间的专用通信网络实现的,结构均比较简单,我们称这种 EDI 网络为直接连接网络,如图 1-16 所示。

但随着贸易伙伴数目的增多,当多个企业的计算机直接通信时,会出现由于计算机厂家不同、通信协议相异以及工作时间不易配合等问题,造成相当大的困难。为了克服这些问题,许多公司逐渐采用第三方网络与贸易伙伴进行 EDI 通信,即增值网络(VAN)方式。如图 1-17 所示。

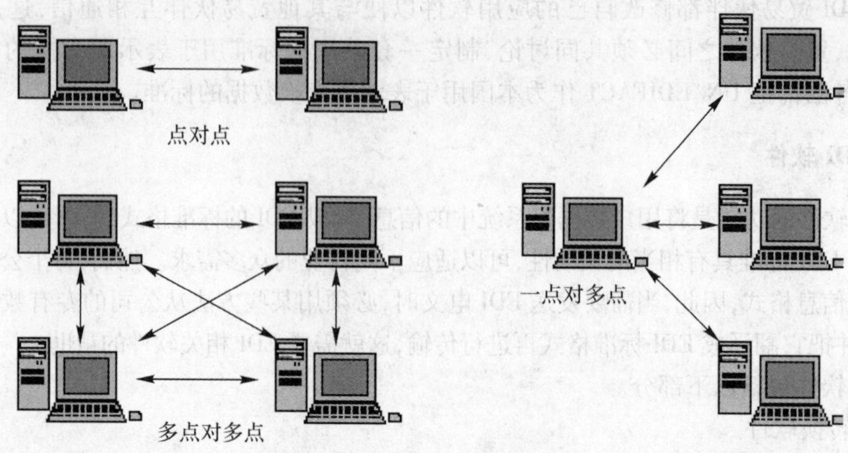

图 1-16　直接连接网络

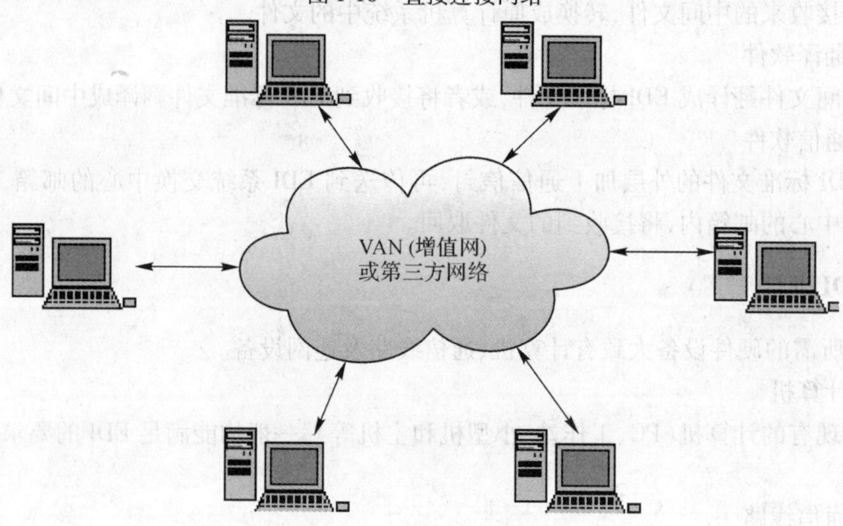

图 1-17　增值网络方式

它类似于邮局,为发送者与接收者维护邮箱,并提供存储转送、记忆保管、通信协议转换、格式转换、安全管制等功能。因此通过增值网络传送 EDI 文件,可以大幅度降低相互传送资料的复杂度和困难度,大大提高 EDI 的效率。

1.4　网络金融

1.4.1　网络银行概述

1. 网络银行概念

研究网络银行,首先需要弄清网络银行的基本概念。“网络银行”的字面含义很容易理解,但要解释清楚网络银行到底是指什么、其理论内涵是什么却并不容易。

在谈及网络银行时,人们的直观感觉是,“网络银行”就是利用电子化手段提供服务的银行或银行业务,其服务媒介是电子网络。

不过,在不同的场合,人们也经常会碰到同样是描述利用电子网络手段开展银行业务却又不同于"网络银行"的其他术语。如电子银行、PC(电脑、计算机)银行、网上银行、电话银行、自助银行、家庭银行、虚拟银行、WAP(手机、移动)银行和 Cyber(赛伯)银行等。

(1)第一类

这一类主要是按照银行与客户之间的联络方式来命名,包括电话银行、WAP 银行、网上银行等。这些都是以银行开展业务时所依赖的物质载体作为前缀。强调的是客户接受银行服务的特定途径或特定的网络接入设备。

(2)第二类

这一类主要是以客户"消费"银行产品和服务方式的不同来命名,包括 PC 银行、自助银行和家庭银行等。这些都是以消费者的角度出发,根据消费者使用银行服务的方式和场所来确定相应的银行或银行服务的名称。

(3)第三类

这一类主要是作为与传统银行相对应的新型银行组织的统称。包括电子银行、网络银行,它们不是针对某种特有的银行现象或业务创新而确定的名称,它们涉及的也不仅仅是某种银行新产品的开发,或者新销售通道的扩展。在国际金融领域,它们代表的是银行业制度变迁的一种趋势,涵盖了在网络经济中银行业演变的方方面面。

电子银行或网络银行,研究的是银行业未来的发展形态,是以传统银行替代物面貌出现的。它们的含义要比第一、第二类术语广泛得多,也抽象得多,如图 1-18 所示。

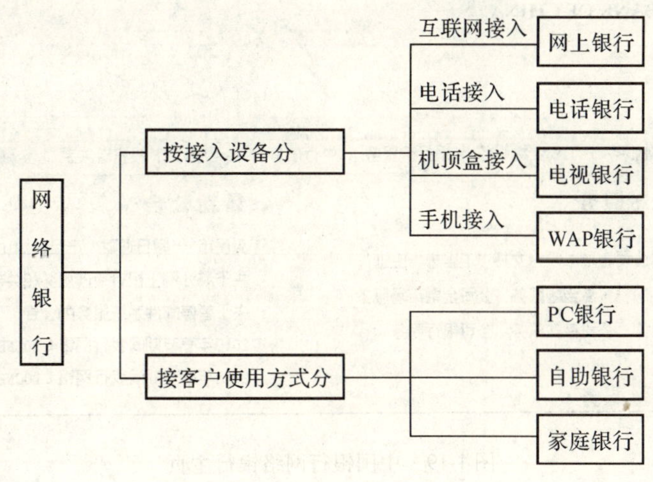

图 1-18　网络银行的结构

2. 网络银行定义

目前有许多金融机构对网络银行进行了各种不同的定义,大致可分为广义和狭义的两种定义。

(1)网络银行广义定义

顾名思义,广义网络银行的定义是:凡是利用网络实现银行业务的都称为网络银行。其中:

①网络指的是局域网、互联网、企业内部网、资金移动网和支付清算网等。

②银行业务指的是以下三个层次,第一层次是一般的信息和通信服务,包括银行的宣传、接入服务等;第二层次是简单的银行交易;第三层次是所有银行的业务。

(2)网络银行狭义定义

凡是利用互联网实现银行业务的都称为网络银行。其中:

①网络单指互联网。

②银行业务指的是以下两个层次,第一层次是简单的银行交易;第二层次是所有银行的业务。

1.4.2 网络银行服务

网络银行是依托信息技术、互联网的发展而兴起的一种新型银行服务手段。网络银行借助互联网遍布全球的优势及其不间断运行,信息传递快捷的优势,突破了传统银行的局限性,为用户提供全方位、全天候、便捷、实时的现代化服务。例如,中国银行网络银行,其主页如图1-19所示。

图1-19 中国银行网络银行主页

1. 网络银行服务内容

(1)基本网上银行业务

商业银行提供的基本网上银行服务包括:在线查询账户余额、交易记录、下载数据、转账和网上支付等。

(2)网上投资

由于金融服务市场发达,可以投资的金融产品种类众多,国外的网上银行一般提供包括股票、期权、共同基金投资和CDS买卖等多种金融产品服务。

(3)网上购物

商业银行的网上银行设立的网上购物协助服务，大大方便了客户网上购物，为客户在相同的服务品种上提供了优质的金融服务或相关的信息服务，加强了商业银行在传统竞争领域的竞争优势。

(4)个人理财助理

个人理财助理是国外网上银行重点发展的一个服务品种。各大银行将传统银行业务中的理财助理转移到网上进行，通过网络为客户提供理财的各种解决方案，提供咨询建议，或者提供金融服务技术的援助，从而极大地扩大了商业银行的服务范围，并降低了相关的服务成本。

(5)企业银行

企业银行服务是网上银行服务中最重要的部分之一。其服务品种比个人客户的服务品种更多，也更为复杂，对相关技术的要求也更高，所以能够为企业提供网上银行服务是商业银行实力的象征之一，一般中小网上银行或纯网上银行只能部分提供，甚至完全不提供这方面的服务。企业银行服务一般提供账户余额查询、交易记录查询、总账户与分账户管理、转账、在线支付各种费用、透支保护、储蓄账户与支票账户资金自动划拨、商业信用卡等服务。此外，还包括投资服务等。部分网上银行还为企业提供网上贷款业务。

(6)其他金融服务

除了银行服务外，大商业银行的网上银行均通过自身或与其他金融服务网站联合的方式，为客户提供多种金融服务产品，如保险、抵押和按揭等，以扩大网上银行的服务范围。

2. 公司金融服务内容

不同的网络银行具有不同的公司金融服务项目，这里主要介绍的是中国银行网络银行所提供的公司金融服务内容，如图1-20所示。

(1)公司融资服务

①传统贷款融资包括固定资产贷款、流动资金贷款、房地产企业贷款、法人账户透支和委托贷款等。

②特色贷款融资包括全球统一授信、银团贷款、出口买方售贷、出口卖方售贷和项目融资等。

③金融市场融资包括财务顾问、企业短期融资券、企业融资评标、企业中期票据和结构性融资等。

(2)贸易金融服务

①国际贸易结算包括信用证开立、信用证通知、信用证保兑、信用证审单/议付和进口代收等。

②国际贸易融资包括融付达、授信开证、杂币进口汇利达和进口汇利达等。

③国内贸易金融包括授信开立国内信用证、同内信用证议付、国内信用证买方押汇、国内信用证卖方押汇和国内商业发票贴现等。

④保函包括对外承包工程保函风险专项资金、对外劳务合作备用金保函、履约保函和投标保函等。

⑤供应链包括融信达、融易达、融贷达和通易达等。

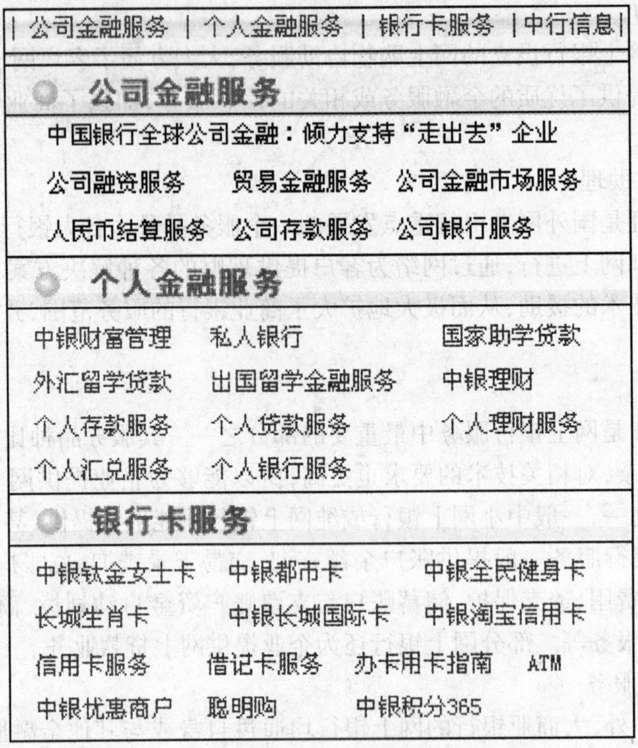

| 公司金融服务 | 个人金融服务 | 银行卡服务 | 中行信息 |

公司金融服务

中国银行全球公司金融：倾力支持"走出去"企业

公司融资服务　贸易金融服务　公司金融市场服务

人民币结算服务　公司存款服务　公司银行服务

个人金融服务

中银财富管理　私人银行　国家助学贷款

外汇留学贷款　出国留学金融服务　中银理财

个人存款服务　个人贷款服务　个人理财服务

个人汇兑服务　个人银行服务

银行卡服务

中银钛金女士卡　中银都市卡　中银全民健身卡

长城生肖卡　中银长城国际卡　中银淘宝信用卡

信用卡服务　借记卡服务　办卡用卡指南　ATM

中银优惠商户　聪明购　中银积分365

图 1-20　中国银行的公司金融服务

(3)公司金融市场服务

①代客交易保值包括即期结售汇、即期外汇交易、远期结售汇、外汇利率期权和远期外汇买卖等。

②资产管理包括人民币对公理财产品、中银新股增值理财计划、中银平稳收益理财计划、中银新兴市场(R)和开放式基金投资业务等。

(4)人民币结算服务

①基础结算包括定期贷记、定期借记、集中代收付、同城特约委托收款和托收承付等。

②特定服务包括银税通、银检通、工商验资 E 线通、国库经收和中央财政非税收入收缴等。

③特色快捷支付包括单位客户集中收款、特色快捷支付产品、对公现金汇集通、单位客户集中支付和随身银行等。

④账户服务包括银行询证函、对公短信通、账户收支银企通和账户金钥匙等。

⑤托管服务包括单据托管、票据托管和托管服务产品等。

(5)公司存款服务

公司存款服务包括单位活期存款、单位定期存款、单位通知存款、人民币单位协定存款和企业存款证明等。

(6)公司银行服务

公司银行服务包括银期转账、工程保险、雇主责任保险、财产保险、机器损坏保险、货物运输保险、融货达存仓货物保险、跨境现金管理、海外账户服务、债券代理结算、代理保险服务、代理银行同业服务、环球汇兑一日通、中银汇星、咨询业务、电话银行、网上银行服务、企业年金、资产托管业务和基金代销业务等。

1.4.3 网络证券交易

1. 网上证券交易概念

网上证券交易是国际证券市场已经发展起来并日益成熟的新业务，是继电话委托、可视委托后推出的又一先进的远程委托方式。

所谓网上证券交易，就是指券商通过数据专线将证券交易所的股市行情和信息资料实时发送到 Internet 上，投资者将自己的电脑通过调制解调器等设备连上 Internet，通过Internet 观看股市实时行情，分析个股，查阅上市公司资料和其他信息，委托下单买卖股票。美国目前已经普及网上证券交易，约有 30% ~50% 的证券交易是直接或间接通过网上进行的。网上证券交易由于具有成本低、不受地域限制等优势，也引起了众多国内券商的关注。

网上证券是电子商务条件下的证券业务的创新，网上证券服务是证券业以 Internet 等信息网络为媒介，为客户提供的一种全新商业服务。网上证券包括有偿证券投资资讯（国内外经济信息、政府政策、证券行情）、网上证券投资顾问、股票网上发行、买卖与推广等多种投资理财服务。

2. 网上证券交易的发展趋势

随着网上证券业务的不断推广，证券市场将逐渐地从“有形”的市场过渡到“无形”的市场，现在的证券交易营业大厅将会逐渐失去其原有的功能，远程终端交易、网上交易将会成为未来证券交易方式的主流。网上证券对未来证券市场发展的影响主要表现在以下几个方面。

（1）证券市场的发展速度加快

证券市场是一个快速多变、充满朝气的市场。在证券市场发展过程中，网上证券作为证券市场创新的一种新形式，发挥了积极的推动作用。其表现是：第一，证券市场的品种创新和交易结算方式的变革，为网上证券建设提出了新的需求；第二，网上证券建设又为证券市场的发展创新提供了技术和管理方面的支持，两者在相互依存、相互促进的过程中得到了快速发展。

（2）证券业的经营理念在实践中发生了变化

未来的证券公司将不再以雄伟气派的建筑为标志，富丽堂皇的营业大厅不再是实力的象征，靠铺摊设点扩张规模已显得黯然失色。取而代之的是，依托最新的电子化成果，积极为客户提供投资咨询、代人理财等金融服务，发展与企业并购重组、推荐上市、境内外直接融资等有关的投资银行业务，努力建立和拓展庞大的客户群体将成为其主营目标。

（3）证券业的营销方式在管理创新中不断地变化

未来的证券公司的市场营销将不再依赖于营销人员的四面出击，而将集中更多的精力用于网络营销。通过网络了解客户的需求，并根据客户的需求确定营销的策略和方式，再将自己的优势和能够提供的服务通过网络反馈给客户，从而达到宣传自己、推销自己的目的。

（4）证券业的经营策略发生了变化

在未来网络互联、信息共享的信息社会里，证券公司将不再单纯依靠自身力量来发展业务，而是利用自身优势建立与银行、邮电等行业的合作关系。各行业在优势互补、互惠互利的前提下联手为客户提供全方位、多层次的立体交叉服务。这种合作会给各方带来成本的降低和客源的增加，从而达到增收节支、扩大业务的目的。

(5)金融业中介人的地位面临严重的挑战

在未来网络互联、信息共享的时代，企业可绕过证券金融机构，直接通过 Internet 公开发行股票来募集资金，甚至自己开展交易活动，如美国电子股票信息公司自 1996 年开始利用 Internet 为客户提供股票交易服务；又如美国春街啤酒厂(Spring Street)，作为全球第一个在互联网上发行股票的公司，直接在网络上向 3500 个投资者募集 160 万美元的资本，并在网络上发展一套交易制度来交易该公司股票。该公司还进一步计划成立一个网络投资银行，专门做网络上公开发行的股票交易业务。在网络技术迅速发展的今天，金融机构如果无法适应网络技术的发展，无疑将成为最大的输家，很可能成为明日的“恐龙”。

(6)大规模网上交易的条件日渐成熟

首先是技术的进步，从技术角度讲，网上交易已可以使投资者在时间上领先一步。其次，我国的互联网用户群已呈现几何级数增长势头。三是我国证券市场正日趋成熟。

(7)集中式网上交易成为一种发展趋势

我国证券行业正在向集中交易、集中清算、集中管理以及规模化和集团化的经营方式转换。网上交易采用这一经营模式，更有利于整合券商的资源，实现资源共享，节约交易成本与管理费用，增强监管和风险控制能力。可见，集中式网上交易模式符合未来券商经营模式的发展方向。

(8)网上经纪与全方位服务融合

在固定佣金政策的大背景下，使得国内券商提前从价格竞争进入了服务竞争阶段。通常情况下，这一竞争阶段应该是在充分的价格竞争之后到来。价格竞争的直接结果是导致网上交易佣金费率的降低，当竞争达到一定程度后，仅靠减佣模式已不能维持下去时，全方位服务模式就会出现。这时候，券商的收入将由单一的经纪佣金转向综合性的资产管理费用。

(9)网上证券交易正在进入移动交易时代

WAP(无线应用协议)为互联网和无线设备之间建立了全球统一的开放标准，是未来无线信息技术发展的主流。WAP 技术可以使股票交易更方便，通过 WAP 可实现多种终端的服务共享和信息交流，包括目前广泛使用的和新兴的终端类型，如手机、呼机、PDA 等设备。用户通过手机对券商收发各种格式的数据报告来完成委托、撤单、转账等全部交易手续。由此可见，未来几年基于互联网的移动证券交易市场将有巨大的发展空间。

(10)网上证券交易将以更快的速度向农村和偏远地区发展

目前我国大多数县、县级市都没有证券营业部，投资者买卖股票需要到地级市，非常不方便。特别是在广东、江浙一带，许多县、镇经济发达，比如在广东南海市，一个市就有 500 台 ATM 提款机，却没有一家证券营业部。网上交易的普及，交易网络的无限延伸，将使占中国 85% 以上的小城市和农村居民变成潜在的股民，使很多没有条件进行股票买卖的人加入到股民的队伍中来。

3. 网上证券交易模式

证券公司一般通过网站的方式开展网上证券交易的，例如，长城证券公司推出的网上证券交易分析系统。其主画面如图1-21所示。

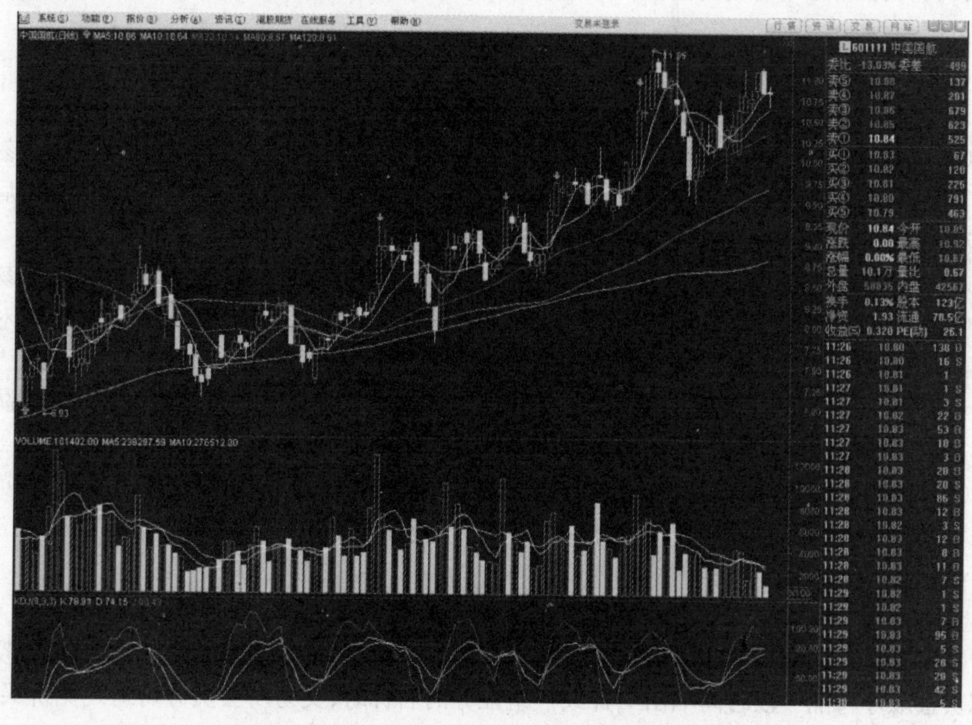

图1-21　长城证券公司网上证券交易分析主画面

券商除了自建和收购网站以外，还可以通过指定、租用甚至参股其他网站的方式开展网上交易。普通网站可以向证监会申请网上证券经纪和交易资格，或吸收券商入股进行合资经营。券商拥有资金和专业性两大优势，成熟网站在品牌、信息量、人才结构及潜在的网上客户资源等方面具有优势，两者具有很强的互补性。

4. 网上证券交易形式

（1）证券交易所的组织形式

世界各国证券交易所的组织形式大致可分为以下两类：

①公司制证券交易所。它是由银行、证券公司、投资信托机构及各类民营公司等共同投资入股建立起来的公司法人。公司制证券交易所对在本所内的证券交易员有担保责任，通常设有赔偿基金，或向国库缴纳营业保证金，以赔偿因该所成员违约而遭受损失的投资者。

目前，世界上实行公司制证券交易所的国家和地区主要有加拿大、澳大利亚、日本、香港、马来西亚、新加坡、印度、阿根廷、智利、哥伦比亚以及瑞士的日内瓦证券交易所、美国的纽约交易所等。

②会员制证券交易所。它是以会员协会形式成立的不以盈利为目的的组织，主要由证券商组成。只有会员及享有特许权的经纪人才有资格在交易所中进行证券交易，会员对证

券交易所的责任仅以其缴纳的会费为限。会员制证券交易所通常也都是法人,属于社团法人,但也有一些会员制证券交易所不是法人组织。法人证券交易所的会员可包括法人和自然人会员两种,而非法人证券交易所的会员仅限于自然人。

目前,美国、欧洲大多数国家以及巴西、泰国、印度尼西亚、南非等国的证券交易所均实行会员制。

(2)证券交易所的管理体制

世界上证券交易所的管理体制主要有以下三种做法:

①注册制。注册制以美国为代表。美国证券交易法规定,除交易量过少,经证券交易委员会豁免的以外,有相当交易量的全国性证券交易所需向证券交易委员会注册,经批准后方能经营。经批准注册后的证券交易所必须服从证券交易委员会的领导、检查和监督。

②特许制或许可制。特许制以日本为代表。日本的证券交易法规定,设立证券交易所需经大藏省特许,特许后经复查,不符合条件者可以根据一定理由撤销其特许。大藏省对证券交易所的规章制度有核批权,若认为不当有权令其修改。

许可制由于有主管机关把关,可防止管理不善、缺乏竞争力的证券交易所开业,并防止证券交易所数量过多,因此世界各国大多实行此制度。

③认可制。认可制的代表是英国。经认可的证券交易所在业务经营上较为自由。英国的认可制情况较特殊,属于事后追认性质,实行的国家也很少。

(3)证券交易所的交易办法

各国证券交易所股票交易的办法主要有以下几种:

①唱名交易制。唱名交易制是较古老的一种交易类型,是指在交易时间内,当证券交易所职员按顺序每隔一段时间唱出一种或一组证券的名称时,交易所会员方可对之竞价买卖,其他证券则不得买卖。其优点是:可克服分散交易的弊端,实现集中交易,买卖双方可聚集在一起进行双边竞价,有利于证券价格的公平、合理,以及证券供求的平衡。其缺点在于每种证券的交易时间过短,无法实现各种证券的全天候连续交易。特别是对于上市证券种类较多的证券交易所来说,每种证券有的只能交易几分钟。这种交易方法只适用于上市证券种类较少、较清淡的证券交易所。

②交易站交易制。交易站交易制属于连续交易制,是指证券交易所划分成若干交易站(tradingpost)、每个交易站交易若干上市证券。由于一个交易站内证券种类较少,而且较为集中,可进行连续交易。

③电脑交易制。电脑交易制是现代证券交易方法的标志和趋向,是指由经纪人把证券交易所的电脑主机按顺序自动配对成交。这种方法迅速、准确、公平、集中,且为无纸化交易打下了基础,因此各国证券交易所纷纷采用。

④拍卖和标购。以上三种交易方法都属于公开竞价法,买卖双方都有众多的竞争者。在拍卖中,卖者只有一个,买者有很多竞争者。拍卖和标购通常是在大批交易中使用。

1.4.4 网络保险

网络保险是指实现保险信息咨询、保险计划书设计、投保、缴费、核保、承保、保单信息查询、保权变更、续期缴费、理赔和给付等保险全过程的网络化。网络保险无论从概念、市场还是到经营范围,都有广阔的空间以待发展。

1. 网上保险的概念

网上保险是电子商务环境中保险业创新的产物。利用电子商务,保险公司不仅可以通过网络直接接触成千上万的新客户,而且随时可以为老客户提供详尽周到的服务,与各行各业开展广泛的交流与合作,精简业务环节,降低运营成本,提高企业的效益与效率。对于客户来说,它们可以不受时间和空间的限制,无论身在何处都可以享受每周7天、每天24小时的不间断服务,理智的客户还可以通过对各家保险公司的充分对比分析,最终决定购买哪家公司的保险产品。网上保险具有以下两种定义。

(1)狭义定义

网上保险是指保险公司或新型的网上保险中介机构通过Internet网站,为客户提供有关保险产品和服务的信息,并实现网上投保,直接完成保险产品和服务的销售,由银行将保险费划入保险公司。

(2)广义定义

网上保险具有狭义的定义处,还包括保险公司内部基于Internet技术的经营管理活动,以及在此基础上的保险公司之间、保险公司与公司股东、保险监管、税务、工商管理等机构之间的交易和信息活动。

2. 网上保险特点

网上保险具有以下几个特点。

(1)网上开展保险业务更快更方便

用户无须走进人多嘈杂的保险公司排队等候,只须自行上网自己完成申报程序,因此无论你在何时何地都可以方便而及时地办理及享受保险业务和服务。

(2)扩大知名度,提升企业竞争力

Internet的主要特征就在于其信息传递和处理的快速性和共享性,以及信息的广泛性。利用Internet技术,保险公司可以在全球范围内介绍自己的公司,推销自己的产品和服务,有效抢占保险市场。

(3)网上开展保险业务更自由更人性化

用户可以在网上选择自己需要的险种,调用其相关资料进行阅读,阅读完有关该险种的资料后,如有特殊问题可在网上咨询解决。然后,用户在选定险种的电子意向书上填入:保险金额、保费交付方式、被保险人、被保险人健康状况、受益人、联系地址等项目。

(4)网上保险业务降低了成本,增加了效益

网上保险因其节省了保险公司的人力,也免除了电话委托所产生的必须由保险商承担的话费,从而大大降低了成本,增加了网络保险的效益。

(5)网上保险业务更加透明化

用户可以直接在网上查到保险公司、经纪人、代理人,了解它们的情况,直接从网上向它们购买保险。消除了用户对上门推销者的怀疑,让双方都能互相了解有利业务的进行和发展。

(6)改善管理,提高企业经营效率

先进、有效的经营管理是保险公司能够持续、快速、健康发展的“法宝”。随着Internet

技术的发展和普及,这一现代信息技术对保险公司的内部经营管理方式也将会产生深刻的影响,提高企业经营效率。

3. 网上保险内容

各大保险公司在网上保险的内容大致相同,下面我们以中国平安保险公司的网上保险为例进行介绍,图 1-22 所示的是平安保险公司网上保险主页内容。

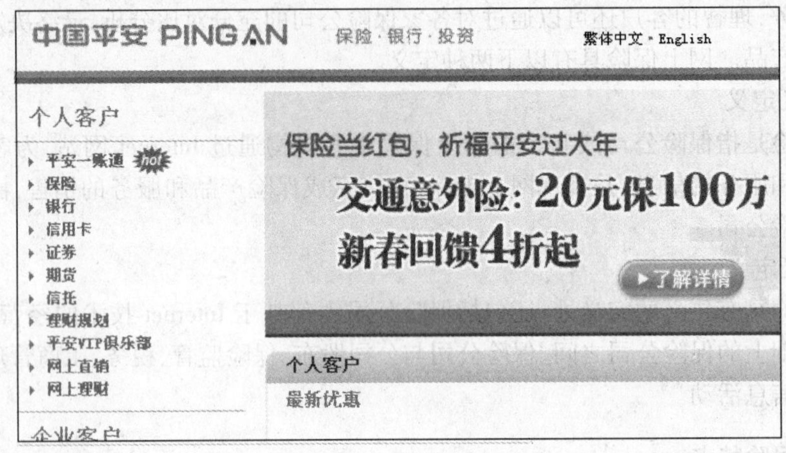

图 1-22 中国平安保险公司主页

(1)个人保险

个人保险包括平安一账通、保险、银行、信用卡、证券、期货、信托、理财规划、平安 VIP 俱乐部、网上直销、网上理财等,由于篇幅有限,下面只介绍其中的几个方面。

①平安一账通。平安一账通是平安推出的创新的网上账户管理工具。通过一账通,您只需要一个账户、一套密码、一次登录,就可管理所有平安账户和常用的其他机构网上账户,轻松实现保险、银行、投资等多种理财需求:一个账户、密码便可管理众多账户、集合平安旗下所有产品的所有网上服务、个人资产、负债、投资、保障一目了然、汇款转账、缴费还款方便快捷、股票、基金买卖等投资交易轻松实现、足不出户便可办理各种保单业务等。

②保险。保险包括汽车保险、旅游保险、家庭财产保险、意外保险、签证保险、分红保险、万能险、投连险、少儿保险、养老保险、医疗保险和健康保险等。

③理财规划。理财规划包括养老规划(养老规划知识、养老规划相关产品、养老规划计算器)、保险理财(保险理财知识、保险理财产品与服务、保险理财计算器)、儿童教育规划(教育规划知识、儿童教育规划产品与服务、儿童教育规划计算器)、投资规划(投资规划知识、投资规划产品与服务、投资规划计算器)、房产规划(房地产知识、房产规划产品与服务、房产规划计算器)、理财教育(理财案例、理财技巧、理财故事)和热门专题(理财计算器、理财生活)等。

(2)企业保险

企业保险包括保险、年金、银行、证券、期货、信托、投资银行、资产管理和网上理财等内容。由于篇幅有限,下面只介绍其中的几个方面。

①保险。保险包括贸易信用保险(国内贸易短期信用保险)、平安保险卡、中小企业员

工保险计划(新经济型套餐、小康型套餐、卓越型(AB)套餐、经济型Ⅲ系列套餐、团体员工吉祥全面保障套餐、团体员工如意健康保障套餐)、中小企业财产保险(平安恒利达企业综合保险)、大型企业员工保险、大型企业财产保险、大型企业经营风险保险、企业高管保险(平安全球团体医疗保险、平安综合团体医疗保险)和企业保险服务等。

②年金。年金包括受托管理(受托管理介绍、受托管理优势)、投资管理(投资管理介绍、投资管理优势)、账户管理(账户管理介绍、账户管理优势)、运营管理(运营管理介绍、运营管理优势)、产品及解决方案(受托管理计划、投资组合账户、案例分享、业务咨询)、客户服务(客户服务项目、客户服务方式、表格下载中心)、年金资讯(平安年金公告、年金研究专题、年金专家论坛)和年金知识与政策等。

③银行。银行包括存款业务(活期存款、定期存款、协定存款、通知存款、协议存款、对公外汇存款)、公司融资业务、人民币结算业务(人民币结算账户、人民币结算工具)、国际结算业务(汇出汇款、汇入汇款、出口光票托收、出口跟单托收、进口跟单代收、出口信用证、进口信用证、开立保函/备用信用证、跨境贸易人民币结算业务)、国际贸易融资业务(出口贸易融资)、打包贷款、出口信用证押汇、福费廷、以单换票、出口托收押汇、出口 T/T 押汇、出口保税、出口信用保险融资(进口贸易融资)、减免保证金开证、减免保证金对外开立保函/备用信用证、提货担保、代理行代付、进口信用证押汇、进口 T/T 押汇、进口付汇组合 1 号(进出口单证通)、以单换证、以证换证、对公理财业务(人民币系列理财产品、外汇理财系列)、结售汇、人民币远期结售汇、即期外汇买卖、远期外汇买卖(信托理财计划、委托贷款、人民币债券结算代理、黄金交易代理业务)、投资银行业务(银团贷款、备用贷款、结构化融资、债务融资工具、财务顾问、信贷资产转受让、资信业务、并购贷款)、现金管理业务(委托划款业务、现金集中管理、人民币现金池业务、投资理财、EDI、集团支付、网上智能通知存款、周期预约)、S-EBANK·企业网上银行业务(查询、汇款转账、代收付业务、集团用户、网上现金管理、客户服务、银企直连)和同业金融业务(债券买卖与回购、同业存款、代理证券交易结算资金存管业务、代理政策性银行贷款、资金信托产品代收代付业务)等。

习题一

一、判断题(正确的打"√",否则打"×")

1. 电子货币不仅可以在网上使用,而且也可以在网下使用。(　　)

2. 电子货币的表现形式与实物纸币一样,是单一的。(　　)

3. 按照不同的划分方法,可以将电子交易划分为不同的类型。(　　)

4. 网络商品直销是指消费者和生产者,或者是需求方和供应方直接利用网络形式所开展的买卖活动。(　　)

5. EDI 系统有 EDI 数据标准、EDI 软件、EDI 硬件、通信网络等构成。(　　)

6. 狭义网络银行的定义是:凡是利用网络实现银行业务的都称为网络银行。(　　)

7. 网络银行是依托信息技术,互联网的发展而兴起的一种新型银行服务手段。(　　)

8. 网上证券交易是继电话委托、可视委托后推出的又一先进的远程委托方式。(　　)

9. 证券公司一般通过公司店面的方式开展证券交易的。(　　)

10. 网络保险是指实现保险信息咨询、保险计划书设计、投保、缴费、核保、承保、保单信息查询、保权变更、续期缴费、理赔和给付等保险全过程的网络化。(　　)

二、填空题

1. 电子货币具有：______特征、______特征和______等特征。

2. 电子货币的表现形式有：______、______和______等形式。

3. 电子交易指通过______进行的交易，不同于在______面对面进行的交易。

4. 电子交易按交易主体划分有______类型、______类型、______类型、______类型、______类型和______类型。

5. 按交易客体划分有______类型、______类型、______类型和______类型。

6. 电子交易具有______、______、______、便利交易、______、______和______等特点。

7. EDI 称为______，是指将______之间的单证、票据等商业文件，用国际______的标准格式，通过______实现数据______与处理的______手段。

8. 按照 EDI 的功能，可分为______系统、______系统、______系统和______系统等几种类型。

9. 广义网络银行中的网络有______网络、______网络、______网络、______网络和______等网络。

10. 所谓网上证券交易，就是指券商通过______将______的股市行情和______实时发送到______上，投资者将自己的______通过______等设备连上______，通过______观看股市实时行情，分析______，查阅上市公司资料和______，委托下单买卖股票。

三、思考题

1. 简述电子货币的定义。
2. 简述电子货币的特征。
3. 简述电子货币的表现形式。
4. 简述银行卡的概念和优点。
5. 简述数字现金的概念和四大属性。
6. 简述电子交易的概念和特征。
7. 简述电子交易的基本类型。
8. 简述面对消费者的直销模式。
9. 简述安全电子交易支付模型。
10. 简述 EDI 概念和特点。
11. 简述 EDI 工作原理。
12. 简述网络银行概念和特点。
13. 简述网上证券概念和特点。
14. 简述网上保险概念和特点。

第 2 章

电子商务硬件技术

电子商务既然依托于计算机网络而来开展各项商务活动,从这点出发,我们要讨论的电子商务硬件技术主要就是网络硬件技术。换句话说就是要讨论企业开展电子商务从无到有这一过程所要涉及的主要网络方面的相关网络硬件设施,以及相关的各种技术。但随着信息技术的高速发展,与网络相关的硬件设施以及相关技术的发展又是何其的迅速,我们只能通过掌握一些相对比较典型的东西,希望以此达到举一反三的目的。本章就从实际应用出发,先来介绍电子商务网络的基础,然后来介绍如何构建电子商务网络,最后通过实例来进一步介绍电子商务的网络的构架。通过本章的学习,要求:

- 掌握网络的拓扑结构。
- 了解网络的基本协议。
- 了解各种常用的网络传输介质。
- 掌握电子商务网站规划原则。
- 学会基本网络设备选购方法。

2.1 电子商务网络基础

2.1.1 网络拓扑结构

1. 网络拓扑简介

所谓拓扑(Topology)结构是指网络单元的地理位置和互联的逻辑布局。具体讲就是网络上各节点的连接方式和形式。换种说法,网络拓扑代表网络的物理布局或逻辑布局,特别是计算机分布的位置以及电缆如何通过他们。设计一个网络的时候,应根据自己的实际情况选择正确的拓扑方式,每种拓扑都有他自己的优点和缺点。

目前比较流行的是三种拓扑结构:总线型、星型和环型。但在此基础上可以连成树型、星环型和星线形。树型、星环型和星线形都是三种基本拓扑结构的复合连接。

选择网络拓扑结构主要是考虑不同的拓扑结构对网络吞吐量、网络响应时间、网络可靠性、网络接口的复杂性和网络接口的软件开销的影响,此外,还应考虑电缆的安装费和复杂程度、网络的可扩充性、隔离错误的能力以及是否易于重构等。

对于 LAN(局域网)用户来讲,网络拓扑并不十分重要,因为目前大多数的 LAN 操作系统都支持多种 LAN 拓扑结构。例如 Windows 2000 操作系统,不管在总线型还是在环型上提供给用户的界面都一样,用户根本都不用关心网络物理部件。但对于网络支持部门来讲,选择网络拓扑却是一项重要的工作,因为不同拓扑方式的 LAN,其所采用的信号技术,信道接入协议及所能达到的网络性能都有很大的不同。

下面我们来介绍一下一些常用的网络拓扑结构。我们将用一些具体的例子来配合大家对各种拓扑的学习,来加深大家的印象。

1. 总线型拓扑结构(Bus Topology)

总线型拓扑通常用于规模较小、简单或临时性的网络。

(1)总线型网络的工作原理

在一个典型的总线型网络里,通常只有一根或几根电缆,没有安装动态电子设备对信号进行放大,或将信号从一台计算机转发至另一台。也就是说,总线拓扑是一种无源拓扑。

总线型网络中所有的用户结点(计算机、终端、工作站、外围设备或电话机等)都同等的挂接在一条广播式公共传输总线上,它没有对网络进行集中控制的装置。如图 2-1 所示。

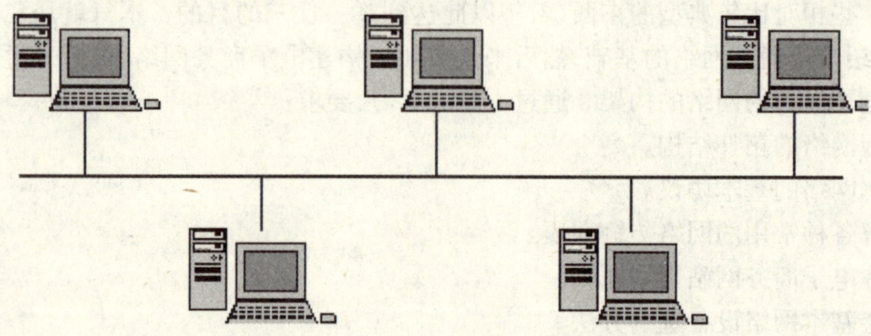

图 2-1　总线型拓扑结构

计算机沿电缆向上或向下发出报文信息以后,网络里的所有计算机都能接受这个信息,但其中只有一台才能真正接受信息,通常目标地址已编码于报文信息内,只有与地址相符的计算机才能接受信息,其他的计算机尽管收到,但也是简单忽略了事。

在一个特定的时刻,只能有一台计算机发出报文。所以,如果连接到总线型网络里的计算机数目较多,便会显著影响网络的速度。计算机发出信息之前,必须等待总线进入空闲状态。当然在后面要讲到的星型和环型网络里,同样也存在这个问题。

在总线型网络中,有一个很重要的问题是"信号终止"。由于总线是一种无源拓扑,从起源计算机发出的电子信号会在电缆长度范围内自由地传递。如果不提供终止手段,信号传输到电缆末端的时候,会马上反射回来,再向另一端传输。针对信号这样在电缆段里来回反射,我们将这种情况叫做"振铃"。所以,为了阻止信号"振铃"的发生,必须在封闭的线缆两端分别安装上一个"终止端子",叫终结器。这个端子能够吸收电子信号,防止信号的反射,避免可能对网络通信带来的干扰。在总线网络里,必须采取像这样的信号终止措施。

(2)总线型拓扑的优点

①可构建简单的小型网络,易于使用和掌握。

②通信费用少。因为在覆盖范围和工作站数目相同的情况下,总线型拓扑所需的线缆数量很少,比其他的配线方式便宜得多。

③总线型网络的扩展相当方便。通过一个 BNC 同轴连接器,可将两条电缆连接成一根

更长的电缆,利用这种方式,可将更多的计算机接入网络。也可用一个转发器(中继器)扩展总线网络,转发器能放大信号,允许他在很长的距离内传输。

④总线型网络的无源操作和系统的分布控制,保证了网络的高度可靠性。由于公共总线仅仅用于收发信号的无源操作,本身具有高度的可靠性,同时分布控制方式可以保证当某一个工作站发生故障或者脱离网络的时候,不会影响其他工作站之间的通信。

⑤采用了广播式通信方式没有转接站点,具有短传输时延特性,为实时性很强的通行式控制业务提供了物理基础。

⑥有利于组建高速的、宽带工作的综合业务局域网。

(3)总线型拓扑的缺点

①过重的网络负载可能减小了网络的传输速度。由于任何计算机都可以在任何时间传输数据,而它们之间又不能互相通知来预定传输时间。因此,如果网络内连接的计算机数目较多,便会耗去大量的带宽(即传输信息的能力)。进行通信的时候,有可能某台计算机往往会中断其他计算机的通信。在重负荷下,报文时延特性和吞吐特性都会急剧恶化。

②每个同轴 BNC 连接器都会衰减电子信号,如果连接数过多,会妨碍信号正常传输到目的地。

③总线型网络一旦出现故障,如匹配器损坏、线缆断裂等故障便很难维修,而导致整个网络的活动停止。

④网络覆盖范围受到限制,采用基带传输,竞争型协议的总线网,一般限制在 2km 以下的电缆长度所能及的范围。

2. 星型拓扑结构(Star Topology)

在星型拓扑网络里,所有的线缆都从计算机连到一个中心位置,在这个位置上,用一个名为 Hub(集线器)的设备将所有的线缆连接起来。如图 2-2 所示。

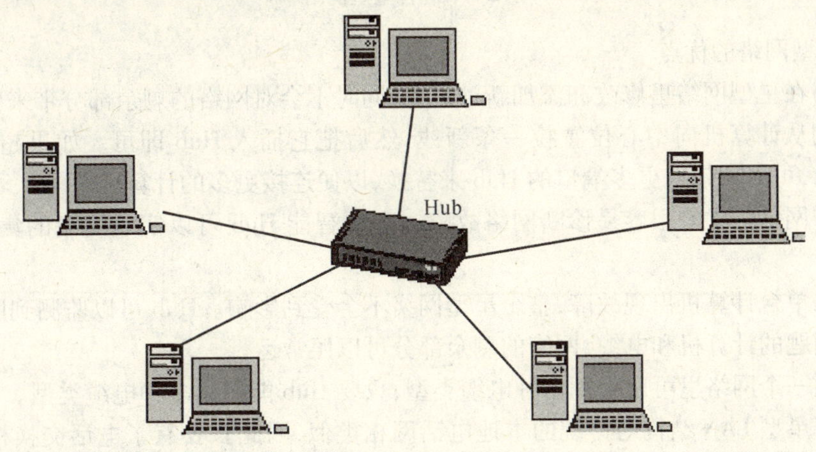

图 2-2　星型拓扑结构

星型拓扑用于集中式网络,在这种网络里可从一个中心位置直接访问末端计算机,如果希望以后容易对网络进行扩展或需要获得星型拓扑提供的更强的可靠性,便可以考虑安装这种类型的网络。

(1)星型网络的工作原理

在星型网络里,每台计算机都需要和一个中央集线器(Hub)相连,这个集线器能将所有的计算机的报文转发给其他所有的计算机或者只发给目标计算机。

集线器可以分为有源 Hub 和无源 Hub。有源 Hub 能重新生成电子信号,然后把它发给与自己相连的计算机,这种类型的 Hub 也叫"多端口转发器"。有源 Hub 需要电源才能够运行。而对于无源 Hub 来讲,它只是一个连接点,不能放大或重新生成信号。无源 Hub 不需要电源。现在市场上见到的基本上都是有源 Hub。

在同一个星型网络里,混合的 Hub 可适应不同类型的电缆。

为了扩展星型网络的规模,可以在适当的地方再设置一个星型 Hub,让更多的计算机或者 Hub 与这块 Hub 连接起来。这样一来便形成了一种"混合星型"网络,如图 2-3 所示。

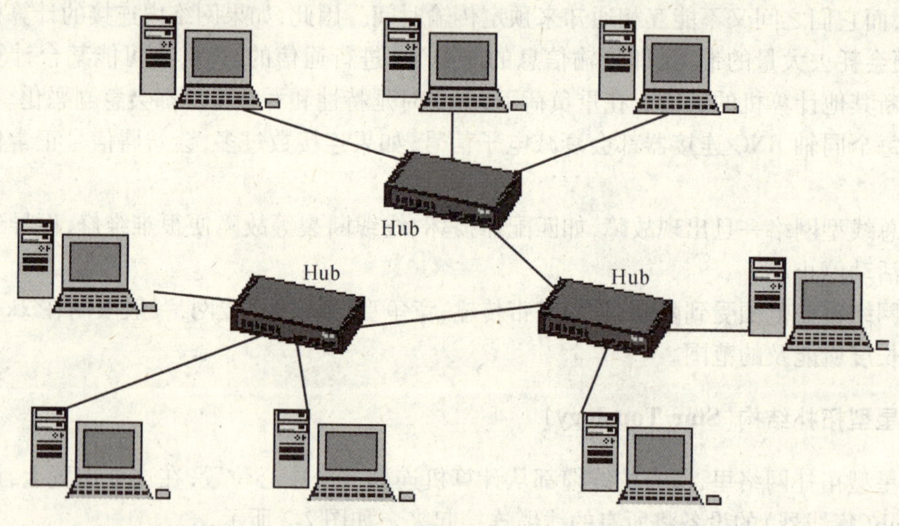

图 2-3　混合星型网络

(2)星型网络的优点

①容易在星型网络里修改和添加新计算机,同时不会对网络的剩余部分带来任何干扰。只需简单的从计算机向中心位置拉一条新线,然后把它插入 Hub 即可。如果超出了中心 Hub 的容量,可以用带有更多端口的 Hub 来替换,以便连接更多的计算机。

②星型网络的中心很容易诊断网络故障。利用智能 Hub 可以实现网络的集中监视与管理。

③如果单台计算机出现故障,整个星型网络不会受到影响。Hub 可以监测到网络故障,并隔离有问题的计算机和电缆,网络的剩余部分可以照常运行。

④在同一个网络里可以使用多种电缆类型,只要 Hub 能使用多种电缆类型。

⑤由于星型 LAN 结构与传统的本地电话网相类似,因此只要有了电话交换机的单位,就可以利用现有的专用自动交换机系统的线路组成 LAN,如果交换机本身具有综合交换功能,更容易组建一个具有综合业务能力的 LAN。

⑥集中控制有利于将各个工作站送来的数据进行汇集,然后与别的网络互连,连接方便和经济,结构简单。

⑦中心交换采用了线路交换并具有透明性,这样任一对工作站之间的报文传输没有转

接延时,各通信对之间可以采用不同的通信协议和接口标准,有利于异种机联网,同时,网络的延时时间是确定的。

(3)星型网络的缺点

①如果中央集线器出现故障,整个网络会瘫痪。

②许多星型网络要求在中心点使用一个设备,以便传播或转换网络通信。

③架设星型网络的电缆费用相比之下高很多。

④各结点之间的相互通信量不能过大,否则很容易产生信息阻塞现象。

⑤由于线路交换方式存在接续占线的问题,这种星型网络不利于接入共享资源设备。

3. 环型拓扑结构(Ring Topology)

在环型拓扑里,每台计算机都连到下一台计算机,而最后一台计算机则连至第一台计算机。其拓扑结构如图 2-4 所示。

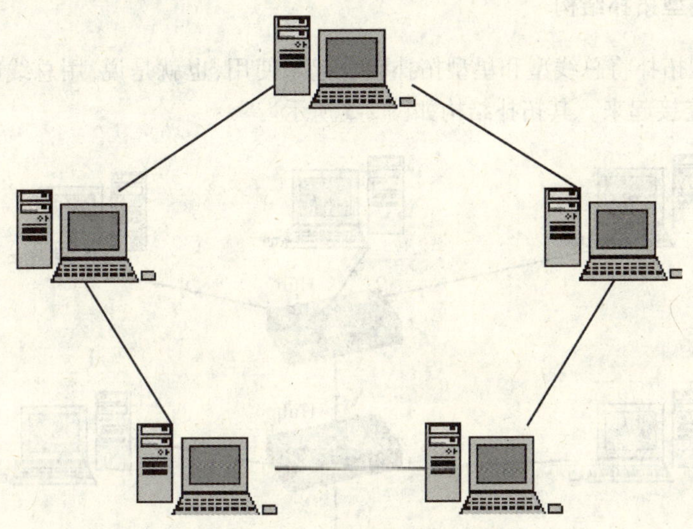

图 2-4　环型拓扑结构

典型情况下,环型拓扑的应用场合包括高性能网络(如 FDDI 光纤网):要求预约带宽,以便提供对同步性要求很高的信息,比如影像和声音等。

(1)环型网络的工作原理

在一个环型网络里,每台计算机都和其他的计算机首尾相连,而且每台计算机都会重新传输从上一台计算机收到的信息。信息在环中朝固定的方向流动,由于每台计算机都能重传自己收到的信息,所以,环型网络是一种有源的网络,不会出现像总线网络那样的信号减弱和丢失问题。所以,在这种网络里用不着采取"终止"措施,因为环是没有终点的。

(2)环型网络的优点

①由于网络的操作是分布式和非竞争的,对于资源的分配比较公平,不管工作站处于环路的什么位置,每台计算机都有相同的访问权限,所以没有一台计算机可以垄断网络。

②网络的性能比较稳定,能承受较重的负担。也就是说,由于公平的共享网络资源,所以随着用户的逐渐增加,网络的性能的下降是匀速进行的。尽管速度很慢,但还是可以保证正常运行,而不是一旦超出网络容量,马上中断服务。

③网络的接入控制和接口部件比较简单。

(3)环型网络的缺点

①环上的任一台计算机出现故障,会影响到总体的网络。

②很难对一个环型网络进行故障诊断。

③网络的扩充不方便,添加或删除联网的计算机都会干扰整个网络的正常运行,它的扩充没有总线型容易。

④为保证环内信号的单向传输,每个节点的环接器必须是有源部件,而有源部件存在供电问题,可靠性不如无源部件。

⑤环内需要设置对信道资源进行管理的控制装置。

在如今实际架设的网络里,经常能够看到总线型、星型、环型拓扑混合使用的情况,下面我们也来简单介绍一下。

4. 星型总线型拓扑结构

星型总线型拓扑将总线型和星型拓扑联合起来使用,也就是说,用总线电缆作干线,将几个星型 Hub 连接起来。其拓扑结构如图 2-5 所示。

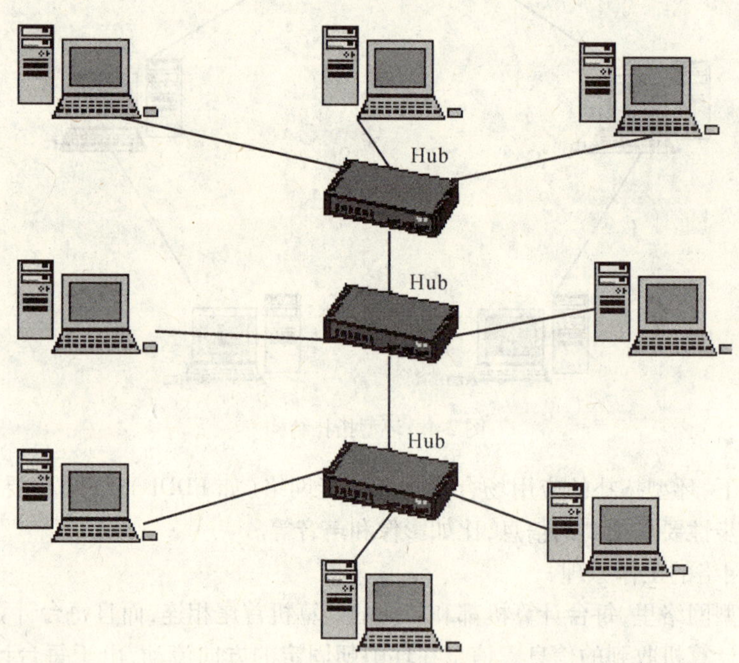

图 2-5 星型总线型拓扑结构

如果一台计算机出现故障,Hub 能检测到这个故障,并将有问题的计算机隔离开,如果 Hub 出现故障,与之相连的计算机便无法通信,总线网络会断为两段,相互之间也不能通信。

5. 星环型拓扑结构

星环型网络中,网络的电缆布局与星型网络很相似,但是中央的 Hub 采取了环型的方式,外层 Hub 可以连到内部的 Hub,从而有效地扩展了内部环的循环范围。其拓扑结构如

图 2-6 所示。

由于多种因素，环型 LAN 的实际规模局限于环接器的数目，同时，环型结构也受益于连接环接器的物理线路与实际路由选择无关。为了克服环型网的这些问题，并允许构成大型的 LAN，就出现了星环结构。

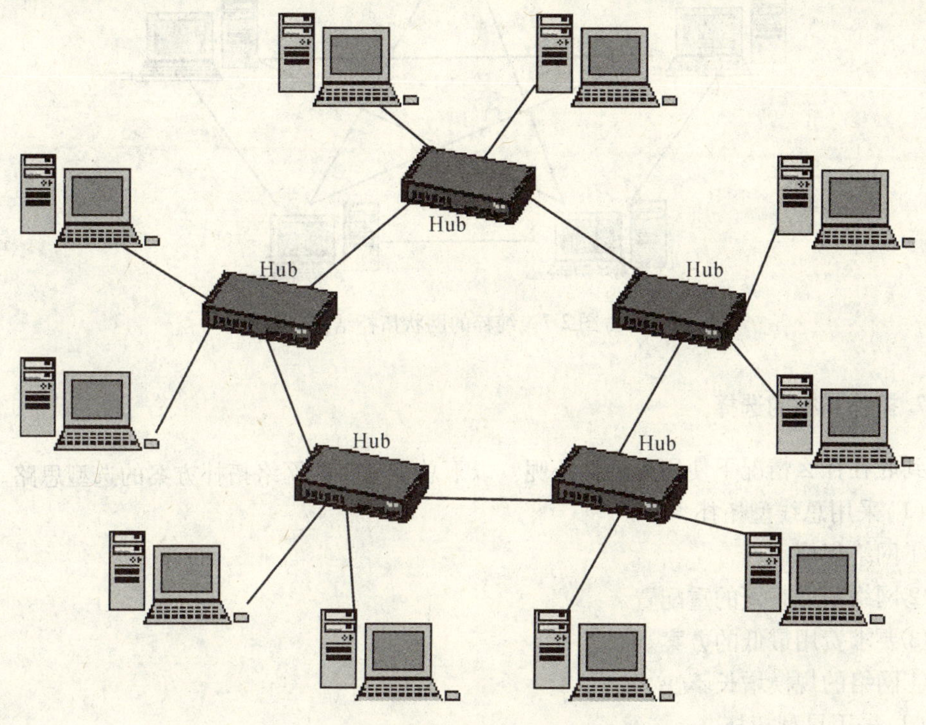

图 2-6　星环型拓扑结构

6. 物理网状拓扑

物理网状拓扑的显著特点是：设备之间的冗余链路。在一个真正的网状拓扑环境中，每个网络设备之间都有一条链路。可以设想一下，如果设备的数量较多，对整个网络的管理是难以维持的。因此，大多数的网络拓扑都不是真正的网状网。相反，他们是一些混合型的网状网。其中某些地方包含了一些冗余链路，但并非全部。其拓扑结构如图 2-7 所示。

(1) 网状网的安装

在带有 n 台设备的一个纯粹的网状网里，需要使用 $1+2+\cdots+n-1=n(n-1)/2$ 条电缆。

(2) 网状网的故障诊断及重配置

网状网具有很高的容错性能，与其他的任何一种拓扑网络结构比较起来，传输媒体的故障对网状网的影响是最小的，由于使用了冗余链路，数据可以通过几条不同的路径传递。重配置与安装一个新网络没有区别，因为设备越多，麻烦越大。

(3) 网状网的优缺点

优点是出色的容错性能，通信信道的容量得以有效地保证，易于对网状网进行故障诊断。缺点是安装和配置相当麻烦，以及维护链路的费用较高。

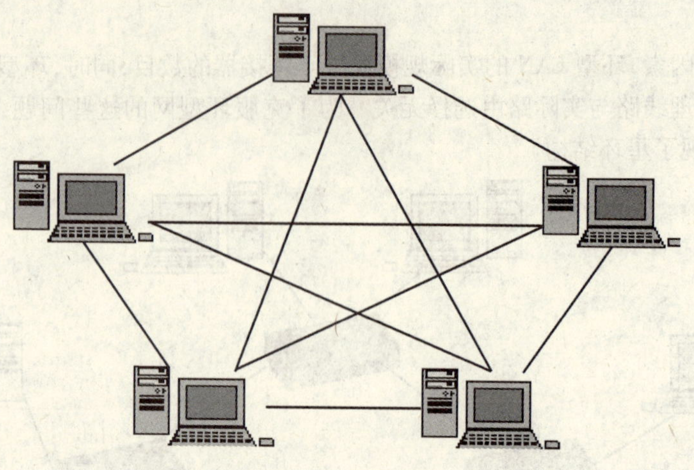

图 2-7　纯粹的网状拓扑结构

7. 拓扑结构的选择

到底在什么情况下使用哪种拓扑呢？以下总结了一些网络拓扑方案的选型思路。

(1)采用总线型拓扑

①网络规模小。

②网络不需频繁的重配置。

③要求费用最低的方案。

④网络的规模增长不快。

(2)采用星型拓扑

①必须易于添加和删除客户机计算机。

②必须易于故障诊断。

③网络的规模较大。

④预计网络在未来有大幅度地增加。

(3)采用环型拓扑

①网络必须在重负载下可靠地运行。

②要求架设一个高速的网络。

③经常都要对网络进行重配置。

(4)采用星型总线拓扑

①网络要求廉价方案。

②能在将来方便地重配置。

③有较大规模的增长。

(5)采用星环拓扑

①网络的规模较大。

②必须在高速下运行。

③在重负荷下可靠地运行。

上面这些标准可以在这实际组网的过程中带来一定的参考。

2.1.2　网络协议

计算机网络中实现通信必须有一些约定，即通信协议。通信协议对速率、传输代码、代码结构、传输控制步骤、出错控制等制定标准。为了使两个结点之间能进行对话，必须在它们之间建立通信工具，即接口，接口使结点彼此之间能进行信息交换。接口包括两部分：一是硬件装置，实现结点之间的信息传送；二是软件装置，规定双方进行通信的约定协议。软件装置也被称为网络协议(Network Protocol)。

1. 网络协议概述

网络协议通常由三个要素组成：

①语义部分。即需要发出何种控制信息，以及完成的动作与作出的响应，用于决定双方对话的类型。

②语法部分。即用户数据与控制信息的结构和格式，用于决定双方对话的格式。

③时序。即对时间实现顺序的详细说明，用于决定通信双方的应答关系。

由于结点之间的联系可能是很复杂的，因此，在制定协议时，一般是把复杂成分分解成一些简单的成分，再将它们复合起来。最常用的复合方式是层次方式，即上一层可以调用下一层，而与再下一层不发生关系。通信协议的分层是这样规定的：把用户应用程序作为最高层，把物理通信线路作为最低层，将其间的协议处理分为若干层，规定每层处理的任务，也规定每层的接口标准。

由于世界各大型计算机厂商推出各自的网络体系结构，因而国际标准化组织 ISO 于 1978 年提出"开放系统互连参考模型"，即著名的 OSI(Open System Interconnection)模型。它将计算机网络体系结构的通信协议从下到上规定为物理层、数据链路层、网络层、传输层、会话层、表示层和应用层共七层。OSI 模型通过二十多年的发展和推进，目前已成为各种计算机网络结构的统一标准。

各大型计算机厂商也基于各自的操作系统或者应用软件的情况分别制定了不同的网络协议，以实现网络互联的功能，下面介绍一些比较常用的网络协议。

2. IP 地址概述

我们知道 Internet 是全世界范围内的计算机联为一体而构成的通信网络的总称。联在某个网络上的两台计算机之间在相互通信时，在它们所传送的数据包里都会含有某些附加信息，这些附加信息就是发送数据的计算机的地址和接受数据的计算机的地址。像这样，人们为了通信的方便给每一台计算机都事先分配一个类似我们日常生活中的电话号码一样的标识地址，该标识地址就是我们今天所要介绍的 IP 地址。根据 TCP/IP 协议规定，IP 地址是由 32 位二进制数组成，而且在 Internet 范围内是唯一的。例如，某台联在因特网上的计算机的 IP 地址为：11010010 01001001 10001100 00000010，很明显，这些数字对于人来说不太好记忆。人们为了方便记忆，就将组成计算机的 IP 地址的 32 位二进制分成四段，每段 8 位，中间用小数点隔开，然后将每 8 位二进制数转换成十进制数，这样，上述计算机的 IP 地址就变成了：210. 73. 140. 2。

3. DNS 功能

DNS（Domain Name System）是指 Internet 的域名系统，它是一个分布式的关于主机信息的数据库，现已成为一种国际协定，它为 Internet 上主机命名的结构制定了一个标准。它们被包含在 RFC 文件中。域名系统 DNS 提供了在 Internet 中识别、管理和映射域名的方法，其功能为：

①映射主机名到 IP 地址，以便于计算机处理。

②提供 Internet 上任何地方进行远程查询手段。

③实现域名信息的分布式管理。

4. IP 地址的功能和意义

在 Internet 的信息服务中，IP 地址具有以下重要的功能和意义。

（1）唯一的 Internet 上通信地址

在 Internet 上，每个网络和每一台计算机都被分配有一个 IP 地址，这个 IP 地址在整个 Internet 中是唯一的。

（2）全球认可的通用地址格式

IP 地址是供全球识别的通信地址。在 Internet 上通信必须采用这种 32 位的通用地址格式，才能保证 Internet 成为向全球开放的互联数据通信系统，它是全球认可的计算机网络标识方法。

（3）微机、服务器和路由器的端口地址

在 Internet 上，任何一台服务器和路由器的每一个端口都必须有一个 IP 地址。

（4）运行 TCP/IP 协议的唯一标识符

TCP/IP 协议与其他网络通信协议的区别在于 TCP/IP 是上层协议，无论下层是何种拓扑结构的网络，均应统一在上层 IP 地址上。任何网接入 Internet，均应使用 IP 地址。

5. IP 地址格式

连接在 Internet 上的每一台计算机都被分配一个 32 位的二进制地址，每个地址都由两部分（网络地址和主机地址）组成，如图 2-8 所示。其中网络地址是用来标识一个网络的，而主机地址则用来标识网络上的一个计算机。

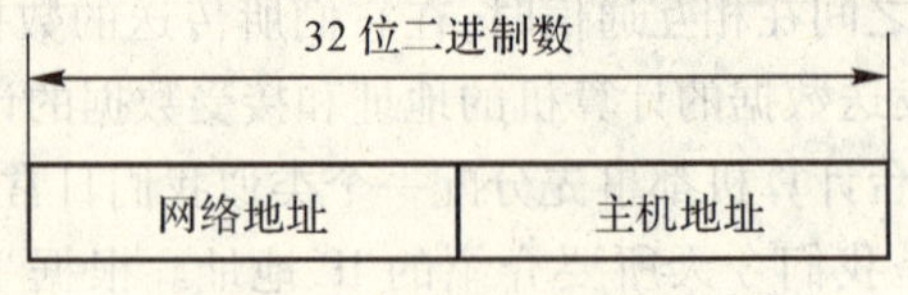

图 2-8　IP 地址结构

（1）IP 地址的二进制格式

IP 地址使用二进制数来表示，其长度为 32 位，以××××××××. ××××××××. ××××××××. ××××××××格式表示，即将其分为 4 个 8 位二进制数，例如，10000111. 01101111. 00000101. 00011011 是某一个连接在 Internet 上计算机结点的 IP 地址，

这种 IP 地址称为二进制格式源 IP 地址。

(2)IP 地址的十进制格式

使用十进制格式来表示 IP 地址,是为了使用户和网管人员便于使用、掌握和记忆。我们将每 8 位二进制数用一个十进制数表示,其值为 0 ~ 255,并以小数点分隔。例如,将上例的二进制格式的 IP 地址表示为十进制格式为:135. 111. 5. 27。

6. IP 的寻址规则

(1)网络寻址规则

①网络地址必须唯一。

②网络标识不能以数字 127 开头。在 A 类地址中,数字 127 保留给内部回送函数。

③网络标识的第一个字节不能为 255。数字 255 作为广播地址。

④网络标识的第一个字节不能为"0","0"表示该地址是本地主机,不能传送。

(2)主机寻址规则

①主机标识在同一网络内必须是唯一的。

②主机标识的各个位不能都为"1",如果所有位都为"1",则该机地址是广播地址,而非主机的地址。

③主机标识的各个位不能都为"0",如果各个位都为"0",则表示"只有这个网络",而这个网络上没有任何主机。

2.1.3 Internet 域名

我们知道 IP 地址是用 32 位地址分成 4 段,并由". "来分隔,每段为 8 位,再用十进制数码写出。例如,某主机的 IP 地址为 202. 96. 96. 68,就意味着它的 32 位 Internet 地址是 11001010. 01100000. 01100000. 01000100。这样一种数据要人们记住是一件非常困难的事情,对人们来说,比较容易记住的是较有规律的反映某种特征的名字,例如,pub. zjpta. net. cn 就代表了 202. 96. 96. 68,它的中文意思说是中国浙江电信局的公众开放的主机域名。

Internet 的域名命名的方式是采用层次型的结构,即在主机命名中加入了层次型的结构,名字的层次对应于层次名字空间的管理机构的层次,其规则是:

①最高一级的名字空间划分是基于"国名",即地理位置或组织的,例如,cn 表示中国。要注意的是美国的域名通常不包含国名,这是因为 Internet 是以美国为发源地的缘故,在 Internet 中约定,如果该域名没有地理位置域,那么就默认为在美国。

②第二级的名字空间划分是基于"组织名"的,例如,net 表示网络组织,com 表示商业组织等。

③第三级的名字空间划分是基于主机的"本地名"的。例如,zjpta 表示浙江省电信局。

④第四级的名字空间划分是基于"主机名"的。例如,pub 表示其中的一台计算机名。

图 2-9 所示的是三个域名的例子。

其中,第二个例子中的第四级有两部分组成,一般对于较多主机的单位,命名时可以进一步地细分,例如,该例子中将第四部分的内容分成 netlab 和 cs,其中 netlab 表示南开大学的网络实验室,而 cs 则表示南开大学的计算机系。

常见的地理域名见表 2-1 所示,常见的组织域名见表 2-2 所示。

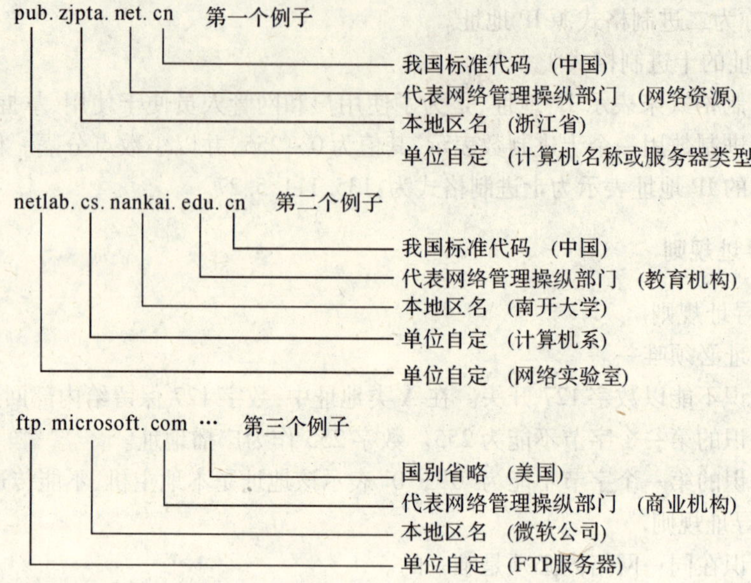

图 2-9 Internet 上主机域名组成

表 2-1 常见地理域名表

域 名	含 义	域 名	含 义
. au	澳大利亚	. al	阿尔巴尼亚
. ar	阿根廷	. at	奥地利
. be	比利时	. bg	保加利亚
. br	巴西	. ca	加拿大
. ch	瑞士	. cn	中国
. de	德国	. dk	丹麦
. es	西班牙	. fr	法国
. il	以色列	. it	意大利
. jp	日本	. mx	墨西哥
. nz	新西兰	. pl	波兰
. ru	俄罗斯	. tr	土耳其
. tw	台湾	. uk	英国
. us	美国	. vd	梵蒂冈

表 2-2 常见组织域名表

域 名	含 义	域 名	含 义
. int	国际组织	. com	商业组织
. edu	教育组织	. gov	政府组织
. mil	军事组织	. org	非赢利法人商业组织
. net	网络资源组织	. firm	商业公司组织
. store	商业销售企业组织	. web	与 WWW 相关的实体组织
. arts	文化和娱乐实体组织	. info	提供信息服务的实体组织
. nom	个体或个人		

2.1.4 TCP/IP 的命令测试

配置好网络设置之后就需要检查设置是否正确，这就要用到 TCP/IP 的测试命令了。一般说来，计算机上的 TCP/IP 协议出问题的几率比较小，但是也不能完全避免，因此首先要在网络功能的最底层上排除网络故障的可能性。操作系统中已经预留了一个地址 127.0.0.1，这是一个机器内部的 IP 地址。为了检查 TCP/IP 网络协议是否工作正常，具体操作步骤如下：

单击 Windows 中的“开始”，在弹出的菜单中选择“运行”，当然也可以通过打开 MS-DOS 窗口而运行“ping”命令，然后在其中输入 ping localhost 或者 ping 127.0.0.1 都可以(如图 2-10 所示)，两者指定的 IP 地址是一样的，ping 命令会自动把 localhost 解析为 IP 地址 127.0.0.1。

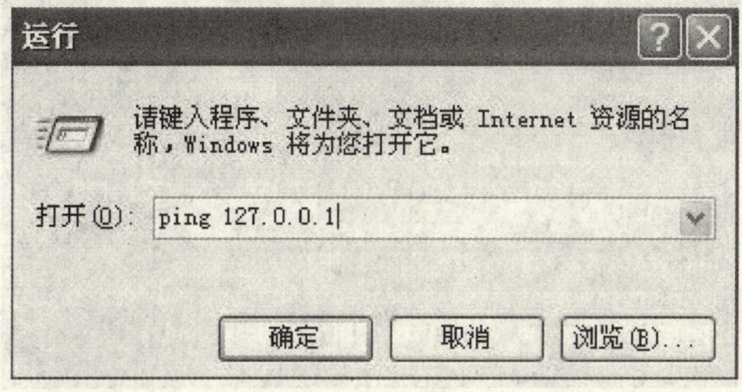

图 2-10 运行 Ping 命令

其中“ping”是一个网络命令，测试网络是否正常工作。如果屏幕上出现如图 2-11 所示信息，则表明 TCP/IP 协议工作正常，否则有误，需要重新安装 TCP/IP 协议。

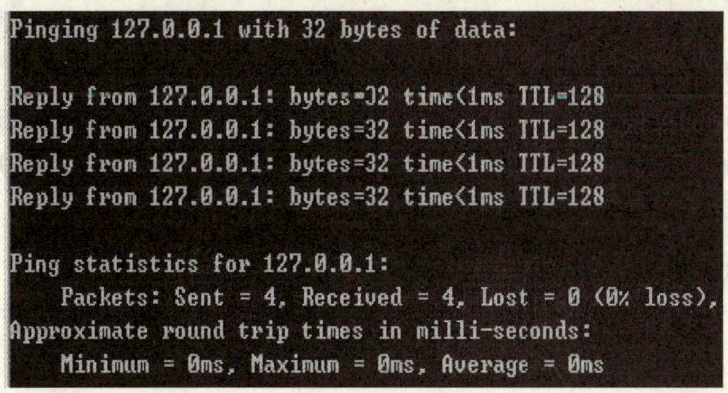

图 2-11 ping 127.0.0.1

其次需要测试网卡的安装设置是否正确。在 DOS 提示符下输入 ping local - address，ping 后面的 IP 地址 local - address 是你本机的 IP 地址。本机的 IP 地址可以通过在 DOS 提示符下运行 ipconfig 而获得，如图 2-12 所示。

通过 ping 本机的 IP 地址，如果屏幕上出现如图 2-13 所示的信息，表明网卡设置没有错误。

```
Windows IP Configuration

Ethernet adapter 本地连接:
                                          本机IP地址
   Connection-specific DNS Suffix  . :
   IP Address. . . . . . . . . . . . : 218.0.223.148
   Subnet Mask . . . . . . . . . . . : 255.255.252.0
   Default Gateway . . . . . . . . . : 218.0.220.1
```

图 2-12　获得本机 IP

```
C:\>ping 218.0.223.148

Pinging 218.0.223.148 with 32 bytes of data:

Reply from 218.0.223.148: bytes=32 time<1ms TTL=128
Reply from 218.0.223.148: bytes=32 time<1ms TTL=128
Reply from 218.0.223.148: bytes=32 time<1ms TTL=128
Reply from 218.0.223.148: bytes=32 time<1ms TTL=128

Ping statistics for 218.0.223.148:
    Packets: Sent = 4, Received = 4, Lost = 0 (0% loss),
Approximate round trip times in milli-seconds:
    Minimum = 0ms, Maximum = 0ms, Average = 0ms
```

图 2-13　检查网卡

如果出现其他信息,表明网卡的设置有问题,需要重新检查所有参数,然后需要检查网络是否通畅。如果网卡设置没有错误,就应该测试网络是否通畅,也是采用相同的命令,通常应该测试使用的计算机与所在网络的主服务器是否通畅。如果出现错误信息,表明网络不通,需要检查网线、网关、网络设置等。

最后需要检查域名设置是否正确。仍使用 ping 命令,不过 IP 地址改为所在网络的域名服务器(DNS Server)的地址。如果出现错误信息,需要检查域名、域名服务器的设置是否正确。

2.1.5　几种常用的网络协议

1. TCP/IP 协议

TCP/IP 协议(Transmission Control Protocol/Internet Protocol)是为美国 ARPA 网设计的,目的是使不同厂家生产的计算机能在共同网络环境下运行。它涉及异构网通信问题,后来发展成为 DARPA 网际(Internet)标准,要求 Internet 上的计算机均采用 TCP/IP 协议,Unix 操作系统已把 TCP/IP 作为它的核心组成部分。TCP 是传输控制协议,规定一种可靠的数据信息传递服务。IP 协议又称互联网协议,是支持网间互联的数据报协议。它提供网间连接的完善功能,包括 IP 数据报规定互连网络范围内的地址格式。TCP/IP 协议与低层的数据链路层和物理层无关,这也是 TCP/IP 的重要特点。正因为如此,它能广泛地支持由低两层协议构成的物理网络结构。目前已使用 TCP/IP 连接成功洲际网、全国网与跨地区网。

2. NetBEUI

NetBIOS(Network Basic Input/Output System, 网络基本输入/输出系统)使运行在不同计算机上的应用程序通过局域网通信,它是 IBM 公司为早期的 PC 网络而设计的,后来由 Microsoft公司采用,已经变成实际上的工业标准。NetBIOS 用于以太网、令牌环网和Windows NT 网络。由于它不支持路由机制,所以它必须使用另外一种基于路由的传输机制(如 TCP)加以补充。

NetBIOS 使应用程序不必了解网络的细节,不关心网络的状态,NetBIOS 请求以网络控制块(NCB)的形式提交,NCB 指明信息的来源与目的地。NetBIOS 提供的会话和传输服务在 OSI 内也有描述,但是它并不提供标准传输帧或数据格式。标准数据帧由 NetBEUI 提供。

NetBIOS 提供两个通信模式:会话或者数据报,会话模式在计算机上建立一个基于对话的连接,能够传送数量较大的数据并且提供对数据的差错恢复;数据报模式不是面向连接的(每个数据块是独立传送的),这就要求信息块必须比较小,差错控制与恢复由应用程序负责,数据报模式也支持对信息的广播式传送。

NetBIOS 扩展用户接口(NetBEUI)于 1985 年提出,是对 NetBIOS 数据链路层的扩展。IBM 开发 NetBEUI 以处理有 20 ~ 200 个工作站的局域网,这是一个公司可能为一部门建立的局域网的规模。IBM 的设想是通过局域网间的网关提供大范围的联网能力。

NetBEUI 是一个紧凑、快速的协议,但它是 10 年前开发的,不能适应较大的网络。NetBEUI不是一个有路由能力的协议;有路由能力的协议可让用户通过互相连接局域网以产生一个广域网(WAN)。如果用户的局域网要与其他网络相连,即便是一小簇客户 PC 机,一个有路由能力的协议是至关重要的。为此又开发出了 NBF 以提供对大型网络的支持。

3. IPX/SPX

IPX(Internet work Packet Exchange, 互连网包交换)是由 Novell 提出的用于客户/服务器相连的网络协议。IPX 使用包或数据报,它工作在网络层而且是无连接的,这也就是说,在目的地和源地址之间不需要事先建立连接。包确认信息由其他 Novell 协议管理,如 SPX,RIP 和 NLSP。

4. DLC

DLC(Data Link Control, 数据链接控制)的服务由数据链路层提供。数据链路层负责在网络内的物理连接之上提供可靠的数据传输。它的一些重要功能包括:定义帧格式,进行差错控制和流控制来阻止一个快速的传输者长时间占用线路。

许多点对点协议包括在数据链路层中,如高层数据链路控制(HDLC),同步数据链路控制(SDLC),链路访问过程平衡(LAPB)和高级数据通信控制过程(ADCCP)。所有这些协议在本质上都是类似的,在一些比较老的网络如 X. 25 中可以找到它们。

在局域网中,连接是多点的而不是点对点的,这就需要线路共享管理,数据链路层分为两个子层:逻辑链路控制子层(LLC)和介质访问控制子层(MAC)。LLC 协议执行的功能与上述的功能差不多。MAC 协议支持在多个计算机之间共享线路，在协议族中比较著名的有下面几个：Ethernet（IEEE 802.3）、令牌总线（IEEE 802.4）、令牌环（IEEE 802.5）等。

5. AppleTalk

AppleTalk 是 Macintosh 计算机使用的主要网络协议。Windows NT 服务器有专门的为 Macintosh 服务能支持该协议。这个协议允许 Macintosh 的用户共享存储在 Windows NT 文件夹的 Mac 格式的文件，也可以使用和 Windows NT 连接的打印机。Windows NT 共享文件夹以传统的 Mac 文件夹形式显示在 Mac 用户的计算机上。

2.2 电子商务网络构架

2.2.1 网站构建

1. 电子商务网站运行环境的要求

对电子商务网站运行环境的要求有以下几方面。

（1）网站要有良好的可扩充性

因为，计算机硬件和软件技术的发展日新月异，电子商务网站的建设不可能一步到位，一方面随着企业业务的发展和电子商务的深入推进，新的业务将不断在网上开展；另一方面企业与供应商、销售商等的合作也不会一成不变的，此外，随着网上业务量的增加，网站的访问量也会不断增长，网站的规模随时需要扩充，技术也随时需要及时更新。所以，要求电子商务网站应具有良好的可扩充性。

（2）网站要有高效的开发处理能力

网站应能经受住每天百万次，甚至千万次的访问量及大量的并发请求，以防止在大访问量时出现死机现象。

（3）网站运行要有安全可靠便捷的保证

随着电子商务发展进程的延伸，如何创造一个安全的电子商务应用环境，已经成为广大商家和消费者都十分关心的焦点。在电子商务交易过程中，企业商业网机密是不能公开的。在竞争激烈的市场环境下，如何保证商业机密的安全问题尤其重要。一旦商业机密信息失窃，企业的损失将不可估量。电子商务网站的建设需要解决安全性和可靠性问题。

（4）网站需要有强大的管理工具

网站的结构可以是分布式的，但必须是可集中管理的。维护一个网站的运转不是一件简单的事情。一方面要及时更新网站的内容，另一方面要保证网站的正常运行，及时发现异常情况。功能强大的网站管理与控制对于一个网站的良好运行是必不可少的。

（5）网站需要有良好的容错性能

要考虑到可恢复性，一旦出现错误或意外事故，必须保证所有正在进行的交易信息是可恢复的，并且数据具有一致性。

（6）网站需要与企业已有的资源整合

企业原有的资料必须纳入企业网站的统一管理，网站必须与企业原有的资料重新进行整合,以达到最大的效益。

(7)网站必须提供 365 天、全天候 24 小时的服务

随时取得与往来客户的联系,及时掌握客户的意见反馈信息。

2. 电子商务网站运行平台构造技术的选择原则

随着电子技术、计算机技术、信息技术的飞速发展,在电子商务网站系统构建技术与产品方面均有各种不同的方案,而且在不断地更新发展。企业选择这些技术产品的基本原则是,首先要考察这些产品和技术是否能满足需要,此外,还有一些因素也是必须予以考虑的,包括:

①符合各种国际、国内、行业、企业主流的技术标准。

②符合企业信息化的整体技术战略要求。

③符合未来技术的发展方向。

④满足开放性、可扩充性的要求。

⑤与现有的应用系统具有良好的兼容性。

⑥具有成功的应用案例。

2.2.2　网站硬件

电子商务网站平台的基本构造如图 2-14 所示。

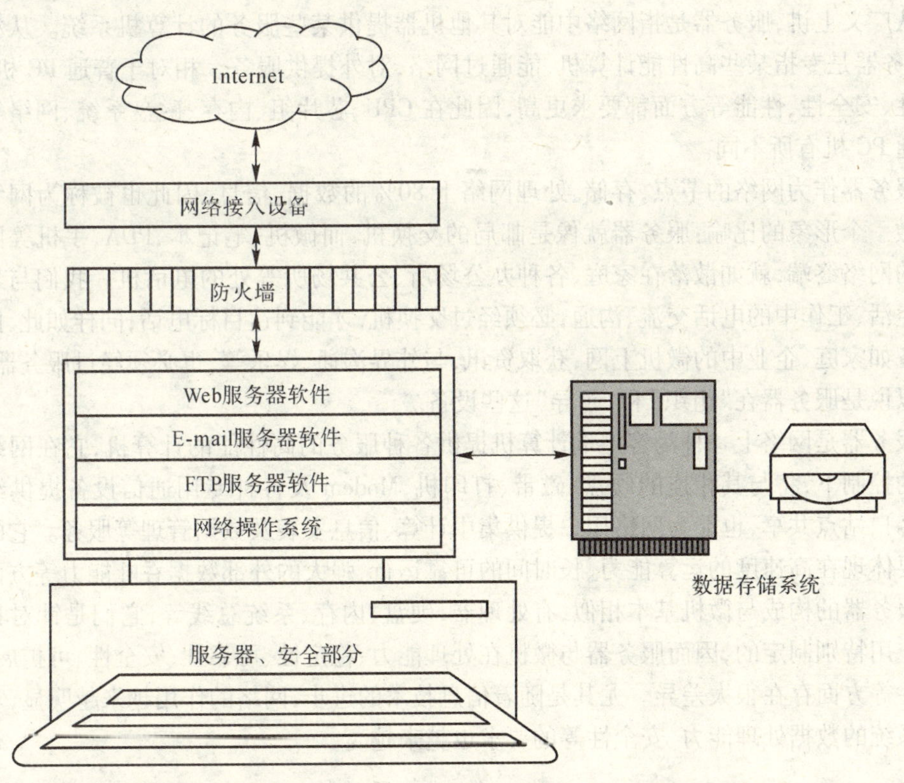

图 2-14　电子商务网站平台基本构造

从图 2-14 中可知，电子商务网站平台基本构造是由网络接入部分、服务器部分、数据存储部分、应用服务器软件、商务应用软件和安全部分等六个部分组成。

1. 网络接入部分

网络接入部分主要是指 Internet 的接入设备，如路由器、调制解调设备、防火墙和防病毒墙等。路由器接入设备是网站对外服务的关键组成部分，在线路带宽足够大的情况下，它决定着网站对外服务的带宽。

网络接入方式的结构，统称为网络的接入技术，其发生在连接网络与用户的最后一段路程，网络的接入部分是目前最有希望大幅提高网络性能的环节。对本地环路网来说这是一个瓶颈，全球拥有上亿条用户接入线，因其功能有限阻碍着网络用户业务的发展，而与用户线路另一端的高性能设备形成了鲜明的反差。随着电子技术和光电技术的迅速发展，数字电子系统（从个人计算机到网络交换机或路由器）以及信息传输设备性能都在快速稳步地增长，为解决这一环路瓶颈提供了广阔的发展前景。

2. 服务器部分

服务器部分主要是指用来提供各种 WWW、E-mail、FTP、新闻组、数据库等服务的计算机硬件平台（包括操作系统在内），它是一切应用服务器软件、商务应用软件运行的硬件基础。

从广义上讲，服务器是指网络中能对其他机器提供某些服务的计算机系统。从狭义上讲，服务器是专指某些高性能计算机，能通过网络，对外提供服务。相对于普通 PC 机来说，稳定性、安全性、性能等方面都要求更高，因此在 CPU、芯片组、内存、磁盘系统、网络等硬件和普通 PC 机有所不同。

服务器作为网络的节点，存储、处理网络上 80% 的数据、信息，因此也被称为网络的灵魂。做一个形象的比喻：服务器就像是邮局的交换机，而微机、笔记本、PDA、手机等固定或移动的网络终端，就如散落在家庭、各种办公场所、公共场所等处的电话机。我们与外界日常的生活、工作中的电话交流、沟通，必须经过交换机，才能到达目标电话；同样如此，网络终端设备如家庭、企业中的微机上网，获取资讯，与外界沟通、娱乐等，也必须经过服务器，因此也可以说是服务器在“组织”和“领导”这些设备。

服务器是网络上一种为客户端计算机提供各种服务的高性能的计算机，它在网络操作系统的控制下，将与其相连的硬盘、磁带、打印机、Modem 及各种专用通信设备提供给网络上的客户站点共享，也能为网络用户提供集中计算、信息发表及数据管理等服务。它的高性能主要体现在高速度的运算能力、长时间的可靠运行、强大的外部数据吞吐能力等方面。

服务器的构成与微机基本相似，有处理器、硬盘、内存、系统总线等，它们是针对具体的网络应用特别制定的，因而服务器与微机在处理能力、稳定性、可靠性、安全性、可扩展性、可管理性等方面存在很大差异。尤其是随着信息技术的进步，网络的作用越来越明显，对自己信息系统的数据处理能力、安全性等的要求也越来越高。

3. 数据存储部分

数据存储部分主要是指用来保存大量数据的设备，我们知道建立一个网站需要大量的数据作为基础，丰富的资讯需要有大型的数据存储系统来支持，数据存储部分不仅需要有海量存储能力和高速搜索能力，还要有一整套数据采集、制作加工、组织存储和发布等功能。目前，用来储存数据的设备有磁盘阵列、光盘存储设备、磁带存储设备、移动存储设备等。图 2-15(a)所示的是光盘库外形，图 2-15(b)所示的是光盘库内部结构。

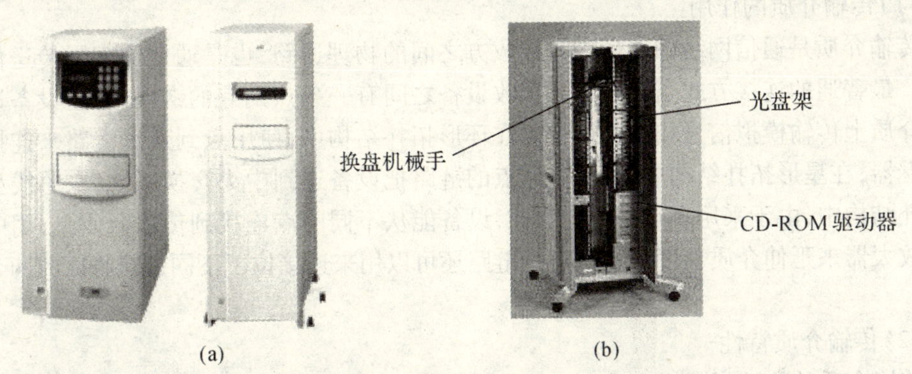

图 2-15　光盘库

光盘库是一种带有自动换盘机构(机械手)的光盘网络共享设备。光盘库一般由放置光盘的光盘架、自动换盘机构(机械手)和驱动器三部分组成。光盘库一般配置有 1~12 台驱动器，可以是只读 CD/DVD-ROM 驱动器，也可以是 CD-R/DVD-R 刻录机，或者是 DVD-RAM 驱动器，可容纳 50~600 片光盘，每个盘仓可容纳 50 片光盘(盘库内置 2~12 个盘仓)，盘仓可方便光盘的存放和取用。光库通过高速 SCSI 端口与网络服务器相连，光盘驱动器通过自身接口与主机交换数据。用户访问光盘库时，自动换盘机构首先将驱动器中的光盘取出并放置到盘架上的指定位置，然后再从盘架中取出所需的光盘并送入驱动器中。自动换盘机构(机械手)的换盘时间通常在秒级。

4. 应用服务器软件

通常最基本的应包括 Web 服务器软件、E-mail 服务器软件，除此之外，有的大型网站还提供了 FTP、Telnet、BBS 等服务方式，则应包括 FTP 服务器、BBS 服务器、远程注册服务器应用软件。

5. 商务应用软件

在电子商务网站的运行过程中，用户、WWW 服务器、认证中心、银行、合作伙伴之间存在着大量的交换数据，它们都在一定的商务应用程序中统一而有序地流动，而这一切是由一些中间件及其系统管理软件来提供。目前，这些商务软件中都包含了与数据库存储系统之间的交互。

6. 安全部分

安全服务部分包括数据安全、应用安全和交易安全，它是由一定的硬件和软件来统一构成的，它们在电子商务网站的建设、开发和运行中始终贯穿在每一个部分的每一个组件之中。

2.2.3 传输介质

1. 网络传输介质概述

(1)传输介质的作用

传输介质是通信网络中发送方和接收方之间的物理通路,也是通信中实际传送信息的载体。最普通的连接方式是在发送和接收设备之间有一条点到点的链路,这些设备通过接口在介质上传输模拟信号和数字信号。在环形拓扑结构中,使用点到点的链路来连接相邻的中继器;在星形拓扑结构中,也使点到点的链路把设备连到中央交换系统;在总线型或树型拓扑结构中,由于采用多点链路的方式,设备能从不同的点连接到传输介质上,用中继器或者放大器来延伸介质长度。点到点的链路还可以用来连接位于不同建筑物内的两个局域网络。

(2)传输介质特性

传输介质的特性对网络中数据通信质量有着很大的影响,这些主要特性有:

①物理特性。是对传输介质物理结构的描述。

②传输特性。是描述传输介质允许传送模拟或数字信号,以及调制技术、传输容量与传输频率的范围。

③连通性。是描述允许点到点或多点连接。

④地理范围。是描述传输介质的最大传输距离,即网上各点间的最大距离,是在建筑物内、建筑物之间或扩展到整个城市。

⑤抗干扰性。是描述传输介质防止噪声与电磁干扰对传输数据影响的能力。

2. 同轴电缆

同轴电缆因两股电缆同轴得名,是一种功能强、用处大的传输介质。在过去,局域网中应用最广泛的传输介质是同轴电缆,许多人都把同轴电缆看作是局域网络的唯一传输介质,而忽视了双绞线日益增长的应用。

同轴电缆广泛应用于局域网中,其类型分为两类:一类为75Ω 电缆,它是公用天线电视CATV 系统中使用的标准;另一类为50Ω 电缆,这只用于数字信号的发送,称为基带。75Ω 电缆用于频分多路复用FDM 的信号发送,称为宽带。

(1)物理特性

同轴电缆的结构是由两个同心的导体组成,中心为一导体,外层是同心的金属丝网,在两者之间有绝缘材料的填充,在最外层有橡胶或塑料的增强层,单根同轴电缆的直径约为1.02 ~2.54cm,其结构如图2-16 所示。

图2-16　同轴电缆的结构

(2)传输特性

同轴电缆根据其带宽的不同,其传输特性也不相同。

①基带同轴电缆,即 50Ω 电缆。一般仅用于数字信号的传输,并使用曼彻斯特编码的形式,数据传输率最高可达 10Mbps。

②宽带同轴电缆,即 75Ω 电缆。一般用于公用天线 CATV 电缆,既可用于模拟信号的发送,又可用于数字信号的发送。对于模拟信号发送,频率可达 300 ~ 400MHz,可以在公用天线电视 CATV 电缆上用与无线电和电视广播相同的方法处理模拟数据,例如视频和声频。每个电视通道分配 6MHz 带宽,而每个无线电通道需要的带宽却窄得多。因此,在电缆上使用频分多路复用 FDM 技术可以支持大量的通道。

(3)连通性

同轴电缆适用于点到点构形和多点构形。基带 50Ω 电缆可以在每段支持设备的数量级为几百,在大系统中还可以用中继器来把各段连接起来。宽带 75Ω 电缆可以支持数千台设备。在高数据传输率下(50Mbps)使用 75Ω 电缆,设备数目限制在 20 ~ 30 台。

(4)地理范围

典型基带 50Ω 电缆的最大距离被限制在几公里。宽带 75Ω 电缆可以达到几十公里的范围,并且取决于是模拟信号还是数字信号。通常,在工业区和城市中碰到的各类电噪声具有比较低的频率,数字信号的大多数能量属于这一范围。

(5)抗干扰性

同轴电缆的抗干扰性取决于具体的应用和实现,对于较高的频率情况,同轴电缆比双绞线的抗干扰性强。

(6)价格

同轴电缆的价格在双绞线与光导纤维之间,使用与维护方便。

(7)同轴电缆的连接

同轴电缆主要用于设备到设备的连接,它总是成一线配置,有时称为主干电缆,一条主干电缆连接网上所有的设备,包括工作站、服务器、打印机等,而且为了能正常工作需要加上终端电阻和正确的接地线。

在实际网络中使用同轴电缆连接设备时,有粗缆和细缆两种不同的连接方式:

①细缆连接方式。在该连接方式中,需要使用 T 型接头连接电缆和计算机中的网卡,如图 2-17 所示。T 型头需要切开电缆,在 T 型头与网卡间不能再有电缆,须直接相连。

②粗缆连接方式。在该连接方式中,不需要切开电缆,使用一个针状的插针刺入电缆中并接触到电缆中心的导体。这样,不用中断网络工作就可以添加或除去某个设备,例如,一台计算机或打印机等。

粗缆需要使用外部收发器,将信号传入计算机或发向网络。粗缆连接的方式如图 2-18 所示。

(8)常用同轴电缆

在 LAN 技术中。常用的同轴电缆有下述几种:

①RG-8 和 RG-11。通常用来实现粗缆 Ethernet。

②RG-58。通常用来实现细缆 Ethernet。

③RG-59。通常用来实现电视传输,其阻抗为 75Ω,也可用于宽带数据网络。

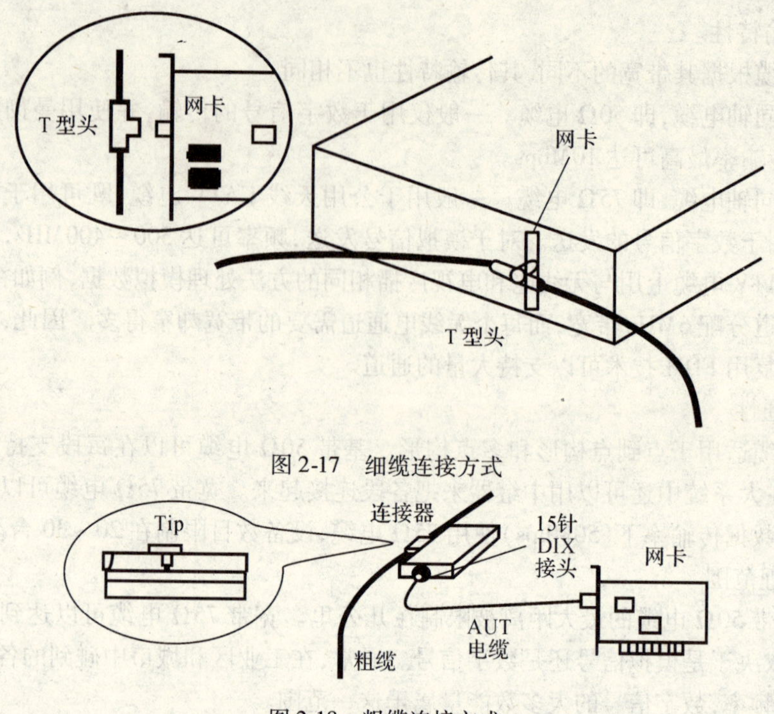

图 2-17　细缆连接方式

图 2-18　粗缆连接方式

④RG-62。ARCnet 用来连接 IBM3270 终端的 93Ω 的同轴电缆。

3. 双绞线

在所有传输介质中，双绞线是最为普通的一种介质，无论是对模拟信号还是对数字信号，也无论对于广域网还是局域网。在一个建筑内连接所有电话机的布线就是双绞线。

(1)物理特性

双绞线的物理结构是由按规则螺旋结构排列的两根、四根或八根绝缘导线组成。一对线可以作为一条通信线路，各个线对螺旋排列的目的是为了使各线对之间的电磁干扰最小，其抗干扰性取决于一束线中相邻线对的扭曲长度及适当的屏蔽。双绞线的主要优点是单位长度的价格最低，其缺点是抗高频干扰能力较低。

在实际使用中通常是将这样的两对或四对线放在一起，每对线使用不同颜色加以区别，并在外面包裹上塑料或胶皮，如图 2-19 所示。

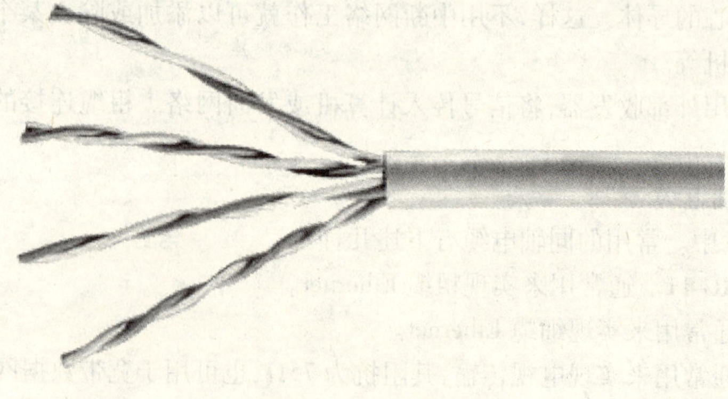

图 2-19　双绞线

(2)传输特性

双绞线的最普遍应用是进行声音的模拟传输。一条全双工音频通道的标准带宽是300～4kHz,在一根双绞线上,使用频分多路复用技术可以进行多个音频通道的多路复用。每个通道4kHz的带宽可在通道间提供适当的隔离。双绞线使用的带宽可达268kHz,可有24条音频通道的容量。

目前在Internet上使用的调制解调器,就可以在模拟音频通道上传输数字数据,根据目前的调制解调器设计,使用相移键控法PSK,达到9600bps以上的速度是实用的。在一条24通道的双绞线上,总的数据传输率是230Kbps。

(3)连通性

双绞线既可以用于点到点的应用,也可以用于多点的应用。作为一种多点介质,双绞线比同轴电缆的价格低,但性能差,而且只能支持很少几个站。点到点的作用要比多点使用普遍得多。

(4)地理范围

双绞线可以很容易地在15km或更大的范围提供数据传输,例如,远距离的中继线。局域网络中的双绞线主要用于一个建筑物内或几个建筑物内,在100Kbps速率下传输距离可达1km。

(5)抗干扰性

抗干扰性的实现取决于适当的屏蔽以及在一束线中的相邻线对使用不同的扭曲长度。这些措施对于波长比电缆扭曲长度大得多的情况来说是有效的。在低频传输时,双绞线的抗干扰相当于或高于同轴电缆的抗干扰性。但超过10～100kHz时,同轴电缆就比双绞线明显有优越性。

(6)价格

双绞线的价格低于其他传输介质,以每米的价格来计算,双绞线比同轴电缆或者光导纤维要便宜得多,但是,因为其连通性的限制,安装费用可能接近于其他介质。

(7)无屏蔽双绞线的连接

无屏蔽双绞线是由两对或四对双绞线组成的。对于3类或5类线需要使用RJ-45的插头,电缆两端各安装一个。由于无屏蔽双绞线是由电话系统布线发展而来的,不仅电缆本身类似于电话线,中间的一些安装和连接设备都与电话系统非常类似。电缆两端的RJ-45插头一端插在计算机上,另一端插在墙上的插线盘中。电缆由插线盒中连接到跳线架上,再连到插线板上。由插线板为使用无屏蔽双绞线的集线器(Hub)提供多个端口,如图2-20所示。

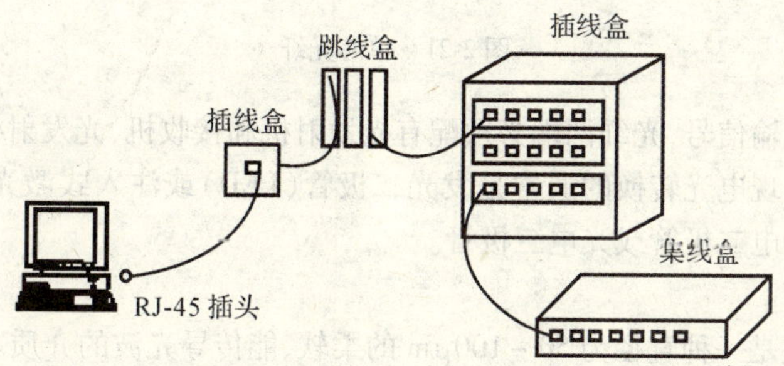

图2-20 无屏蔽双绞线的连接

(8)双绞线分类

双绞线通常有非屏蔽双绞线(Unshielded Twisted Pair, UTP)和屏蔽双绞线(Shielded Twisted Pair, STP),现在应用比较普遍的是非屏蔽双绞线。根据EIA/TIA(电气工业协会/电信工业协会)设计的规格,双绞线有五大类,但是EIA/TIA在定义双绞线电缆的电线类标准时,仅针对非屏蔽双绞线(UTP)。

①第一类双绞线通常在LAN技术中不使用,主要用于模拟话音传输。

②第二类可用于综合业务数据网(数据),数字话音IBM3270等,其数据传输速率最高达4Mbps,在基于令牌传输协议的网络上比较常用。

以上两类双绞线在LAN技术中很少使用。

③第三类双绞线又被称为音频电缆,是一种24WG的四对不屏蔽双绞线,符合EIA/TIA568标准中确定的100Ω水平布线电缆的要求,可用来进行10Mbps和IEEE802.3 10Base-T的语音数据传输,最大速度可达l0Mbps。

④第四类双绞线在性能上比第三类有一定改进,适用于包括16Mbps令牌环局域网在内的数据传输要求,其传输特性满足EIA/TIA Tech 网卡 al Services Bulletin 定义的第四类电缆的规范,也满足NEMA和UL Twisted-pair Qualification Program定义的规范,这类双绞线可以是UTP,也可以是STP。

⑤第五类双绞线是24AWG的4对电缆,比100Ω低损耗电缆具有更好的传输特性,并适用于16Mbps以上的速率,最高可达100Mbps。

4. 光纤

光纤称为光导纤维电缆,有时也称为光缆,是局域网络传输介质领域中,发展最迅速、性能最好、应用前途最广泛的一种传输介质。

光纤不仅在目前大量使用,而且在今后相当长的时期内都将被继续使用,主要原因是这种传输介质具有很大的带宽。光纤与电导体构成的传输介质最基本的差别是,它的传输信息是光束,而非电信号,因此,光纤传输的信号不受电磁波的干扰。光纤由单根玻璃光纤、紧靠纤芯的包层以及塑料保护涂层组成,如图2-21所示。

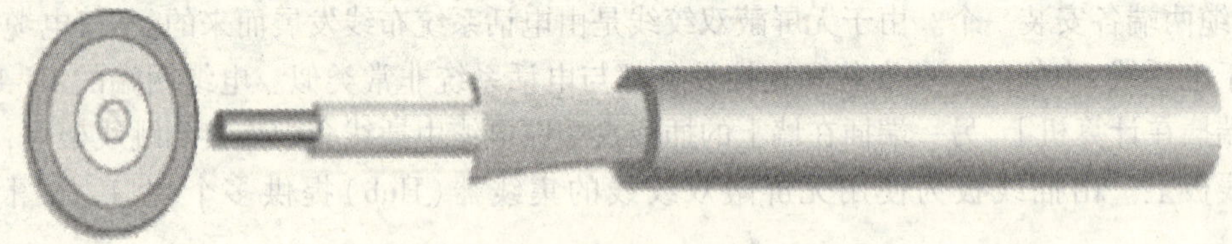

图2-21 单芯光纤

为使用光纤传输信号,光纤两端必须配有光发射机和接收机,光发射机执行从光信号到电信号的转换。实现电光转换的通常是发光二极管(LED)或注入式激光二极管(ILD);实现光电转换的是光电二极管或光电三极管。

(1)物理特性

光导纤维电缆是一种直径为50~100μm的柔软、能传导光波的介质。各种玻璃和塑料都可以用来制造光导纤维,其中使用超高纯度石英玻璃纤维制作的光纤可以得到最低的传

一个插槽上同时支持两块网卡的双通道功能、能够自动切换内部板卡数据传输的负载平衡功能、能够在接收到整个数据包之前开始处理数据的“提前”发送接收功能、电源管理功能、网卡自带内存以及带有可升级的只读存储器等。

2. 集线器

集线器实际上是一种特殊的中继器，它作为网络传输介质间的中央节点，克服了介质单一通路的限制。如果需要连接多个非屏蔽双绞线电缆段，就不能用把线头焊在一起的方法来实现，而要用集线器。它的优点在于，在网络上某条双绞线电缆或节点出现故障时，不会影响网络上其他节点的正常工作。集线器还有一个优点：可以在 Hub 中加上只能功效，以解决网络的管理功能。

集线器（Hub）又称集中器，集线器是连接网络上各个结点的一种装置，当网络的某个结点发生故障时，连接在集线器上的结点立即可以检测到，而且不影响网络上其他结点的正常工作，有利于网络的维护和故障排除，如图 2-27 所示。

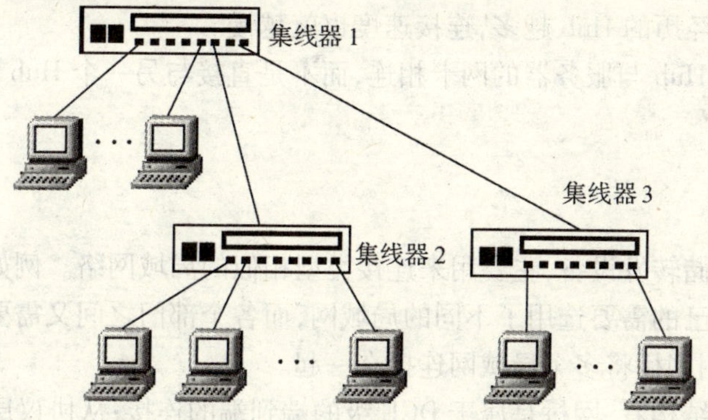

图 2-27　集线器（Hub）连接

集线器的产品很多，大致可分为独立式集线器、叠加式集线器、共享式集线器、切换式集线器、智能模块化集线器和高档交换式集线平台等类型。

（1）独立式集线器

这是一种功能最为简单的集线器，一般不带管理功能，且无容错能力，不能支持多个网段，不能同时支持多种协议，它主要是为了克服总线结构的网络布线困难和易出故障的问题而引入的。一般适用于小型网络，能支持 8 ~ 24 个工作站，可以利用串接方式连接多个扩充端口。

（2）叠加式集线器

该类集线器采用叠加的方式将多个集线器通过一条高速链路连接而成，由 4 ~ 8 个集线器一个一个叠加起来，它只能支持 Ethernet 标准，不能同时支持多种局域网。一般适用于中小型网络，目前，大多数中型网络都采用叠加式集线器。

（3）共享式集线器

该集线器提供所有连接的网点共享一个最大的频宽，例如，连接几个服务器和工作站的 100Mbps 共享式集线器能提供最大的频宽为 100Mbps，与它连接的网点共享这一频宽，且必须以同一速度工作。

(4)切换式集线器

该集线器能在不同的频宽(如100Mbps 与 10 Mbps)之间进行切换,因此与之连接的网点可以不同的速度工作,从而能使 100 Mbps 和 10 Mbps 的网点工作于同一个网段中。

(5)智能模块化式集线器

该类集线器采用了模块化结构,由机柜、电源、主干面板、插卡和管理模块等组成。它利用高速主干线连起来,可插入 Ethernet、FDDI 等模块,还可有网管模块、路由模块等,使其具有网管、路由等功能,一般适用于大型网络的主干集线器。

(6)高档交换式集线平台

该类集线器比智能模块化式集线器更进一步,主要作为各种新的网络技术的平台,既支持现有的网络,又支持未来新的交换技术。

使用集线器时,应注意的几个问题:

①级联的集线器总数是有一定限制的,通常最多只能级联 4 个 Hub,但实际的具体数量取决于网络的连接方式,即拓扑结构。

②数据传输所经历的 Hub 越多,连接速度也就越慢。

③最好将每个 Hub 与服务器的网卡相连,而不是直接与另一个 Hub 连接。

3. 网桥

(1)网桥概述

网桥是一种存储转发设备,主要用来连接类型相似的局域网络。例如,同一个单位多个不同的部门根据自己的需要选用了不同的局域网,而各个部门之间又需要交换信息、共享资源等,这就需要使用网桥将多个局域网连接在一起。

从互联网络的结构看,网桥是属于 DCE 级的端到端的连接;从协议层次看,网桥是在逻辑链路层将数据帧进行存储转发。网桥能处理一个完全的帧,网桥必须成对出现并使用和计算机相同的接口设备。网桥以一种随机方式侦听每个网段上的信号,当它从一个网段接收到一个帧时,网桥会检查并确认该帧是否已完整到达(即在传输中,局域网中无电干扰),然后,把帧传输到其他网段上。网桥可分为本地网桥和远程网桥两种类型,其中:

①本地网桥是指在传输介质允许长度范围内互联网络的网桥;

②而远程网桥是指连接的距离超过网络的常规范围时使用的网桥。

通过远程网桥互联的局域网将成为城域网和广域网。如果使用远程网桥,那么远程网桥必须成对出现。本地网桥和远程网桥的功能是一样的,只是所用的网络接口不同而已。由于网桥工作在网络协议模型的数据链路层,不涉及协议的转换,所以网桥的结构简单,可通过软件或软硬件组合来实现。

(2)网桥的应用环境

网桥的功能在两个不同局域网间互连,这些应用环境主要是有以下几种情况:

①一个单位的很多部门都需要将各自的服务器、工作站与计算机互连成网,不同的部门根据各自的需要选用了不同的局域网,而各个部门之间又需要交换信息、共享资源,这样就需要将多个局域网互连起来。

②一个企业或校园内有多幢大楼,每幢大楼内部建立了局域网,这些局域网需要互连起来,构成支持整个单位管理信息系统的局域网环境。

③逻辑上单个局域网分成若干个局域网互连，可以处理更多的负载。例如，在一些大型企业内有数千台计算机需要连网，如果将它们用一个局域网连接，局域网的负载会增加，性能下降。最好的方法是将数千台计算机按地理位置或组织关系划分为多个子网，每个子网是一个局域网，多个局域网互连起来构成一个大型的企业网。

④如果连网计算机之间的距离超过了单个局域网的最大覆盖范围，可以将它们分成几个局域网组建，再用网桥将这几个局域网互连起来。

(3)网桥的特点

利用网桥将多个局域网互连起来具有以下几个特点：

①网桥能够互连两个采用不同数据链路层协议、不同传输介质与不同传输速率的网络。

②如果超过了局域网的最大长度，例如，IEEE 802.3 规定总线最大长度为 2.5km，由于传输介质延迟太大，使网络不能正常工作，可以使用网桥来解决此类问题。

③网桥是以接收、存储、地址过滤与转发的方式实现互连网络之间的通信。

④网桥互连的网络须在数据链路层以上采用相同的协议。

⑤使用网桥互连成的局域网，可提高安全性、保密性。

⑥网桥可以分隔两个相邻网络之间的广播信息，有利于改善互连网络的性能与安全性。

网桥的功能比中继器复杂，它不仅能实现信号的增加传输，而且具有信息收集、过滤、传送和数据链路层协议帧格式变换的功能，这些功能都是由网桥软件来实现的。

(4)网桥工作原理

网桥最常见的用法是用于互连两个局域网，如图 2-28 所示。从图中可知，两个局域网 LAN A 与 LAN B 可以通过网桥进行互连。例如，LAN A 中的结点 11 与同一局域网中的结点 14 进行通信时，网桥可以接收到发送端中发送的帧信息，网桥经过地址过滤后，发现不需要转发，于是将该帧信息丢弃，该帧信息不再经过网桥而直接传送到结点 14 了。如图 2-28 中的虚线部分。

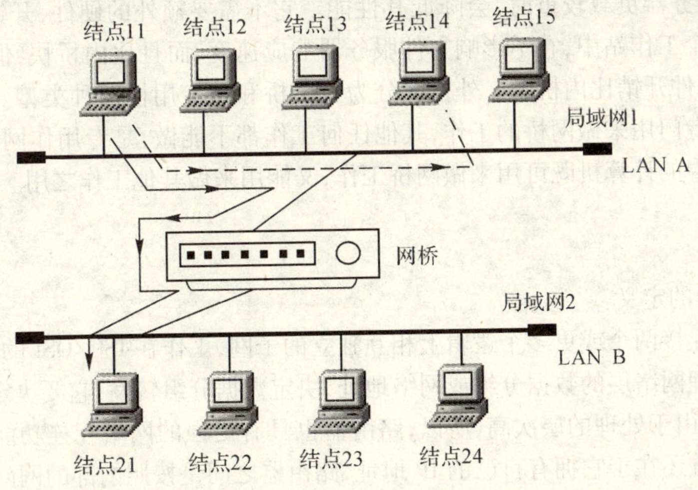

图 2-28　网桥连接

如果当 LAN A 中的线结点 11 与 LAN B 中的结点 21 进行通信时，结点 11 发送的帧信息被网桥接收后，网桥将进行地址过滤后，识别出该帧应该发送到 LAN B 局域网中，于是网桥将通过与 LAN B 的网络接口,向 LAN B 转发该帧的信息,处于 LAN B 中的结点 21 将能接收到 LAN A 中的结点 11 发送的帧信息,如图 2-28 中的实线部分。

从用户看来,LAN A 与 LAN B 就像是一个逻辑的网络一样,用户可以不知道网桥的存在。网桥在局域网中经常被用来将一个大型局域网分成既独立又能相互通信的多个子网的互连结构,从而可以改善各个子网的性能与网络的安全性。

(5)硬件网桥与软件网桥

网桥可以由运行计算机中的软件实现,也可以由硬件独立实现。

①硬件网桥。许多公司生产独立硬件网桥,通常具有以下特点:

ⓐ直接接入网络(10Base2、10Base5、10Base-T100Base-T 及 FDDI 等)。

ⓑ符合 IEEE 802 MAC 层标准。

ⓒ支持标准协议,如 IPX、TCP/IP 等。

ⓓ具有容错功能。

②软件网桥。软件网桥是由相应的软件在计算机中运行起到网桥作用,其中 Novell 公司的网桥产品比较有代表性。Novell 公司网桥的产品分类比较复杂,如表 2-3 所示。

表 2-3　Novell 网桥产品分类

Novell 公司网桥				
内桥	外　桥			
	专用网桥		非专用网桥	
	本地桥	远程桥	本地桥	远程桥

Novell 公司根据网桥软件是否运行在文件服务器上,将网桥分为内桥和外桥两种类型。内桥是指运行在文件服务器中,占用一定的服务器资源。在服务器负载较轻时不会产生什么影响,但在服务器负载较重时,会降低其性能。它不需要额外的硬件,开销比较小。外桥是指运行在一个工作站中,它不影响文件服务器响应速度,而且比内桥快,但因为需要一台工作站,所以硬件开销比内桥大。外桥又分为专用桥和非专用桥两种类型。专用桥是指网桥中的计算机专门用来做网桥的工作,其他任何工作都不能做,是专用作网桥工作的;非专用桥是指网桥中的计算机既可用来做网桥工作,又能用来做其他工作之用。

4. 路由器

(1)路由器的定义

路由器是连接两个或更多个逻辑上相互独立的子网,工作在 ISO/OSI 的第三层,即网络层。它需要处理网络层的数据分组或网络地址,决定数据分组转发,它要决定网络中信息通信的完整路径,由于处理的层次高,所以,路由器也具有更强的网络互连功能。路由器和网桥不一样的地方还在于它拥有自己的 IP 地址,路由器之间是按照内部的网间连接协议来交换路由信息的。所以路由器要有路由协议处理功能。

路由器属于网间连接设备,或称互联网设备,它能够在复杂的网络环境中完成数据包的传送工作。路由器不采用网桥所用的广播方式进行通信,它能够把数据包按照一条最优的路径发送到目的网络。

(2)路由器特点

路由器之所以比网桥功能更强,主要是由于网桥工作在数据链路层,而路由器是工作在网络层,如图 2-29 所示。

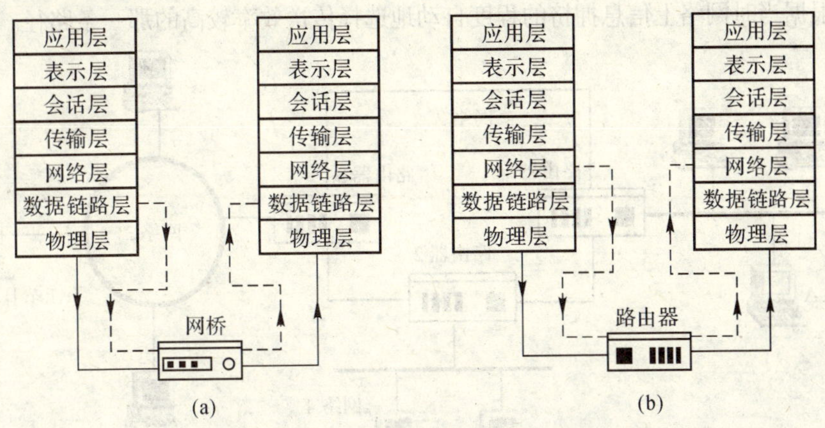

图 2-29　网桥与路由器工作层比较

网桥仅考虑的是在不同网段数据包的传输,路由器则在路由选择、拥挤控制、容错性以及网络管理方面做了更多的工作。网桥独立于高层协议,它对于用户是透明的,用网桥将几个物理网络连接起来后提供给用户的仍然是一个逻辑网络,用户根本不知道有网桥的存在。而路由器是依赖于协议的,这就是说当路由器为信息包选择路径时,它必须对某一协议提供支持,如 IPX、IP、UDP 等。路径上的所有路由器都必须支持源站点所使用的网络层协议。同时,路由器也必须支持它所连接的每个网络的介质访问方式。因此,与网桥相比,路由器具有以下几个特点:

①路由器根据它所持有的网络路由表能够选择最为合适的路径,而网桥则不能识别数据包里的目的地址,它只能将数据包发往所有与之相近的网段上。

②由于路由器具有选择路径的功能,所以它不会将信息发往与之无关的其他网段上,这就提供了更多的保护,防止发生"广播风暴"。而网桥因为没有路径的选择,因此,它将信息发往所有与之相近的网段上,由此而造成"广播风暴"的发生,导致网络的崩溃。

③路由器之间是按照内部的网间连接协议来交换路由信息的。所以路由器只有当采用正确的协议时才能工作。而网桥适用于多协议,所以,当不含有路由信息的协议,如 DECLAT协议的信息可以由网桥来完成数据的转发。

④网桥一般比路由器速度快,随着技术的进步,路由器和网桥之间性能的差异正在逐步地减小,但一般来说,网桥传送速度仍比路由器高。

(3)路由器的工作原理

路由器是由在网络层上实现多个网络互连的设备。图 2-30 所示的是四个不同的网络由三个路由器进行互连的,在这种结构中,局域网的数据链路层与物理层可以是不同的,但数据链路层以上的高层要采用相同的协议。

路由器的功能比网桥更强,它除了应具有网桥的全部功能外,还应具有路径选择功能,即当要求通信的工作站分别处于两个局域网且两个工作站之间存在多条通路时,路由器应能根据当时网络上的信息拥挤程度自动选择传输效率比较高的路径。例如,假设在图 2-30 中的网络1工作站A要与网络3工作站B之间进行信息传送,从图中可知传送信息的路径有两条:一条路径可以通过路由器1和路由器3到网络3中直接传送到工作站B;另一条路径可以通过路由器1、路由器2再到路由器3传送到网络3中的工作站B,那么,究竟走哪一条路径呢?这全靠路由器根据当时网络上信息拥挤的程度自动地选择传送效率较高的那一条路径。

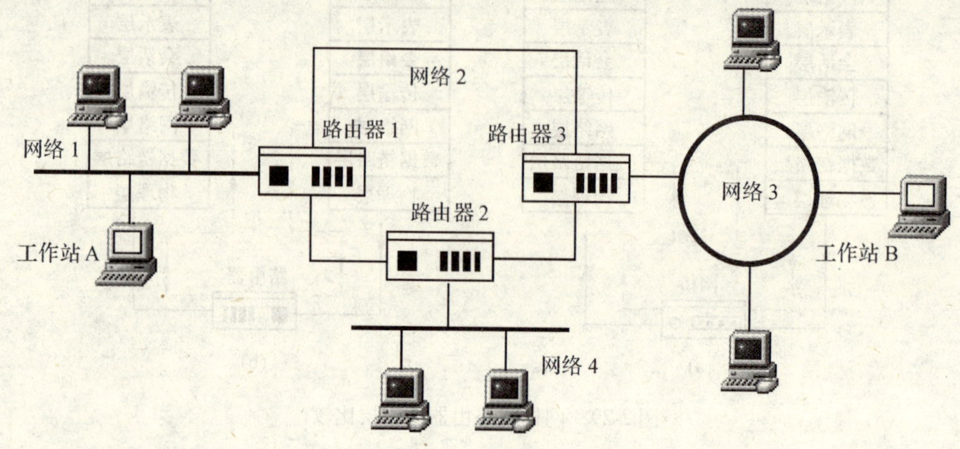

图2-30 路由器连接

由路由器互连的局域网中,每个局域网只要求网络层以上高层协议相同,数据链路层与物理层协议可以是不同的。对于路由器来说,它可以分别连接总线型局域网(符合IEEE 802.3标准的Ethernet)与环型局域网(符合IEEE 802.5标准的Token Ring)。路由器与Ethernet连接使用Ethernet网卡,与Token Ring连接就需要使用Token Ring网卡。尽管Ethernet与Token Ring的帧格式与MAC方法不相同,路由器可以通过两种网卡分别处理两种类型局域网的帧,如果路由器连接更多的局域网时,其处理方法也是相同的。

5. 网关

(1)什么是网关

网关是一个含义广泛的术语,它可以指下面三种中的任何一种:第一种是路由器网关,第二种是应用程序网关,第三种是一种协议向另一种协议传递数据的网关。一般信道网关都是指第三种,因此这里我们着重讲第三种网关。

网关又称协议转换器,它负责将协议进行转换并且保留原有的功能,将数据重新分组,以便在两个协议不同的网络之间进行通信。网关工作在OSI协议的传送层或更高层,主要用于连接不同结构体系的网络或用于局域网与主机之间的连接,如图2-31所示。

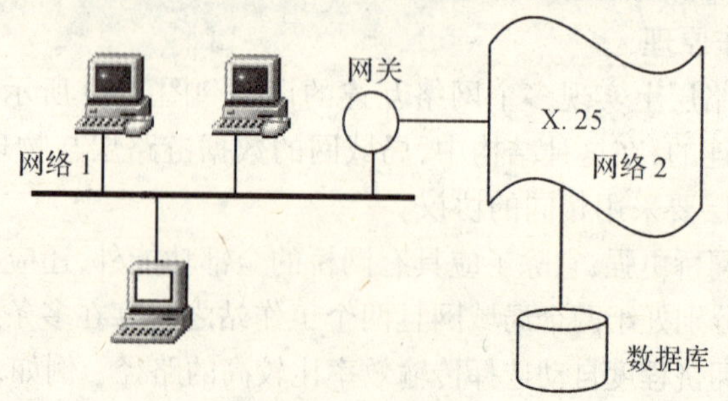

图2-31 网关连接

网关设备比路由器复杂，当异型局域网连接时，网关除具有路由器的全部功能外，而且还要进行由于操作系统差异而引起的不同协议之间的转换，这些功能均由网关软件来实现，由于网关连接的是不同体系的网络结构，因此，它只能针对某一特定的应用而言，不可能有万能的网关，所以有用于电子邮件的网关，有用于远程终端仿真网关等。

(2)网关的基本类型

网关通过使用适当的硬件与软件，来实现不同网络协议之间的转移功能。硬件提供不同网络的接口，软件实现不同的互联网协议之间的转换。网关的结构如图 2-32 所示。

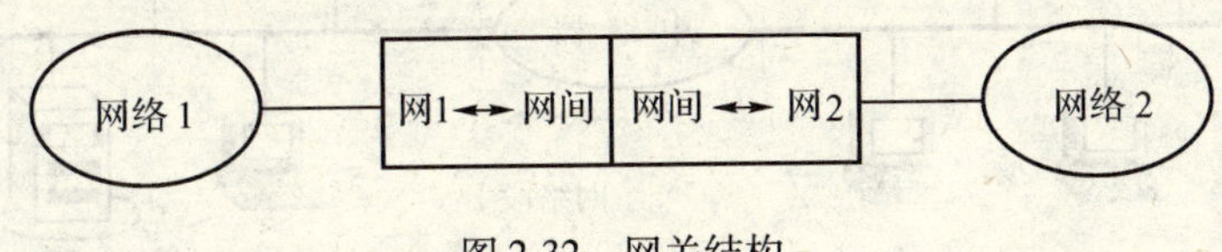

图 2-32　网关结构

网关实现协议转换的方法主要有以下几种：

①直接将输入网络信息包的格式转换成输出网络信息包的格式。这种方法是：当两个网络通过一个网关互连时，直接将输入网络信息包的格式转换成输出信息包的格式。一个双边网关要能进行两种网络协议的转换，即由网络 1 到网络 2 或由网络 2 到网络 1。同理，对于互连三个网络的网关，则要求能进行 6 种协议的转换，如果互连 n 个网络，则网关要进行 $n(n-1)$ 种转换，也就是说要编写 $n(n-1)$ 种协议转换程序模块。互连的网络数越多，则 n 值越大，需要编写协议转换程序模块的工作量也就越大。同时，系统对网关的存贮空间与处理能力的要求也就越高。

②将输入网络信息包的格式转换成一种统一的标准网间信息包的格式。这种方法是：制定一种统一的标准网间信息包格式。网关在输入端将输入网络信息包格式转换成标准网间信息包格式，在输出端再将标准信息包格式转换成输出网络信息包格式。

由于这种标准网间信息包格式只在网关中使用，不在互连的各网络内部使用，因此，不需要进行互连的网络修改协议。这种采用标准网间信息包格式网关要完成以下四种转换：①网络 1 到网间；②网络 2 到网间；③网间到网络 1；④网间到网络 2。当信息包从网络 1 进入网关时，它将被转换成标准网间信息包格式(即网间格式)，在输出端网关再将它转换成网络 2 的信息包格式，发送到网络 2。如果有 n 种网络，那么将输入网络的信息包转换成一种统一的标准网间信息包格式的方法，只需要编写 $2n$ 个转换程序模块。与前一种方法相比，n 值越大，软件设计工作量减少也就越多。

(3)半网关

一个网关可以由两个半网关构成。把一个网关分成两个半网关，会给使用与管理带来很大方便。选择两种不同半网关组合，可以灵活地互连两种不同的网络。由于半网关可分别属于各网络所有，可以分别进行维护与管理，避免一个网关由两个单位拥有而带来的非技术性的麻烦。

6. 中继器

中继器是最简单的局域网延伸设备，运行在物理层，即 OSI 的最底层。由于网络受最远距离的限制，当网络段超过最大传输距离时，需要增加一个设备来延伸该网络，这个设备称为中继器。它实际上是一种信号再生放大器,将接受到的弱信号中的数据提出放大,再重新传入物理媒体。中继器的主要优点是安装简单,使用方便,几乎不需要维护,它的处理速度快,基本能保持原有的介质传输速度,图 2-33 所示的是中继器的连接。

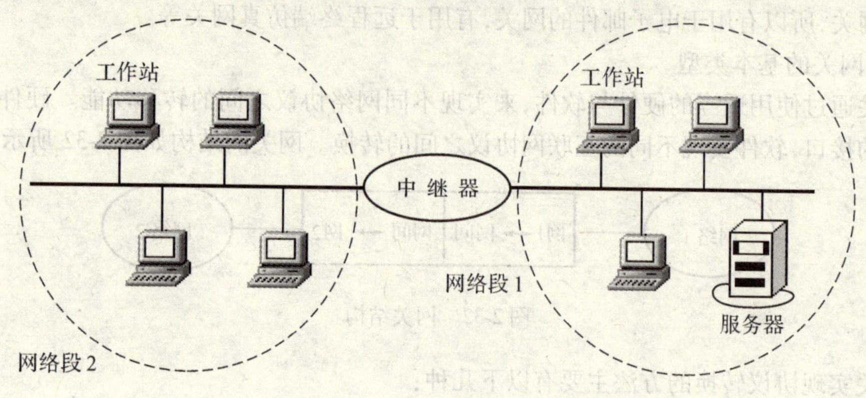

(a) 单路中继器

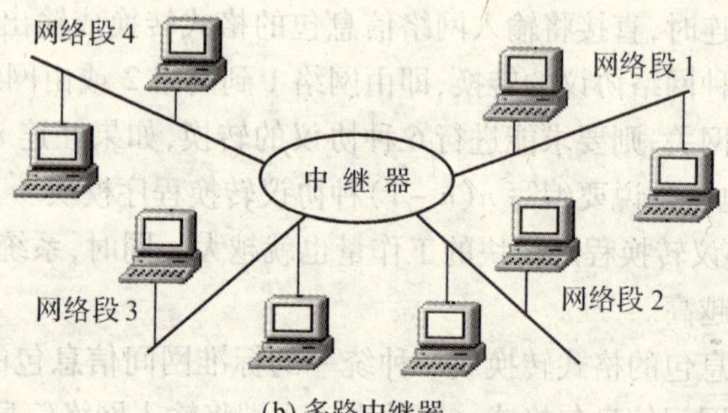

(b) 多路中继器

图 2-33　中继器连接

用于以太网的中继器用来扩展以太局域网的长度,其功能是放大或再生局域网的信号。采用同轴电缆的总线结构以太网,最大长度为 500m,可支持 100 个设备,采用中继器可延伸至 2500m,并增加连接的设备数据,最多可连接 4 个中继器。

在标记环局域网中,每个结点都需要重复再生信号。所以毋需再使用附加的中继器。连网设备数据的限制由单个标记环网能支持的设备数所决定。最大连接设备数为 260 个,每个结点之间的距离为 100m。中继器主要用于 2 个或 2 个以上的网络段的连接。

中继器的结构非常简单,没有软件,只是将物理层的信号增强,以便传输到另一个网络段,各个网络段属于同一个网络,各网络段上的工作站可共享处于某一网络段上的一个文件服务器。

2.3　电子商务网站规划

2.3.1　网站构架思想

企业电子商务网站的设计与组建与其他工程项目一样也遵循工程项目设计的流程与

步骤。

1. 用户需求分析

局域网设计中首先要进行用户的需求分析，确立建网的要求和目标。在建立一个网络时，必须从自身的实际情况出发，在选择网络结构形式和所用硬件设备时，首先要考虑的是建立一个适合自己、安全可靠，横向、纵向均有扩展潜力的网络。如果建网前不做通盘考虑和详细规划，那么日后会造成诸多不便和工作的浪费。用户需求分析是整个系统设计的基础，占有举足轻重的地位和作用。

用户需求分析主要包括以下几个方面：

①分析本单位情况。主要分析设备和人员的现状、技术力量、应用要求、计划投入资金状况、网络中的站点数目及其地理分布、数据的流量和流向以及当前通信线路情况等。

②确定网络的功能目标和性能要求。明确网络建成后，所要达到的近期及远期目标和所能实现的各项功能。

③分析成本与效益。对建立网络系统的人力、财力、物力的投入与可能产生的经济、社会效益进行分析，从而论证工程项目的可行性。

④确立建网原则。根据上述对实际情况的分析，确立网络系统设计的主导思想和原则。

⑤撰写用户需求分析报告。

2. 企业局域网方案的设计

在用户需求分析的基础上，进行网络的方案设计，这一步是系统集成的核心。网络系统的方案设计主要包括以下几个方面：

①确定网络的规模和应用范围。确定网络覆盖范围，定义网络应用的边界。

②统一建网模式。确定网络的总体框架，比如是集中式还是分布式，采用客户/服务器方式还是其他方式等。

③确定网络结点的设置和拓扑结构（所谓拓扑结构是指网络上结点连接的几何形状）。根据信息的流量和流向，选择网络的拓扑结构，确定网络的主要结点设备的大小和应该具备的功能。

④广域网网络环境的选择。分散的局域网间的互连以及与 Internet 互连所需要采用的广域网类型。

⑤确定网络互连方案。各局域网间的互连方式。

⑥确定网络操作系统。主要为用户端系统的局域网确定最合适的网络操作系统。

⑦选定网络设备和通信介质。根据具体要求选择网络设备的型号，为用户端系统选定传输介质，为中继系统选定传输资源。

⑧确定网络安全措施。从硬件的可靠性、备份要求、访问权限、防病毒措施、容错方案以及防火墙的设置等多个方面来保证局域网的安全性。

⑨结构化布线设计。对网络传输介质进规范的结构化布线。

⑩确定详细的设计方案。确定网络总体及各部分的详细设计方案。

最后撰写详细的设计文档。

3. 计算机系统设计及应用系统设计

①应用系统设计。确定应用系统的框架和对网络系统的要求。

②计算机系统设计。对整个系统的服务器、工作站、终端以及打印机等外设进行配置和设计。

③硬件设备的选型和配置。根据局域网系统和计算机系统的方案,选择性价比最好的硬件设备,并进行有效的组合。

④系统软件的选择。为计算机系统选择应该选用的操作系统环境、数据库系统、管理系统以及合适的开发平台。

⑤机房环境设计。确定服务器所在机房及一般的工作站机房环境,包括温度、湿度等要求。

⑥确定系统集成详细方案。将整个系统涉及的各个部分加以集成,并最终形成系统集成的正式文档。

4. 企业局域网设计应遵循的原则

①整个网络应具有良好的性价比。首先要保护现有的硬件资源及某些应用软件。其次由于网设备更新换代的周期一般都比较短,而应用需求变化也比较快,所以在进行网络设计时应尽可能防止网络设备的迅速淘汰。

②兼顾实用性和先进性。设计计算机网络时首先应该注重实用和成效,紧密结合具体应用的实际需要。技术上应具有世界先进水平,选用的设备应该是技术成熟和实效果好、市场占有率较高、通用性、兼容性较好的设备。

③注重开放性和可扩充性。网络系统应该具备良好的开放性和可扩充性,以保证网络结点的增加、网络延伸距离的扩大及多媒体应用。

④保证高可靠性和稳定性。在网络设计时,不论是网络结点、通信线路,还是网络结构的设计,都应该对可靠性加以考虑。

⑤注意系统的安全性。所建立的计算机网络系统应能保证各种数据的完整性、安全性的要求,以及对整个计算机网络的安全性要求。

⑥良好的可维护性。整个网络应具有良好的可维护性,不仅要保证整个网络系统设计的合理性,还应该配置相关的检测设备和网络管理设施。

设计是相当重要的,有了良好的设计就可以付诸行动了。

2.3.2 网站规划原则

1. 目的性和用户需求原则

电子商务网站的设计是展现企业形象、介绍产品和服务、体现企业发展战略的重要途径,因此必须掌握目标市场的情况,受众群体是否喜欢新技术,需求范围,受教育的程度是否较高,是否经常上网等,从而做出切实可行的设计计划。要根据消费者的需求、市场的状况、企业自身的情况等进行综合分析,牢记以“消费者”(customer)为中心,而不是以“美术”为中心进行设计规划。

电子商务网站建设的目的性应该经过成熟考虑的，其主要包含以下几点。

(1)目的性定义明确

目的性定义应该是明确的，而不是笼统地说要做一个平台、要搞电子商务，应该清楚主要希望谁来浏览，具体要做到哪些内容，提供怎样的服务，达到什么效果等。

(2)从实际出发

电子商务网站的规划应该从实际出发，在当前的资源环境下能够实现的，而不能脱离了自身的人力、物力、Internet 基础以及整个外部环境等因素盲目制定目标，尤其是对外部环境的考虑通常容易被忽略，结果只能成为美好的一厢情愿。

(3)主次分明循序渐进

如果电子商务网站建设的目标比较庞大，就应该充分考虑各部分的轻重关系和实现的难易度，想要一步登天的做法通常会导致投入过大且缺少头绪，不如分清主次循序渐进。

2. 总体设计方案主题鲜明原则

在目的性明确的基础上，完成电子商务网站的构思创意即总体设计方案。对网站的整体风格和特色做出定位，规划网站的组织结构。

电子商务网站点应针对所服务对象(机构或个人)的不同而具有不同的类型。大致可以将其分为以下几种。

(1)基本信息型

它主要面向用户、业界人士或者普通浏览者，以介绍企业的基本资料、帮助树立企业形象为主，也可以适当提供行业内的新闻或者知识信息。

(2)电子商务型

它主要面向供应商、用户或者企业产品(服务)的消费群体，以提供某种直属于企业业务范围的服务或交易、或者为业务服务的服务或者交易为主；这样的网站可以说是正处于电子商务化的一个中间阶段，由于行业特色和企业投入的深度广度的不同，其电子商务化程度可能处于从比较初级的服务支持、产品列表到比较高级的网上支付的某一阶段。

(3)多媒体广告型

它主要面向用户或者企业产品(服务)的消费群体，以宣传企业的核心品牌形象或者主要产品(服务)为主。这种类型无论从目的上还是实际表现手法上相对于普通网站而言更像一个平面广告或者电视广告。

在实际应用中，很多网站往往不能简单的归为某一种类型，无论是建站目的还是表现形式都可能涵盖了两种或两种以上类型。不管属于哪种类型的电子商务网站，都要做到主题鲜明突出，要点明确，以简单明确的语言和画面体现站点的主题。调动一切手段充分表现网站点的个性和情趣，办出电子商务网站的特点。

电子商务网站主页应具备的基本成分：

①页头。准确无误地标识企业的站点和企业标志。

②Email 地址。用来接收用户垂询。

③联系信息。如普通邮件地址或电话。

④版权信息。声明版权所有者等。

3. 企业专业特性介绍的原则

(1)对外介绍专业信息

对外介绍企业自身,最主要的目的是向外界介绍企业的业务范围、性质和实力,从而创造更多的商机。在介绍专业信息时应注意以下几点:

①应该完整无误的表述企业的业务范围(产品、服务)及主次关系。

②应该齐备的介绍企业的地址、性质、反馈信息。

③应该提供企业的年度报表,这将有助于浏览者了解企业的经营状况、方针和实力。

④如果是上市企业,应该提供企业的股票市值或者到专门财经网站的链接,这将有助于浏览者了解企业的实力。

(2)对内提供信息服务

对内提供信息服务时,应该注意以下几点:

①信息的全面性。对所在行业的相关知识、信息的涵盖范围应该全面,尽管内容本身不必做得百分百全面。

②信息的专业性。所提供的信息应该是专业的、科学的并有说服力的。

③信息的时效性。所提供的信息必须至少是没有失效的,这保证了信息是有用的。

④信息的独创性。具有原创性、独创性的内容更能引起得到重视和认可,有助于提升浏览者对企业本身的印象。

4. 网站版式设计原则

网页设计作为一种视觉语言,要讲究编排和布局,虽然主页的设计不等同于平面设计,但它们有许多相近之处,应充分加以利用和借鉴。

版式设计通过文字图形的空间组合,表达出和谐与美。一个优秀的网页设计者也应该知道哪一段文字或图像该落于何处,才能使整个网页生辉。多页面站点页面的编排设计要求把页面之间的有机联系反映出来,特别要处理好页面之间和页面内的秩序与内容的关系。为了达到最佳的视觉表现效果,应讲究整体布局的合理性,使浏览者有一个流畅的视觉体验。

色彩是艺术表现的要素之一。在网页设计中,根据和谐、均衡和重点突出的原则,将不同的色彩进行组合、搭配来构成美丽的页面。根据色彩对人们心理的影响,合理地加以运用。按照色彩的记忆性原则,一般暖色较冷色的记忆性强;色彩还具有联想与象征的物质,如红色象征血、太阳;蓝色象征大海、天空和水面等。

网页的颜色应用并没有数量的限制,但不能毫无节制地运用多种颜色,一般情况下,先根据总体风格的要求定出一至两种主色调,有 CIS(企业形象识别系统)的更应该按照其中的 VI 进行色彩运用。在色彩的运用过程中,还应注意的一个问题是:由于国家和种族、宗教和信仰的不同,以及生活的地理位置,文化修养的差异等,不同的人群对色彩的喜恶程度有着很大的差异。例如,儿童喜欢对比强烈、个性鲜明的纯颜色;生活在草原上的人喜欢红色;生活在闹市中的人喜欢淡雅的颜色;生活在“沙漠”中的人喜欢绿色。在设计中要考虑主要读者群的背景和构成。

5. 网页形式与内容相统一原则

要将丰富的意义和多样的形式组织成统一的页面结构，形式语言必须符合页面的内容，体现内容的丰富含义。运用对比与调和、对称与平衡、节奏与韵律以及留白等手段，通过空间、文字、图形之间的相互关系建立整体的均衡状态，产生和谐的美感。例如，对称原则在页面设计中，它的均衡有时会使页面显得呆板，但如果加入一些富有动感的文字、图案，或采用夸张的手法来表现内容往往会达到比较好的效果。点、线、面作为视觉语言中的基本元素，要使用点、线、面的互相穿插、互相衬托、互相补充构成最佳的页面效果。网页设计中点、线、面的运用并不是孤立的，很多时候都需要将它们结合起来，表达完美的设计意境。

6. 实用性功能服务应切合实际需要原则

网站提供的功能服务应该是切合浏览者实际需求的且符合企业特点的。例如，网上银行提供免费电子邮件和个人主页空间就既不符合浏览者对网上银行网站的需求也不是银行的优势，这样的功能服务提供不但会削弱浏览者对网站的整体印象，还浪费了企业的资源投入，有弊无利。

因此，网站提供的功能服务必须保证质量，并且还应注意以下几点：

①每个服务必须有定义清晰的流程，每个步骤需要什么条件、产生什么结果、由谁来操作、如何实现等都应该是清晰无误的。

②实现功能服务的程序必须是正确的、健壮的（防错的）、能够及时响应的、能够应付预想的同时请求服务数峰值的。

③需要人工操作的功能服务应该设有常备人员和相应责权制度。

④用户操作的每一个步骤（无论正确与否）完成后应该被提示当前处于什么状态。

⑤服务成功递交以后的响应时间通常不应超过整个服务周期的 10%。

⑥当功能较多的时候应该清楚的定义相互之间的轻重关系，并在界面上和服务响应上加以体现。

7. 多媒体技术的合理利用原则

网站资源的优势之一是多媒体功能。要吸引浏览者注意力，页面的内容可以用三维动画来表现。但要注意，由于网络带宽的限制，在使用多媒体的形式表现网页的内容时应考虑客户端的传输速度。要时刻记住因特网的用户掌握着主动权，是他们在做一切选择。如果网站下载信息的速度太慢，访问者们很可能就没有了耐心而点击“退出”。故在设计时应充分了解用户的兴趣所在，用一些吸引人、下载速度尽可能快的东西抓住客户。永远记住用户方便快捷地得到所需的信息是至关重要的。

2.3.3 网站资源规划

电子商务网站作为一种工程进行规划，我们知道任何一种工程都需要有一定的资源，电子商务网站工程也不例外，必须对建站所需的人力、物力、财力等进行分析和规划，以保证建设目标的顺利实现。

1. 人力资源规划

人力资源规划是一种战略规划,着眼于为未来的企业生产经营活动预先准备人力,持续和系统地分析企业在不断变化的条件下对人力资源的需求,并开发制定出与企业组织长期效益相适应的人事政策的过程。它是企业整体规划和财政预算的有机组成部分,因为对人力资源的投入和预测与企业长期规划之间的影响是相互的。一个完整的电子商务网站建设所需要的人力资源规划如下:

①系统策划师,也就是网站策划人员。主要任务是对网络市场和竞争对手进行详细的比较和分析,确定网站的目标、策略及总体规划,并要有网站建设目标书、策划书等材料。

②网站设计师,也就是网络管理人员。主要任务是按照策划书形成的文档,对网站进行总体设计,搭建系统构架,安装服务器系统及相关的软件,并有网站总体设计书。

③程序设计师。主要任务是按照设计书中的要求完成程序的编写、调试、运行、维护等工作,并根据企业的需要不断地研究和开发新的软件。并要有程序运行情况文档书。

④美工师。主要任务是按照网站总体设计书的要求做出漂亮、实用的网页页面。并要将页面设计出具有企业特色的,色彩适合的网页。

⑤录入员,也就是信息编辑处理人员。主要任务是输入、编辑和处理大量的用户信息,商品交易信息等。

⑥项目经理。主要任务是负责电子商务网站建设项目的管理,包括人员分配和组织、资源规划、进度控制和质量审核等。

2. 费用预算

一般电子商务网站建设的总体费用包括以下几个方面。

(1)域名费用

域名是企业进入 Internet 时给人们留下的第一印象,同时也反应了网站的文化层次,服务对象定位等。所以一般域名的选用和确定对企业电子商务网站来说是一件非常重要的事情。域名注册有英文域名和中文域名,注册域名后,每年需要缴纳一定的费用以维护该域名的使用权,不同层次的域名收费也不同,表 2-4 所示的是 2009 年上半年某公司域名价格表。

表 2-4 域名价格

域名名称	价格(元/年/个)
CN 顶级域名	100
国际域名	139
CN 中文域名	320
国际中文域名	320
新顶级域名	400
国别域名	150
域名增值(域名过户)	10
通用网址	500

(2)服务器硬件设备费用

如果是租赁专线自办网站,还需要路由器、调制解调器、防火墙等接入设备及配套软件,采用主机托管或虚拟主机则可免去这一部分的接入费用,表 2-5 提供了几个租用服务器的参考数据。

表 2-5 服务器租用参考数据

参数名称	租用服务器(SP004 型)	租用服务器(SP008 型)	租用服务器(SF001 型)
CPU	Intel PD 3.4 双核	Intel E6300 1.86G×2	Intel P4 3.0E 超线程
内存	2G DDR2 533 双通高速内存	2G ECC 服务器专用内存	DDR2 533 双通高速内存
硬盘	160G SATA 150M 外频	200G SATA 高速串口硬盘	SATA 高速硬盘
网卡	10M/100M 自适应	100M/1000M 自适应	10M/100M 自适应
带宽	100M 共享,不限流量	100M 共享,不限流量	100M 共享,不限流量
价格	6850 元/半年,12800 元/年	7850 元/半年,14800 元/年	4500 元/半年,8800 元/年(一年即送产权)

(3)线路接入费用和合法的地址费用

不同的 ISP,不同的接入方式和速率下的费率也不相同,速率越高,月租费也越昂贵。IP 地址一般和线路一起申请,也需要缴纳一定的费用,具体费率可以向当地的 ISP 服务商咨询。表 2-6 所示的是 CERNET 教育用户 Internet 接入分担通信费用一览表。

表 2-6 CERNET 教育用户 Internet 通信费用

2Mbps(含 2Mbps)以下接入带宽 国内带宽包月 + 国际流量计费		2Mbps 以上接入带宽 国内实测带宽包月 + 国际流量计费	
接入速率	包月(元/月)	实测带宽	包月(元/月)
≤ 64K	2000	≤ 10M	9000
64K; 速率≤128	2500	10M; 带宽≤34M	15000
128K; 速率≤256	3000	34M; 带宽≤100M	30000
256K; 速率≤512	4000	100M; 带宽≤200M	58000
512K; 速率≤1M	6000	200M; 带宽≤300M	85000
1M; 速率≤2M	6500	300M; 带宽≤400M	110000
		400M; 带宽≤500M	130000

(4)主机托管费用

所谓主机托管(Server Co – Location)指的是用户提供自己的硬件服务器,并可选择自行提供软件系统或者由我们来提供,享受专业的服务器托管服务,包括稳定的网络带宽,恒温、防尘、防火、防潮、防静电。用户拥有对服务器完全的控制权限,可自主决定运行的系统和从事的业务。

如果进行主机托管或租用虚拟主机,那么可能要支付托管费用或主机空间租用费。表 2-7 所示的是某 ISP 的主机托管价格一览表。

表 2-7　主机托管费用

端口	IP	费用
100M 共享(每个端口限 10M 流量)	1 个/台	6000 元/台/年
100M 共享	1 个/台	8000 元/台/年
10M 独享	1 个/台	20000 元/台/年
100M 独享	1 个/台	25000 元/台/月
另增加 IP 费用	1 个	500 元/年
另增加机位费用	1 个	3200 元/年
机柜费	1 个	35000 元/年

(5)系统软件费用

包括操作系统、Web 服务器软件、数据库软件等的费用,这些费用视市场供货情况和所在地域略有不同。

(6)开发费用

软件硬件平台搭建好之后,必须考虑具体的 Web 页面设计、编程和数据库开发以及后期的平台维护费用。网站的开发维护可以委托给专业的网站制作商,费用可以一起算清。

(7)网站的市场和经营费用

包括为各种形式的宣传活动所支出的费用,为内容的授权转载而付出的费用以及其他网站经营过程中所付出的额外费用等。

2.3.4　网站建设规划

1. 流程方框图

任何一个项目,都需要对项目的进度进行规划,以期能够保质保量地完成任务。电子商务网站建设的流程规划如图 2-34 所示。

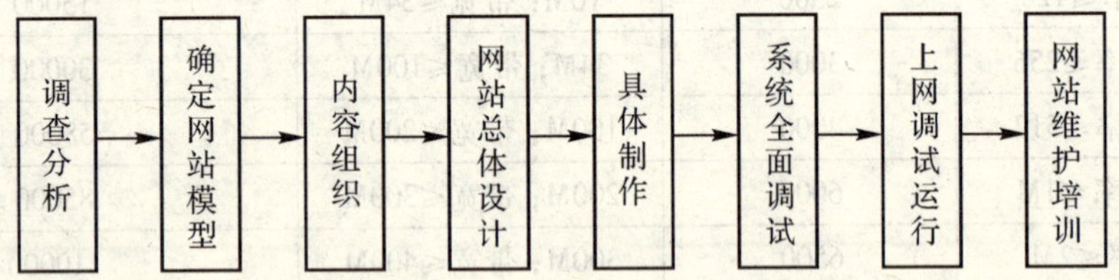

图 2-34　电子商务网站建设规划

由图 2-34 可知,电子商务网站进度规划可分为以下八个阶段。

(1)调查分析阶段

这一阶段是当用户提出建站需求后,专业策划人员将对用户的内部经营环境、行业背景、服务对象等进行全面调查分析。这一阶段的主要任务是:确定建网的目标,实施策略、资源等内容。

(2)确定网站模型阶段

这一阶段是根据调查所得到的结果,向用户提出网站建设初步方案。这一阶段的主要任务是:注册域名、选择服务器、建立电子商务网站的软硬件平台,确定网站的信息和结构以及进行网站的页面设计，使网站具有基本的发布信息的功能。

(3)内容组织阶段

这一阶段是根据网站建设方案向用户提交材料清单，由用户进行准备并交付资料内容，设计和制作准备。

(4)网站总体设计阶段

这一阶段是网站设计专业人员根据网站模型和材料对网站进行总体设计。这一阶段的主要任务是：企业网上形象设计、网站结构和布局、关键字位置和重复率、网页目录、采用哪些媒体设计制作技术、信息链接、更新方法等。

(5)具体制作阶段

这一阶段根据总设计和内容资金积累的结果，技术和专业人员将在最短的时间里完成网站(页)的制作。这一阶段的主要任务是：网页的布局、风格、着色、信息内容等。

(6)系统全面调试阶段

这一阶段是将制作好的网站进行性能方面的全面测试，对网站内容进行校对和调整，以确保将来运行时的安全性、可靠性和准确性。

(7)上网试运行阶段

这一阶段是将调试好的网页推向市场，让市场来检验。这一阶段的主要任务是：对网站上的所有功能进行测试，将其性能调整到最佳状态。

(8)网站维护培训阶段

这一阶段是帮助或培训用户网站的管理人员、操作人员，让他们了解和学会怎样在Internet上宣传推广和维护自己的网站方法和技巧。

2. 制定时间表

设定好进度以后，就可制定出一份详细的时间表，然后按部就班地进行工作，一个电子商务网站就可以顺利地建立起来了。

一般情况下，时间表应该包括以下几个项目：

①网站建设各项工作内容及其时间安排。

②月度和年度工作安排时间规划。

③网络各工作人员工作内容及其时间安排。

④工作人员讨论交流会时间安排。

⑤培训人员学习时间安排。

2.4 常见网络设备选购

2.4.1 网卡的选购

在这里先简单谈一下网卡的品牌。现如今市场上的网卡牌子很多，较有名的有 Intel、3Com、D-Link、Accton、AE2000、NE2000、Realtek(瑞昱)、SiS(矽统)、TE2000、Teltrend、Topstar(国傲通)、TP-LINK(普瑞尔)和 Hplink 等，性价比是购买网卡的首要考虑对象。现在比较廉价的网卡有 NE2000、Realtek、Topstar、TP-LINK 等的产品，其兼容性，使用效果都很好，一般应用非常不错。图 2-35 是目前市面上最常见的 D-LINK DFE-530TX 网卡。

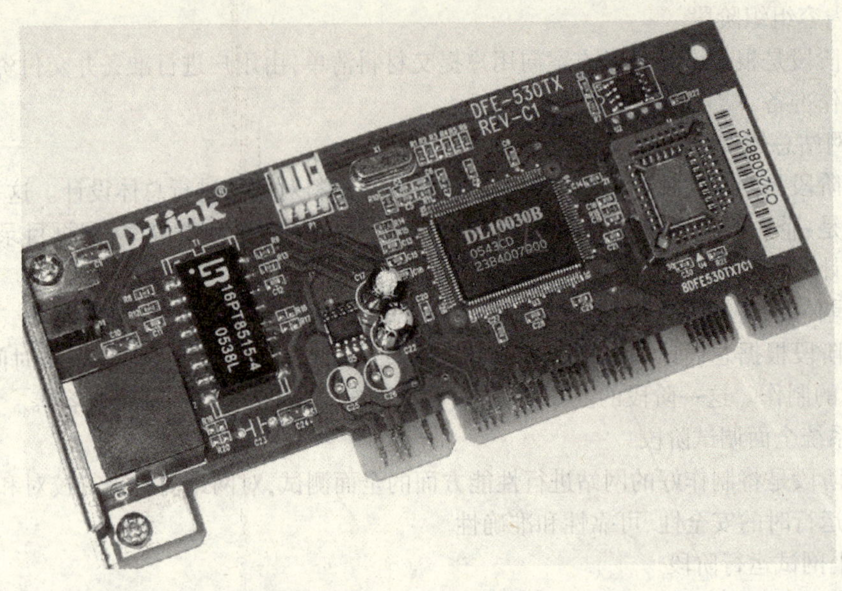

图 2-35 D-LINK DFE-530TX 网卡

一般来说,虽然只要弄清楚网卡的分类、用途和几个最重要的技术指标就可以顺利购买网卡了,但在选购的过程中还需要注意以下几点。

(1)首先明确高速网卡的接口是 RJ-45 口(方口)

目前市面上的 10M 网卡多使用一个 RJ-45 口(方口)或 RJ-45 与 BNC 两个接口(双口),而 100M 网卡或 10/100M 自适应网卡仅有一个 RJ-45 口,而绝不可能是 BNC 细缆口(圆口),要知道细缆的速度是达不到 100M 的,这也是为什么高速网卡都是方口的原因。所以,如果你在购买 100M 或 10/100M 网卡时商家给你拿出块圆口或是双口(RJ-45 和 BNC 皆有)的网卡的话,那肯定是假的。

(2)在尽可能的情况下选择 PCI 网卡

如果主板上还有空余的 PCI 插槽的话,则应尽可能选择 PCI 网卡。因为 ISA 网卡耗用的资源相对于 PCI 网卡来说要高得多。特别是当使用了 ISA 网卡时,网速会明显变得很慢。

2.4.2 网线的选购

1. 网线

选好网卡后,网线的选择就要根据网卡的接口来选了。方口的网卡用双绞线,圆口的网卡用细缆。细缆不但速度上不去,并且组网时还需要 T 型连接器、终端电阻器、BNC 连接头;细缆只能组建总线型局域网,而总线型局域网的稳定性及可靠性都不佳,所以最好选择双绞线。双绞线分屏蔽双绞线(STP)和非屏蔽双绞线(UTP)两类。STP 由于价格较贵且安装困难,普通用户不常用,因而较多用 UTP,UTP 又分为 3 类、4 类、5 类、超 5 类、6 类、7 类线,5 类以下的双绞线传输速度较慢,已经很少用了,一般购买 5 类以上的线。5 类线的最大速度为 100Mbps,但是根据笔者的经验 5 类线要上到 100Mbps 较困难,所以如果要上

100Mbps 最好用超 5 类以上的线。一般,5 类线(1 元 1 米)上标有 CAT5 字样,而超 5 类线(2 元 1 米)上标有 5e 字样。在线材方面,AMP 的线价格、质量都不错,值得选购。如图 2-36 所示。

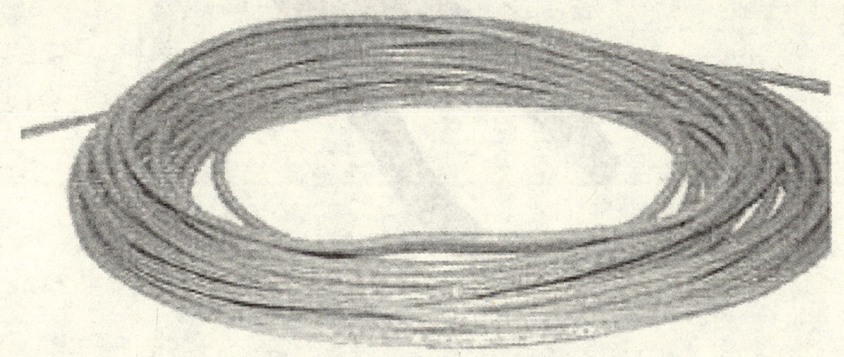

图 2-36 5 类双绞线

2. 水晶头

如图 2-37 所示,水晶头是双绞线网络所必需的硬件设施之一,虽然物小但它的好坏将直接影响到网络的性能,而压线钳是制作双绞线网络的必备工具之一,它的好坏直接影响到双绞线接头的成功率与质量,一把好的压线钳同时也能减轻工作人员的劳动强度。

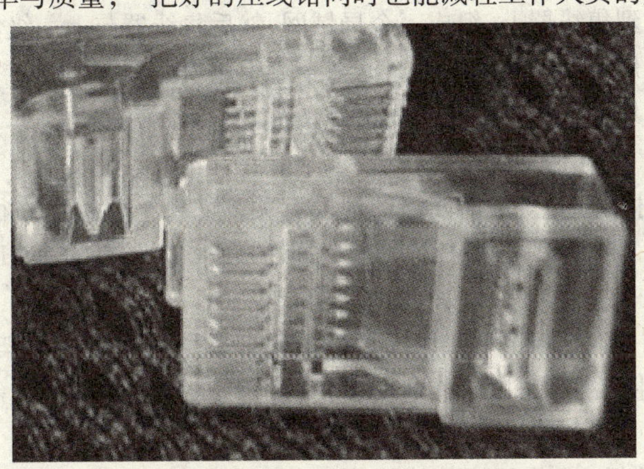

图 2-37 水晶头

水晶头虽说是小件,但是它的作用可不容忽视。尤其要上 100Mbps,水晶头一定要选好,市场上很多是浙江等地小厂生产的水晶头,虽然价格低廉(一般 0.5～0.8 元一个)但是做工较差,上 100Mbps 很困难。AMP 的水晶头(2 元 1 个)质量、做工不错,可以上到 100Mbps;另外,水晶头容易损坏,所以更要选好,便于以后网络维护。

买好网卡、网线、水晶头一定要与商家谈好售后服务,最好是能写下来。因为这些东西与配一台整机的售后服务是截然不同的,有些商家把卡卖出去后就不管了,所以一定要注意。

3. 压线钳的选购

制作双绞线时需要一把压线钳,用来剪断、剥皮、压制。如图 2-38 所示。

虽然压线钳的品牌比较多,但大多产自国内,价格也大多在 30 元左右,在电脑城里基本

图 2-38　压线钳

上都能买到。这样的钳子,压几百条网线应当是不成问题的。也可以去买名牌钳子,像安普(AMP)或者西蒙(Siemon)的原装钳子,那种钳子用起来手感非常好,压出来的线不但很标准,结实,而且成功率也比较高,质量也比较好。但价格确实相当贵。

2.4.3　集线器的选购

集线器是用来多台电脑的互连。当两台以上电脑互连时,必须借助于集线器来进行连网,先把各个电脑连到集线器上,组成一个局域网,然后集线器与上一级集线器相连,或者与宽带相连,实现整个局域网的共享上网。这在企业中用得尤其普遍。

在选购集线器(Hub)时,应考虑以下几个方面。

(1)外形尺寸

集线器外形尺寸的选择一般与网络的规模有关。如果组建的网络很小,如一家很小的公司或是家庭网络,局域网络内的用户很少,则一台 8 口左右的 SOHO(Small Office and Home Office)台式的 Hub 足够了。如果组建的网络很大,用户也非常多,现在或以后需要将网络设备置于机柜中,则应当选购几何尺寸符合机架标准的 19 英寸机架式集线器。该类集线器符合统一的工业标准。可以轻松地安装在机柜中,便于堆叠、级联、管理和维护。

(2)传输带宽

集线器带宽的选择一般与以下两种因素有关。一是应用需求。一般来说,如果传输的内容不涉及语音、图像等多媒体传送时,也就是说,当网络中的数据传输量相对较小时,10Mbps 带宽的集线器基本上就可以满足需要了,否则,应当选用 100Mbps 带宽的集线设备。二是上连设备带宽。当网络较大时,集线器肯定需要通过某个端口与上级连接设备相连,如果上联设备允许跑 100Mbps,自然 100Mbps 集线器是理想的首选,否则最好选择 10Mbps 的集线器,不过现在市场上普遍销售的是 10/100Mbps 自适应集线器,这种类型的集线器与该类型的网卡一样,在网络中非常灵活,上下兼容,左右逢源,既可与 10Mbps 的网络接轨,又便于长级到 100Mbps 快速以太网。当然价格也要稍贵一点。

(3)延扩方式

可堆叠(所谓可堆叠是指使用专门的连接线通过专用端口将若干集线器连在一起,整体又可作为一个集线器)的集线器肯定能够级联(所谓级联是指使用集线器普通的或特殊的端口,以普通电缆将两个以上的集线器连接起来的集线器延扩方式),而能够级联的集线器则未必能够进行堆叠,因为不一定具有专用堆叠端口。所以从以后网络扩展的需要,当然首先选择可堆叠的集线器。现在的集线器基本上都支持堆叠。只是能够堆叠的值不同罢了。一般只要能够堆叠3~4个就差不多了。以1台提供16口计,4个Hub就能提供64个端口,这些端口对一个中小型业已经差不多了。

(4)厂家品牌

不同厂家和品牌的集线器的价格往往相差悬殊,而性能上基本没有什么区别,各厂商用在SOHO系列的Hub芯片几乎都相同,只是一个做工与外围电路设计的问题,所以一般选购的时候最好挑便宜一点的国货比较合适。如果真得对性能有较高的要求,建议购买交换机。

2.4.4 交换机的选购

在现代网络设计中,通过使用以太交换机可显著地提高整个用户网络的应用性能,为此交换机也愈来愈受到更多网络用户的青睐。交换机设备除了在速度上给网络用户带来优势外,还可以比传统的网络共享设备提供更多的功能。随着交换机市场竞争愈趋激烈,交换设备的价格也更能为用户所接受。在国际市场上,交换机已经迅速代替集线器,成为用户构造网络的首选产品。

(1)交换机与集线器的区别

为了更深一步认识交换机,我们有必要先了解交换机与集线器的区别:如果我们把集线器看成是一条内置的以太网总线的话,交换机则可以被视为多条总线——交换矩阵互连。

从技术上来讲,交换机把每一个端口都挂在一条带宽很高的背板总线上(至少比端口带宽高出一个数量级),并与一个交换机相连,由端口丢进来的封装数据包经背板总线进入交换机。并通过直通转发和存储并转发两种方式讲行交换。从硬件上看交换机比集线器多出背板总线和交换两大部分,从而多出两种交换方式,这就是相同接口、相同带宽的交换机比集线器贵很多的原因。

另外从使用效果上讲,交换机的性价比更高。以前交换机价格较高是我们退而求次选择集线器的主要原因。随着近几年交换技术的不断发展,以太网交换机的价格激剧下降,时至今日,交换机的性价比已远远超过集线器。

(2)交换机的分类

从传输介质和传输速度上看,局域网交换机可以分为以太网交换机、快速以太网交换机、千兆以太网交换机、FDDI交换机、ATM交换机和令牌环交换机等多种,这些交换机分别适用于以太网、快速以太网、FDDI、ATM和令牌环网等环境。

按照最广泛的普通分类方法,局域网交换机可以分为桌面型交换机(Desktop Switch)、组型交换机(Workgroup Switch)和校园网交换机(Campus Switch)三类。

①桌面型交换机是最常见的一种交换机,使用最广泛,尤其是在一般办公室、小型机房和业务受理较为集中的业务部门、多媒体制作中心、网站管理中心等部门。在传输速度上,现代桌面型交换机大多提供多个具有10/100Mbps自适应能力的端口。

②组型交换机即工作组交换机,常用来作为扩充设备,在桌面型交换机不能满足需求时,大多直接考虑组型交换机。虽然组型交换机只有较少的端口数量,但却支持较多的

MAC 地址,并具有良好的扩充能力,端口的传输速度基本上为 100Mbps。

③校园网交换机,这种交换机应用相对较少,仅应用于大型网络,且一般作为网络的骨干交换机,并具有快速数据交换能力和全双工能力,可提供容错等智能特性,还支持扩充选项及第三层交换中的虚拟局域网(VLAN)等多种功能。

(3)交换机的产品

根据架构特点,人们还将局域网交换机分为机架式交换机、带扩展槽固定配置式交换机、不带扩展槽固定配置式交换机 3 种产品。

①机架式交换机。这是一种插槽式的交换机,这种交换机扩展性较好,可支持不同的网络类型,如以太网、快速以太网、千兆以太网、ATM、令牌环及 FDDI 等,但价格较贵,高端交换机有不少采用机架式结构。

②带扩展槽固定配置式交换机。它是一种有固定端口数并带少量扩展槽的交换机,这种交换机在支持固定端口类型网络的基础上,还可以通过扩展其他网络类型模块来支持其他类型网络。这类交换机的价格居中。

③不带扩展槽固定配置式交换机。这类交换机仅支持一种类型的网络(一般是以太网),可应用于小型企业或办公室环境下的局域网,价格最便宜,应用也最广泛。

(4)交换机常见技术指标

交换机基本技术指标较多,这些技术指标全面反映了交换机的技术性能和功能,是用户选购产品时参考的重要数据来源。其中比较重要的技术指标如下:

①机架插槽数。它是指机架式交换机所能安插的最大模块数。

②扩展槽数。它是指固定配置式带扩展槽交换机所能安插的最大模块数。

③最大可堆叠数。它是指可堆叠交换机的堆叠单元中所能堆叠的最大交换机数目。显然,此参数也说明了一个堆叠单元中所能提供的最大端口密度与信息点连接能力。

④支持的网络类型。一般情况下,固定配置式不带扩展槽交换机仅支持一种类型的网络,机架式交换机和固定配置式带扩展槽交换机可支持一种以上类型的网络,如支持以太网、快速以太网、千兆以太网、ATM、令牌环及 FDDI 等。一台交换机所支持的网络类型越多,其可用性和可扩展性将越强。

⑤最大同步光传输网络(Synchronous Optical Network, SONET)端口数。SONET 是一种高速同步传输网络规范,最大速率可达 2.5Gbps。一台交换机的最大 SONET 端口数是指这台交换机的最大下联的 SONET 接口数。

⑥背板吞吐量。背板吞吐量也称背板带宽,单位是每秒通过的数据包个数(pps),表示交换机接口处理器或接口卡和数据总线间所能吞吐的最大数据量。一台交换机的背板带宽越高,所能处理数据的能力就越强,但同时成本也将会越高。

⑦MAC 地址表大小。连接到局域网上的每个端口或设备都需要一个 MAC 地址,其他设备要用到此地址来定位特定的端口及更新路由表和数据结构。一个设备的 MAC 地址表的大小反映了连接到该设备能支持的最大节点数。

⑧支持的协议和标准。局域网交换机所支持的协议和标准内容,直接决定了交换机的网络适应能力。这些协议和标准一般是指由国际标准化组织所制定的联网规范和设备标准。由于交换机工作在第二层或第三层上,工作中要涉及第三层以下的各类协议,一般来讲,根据开放互联网络模型可进行如下分类:

第一层(物理层)协议。包括 EIA/TIA-232、EIA/TIA-449、X. 21 和 EIA530/EIA530A 接口定义等,这些定义基本上决定了交换机上各物理接口的类型与作用。

第二层(链路层)协议。包括 802. 1d/SPT、802. 1Q、802. 1p 及 802. 3x 等。

第三层(网络层)协议。包括 IP、IPX、RIP1/2、OSPF、BGP4、VRRP,以及组播协议等等。

(5)局域网交换机选购要素

在选购局域网交换机时,应该主要考虑以下因素:

①外形尺寸的选择。如果网络较大,或已完成楼宇级的综合布线,工程要求网络设备上机架集中管理,应选机架式组型交换机或者校园网交换机。如果没有上述需求,桌面型的交换机具有更高的性价比。

②可伸缩性。局域网交换机的可伸缩性是选择局域网交换机的一个重要问题。可伸缩性好并非仅仅是产品拥有很多端口数量。因为交换机应用最重要的事情之一,是确定其端口在什么情况下会出现拥塞。

③可管理性。对局域网交换机来说,在运行和管理方面所付出的代价,同样远远超过购买成本。基于这方面考虑,可管理性已开始成为评定交换机的另一个关键因素。

④端口带宽及类型。选择什么类型的局域网交换机,用户首先应根据自己组网带宽需要决定,再从交换机端口带宽设计方面来考虑。从端口带宽的配置看,目前市场上主要有以下三类。

第一种配置:$n \times 10$Mbps + $m \times 100$Mbps 低快速端口专用型。一般骨干网的传输速率为 100Mbps,全双工,分支速率为 10Mbps。从技术角度看,这类配置的局域网交换机严格限制了网络的升级,用户无法实现高速多媒体网络,因此国内外厂商已基本停止生产这种产品。

第二种配置:$n \times 10/100$Mbps 端口自适应型。目前这种交换机是市场上的主流产品,因为它们有自动协商功能(Auto Negotiation),能够检测出其下联设备的带宽是 100Mbps 还是 10Mbps,是全双工还是半双工。当网卡与交换机相连时,如果网卡支持全双工,这条链路可以收发各占 100Mbps,实现 200Mbps 的带宽,同样的情况可能出现在交换机到交换机的连接中,应用环境非常宽松。

第三种配置:$n \times 1000$Mbps + $m \times 100$Mbps 高速端口专用型。与第一类交换机配置方式相似,所不同的是不仅带宽要多几个数量级,而且端口类型也完全不同。采用这种配置方案的交换机,是当前高速网络和光纤网络接入方案中的重要设备,可彻底解决网络服务器之间的瓶颈问题。如 3Com 公司的 3C39024(1 × 1000SX + 24 × 10/100BaseTX)、3C39036(1 × 1000SX + 36 × 10/100BaseTX)千兆上连至服务器,解决了服务器到服务器的瓶颈问题。但成本要远远高于前两类产品。

⑤VLAN 技术。VLAN 技术主要是用来管理虚拟局域网用户在交换机之间的流量,作为一种有效的网管手段,虚拟 LAN 将局域网上的一组设备配置成好像在同一线路上进行通信,而实际上它们处于不同的网段。一个 VLAN 是一个独立的广播域,可有效地防止广播风暴。由于 VLAN 基于逻辑连接而不是物理连接,因此配置十分灵活。现在已经把一台交换机是否支持 VLAN 作为衡量一台交换机性能好坏的一个很重要的参数。最初的 VLAN 划分基于端口(Port Based),大部分台湾厂商的交换机都遵循这一标准。较新的 VLAN 划分标准不但能实现 Port Based VLAN,而且能支持 MAC Based VLAN 以及 Protocol Based VLAN,遵循 IEEE 802. 1Q 标准。802. 1Q 是 VLAN 标准,利用交换机端口、MAC 地址及第三层协议和

策略方面来支持 VLAN 的实现。不同厂商的设备只要支持 802.1Q 标准,就可以互连,进行 VLAN 的划分。交换机产品的 VLAN 标准并不统一,用户在选择时一定注意这些标准和自己的需要是否一致。

⑥第三层交换功能。第三层交换功能最明显的特点就是交换机提供 VLAN,而划分 VLAN 是为了屏蔽广播数据包,及网络安全与网络控制管理方面的需要。不过,这种能够满足 VLAN 之间高效通信需求,且价格较高的第三层局域网交换机,对于在中小企业应用广泛的局域网系统中,并没有多少价值。因为 VLAN 划分对于独立性极高的中小企业网络来讲,其网络内部的安全性和可管理性已没有多少意义了。取而代之的是,这种要求不高的安全和管理,完全可以采用技术成熟、种类较多、性能稳定和价格低廉的第二层交换机来完成。其实,采用基于第二层交换机也可以实现 VLAN 功能。第二层交换机还是有许多优点,适合广大中小型用户。

习题二

一、判断题(正确的打"√",否则打"×")

1. 所谓拓扑(Topology)结构是指网络单元的地理位置和互联的逻辑布局。( )

2. 目前比较流行的是三种拓扑结构是网状型、星型和总线型。( )

3. 计算机网络中实现通信必须有一些约定和规章制度,即通信协议。( )

4. 传输介质是通信网络中发送方和接收方之间的逻辑通路。( )

5. 网卡也称为网络适配器或网板,它负责计算机与网络介质之间的电气连接、数据流的传输和网络地址确认。( )

6. 集线器实际上是一种特殊的中继器,它作为网络传输介质间的中央节点,克服了介质单一通路的限制。( )

7. 网桥是一种存储转发设备,主要用来连接不同类型的局域网络。( )

8. 路由器是连接两个或更多个逻辑上相似的子网。( )

9. 水晶头是同轴电缆线网络所必需的硬件设施之一。( )

10. 人力资源规划是一种战略规划,着眼于为未来的企业生产经营活动预先准备人力。( )

二、填空题

1. 总线拓扑通常用于________、________和________网络。在一个典型的总线网络里,通常只有________或________,没有安装________对信号________。

2. 在星型拓扑网络里,所有的________都从计算机连到________位置,在这个位置上,用一个名为________的设备将所有的线缆连接起来。

3. 在环型拓扑里,每台计算机都连到________,而最后一台计算机则连至________。

4. 网络协议通常由________、________和________等三个要素组成。

5. IP 地址具有________通信地址、________地址格式、________端口地址和________标识符。

6. 对电子商务网站运行环境的要求有＿＿＿＿＿＿可扩充性、＿＿＿＿＿＿处理能力、＿＿＿＿＿＿保证、＿＿＿＿＿＿管理工具、＿＿＿＿＿＿、容错性能、＿＿＿＿＿＿资源整合和＿＿＿＿＿＿服务等。

7. 传输介质的特性有＿＿＿＿＿＿特性、＿＿＿＿＿＿特性、＿＿＿＿＿＿特性、＿＿＿＿＿＿特性和＿＿＿＿＿＿特性。

8. 网卡属于＿＿＿＿＿＿模型的＿＿＿＿＿＿层，它只传输＿＿＿＿＿＿、而不进行＿＿＿＿＿＿，但是在某些情况下，网卡也可以对＿＿＿＿＿＿做基本的解释。

9. 集线器又称＿＿＿＿＿＿，是连接网络上＿＿＿＿＿＿的一种装置，当网络的某个结点发生＿＿＿＿＿＿时，连接在＿＿＿＿＿＿上的结点立即可以检测到，而且不影响＿＿＿＿＿＿的正常工作，有利于网络的＿＿＿＿＿＿和故障排除。

10. 用户需求分析主要包括＿＿＿＿＿＿情况、＿＿＿＿＿＿和性能要求、＿＿＿＿＿＿、＿＿＿＿＿＿、＿＿＿＿＿＿等几个要求。

11. 电子商务网站建设的目的性包含有＿＿＿＿＿＿、＿＿＿＿＿＿以及＿＿＿＿＿＿等。

12. 电子商务网站点应针对＿＿＿＿＿＿的不同而具有＿＿＿＿＿＿。大致可以分为＿＿＿＿＿＿类型、＿＿＿＿＿＿类型、＿＿＿＿＿＿类型。

三、思考题

1. 简述网络拓扑的概念。
2. 简述总线型拓扑结构的优缺点。
3. 简述星型拓扑结构的优缺点。
4. 简述环型拓扑结构的优缺点。
5. 简述网络协议三要素。
6. 简述 IP 地址定义和特点。
7. 简述电子商务网站运行环境的要求。
8. 简述网络传输介质的作用。
9. 简述同轴电缆的物理特性。
10. 简述双绞线的物理特性。
11. 简述光纤的物理特性。
12. 简述网卡的作用。
13. 简述集线器的功能。
14. 简述网桥的功能和工作原理。
15. 简述路由器的功能和工作原理。

第 3 章

电子商务软件技术

电子商务的软件技术所涉及的领域是极为广泛的，如应用服务器、网络安全和管理、电子商务认证中心、电子商城等。本章主要介绍电子商务的应用软件开发技术，包括Internet技术及其提供的服务、Web 技术的基本概念以及主要的开发技术、邮件列表技术以及 Java 语言。这些是在电子商务网站建设中常用的技术。通过本章的学习，要求：

- 了解 Internet 的接入技术、Internet 提供的服务以及与 Internet 有关的基本概念。
- 了解 Java 语言的特点和 Java Applet 和 Application 的编写。
- 掌握常用 Web 开发技术的特性。
- 掌握邮件列表的订阅和创建自己的邮件列表。
- 掌握搜索引擎概念和搜索引擎营销方法。

3.1 Internet 技术

3.1.1 Internet 接入技术

Internet 接入技术用于将用户的计算机或局域网连接到互联网。概括起来，Internet 接入技术主要有：拨号网络、ISDN、数字用户线路（xDSL）、专线（DDN）接入、光缆同轴接入（HFC）、光纤到户（FTTH）接入和无线接入等。

1. 拨号网络

利用公用电话电路和 Modem，采用 PPP 方式上网，理论上可获得最高 33.6Kbps 到 56Kbps 的接入速率，但实际上远达不到这个速率。其上网速度较慢，但因连接方便、投入少，个人用户和小型企业采用较多。

2. ISDN 接入

ISDN（Integrated Services Digital Network，综合业务数据网），一般提供了两个标准的 64Kbps 数字信道（即所谓的 2B + D 接口，最大传输速率为 128Kbps），传输速率比在一般电话线上利用 Modem 传数据的速率提高数倍以上。

3. xDSL 接入

xDSL 是 DSL（Digital Subscriber Line）的统称，意即数字用户线路，包括 ADSL、HDSL、SDSL、VDSL 等，但是目前市面上主要流行的还是 ADSL（非对称数字用户线路）和 VDSL（甚高速数字用户线)。ADSL 支持上行速率 640Kbps 到 1Mbps,下行速率 1Mbps 到 8Mbps,同时仍能保留一个语音通道,有效传输距离在 3 ~ 5km 范围以内。

4. DDN 数据专线接入

DDN(Digital Data Network)即数字数据网,是利用光纤、数字微波或卫星等数字信道和数字交叉复用节点组成的数字数据网,提供永久性连接电路。其特点是传输速率高,网络时延小、可靠性高、安全性好。DDN 传输速率为 $N\times 64$Kbps($N=1\sim 32$)和 $N\times 2$Mbps 的国际、国内高速数据专线业务。对于自购服务器、自架网络、自建网站的大型电子商务企业非常适用的接入方式,但其投资、维护费用较高,对小型企业不合适。

5. 光纤同缆接入(HFC)

Cable Modem 的 HFC 接入方案是指光纤接到 ISP 处,从 ISP 到用户端为有线电视部门的同轴电缆,其优势是带宽比较高(10M),但该技术本身是一个较粗糙的总线型网络,这就意味着用户要和邻近用户分享有限的带宽,当一条线路上用户激增时,其速度将会减慢。再者 HFC 方案必须兼顾现有的有线电视节目,而占用了部分带宽,只剩余了一部分可供传送其他数据信号,所以 Cable Modem 的理论传输速率只能达到一小半。

6. 光纤到户接入 (FTTH)

光纤到户(FTTH)是用户网今后发展的必然方向,但由于光纤用户网的成本过高,近期难以实现。

7. 无线接入

无线接入技术分为两类,一是固定接入方式,包括微波、扩频微波、卫星和特高频;二是移动接入方式,包括蜂窝数字分组数据(CDPD)、电路交换蜂窝、专用分组无线传输和个人通信业务(PCS)。

典型的固定无线接入技术 LMDS (Local Multipoint Distribution Service),即本地多点分配业务,可在较近的距离实现双向传输话音、数据图像、视频、会议电视等宽带业务,并支持 ATM、TCP/IP 和 MPEG 2 等标准。其优点是工作频带宽,传输容量可与光纤比拟,易于实施等,缺点是传输距离较短,在 5 ~ 6km,预算大,费用高。

目前最佳的移动接入技术 CDPD(Cellular Digital Packet Data),即蜂窝数字分组数据,其最大的特点就是传输速度快,最高的通信速度可以达到 19.2Kbps,而且采用了 RC4 加密技术,安全性相对较高。CDPD 系统是基于 TCP/IP 的开放系统,可以很方便地接入 Internet,另外 CDPD 系统还支持用户越区切换和全网漫游、广播和群呼,支持移动速度达 100km/h 的数据用户,可与公用有线数据网络互联互通。

3.1.2 客户/服务器技术

在客户/服务器(Client/Server)系统中,将应用程序分为两大部分:一部分是由多个用户共享的信息与功能,这部分称为服务器部分;另一部分是为每个用户所专有,称为客户部分。客户部分负责执行前台功能,如管理用户接口、数据处理和报告请求等。而服务器部分执行后台服务,如管理共享外设、控制对共享数据库的操纵、接受并应答客户机的请求等。这种体系结构将一个应用系统分成两大部分,由多台计算机分别执行,使它们有机地结合在一起,协同完成整个系统的应用,从而达到系统中软、硬件资源最大限度的利用。

Client/Server 应用系统工作模式一般为:当用户需要访问服务器时就由客户机发出“请求”,服务器接受“请求”并“响应”,然后执行相应的服务,把执行结果送回给客户机,由它进一步处理后再提交给用户。

传统的 Client/Server 系统是两层的结构,其体系结构如图 3-1 所示。

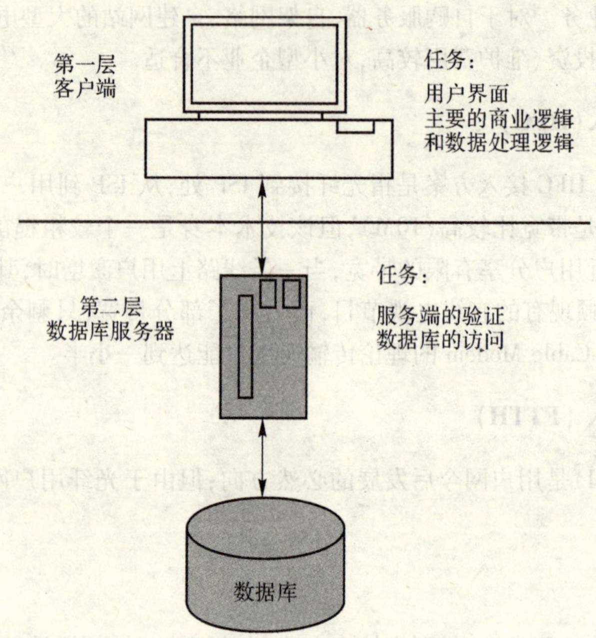

图 3-1 Client/Server 系统的两层结构

随着网络的发展,尤其是 Internet 技术的发展,访问同一个数据库应用系统的用户可能变得非常庞大,而且很多用户可能都使用同样的商业逻辑和处理逻辑。因此可以把处理逻辑与用户界面分离,形成单独的一层,整个体系结构变成三层结构,如图 3-2 所示。

三层结构和两层结构相比,有以下好处;

①客户端非常简单,对计算机硬件的要求也很低。

②把商业逻辑和处理逻辑集中在一个服务器中管理,不用到客户端安装软件,更没有原来服务器端和客户端软件不匹配的问题。

③三层相对分离和独立,有利于各层功能和软件的修改。

数据库应用的三层结构很适合 Web 环境:

①WebBrowser 作为“瘦”客户。

②WebServer 作为应用服务器。

③数据库服务器通过 WebServer 访问。

其实,三层结构可以根据需要扩展成多层结构。如四层结构,将 WebServer 应用与商业逻辑和数据处理逻辑分开。

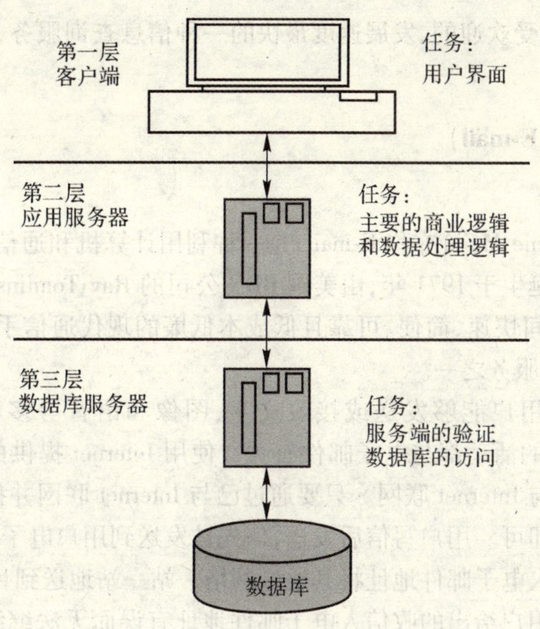

图 3-2 Client/Server 系统的三层结构

3.1.3 Internet 提供的服务

20 世纪 90 年代初期，Internet 开始提供 WWW 服务，由于 WWW 通过良好的界面大大简化了 Internet 操作的难度，使得 Internet 用户的数量激剧增加。随着 Internet 的发展，如今 Internet 已经深入人们生活的各个部分，通过 Web 浏览、电子邮件等方式，人们可以及时地获得自己所需的信息，Internet 给人们带来了一个全新的信息的传播和通信方式。Internet 的飞速发展得益于其提供的丰富的服务功能，目前使用最多和最基本的服务功能主要有以下几种。

1. Web 服务

Web 是 World Wide Web 的简称，或称为 WWW，中文称为环球信息网或万维网。它是由欧洲粒子物理实验室（CERN）研制的，主要是为了解决信息传递问题。在 WWW 创建以前，由于信息在 Internet 上散乱地分布在世界各地，因此必须先知道信息的确切位置，否则不能对信息进行搜索。

WWW 将位于全世界 Internet 网上不同网址的相关数据信息有机地编织在一起，通过浏览器（Browser）提供一种友好的查询界面：用户仅需要提出查询要求，而不必关心到什么地方去查询及如何查询，这些均由 WWW 自动完成。WWW 页面用 HTML 语言（超文本标记语言）来编写，上面放置了超级链接，只要用鼠标点击超级链接，就可以访问到所需的文本、图像和声音等信息，它给用户带来了世界范围的超级文本服务。另外，WWW 仍可提供传统的 Internet 服务：Telnet、FTP、Gopher、News、E-Mail 等。

WWW 的优势就在于它向广大的计算机用户提供了一种简单易学的网络操作方法，使许多原本对互联网不熟悉的人能够从网络上迅速方便地获取各种不同的信息资料，而且这些信息资料不仅仅是文本，还可以包括各种声音、图像和视频等多媒体信息。目前，WWW

已经成为 Internet 上最受欢迎的、发展速度最快的一种信息查询服务，许多人正是通过它来认识 Internet 的。

2. 电子邮件服务(E-mail)

(1)电子邮件概述

电子邮件(Electronic Mail)亦称 E-mail，是一种利用计算机和通信网络传递电子媒体信件等信息的服务。它诞生于 1971 年，由美国 BBN 公司的 Ray Tomlinson 发明。目前电子邮件已成为网络用户之间快速、简便、可靠且低成本低廉的现代通信手段，也是 Internet 上使用最广泛、最受欢迎的服务之一。

电子邮件使网络用户能够发送或接收文字、图像和语音等多种形式的信息。目前 Internet网上 60% 以上的活动都与电子邮件有关。使用 Internet 提供的电子邮件服务，实际上并不一定需要直接与 Internet 联网。只要通过已与 Internet 联网并提供 Internet 邮件服务的机构收发电子邮件即可。用户写信后发送，信先被发送到用户电子信箱所在的邮局，邮局再根据信件上的收件人电子邮件地址将其通过网络一站一站地送到目的地。若在传递过程中某个通信站点发现用户给出的收信人电子邮件地址有误而无法继续传递，系统会将原信逐站退回并通知不能送达的原因。当信件送到目的地的计算机后，该计算机的电子邮件系统就将它放入收信人的电子邮箱中等候用户自行读取。用户只要随时以计算机联机方式打开自己的电子邮箱，便可以查阅自己的邮件了。

使用电子邮件服务的前提：拥有自己的电子信箱，一般又称为电子邮件地址(E-mail Address)。电子信箱是提供电子邮件服务的机构为用户建立的，实际上是该机构在与 Internet联网的计算机上为你分配的一个专门用于存放往来邮件的磁盘存储区域，这个区域是由电子邮件系统管理的。用户一般可以到相应的网站申请电子信箱。电子信箱分收费和免费两种，用户可以根据自己的需要进行申请。电子信箱的地址由两部分组成，其形式为：用户名@主机域名，例如 zjszy@163.net，符号“@”的含义为“在”(at)的意思。

(2)电子邮件系统的特点

①速度快。所有的 Internet 用户都可以互相通信，用户一天 24 小时随时可以发送写好的信件，一封信一次可以同时发送给多个人，也可以重复发送。不论收信人远在何方，不分地区，不管国界，只要有互联网的 E-mail 地址，计算机都会自动寻找收信人的地址，顷刻之间就送达收件人的信箱之中。

②收发方便。与电话通信不同，发送 E-mail 时不会因“占线”而浪费时间，收件人也无需守候在线路的另一旁，从而跨越了时间和空间的限制。

③价格低。这也是其最大的优点，用户可以以几分钱的代价发送用其他通信方式无法负担的信件。例如从中国住美国发信件，邮寄得 7 天，邮资为 5 元以上，传真费用起码得几10 元，而发一个 E-mail 所需时间也就是几秒钟(多也就是几分钟)，费用只需几分钱。

由于 E-mail 的便捷、经济，它已成为世界上使用最广泛的 Internet 工具和日常通信工具之一。

3. 电子公告牌(BBS)和网络新闻服务(USENET)

电子公告牌(Bulletin Board Service ,BBS)是 Internet 网络上最知名的信息服务之一，所涉及的主题和专业范围包罗万象。其如同日常生活中的普通公告板一样,允许每个人张贴自己的见解供其他人阅读,只是更方便、功能更强大。

(1)电子公告牌的功能

①网站会定期聘任若干个“版主”,组织对一些热点问题进行讨论,用户可以根据自己的兴趣参加讨论,发表自己的意见。

②随时查看其他网友的文章和评论,还可以和他们交流看法和心得。

③用户可以在 BBS 上“张贴”自己的见解和文章供他人阅读,可向全世界发布自己的消息和意见。

④用户可以将自己难解的问题发布在 BBS 上,等待其他网友的回复。

⑤用户也可以对他人的文章、见解或某些新闻发表自己的看法和评论。

电子公告板的主题多种多样,其范围从科学、政治、文学、艺术到幽默、厨艺、体育、影视、股票、音乐等无所不包。现在许多网站都设立了 BBS,供网友发表自己的见解和看法或发布自己的疑难问题寻求帮助。

(2)网络新闻

网络新闻(Network News)通常又称作 USENET。它是具有共同爱好的 Internet 用户相互交换意见的一种无形的用户交流网络,它相当于一个全球范围的电子公告牌系统。网络新闻是按不同的专题组织的。志趣相同的用户借助网络上一些被称为新闻服务器的计算机开展各种类型的专题讨论。只要用户的计算机运行一种称为“新闻阅读器”的软件,就可以通过 Internet 随时阅读新闻服务器提供的分门别类的消息,并可以将你的见解提供给新闻服务器以便作为一条消息发送出去。

网络新闻是按专题分类的,每一类为一个分组。目前有八个大的专题组:计算机科学、网络新闻、娱乐、科技、社会科学、专题辩论、杂类及候补组。而每一个专题组又分为若干子专题,子专题下还可以有更小的子专题。到目前为止已有 15000 多个新闻组,每天发表的文章已超过几百兆字节。用户如果有什么问题或是希望了解什么信息的话,通过 USENET 新闻组就可以找到最全面、最满意的答案。这对科学家、教育工作者和工程科技人员来说,USENET 是一种十分有用的工具。

4. 远程登录服务(Telnet)

远程登录(Remote-login)是 Internet 提供的最基本的信息服务之一。在上网时,一个单独的计算机的软硬件资源和信息资源非常有限,往往需要连接到远程的另一台机器,在远程计算机上运行程序或获取其信息资源,此过程为远程登录(Telnet)。通过 Telnet 可以使多个用户很容易地共享软硬件资源和研究成果。目前 Telnet 最普遍的应用就是接入世界各地的大学数据库,查阅大学的科研成果索引和图书馆的卡片目录。

在远程计算机上登录,必须事先成为该计算机系统的合法用户并拥有相应的账号和口令。登录时要给出远程计算机的域名或 IP 地址,并按照系统提示,输入用户名及口令。登录成功后,用户便可以实时使用该系统对外开放的功能和资源,例如一个美国人想了解天气情况,他就可以远程登录一个能够显示全国天气情况的网络系统进行查询。

5. 文件传输服务(FTP)

文件传输是指 Internet 用户将一台计算机上的文件传输到另一台计算机上,它是在网络通信协议 FTP(File Transfer Protocol)的支持下进行的。利用文件传输协议(FTP),用户可以登录到其他计算机上。下载所需的软件和文件到自己的计算机上,或把自己的文件上传到其他计算机上。使用 FTP 可以传送文本文件、图像文件、声音文件等。

普通的 FTP 服务要求用户在登录到远程计算机时提供相应的用户名和口令。许多信息服务机构为了方便用户通过网络获取其发布的信息,提供了一种称为匿名 FTP 的服务(Anonymous FTP)。用户在登录到这种 FTP 服务器时无须事先注册或建立用户名与口令,而是以 anonymous 作为用户名,一般用自己的电子邮件地址作为口令。匿名 FTP 是最重要的Internet服务之一。许多匿名 FTP 服务器上都有免费的软件、电子杂志、技术文档及科学数据等供人们使用。匿名 FTP 对用户使用权限有一定限制:通常仅允许用户获取文件,而不允许用户修改现有文件或向它传送文件;另外对于用户可以获取的文件范围也有一定限制。

用户必须使用专门的软件才能登录到 FTP 服务器,这种软件叫做 FTP 客户端软件。这类软件有很多,CuteFTP 就是其中比较优秀的一种。其实在局域网中,用户也可以架设自己的 FTP 服务器,供局域网内的用户使用。这需要 FTP 服务器端的软件,Ser-U FTP Server 就是一个很不错的选择。

为了便于用户获取超长的文件或成组的文件,在匿名 FTP 服务器中,文件预先进行压缩或打包处理。用户在使用这类文件时应具备一定的文件压缩与还原、文件打包与解包等处理能力。

3.2 Web 技术

3.2.1 Web 概述

万维网能够处理文字、图像、声音、视频等多媒体信息,是一个多媒体信息系统。它提供了大量内容丰富的信息资源,这些信息一页一页地分门别类地存放在各个服务器上,浏览者可以根据个人的兴趣选择阅读内容。在浏览信息的过程中,如同读一本书,可以向前翻,也可以向后翻,还可以从中间挑选着看,看哪些内容全都依浏览者个人的兴趣而定。

1. Web 是什么

WWW 是 World Wide Web 的缩写,也可简写为 Web,中文叫做万维网。它并不是独立于 Internet 的另一个网络,而是基于超文本(Hypertext)或超媒体(Hypermedia)技术,将许多信息资源链接成一个信息网,由结点和超链接组成的、方便用户在 Internet 上搜索和浏览信息的超媒体信息咨询服务系统,是互联网的一部分。

在 WWW 系统中,使用一种简单的命名机制——URL 地址(也称 Web 地址、网址)来唯一地标识和定位 Internet 中的资源。Web 地址由三部分组成:客户与服务器之间所使用的通信协议,存放信息的服务器地址,存放信息的路径和文件名。

WWW 通过超文本传输协议(HyperText Transmission Protocol,HTTP)向用户提供多媒体信息,所提供信息的基本单位是网页(也称 WWW 文件),每一个网页可以包含文字、图像、动画、声音、3D(三维)物体等多种信息。

WWW 是通过 WWW 服务器来提供服务的。网页可存放在全球任何地方的 WWW 服务器上,使用浏览器可以访问全球任何地方的 WWW 服务器上的信息。

在客户端,用户使用网络浏览器浏览 WWW 服务器上的信息。浏览器为用户提供了一个可以轻松驾驭的图形化界面,可以方便地获取 WWW 的丰富信息资源。每一个 WWW 站点都提供若干网页给访问者浏览,这些网页按超文本标记语言(HyPerText Markup Language,HTML)确定的规则书写。

网页上的超链接很容易识别和使用。超链接可以是文字,也可以是图片,超链接的文字颜色常与其他文字的颜色不同,可以按用户的喜好设置,默认色是蓝色。超链接的一个更重要的特征是,无论是文字链接还是图片链接,也不管文字链接采用什么颜色,当移动鼠标指针到任一起链接上时,指针变成手形。此时只需轻轻单击一下,即可链接到它指向的网页。

除包含神奇的超文本技术外,WWW 还越来越多地融入了多媒体技术。大多数网页除显示文本信息外,还插入图片和动画,有些网页甚至还具有音频、视频等多媒体信息,使网页更有动感和生气。为便于用户联系,许多网页上还有超链接形式的电子邮件地址,轻轻一点就会启动电子邮件编辑窗口。

2. Web 工作原理

WWW 系统的结构采用了客户/服务器(Client/Server)模式,它的工作原理如图 3-3 所示。信息资源以网页(HTML 文件)的形式存储在 WWW 服务器中,用户通过 WWW 客户端程序(浏览器)向 WWW 服务器发出请求;WWW 服务器根据客户端请求内容,将保存在 WWW 服务器中的某个页面发送给客户端;浏览器在接收到该页后对其进行解释,最终将图、文、声并茂的画面呈现给用户。我们可以通过页面中的链接,方便地访问位于其他 WWW 服务器中的页面,或是其他类型的网络信息资源。

在 Internet 上的一些计算机上运行着 WWW 服务器程序,它们是信息的提供者;在用户的计算机上(即客户端)运行着 WWW 客户机程序,即网络浏览器,用来帮助用户完成信息浏览或查询。当然,在同一台计算机上也允许两者同时运行。

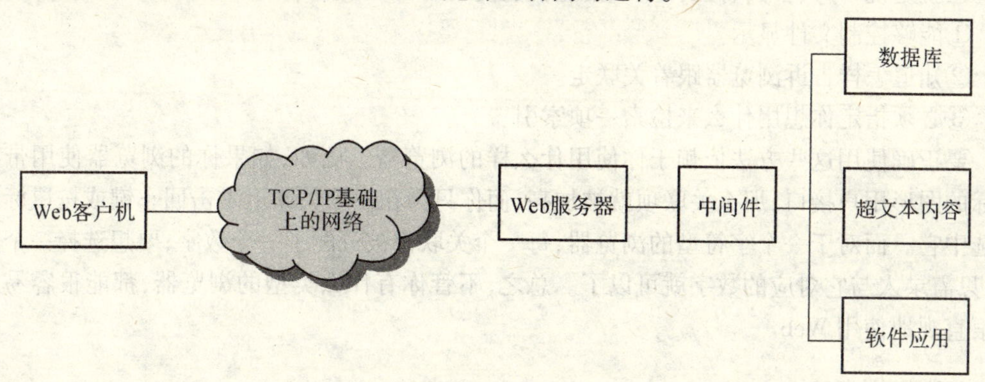

图 3-3　Web 工作原理

在图 3-3 中：

Web 客户机是指在客户端浏览 Internet 信息的主机，而在客户机上显示 Internet 信息的软件，简称 Web 浏览器。通常使用的浏览器是：美国微软公司（Microsoft）生产的 Internet Explorer 即 Internet 探索器，简称为 IE。版本有 IE6.0、IE7.0、IE8.0，还有美国网景公司生产的 Netscape Navigator 版本。

Web 服务器是指计算机信息资源的存放主机，大量信息是驻留在 Web 服务器上，Web 服务器的作用就是管理这些文档，处理用户发来的各种请求，将满足用户要求的信息返回给用户。Web 服务器是驻留在服务器上的一个程序，它和用户方面的浏览器不断地传送着各种信息，它们之间使用超文本传输协议 HTTP。

HTTP 是 Web 客户机与 Web 服务器之间的应用层传输协议。HTTP 是用于分布式协作超文本信息系统的、通用的、面向对象的协议，它可以用于域名服务或分布式面向对象系统。HTTP 协议是基于 TCP/IP 之上的协议。HTTP 会话过程包括以下四个步骤：

①连接（Connection）。

②请求（Request）。

③应答（Response）。

④关闭（Close）。

中间件是指可以调用 Web 服务器中的数据库数据、超文本内容和其他应用程序，常用的中间件有 CGI、JDBC、WEBAPI 等。

Web 通信的基本原理是：由浏览器向 Web 服务器发出 HTTP 请求，Web 服务器接到请求后，进行相应的处理，并将处理的结果以 HTML 文件的形式返回到浏览器，客户浏览器对其进行解释并显示给用户。Web 服务器要与数据库服务器进行交互，则必须通过中间件才能实现。

3. 使用 Web

像许多 Internet 资源一样，Web 采用的是客户/服务器系统。你用一个叫做浏览器的客户机程序作为进入 Web 的窗口。从 Web 的观点来看，宇宙的所有事情都是由文件和关联组成。因此，浏览器的工作就是读取文件和跟着你选择的关联走。

也就是说，你只要具有三种基本技能就能使用 Web。

①能够控制文件显示。

②知道怎样告诉浏览器跟着关联走。

③必须指定你想用什么来检索一项索引。

要正确使用这些方法依赖于你使用什么样的浏览器。例如，如果你的浏览器使用带有鼠标的图形用户接口，那么关联项就被加亮，而你只需在一项关联上敲击回车键或按鼠标就能选中它。而对于一个字符型的浏览器，每一个关联都被分配了一个数字；要想选择一个关联，只需录入与它对应的数字就可以了。总之，不管你有什么类型的浏览器，都能很容易而且很直观地使用 Web。

4. Web 的特点

Web 可以根据用户的各种要求，通过超文本的链接将其链到用户所需要的某一个网址、网页、服务器、或其他形式的媒体,例如,图形、图片、动画、声音、影视等。由于多媒体技术的出现,在 Web 中还可以使用超媒体,它是超文本和多媒体的有机结合。因此,Web 服务具有以下几个特点:

①以超文本方式组织网络多媒体信息。

②用户可以在世界范围内任意查找、检索、浏览及添加信息。

③提供生动直观、易于使用、统一的图形用户界面。

④网点间可以互相链接,以提供信息查找和漫游的透明访问。

⑤可以访问图像、声音、影像和文本信息。

3.2.2　主页基本概念

1. 什么是主页

主页是指某个机构或个人的信息在 Web 浏览器中显示与链接的基本信息页面,用户可通过主页访问有关的信息资源,并可下载有关的内容。

主页通常是用户使用 Web 浏览器访问 Internet 上任何 Web 服务器所看到的第一个页面。图 3-4 所示的是利用 Microsoft Internet Explorer 6.0 浏览器看到的北京大学主页内容。

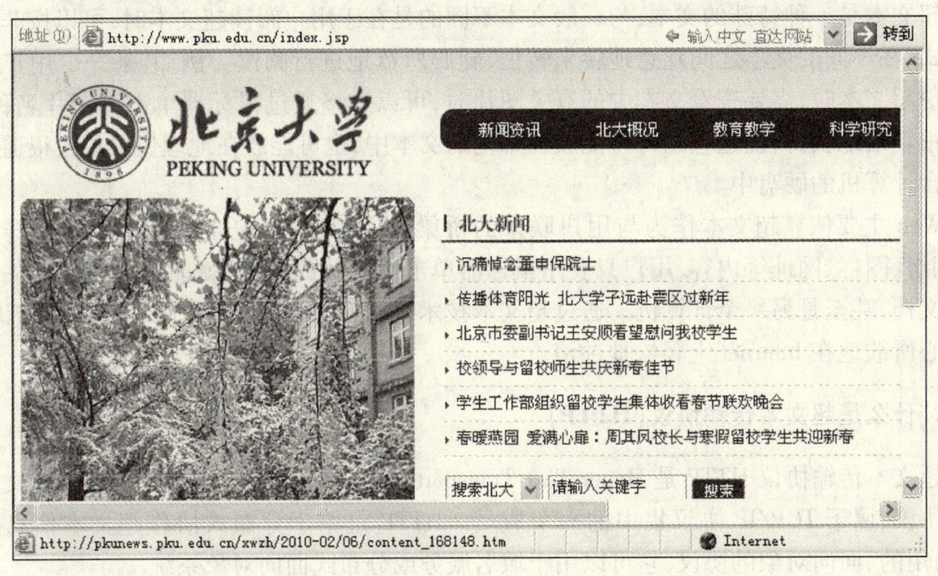

图 3-4　主页内容

从图 3-4 中可知,一个主页一般包含以下几种信息元素:

①文本元素。最基本的元素,通常所说的是主页中的具体文字,表示对某个信息的文字介绍或说明。

②图像元素。是主页中常用的一种表示方式,Web 浏览器一般只识别 GIF 和 JPG 两种格式,因为,这两种格式所保存的图像信息量最少,这是由于目前网络传播速度慢而采用的一种限制的办法。

③表格元素。类似于 Word 中的表格,表格单元内容一般为字符类型,当然也可以是图

像、超文本链接等。

④超文本链接元素。HTML 中的最重要元素,用于将 HTML 元素与其他文档文件或主页进行相连或转接。

2. 主页的作用

主页经常用来对运行 Web 服务器的单位进行全面介绍,也就是人们通过 Internet 了解某一个单位或网站的重要手段。所有连接在 Internet 上的信息内容都是通过主页进行传送的,一般主页的作用有以下几个:

①主页是用来了解一个学校、公司、政府的重要手段。

②主页是用来为企业、学校、机关或个人形象的标志和对外宣传的窗口。

③主页可以成为商家发布商品信息、消费者查询信息并提交订单、供应商确认订单、消费者在线支付款项等电子商务实施过程的重要途径。

④主页可以成为读者看书、学习、讨论、交谈的重要场所。

⑤主页可以成为人们观看电视、新闻、电影等的重要界面。

3. 什么是超文本(Hypertext)

超文本是一种特殊的文本,与一般文本不同的是在于用户阅读超文本时,可以按非线性的方式,在不同的文本之间随意地转来转去,随心所欲地进行阅读。例如,某一个用户在阅读一份超文本时,需要查看文本中的有关图片时,可以直接通过鼠标器单击该图片名称,就可以很轻松地获得,而这些图片可能放在不同的文本中,也可能放在地理位置相距很遥远的另一台计算机的硬盘中。

Web 主要依靠超文本作为与用户联系的桥梁,在超文本里包含着一些可以作链接的词、词组、图标、网址等内容,用户只要用鼠标器单击所需要的内容,就能进入与之相关的另一个文档,甚至是另一个计算机。通过超文本技术,用户可以不必知道网络的任何知识,就能随心所欲地在 Internet 上轻松地冲浪。

4. 什么是超文本传输协议(HTTP)

超文本传输协议 HTTP 是 Hyper Text Transport Protocol 的缩写,它是一个用于超文本的通讯协议,属于 TCP/IP 协议集中的一个成员。HTTP 是用于分布式协作超文本信息系统的、通用的、面向对象的协议,它可以用于域名服务或分布式面向对象系统。

3.2.3 全球资源定位器(URL)

1. 什么是 URL

URL 是 Uniform Resource Locator 的缩写,翻译成全球资源定位器。我们知道,在Internet 网上的每台计算机都将被分配一个 32 位的地址,又称 IP 地址,IP 地址是一串由"."隔开的阿拉伯数字串,它从左到右分别确认主机所在的网络、子网和计算机,从而确定了要访问的唯一计算机。域名是一串有意义的字符串,从右到左确认主机所在的地理位置或所属类别以及计算机。而 Web 也使用同样的地址方案,存储 Web 数据系统都遵守相同的协议,有属于系统本身的独一无二的资源地址称为一致资源定位器 URL。URL 指向 Web 上的文档和其他信息，以便浏览并对其进行寻找。

HTML 的超文本链接也使用一致资源定位器来定位信息资源所在的位置。URL 描述了浏览器检索资源所用的协议、资源所在计算机的主机名，以及资源的路径与文件名，无论其位置在哪台主机、哪个子目录，只要给出文件的 URL 地址，就能在 Internet 信息海洋中准确无误地定位该文件，就像是一个全球的定位器。

2. URL 构成

URL 的一般语法格式为：

```
protocol://hostdnorip[.port/path/file]
```

其中：

- protocol：访问的类型，属于 TCP/IP 的具体协议，例如，http、ftp、telnet、gopher、wais 等。
- hostdnorip：访问的主机，是用于标识在 Internet 上注册地址的主机。
- [ ]：访问的文件，括号内为可选项，它们是 port 提供连接和传输的硬件和软件；path 为路径；file 为文件名。标准的 URL 如图 3-5 所示。

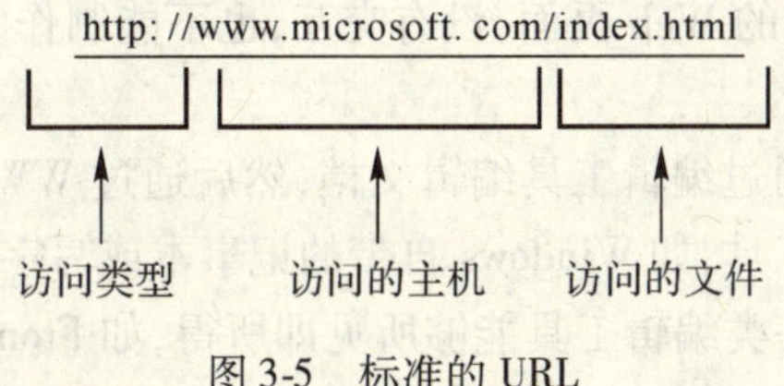

图 3-5　标准的 URL

以上的例子表示的是，用户要连接到名为 www. microsoft. com 主机上，采用的是 http 协议类型方式读取名为 index. html 的超文本文件。

3. URL 举例

①使用 IITTP 协议的 URL 格式如下：http://www. microsoft. com/china/index. html，该例子表示：用户要连接到名为 www. microsoft. com/china 的主机上，采用 http 方式读取名为 index. html 的超文本文件内容。

②gopher://gopher. cemet. edu. cn，该例子表示：用户要连接到名为 gopher. edu. cn 的 Gopher 服务器。

③ftp://ftp. pku. edu. cn/pub/dos/readme. txt，该例子表示：用户要通过 FTP 连接来获得一个名为 readme. txt 的文本文件。

④file://linux001. nankai. edu. cn/pub/gif/wu. gif，该例子表示：用户要在所连接的主机上获得并显示一个名为 wu. gif 的图形文件。

⑤telnet://cs. nankai. edu. cn:10，该例子表示：用户要远程登录到名为 cs. nankai. edu. cn 的主机的 10 号端口。

3.2.4　Web 开发技术

WWW 开发技术最初采用的是 HTML（超文本标记语言）。随着 Internet 技术的发展和人们对 WWW 服务需求越来越高，WWW 开发技术也越来越丰富。现在其主要技术有 HTML、DHTML、XML、CGI、ASP、PHP、JSP 等。下面对这些技术做一些简介。

1. HTML

HTML 是一种用来制作超文本文档的简单标记语言，通过利用各种标记来标识文档的结构以及标识超链接（Hyperlink）的信息，并且能独立于各种操作系统平台（如 Unix，Windows等）。所谓超文本，因为它可以加入图片、声音、动画、影视等内容，而且还可以从一个文件跳转到另一个文件，与世界各地站点的文件进行连接。

HTML 文档制作并不是很复杂，而且功能强大，支持不同数据格式的文件嵌入，应用十分广泛。其主要特点如下：

①简单易学。HTML 是 SGML（标准通用标记语言）的简化版，用户可以很容易使用各类标记建立 HTML 文档。

②可扩展性。HTML 语言采用子类元素的方式，为系统扩展带来保证。现在 HTML 语言的版本是 4.0 版，可以说语言功能大大加强。

③与平台无关。HTML 文档可以不加修改运行在 PC 机和 MAC 等其他类型的机器上。

④HTML 只能提供静态的 Web 页面，没有交互，也不能制作复杂的动画，一般只能完成简单的信息发布功能。

⑤传统的 HTML 一般通过编辑工具编辑文档，然后通过 WWW 浏览器显示出效果。常用的编辑工具有文本编辑工具，如 Windows 自带的记事本或写字板，编辑后的纯文本文件的扩展名为.htm 或.html；另一类编辑工具能够所见即所得，如 FrontPage、Dreamweaver 等。

2. DHTML

DHTML 是 Dynamic HTML 的缩写，即动态 HTML。DHTML 是在传统的 HTML 语言基础上，采用 CSS（Cascading Style Sheets，层叠样式表）来设置网页的样式，并运用 JavaScript 或 VBScript 技术提供动态和交互的网页功能。Netscape 4.0 和 IE 4.0 以上的版本支持DHTML，DHTML 是一种“客户端”技术，其优点在于增强了 Web 页面的功能，在 Web 页面上直接建立动画、游戏和应用软件等，并提供了浏览站点的全新方式，与 Java、Flash 等技术不同的是，用 DHTML 编制的页面不需要插件的支持就能完整的实现。

（1）HTML 层叠样式表 CSS

CSS 是 Cascading Style Sheet 的缩写，即层叠样式表，主要用于设定 HTML 元素在页面上的显示风格。

CSS 格式包括选择器、属性和属性值三部分，其形式如下：

```
selector{property: value ; property : value;...}
```

其中：

• select（选择器）：包括 HTML 选择器（HTML Selector）、类选择器（Class Selector）和 ID 选择器（ID Selector）三种。

• property（属性）：就是那些将要被修改的性质，如 color、font-size...

• value（属性值）：赋给 property 的值，如给 color 赋值 blue。

层叠样式表区分大小写，注意拼写。下面对 CSS 层叠样式表举例说明：

```
<HTML>
<STYLE>
<!--
p {font-family : "宋体"; font-size: 12pt; color : red; font-weight : bold}
.bigFont{font-size : 200%}
#newColor{background-color : #0033ff; color : yellow}
-->
</STYLE>
<BODY>
<p>HTML 选择器<span class="bigFont">类选择器</span><span id="newColor">
ID 选择器</span><p>
<BODY>
</HTML>
```

在这个程序中，<STYLE> </STYLE>间为嵌入式层叠样式表，定义了三个选择器，分别是 HTML 选择器、类选择器和 ID 选择器。在<BODY><BODY>间用定义好的层叠样式表显示文本。

(2)JavaScript 脚本语言

JavaScript 是一种基于对象(Object)和事件驱动(Event Driven)并具有安全性能的脚本语言，必须嵌入 HTML 文档之中才能运行，主要提供动态和交互的网页功能。它的出现弥补了 HTML 语言的缺陷，基本特点：

①它是一种脚本编写语言，采用小程序段的方式实现编程。它同时也是一种解释性语言，它提供了一个较容易的开发过程。JavaScript 与 HTML 标记结合在一起，从而方便了用户的使用操作。

②它是一种基于对象的语言，许多功能可以来自脚本环境中对象的方法与脚本的相互作用。

③JavaScript 的简单性主要体现在可以运用 JavaScript 的内置对象和函数以及浏览器对象，就可以很容易开发出功能强大的 Web 应用程序。

④它是一种安全性较高的语言，它不允许访问本地的硬盘，不能将数据存入到服务器上，也不允许对网络文档进行修改和删除，只能通过浏览器实现信息浏览或动态交互，从而有效地防止数据的丢失。

⑤JavaScript 是动态的，它可以直接对用户或客户的输入和各种操作作出响应，无须经过 Web 服务器程序，这样可以大大减轻服务器的负担。JavaScript 对用户的响应采用事件驱动的方式进行的。

⑥JavaScript 依赖于浏览器本身，与操作环境无关。

⑦严格区分大小写。

⑧JavaScript 可以直接嵌入到 HTML 文档中，也可以用文本编辑器做成一个独立文档，保存成后缀为"js"的文档，然后在 HTML 文档中调用它。

下面我们编写一个 JavaScript 例子：

```
<HTML>
<HEAD>
```

```
<TITLE>Hello, World! </TITLE>
</HEAD>
<BODY>
<SCRIPT  Language="JavaScript1.3">
document.write("Hello, World!");
</SCRIPT>
<BODY>
</HTML>
```

这是一个嵌入 JavaScript 的 HTML 文档。<SCRIPT>与</SCRIPT>是嵌入 JavaScript 脚本的 HTML 标记。SCRIPT 标记中的 Language 指明 JavaScript 的版本。document 是一个浏览器对象,提供使用文档和处理文档元素的属性方法。document 对象调用 write( )方法,向文档写入文本。

3. XML

XML 是 Extensible Markup Language 的简写,是一种可扩展标记语言。可扩展性是因为 XML 里允许我们自己创建所需的标签,而 HTML 的标签却是固定的。

XML 并不是标记语言。它只是用来创造标记语言(比如 HTML)的元语言。XML 也不是 HTML 的替代产品,或 HTML 的升级,它只是 HTML 的补充,为 HTML 扩展更多功能。我们不能用 XML 来直接写网页。即便是包含了 XML 数据,依然要转换成 HTML 格式才能在浏览器上显示。

XML 的优点:

①XML 的优势之一是它允许各个组织、个人建立适合自己需要的标记集合,并且这些标记可以迅速地投入使用。

②一篇文档包括三个要素:数据、结构以及显示格式。XML 把文档的三要素独立开来,分别处理。数据保存在 XML 中,结构保存在 DTD 中,显示格式保存在样式单文件(Style Sheet)中,这样如果需要改变文档的三个要素,只要修改相应的文件就行了。

③XML 可以广泛地运用于 Web 的任何地方,可以满足网络应用的需求。

④XML 代码清晰和便于阅读理解,也便于学习和创建。

在 XML 中,标记语法是通过文件类型定义 DTD(Document Type Definition)来描述的。也就是说,通过 DTD 来定义 XML 文档中的元素、属性以及元素之间的关系。一个遵守 XML 语法规则并遵守相应 DTD 文件规范的 XML 文档才能称为有效的 XML 文档。

采用 XML 技术的网页,最大的特点是将数据与显示分离,数据存放在 XML 文档中。XML 数据与 HTML 间的调用和交互是通过页面脚本语言来实现的。下面我们举一个包含 DTD、XML 以及 JavaScript 的实例。

先建立一个 DTD 文档,存为 book.dtd:

```
<! ELEMENT book( name,author) >
<! ELEMENT name (#PCDATA) >
<! ELEMENT author (#PCDATA) >
```

一共定义了三个元素:book、name、author。其中,book 为根元素。

然后建立 XML 文档，存为 book.xml：

```
<?xml version="1.0" encoding="GB2312"?>
<!DOCTYPE book SYSTEM "book.dtd">
<book>
<name>电子商务技术基础</name>
<author>陈孟建等</author>
</book>
```

其中，<? xml...? >是一个 XML 文档开始的声明。

<! DOCTYPE book SYSTEM "book. dtd" >是 DTD 文件的定义。

其他则是用 DTD 定义的元素标记的 XML 数据。

再建立 HTML 文档，存为 book. html：

```
<html>
<head>
<object width="0" height="0" classid="clsid: 550dda30-0541-11d2-9ca9-
0060b0ec3d39" id="xmlDoc">
</object>
<script Language="JavaScript" for="window" event="onload">
xmlDoc.XMLDocument.load("book.xml");
</script>
<title>在 HTML 中调用 XML 数据</title>
</head>
<body bgcolor="#FFFFFF">
<b>标题:</b>
<span id="name" datasrc=#xmlDoc datafld="name"></span><br>
<b>著者:</b>
<span id="author" datasrc=#xmlDoc datafld="author"></span><br>
</body>
</html>
```

IE 是通过在 HTML 中的 object 物件来支持插入 XML，并通过 JavaScript 的 XMLDocument. load( )方法来导入数据。这里定义一个 object，ID 名为 xmlDoc，然用 JavaScript 代码读取 xml 数据。最后在<body>中用<span>标记将 xmlDoc 这个 XML 对象中的数据显示出来。用 IE5.0 以上的浏览器打开 book. html 就可以看到结果了。

4. CGI 技术

CGI(Common Gateway Interface)是公共网关接口的简称。本质上，CGI 是一个运行在服务器上的程序，是 WebServer 调用外部程序的一个接口。通过 CGI，WebServer 能将用户从浏览器中输入的数据作为参数，调用本机上的程序，并把运行结果返回用户浏览器。

目前在各类网站的创建过程中，CGI 程序常常被用于对 HTML 表单和数据库的查询、修改、添加、删除等操作。例如利用 CGI 程序对数据进行搜索、修改或添加记录等。我们可以常常看见运用 CGI 技术的网站，如新浪网(www. sina. com. cn)的搜索引擎采用的就是 CGI 程序。

启动 CGI 程序的基本方法如下：

①用户在 HTML 页面中单击某个链接。

②浏览器请求服务器运行某个 CGI 程序。

③如果用户具有适当权限，服务器运行该 CGI 程序，

④WebServer 将 CGI 程序的结果返回到浏览器。

⑤浏览器显示输出结果。

在创建 CGI 程序时，需要使用某种编程语言。常用的有 Visual Basic，Shell Script，PERL，Java 以及 C/C ++ 等。其中 PERL 语言因其具有强大的字符串处理能力而成为现在的 CGI，特别是表单类程序的首选。下面对 CGI 编程举例说明，使用 PERL 编写一个简单的数据传输的程序。

```
#! /set/local/bin/perl
#文件名:firstscript.cgi。
#设置输出内容的类型:text/html
print "Content-type: text/html  \n\n";
#将数据返回浏览器前需设置数据的输出格式
#为输出数据定义一个标题
print " <HTML><HEAD><TITLE>First Script Response</TITLE> <HEAD> \n ";
#返回 HTML 网页的 BODY 部分
print "<BODY><H1>My First Script</H1><P><B>Congratulations! You have
programmed your first CGI script! <B> <P> </BODY> </HTML> \n " ;
```

该程序的目的是让 CGI 程序在程序启动后向浏览器发回一个消息。

下面是对用 PERL 编写的程序的一些说明：

①PERL 脚本的第一行必须指定在服务器上何处可以找到 PERL 的解释器。

②以#开头的行是注释行，不被 PERL 解释器进行任何操作。

③Print 命令用于输出文本。

④文本串须在引号之内。

⑤需要的新行用“\n”指明。

⑥PERL 的所有语句必须以分号结束。

该例说明了 CGI 程序使用服务器把消息回传给用户浏览器的方法。为了调用这个 CGI 程序，调用 CGI 程序的超级链接必须放置在 HTML 文件中，并且用户必须单击这个超级链接，这样就可以将这个 CGI 程序启动。

现在为第一个 CGI 程序创建超级链接，将该超级链接嵌入在 HTML 文档中：

```
<a href="user/cgi-bin/firstscript.cgi">第一个 CGI 程序</a>
```

CGI 文件一般存储在 user/cgi-bin 目录下。

5. ASP 技术

ASP 是 Active Server Pages 的缩写，即动态服务器主页。ASP 是一套服务器端的脚本运行环境。通过 ASP 可以结合 HTML 网页、ASP 指令、ActiveX 元素和 JavaScript 脚本或 VBScript脚本建立动态、交互、高效的 Web 服务器应用程序。

ASP 支持动态的 HTML 主页，它的执行可以分成以下几个步骤：

①用户在浏览器的网址栏中输入 ASP 的文件名,并回车。

②浏览器将这个 ASP 的请求发送给 Web 服务器 IIS。

③IIS 接收这个申请要求,并根据其. asp 的后缀从硬盘或者内存中调用正确的 ASP 文件。

④这个文件被发送到一个叫做 ASP. DLL 特定文件中,然后将会从头至尾被执行并根据命令要求生成相应的静态主页。

⑤这个主页将被送回浏览器,由用户浏览器解释执行并显示。

ASP 不仅可以提供动态网页,而且可以利用 ADO(Active Data Object 的缩写,微软开发的一种数据访问模型)方便地访问数据库,这样我们就能够开发基于 WWW 的应用系统。

ASP 的主要特点有:

①无须编译,直接在服务器端边解释边执行。

②使用 JavaScript 等脚本语言,再结合 HTML 语言,即可编写网站的应用程序。可使用常规文本编辑器进行编辑,如 Windows 的记事本等。

③与浏览器无关,用户端只要使用常规的可执行 HTML 代码的浏览器,即可浏览 ASP 主页内容,Script 语言在站点服务器端执行。

④可通过 ActiveX Server Components(ActiveX 服务器组件)来扩充功能:ActiveX Server Component 可使用 Visual Basic,Java,Visual C ++,COBOL 等语言来实现。

⑤ASP 的源程序代码不会传到客户端的浏览器,因此可以保证源程序不会外泄,具有一定的安全性。传到用户浏览器的是 ASP 执行的结果的常规 HTML 代码。

Active Server Pages(ASP)制作成. asp 扩展名的文件,一般包括三部分:HTML 标记(tags)、VBScript 或 Jscript 语言的程序代码和 ASP 语法。下面我们是一个 ASP 简单示例,以增进对 ASP 的了解。

```
<html>
<head>
<script runat = server Language = "Jscript">
function aspcall()
{ Response.write("这是我写的第一个 ASP 应用程序");}
</script>
<title>这是一个 ASP 示例</title>
</head>
<body>
<%call aspcall%>
<br>
<%for i =1to 5%>
<font size = <% =i%> color = "#0000ff">电子商务前程无限,显示字号<% =i%>号
</font>
<p>
<%next%>
</body>
</html>
```

将该文件保存成 default. asp,然后启动 MS 的 Web 服务器 IIS,并将 aspexample. asp 放在 IIS 的主目录下。

HTML 标记(tags)使用“<…>”将 HTML 程序码包含起来;而 ASP 使用“<%…%>”将 ASP 的 script 程序代码包含起来。当用户请求该 ASP 文档时,服务器会将其中的程序代码翻译成相应的 HTML 标记传送给客户浏览器显示。

6. PHP 技术

PHP(Personal Home Page)是一种跨平台的服务器端的嵌入式脚本语言,它大量地借用C、Java 和 Perl 语言的语法,并结合 PHP 自己的特性,使 Web 开发者能够快速地写出动态生成页面。它支持目前绝大多数数据库。最重要的一点,PHP 是完全免费的,不用花钱就可以从各个站点自由下载,而且可以不受限制地获得源码,甚至可以从中加进用户自己需要的特色。最新的源代码可以在以下网址找到:http://www. php. net。

对于中小企业来说,使用 PHP 构建电子商务网站无疑是最佳选择。因为 PHP 是完全免费的,并且开放源代码。PHP 在大多数 Unix 平台,GUN/Linux 和微软 Windows 平台上均可以运行,而且安装过程比较简单。PHP 支持几乎所有主流或非主流的数据库,例如 dBASE、Informix、Microsoft SQL Server、MySQL、Sybase、ODBC 和 Oracle 等。目前利用 Apache 做 Web 服务器,MySQL 为后台数据库,PHP 开发网页是非常流行的一个组合。

下面是一个简单的 PHP 示例,其功能是把当前的日期添加到 HTML 文件中。

```
<HTML>
<HEAD>
<TITLE>This is my first PHP script</TITLE>
</HEAD>
<BODY>
<CENTER>我的第一个 PHP 脚本 </CENTER>
<? php
$today=date("Y-m-d");
PRINT "<CENTER>今天是:$today.</CENTER>";
?>
</BODY>
</HTML>
```

<? …? >间为 PHP 语句。包含有 PHP 语句的文件,只有用后缀 *. php3 命名后(如 firstphp. php3)才能够被 PHP3. 0 的解释器所识别并进行相应的处理。

7. JSP 技术

JSP(Java Server Pages)是 SUN 公司于 1999 年 6 月推出的新技术,是 Servlet2. 1 API 的扩展。利用这一技术可以建立先进、安全和跨平台的动态网站,而且它能够适应市场上包括 Apache Web Server、IIS 在内的大部分的服务器产品。

JSP 与 Microsoft 的 ASP 技术非常相似,都是面向 Web 服务器的技术。不过 ASP 一般只应用于 Windows NT/2000 平台,而 JSP 则可以不加修改运行在多数平台上,符合“一次编写,各处运行”的 Java 标准。

JavaBeans 是一种基于 Java 的可重复使用的软件组件,有点类似于 Microsoft 的 COM 组件的概念。在 JSP 程序中,JavaBeans 常用来封装事务逻辑、数据库操作等,可以实现业务逻辑和前台程序(如 JSP 程序)的分离。现在,JavaBeans 在服务器端的应用非常广泛,图 3-5 所示的是一个 JSP Web 程序通过 JavaBeans 对数据库访问的模型。

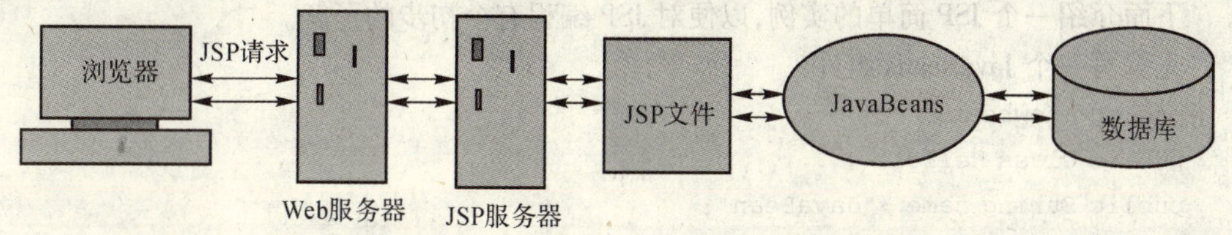

图 3-5　JSP 程序对数据库的访问

当 Web 服务器接收到一个 JSP 文件请求时,Web 服务器将请求发送至 JSP 服务器(如 Apache 公司的 Tomcat),JSP 服务器对 JSP 文件进行语法分析并将其编译成 Servlet。这个编译过程仅在初次调用时发生。

JSP 技术的优点如下。

(1)将内容的生成和显示进行分离

使用 JSP 技术,Web 页面开发人员可以使用 HTML 或者 XML 标记来设计页面的显示方式,使用 JSP 标记或者小脚本来生成页面的动态内容。核心逻辑被封装在标记和 JavaBeans 中,这样就可以明确地进行分工,Web 页面设计人员编写 HTML, Servlets 程序员和JavaBeans 程序员编写动态部分和各种组件。

在服务器端. JSP 引擎解释 JSP 标记和小脚本,生成所请求的内容(如通过 JavaBeans 组件和 JDBC 技术访问数据库),然后将结果以 HTML(或者 XML)页面的形式发送回浏览器。这有助于作者保护自己的代码,而又保证了任何基于 HTML 的 Web 浏览器的完全可用性。

(2)强调可重用的组件

绝大多数 JSP 页面依赖于可重用的、跨平台的组件(JavaBeans 或者 Enterprise JavaBeans 组件)来执行应用程序所要求的更为复杂的处理。开发人员能够共享和交换执行普通操作的组件,或者使得这些组件为更多的使用者或者客户团体所使用。基于组件的方法加速了总体开发过程,并且使得各种组织在他们现有的技能和优化结果的开发努力中得到平衡。

(3)采用标记简化页面开发

绝大多数 JSP 处理将通过与 JSP 相关的 XML 标记来完成。在 JSP 页面中,JSP 语句利用标记将 JSP 脚本嵌入 HTML 文档中,或利用 JSP 标记访问 JavaBeans 组件。标记的好处在于它们易于在应用程序间使用和共享。

JSP 技术能够使开发者扩展 JSP 标记。第三方开发人员和其他人员可以为常用功能创建自己的标志库。这使得 Web 页面开发人员能够使用熟悉的工具如同标记一样地执行特定功能的构件来工作。

(4)安全性高

由于 JSP 页面的内置脚本语言是基于 Java 编程语言的,而且所有的 JSP 页面都被编译成为 Java Servlet,这样 JSP 页面就具有 Java 技术的所有好处,包括健壮的存储管理和相当高的安全性。

(5)一次编写,各处运行

作为 Java 平台的一部分。JSP 拥有 Java 编程语言"一次编写,各处运行"的特点。

随着越来越多的供应商将JSP支持添加到他们的产品中,可以使用自己所选择的服务器和工具,更改工具或服务器并不影响当前的应用。

下面介绍一个JSP简单的实例,以便对JSP编程有个初步的了解。

先编写一个JavaBeans组件:

```
package newbean;
public class Hello{
public String name = "JavaBean";
public String getHi(){
    return  "Hello from" +name;
}
}
```

文件保存成hello.java,然后用JDK的javac命令编译成Hello.class。

下面是调用JavaBeans的一个JSP程序,如下:

```
<html>
<head>
<title>JSP测试程序</title>
</head>
<body>
<jsp: useBean id = "hellobean" scope = "session" class = "newbean.Hello" />
<% =hellobean.getHi()%>
<p>
<%
    hellobean.name = "JSP";
    out.println(hellobean.getHi());
%>
</body>
</html>
```

其中,<jsp: useBean id = "hellobean" scope = "session" class = "newbean.Hello"/>是创建JavaBeans对象,并命名为hellobean。文件保存成hello.jsp。启动JSP服务器(如Tomcat),将hello.jsp文件放在\jakarta - tomcat - 4.0.6\ webapps\root目录下。将hello.class放在\jakarta - tomcat - 4.0.6\ webapps\root\web - inf\classes\newbean目录下。在浏览器的地址栏中嵌入http://localhost:8080/hello.jsp,即可得到结果。

3.2.5 Web浏览器和Web服务器

Web应用框架主要是采用浏览器和服务器结构。下面介绍几种常用的Web服务器软件系统和Web浏览器。

1. Web服务器软件系统

(1)因特网信息服务器IIS

Microsoft公司的因特网信息服务器(Internet Information Server, IIS)是一种基于Windows NT技术的Web服务器,它提供的服务主要包括WWW服务、SMTP服务、FTP服务。另外 IIS 还能够支持因特网服务器应用程序编程接口 ISAPI,使用它将比 CGI 有更高的编程效率。ASP 就是一个 ISAPI 应用程序的例子。

(2)IBM Lotus Notes Domino

IBM 公司的一个应用服务器和 E-mail 服务器,使用 Domino 可以快速建立和部署和电子商务环境。通过其 Web 服务功能,可以让用户在线购物,并能联机跟踪订单的状态、对订单进行处理和报告等,具有相当强的商务活动能力。Domino 提供了集成的开发环境 notes designer for domino,用于电子商务应用程序的开发。另外,Domino 还提供了很多周边工具来增强电子商务 Web 站点的功能。

(3)Netscape Enterprise Server

它是一个高级的应用服务器,集中了多层客户/服务器和 Web 技术的优点、为基于 Web 的企业应用提供了编程、管理和安全性方面的支持。Netscape 应用服务器解决方案中的一部分是 Netscape Application Builder,能使用户快速开发和发展具有高扩展能力的、事务处理型的应用程序,所以在程序开发方面具有相当的灵活性。Netscape 应用服务器提供实施企业应用端到端的安全特性,提供安全的 Web 服务器通信并支持 SSL 和 SHTTP 安全协议。现在 Netscape 公司又推出基于 Linux 操作系统的产品 iPlanet Enterprise Edition,支持 Java API、JSP API 和 Serverlets 等,具有很高的性能。

(4)Apache

它是一种使用十分广泛的 Web 服务器,其源代码可以从 Apache 的 Web 网站(www. apache. org)上免费获得。Apache 有多种不同的版本,可以支持 Windows NT、Unix、Linux 等多种平台。

2. Web 浏览器

(1)Internet Explorer

它是 Microsoft 公司推出的一种使用十分广泛的免费浏览器,简记为 IE。目前Intemet Explorer 6. 0 是功能最为复杂和全面的浏览器之一,是由多种可独立使用的软件所组成的套件系列。其功能包括 Web 信息浏览、组织视频会议、浏览文件夹、阅读电子邮件、发布 Web 网页等功能。

(2)Netscape Navigator

它是由 Netscape Communications(网景)公司于 1994 年底开发的 Web 浏览器。由于它具有运行速度快、高度的集成化、兼容性好、用户界面友好等优点,所以在 Netscape Navigator 问世之初便受到了广泛的欢迎。为了增强其在浏览器市场上的竞争力,近来集中力量开发综合利用因特网资源的综合软件包。其功能包括阅读因特网主页、主页资源的利用、电子邮件、主页的制作、网络新闻组、网络信息搜索以及离线浏览等功能。

3.3 邮件列表技术

3.3.1 邮件列表概述

1. 邮件列表概念

邮件列表也叫 Mailing List，是 Internet 上比较常见的一种服务内容，用于各种群体之间的信息交流和信息发布。其表现形式有很多种，如新闻邮件、电子刊物、网站更新通知等。邮件列表既是建立顾客关系的有效工具，又是网络营销的最重要手段，同时也被认为是最有前途的网络广告形式之一。邮件列表是许可 E-mail 营销和个性化服务的主要手段，与滥发邮件（SPAM）不同，邮件列表是基于用户自愿加入的原则，通过为用户提供有价值的信息，获取用户的信任，从而实现营销的目的。

邮件列表具有传播范围广的特点，可以向 Internet 上数十万个用户迅速传递消息，传递的方式可以是主持人发言、自由讨论和授权发言人发言等方式。

邮件列表具有使用简单方便的特点，只要能够使用 E-mail，就可以使用邮件列表。

2. 邮件列表的基本形式

邮件列表的类型分为公开、封闭、管制三种。

①公开类型。任何人可以在列表里发表信件，如公开的讨论组、论坛。

②封闭类型。只有邮件列表里的成员才能发表信件，如同学通讯、技术讨论。

③管制类型。只有经过邮件列表管理者批准的信件才能发表，如产品信息发布、电子杂志等。

邮件列表的类型可以在创建邮件列表的时候设置，也可以在任何时候通过管理中心修改邮件列表的属性来设置。

3. 邮件订阅

国内有许多网站利用邮件列表开展邮件订阅服务，如教育参考、电脑网络、购物等。如果读者需要，可以登录 http://maillist@ bodachian. com 进行查询，选择自己所需的邮件列表。下面介绍广东省旅游局的邮件订阅。

登录该网站 http://gdgov. visitgd. comhdzlsub/，如图 3-6 所示。

在该主页中直接填入以下信息：

①输入姓名，如陈孟建。

②输入电子邮件地址，如 cmjssh@ 163. com。

③按“订阅”按钮即可，出现如图 3-7 所示的对话框。

④按“确定”按钮即可完成邮件的订阅。

3.3.2 邮件列表在电子商务中的作用

邮件列表是许可营销和个性化服务的重要手段，用户可根据自己的需要加入相关的邮

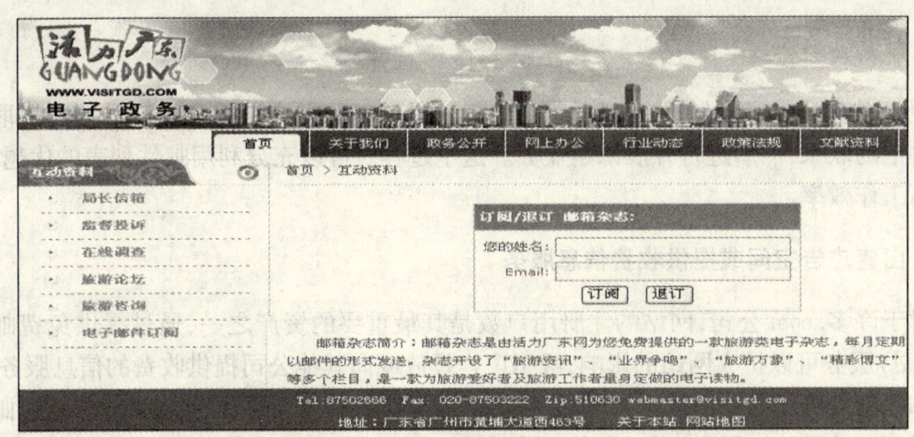

图 3-6　广东旅游局电子政务主页

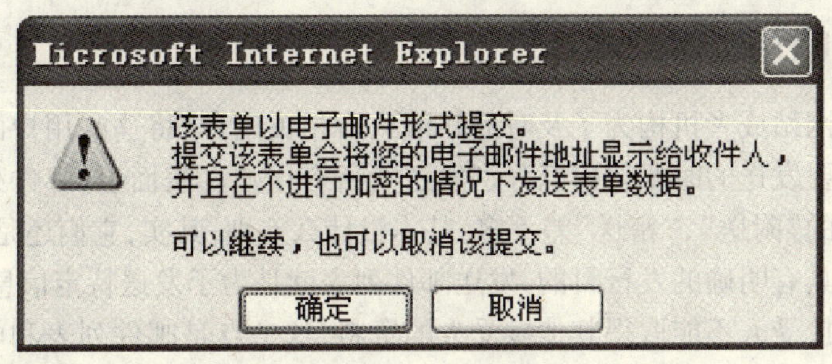

图 3-7　邮件订阅对话框

件列表，网站通过为用户提供有价值的信息，获取客户的信任，从而实现营销的目的。美国 ActiveMeda Research LLC 公司就电子邮件在网络营销中所起的作用进行了调查，发现电子邮件是吸引"回头客"的最有利的工具，而回头客是电子商务获得成功的关键所在。在线消费者中的 43% 表示在最近的在线购物中电子邮件发挥了重要的作用。由此看来，利用电子邮件巧妙地组合进行销售、服务、促销对电子商务影响很大。定期的电子邮件将会加强与客户间的联系。通过长期与客户交换信息，可吸引大批的回头客。邮件列表在电子商务中的主要作用有以下几个。

1. 促销工具

企业可以主办自己的电子杂志或提供信息发布，通过邮件列表的方式，向数十万用户同时发送。一方面便于用户获取相关的信息和知识，同时也能为公司产品或服务进行促销。

2. 相互交流

能增进企业与客户间的相互交流，让客户知道企业或行业最新动态，如新产品发布，也能促进客户获取产品的技术支持和进行信息反馈，从而增进客户关系。对客户来说，通过邮件列表可以很容易地获取各类网站收集的相关信息，如行业新闻、产品信息等，节省了大量的时间。

3. 邮购业务

便于企业开展邮购业务，一般公司可先与欲通过邮购方式获得公司产品的客户取得电子邮件上的联系，然后进行开展邮购业务。这个过程就可以充分利用邮件列表的优越性，大大提高工作效率。

4. 出售广告空间或提供收费信息服务

对于许多.com 公司，网站的注册用户数是其最重要的资产之一，通过提供免费邮件列表（订阅）服务可以扩大网站的影响，吸引广告投放或向其他公司提供收费的信息服务。

邮件列表可作为营销或公关工具，间接达到增加销售收入的目的，也可直接通过邮件列表获得利润的目的。所以，可以肯定地说，邮件列表会成为网站直接或间接赚钱的工具，如果现在还没有收益，只是因为条件还不具备。

3.3.3 邮件列表的工作方式

邮件列表是网站或者机构为了及时通知信息给相关用户，将这些用户的电子邮件保存并且在有信息需要发送的时候将信息分别发送给所有用户。表面上，邮件列表和发送电子邮件的时候使用的“附送”、“密送”差不多，基本没什么差别，其实，它们还是有差别的：

①邮件列表具有明确的发行目的，发送邮件列表就是为了发送特定信息给特定用户。

②邮件列表接受人不能取得其他接受人的资料，这一点是邮件列表和电子邮件附送的最大区别。我们知道，当我们收到一些电子邮件的时候，发现在邮件的“附送”栏有很多其他用户的邮件地址，这就是通过“附送”方式将邮件发送给一系列用户；而通过邮件列表发送的邮件，用户感觉就是发送人单独发送给用户的，不能看见其他用户的信息，当然，实质也是这样发送的。

这样，我们就可以知道邮件列表的工作方式其实是将每个用户的电子邮件取出，然后逐个发送相同的信息。

邮件列表的工作原理如图 3-8 所示。

3.3.4 创建邮件列表

企业网站可以通过 Internet 上的邮件列表系统创建自己的邮件列表。Internet 上邮件列表系统一般提供以下几种基本服务。

①企业可以向 Internet 上的邮件列表系统申请邮件列表，成为某个邮件列表的管理者，管理相应的邮件列表并发布信息，向企业客户提供邮件列表服务。

②提供邮件列表和新闻服务器的转信，可以通过 E-mail 接收 BBS 和新闻服务器的邮件，参加 BBS 和新闻组的讨论。

③客户通过订阅邮件列表，成为信息的接收者。如果邮件列表允许讨论，客户可以参与讨论。

下面以希网网络邮件列表专家的邮件列表系统为例来介绍创建企业邮件列表的过程。

①进入希网网络主页（http://www.cn99.com），如图 3-9 所示。

②新用户需先注册，旧用户可直接登录。如需创建邮件列表，则需选中“我还需要创建

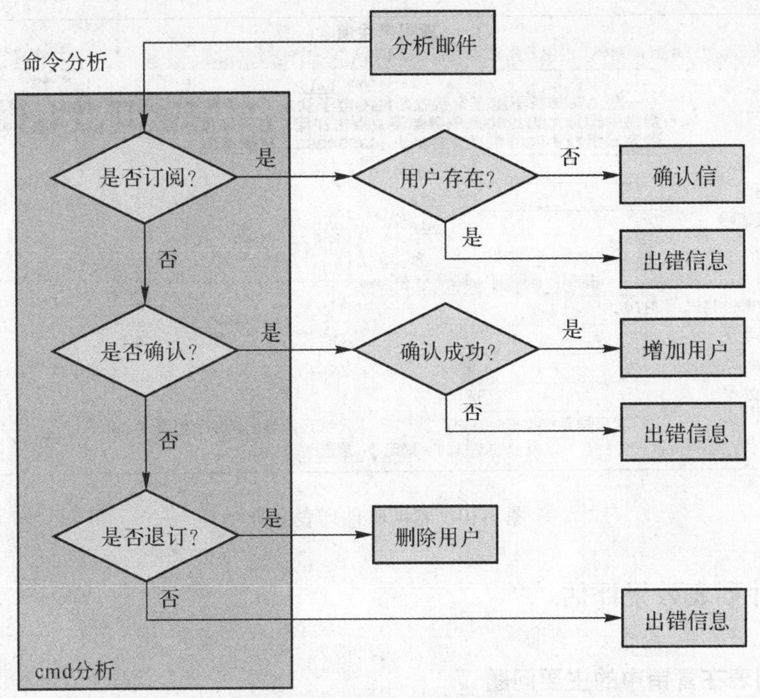

图 3-8　邮件列表的工作原理图

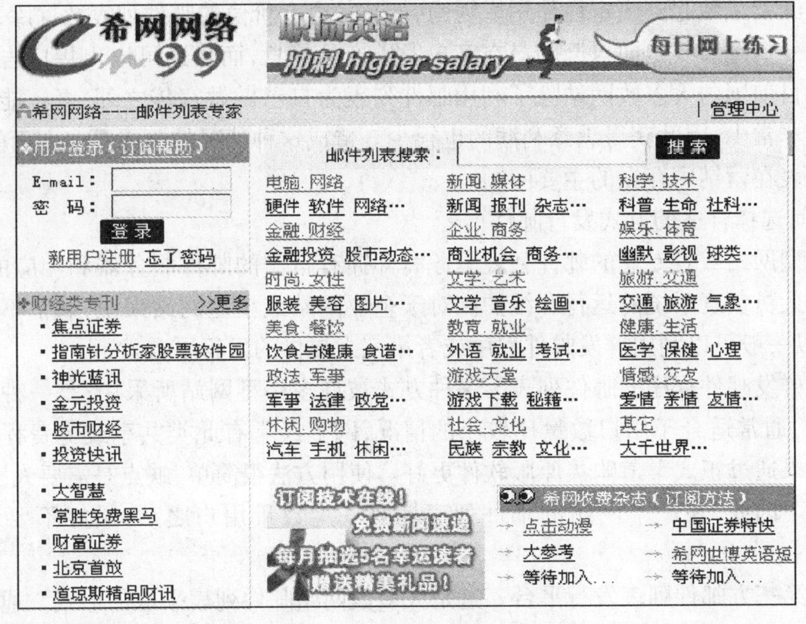

图 3-9　希网邮件列表主页

邮件列表”,按栏目输入相应内容(＊＊＊栏中的内容为必填项),如图 3-10 所示。值得注意的是创建邮件列表时,必须提供电信、政府网或教育网的非免费的 E-mail。

③注册成功后,输入用户名和密码登录邮件列表服务,就可以创建邮件列表了。

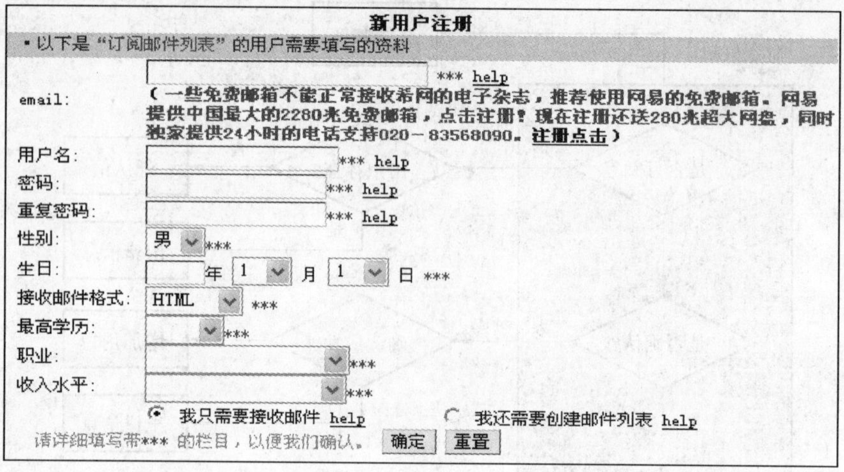

新用户注册

▪ 以下是“订阅邮件列表”的用户需要填写的资料

email: *** help
（一些免费邮箱不能正常接收希网的电子杂志，推荐使用网易的免费邮箱。网易提供中国最大的2280兆免费邮箱，点击注册！现在注册还送280兆超大网盘，同时独家提供24小时的电话支持020－83568090。注册点击）

用户名: *** help

密码: *** help

重复密码: *** help

性别: 男 ***

生日: 年 1 月 1 日 ***

接收邮件格式: HTML ***

最高学历: ***

职业: ***

收入水平: ***

我只需要接收邮件 help　　我还需要创建邮件列表 help

请详细填写带*** 的栏目，以便我们确认。 确定 重置

图 3-10　希网邮件列表注册

3.3.5　邮件列表效果评估

1. 邮件列表在营销中的主要问题

对于一个企业或者网站来说,邮件列表的作用更是非同小可,有些网络营销专家甚至认为对企业的经营成败起到决定性作用。因为,拥有一个有价值的邮件列表数据库,不仅可以充分利用这一资源反复地向自己的潜在客户发送产品信息,而且还可以出售广告空间直接创造收入。目前国内大多数网站除了利用邮件列表为自己做做宣传之外,真正能获得广告收入的网站非常少,因此获得满意利润的也很少。造成这种状况的原因是多方面的,我们应认清邮件列表在营销中存在的主要问题。

(1) 如何选择合适的方式发行邮件

一些大型网站或者专业的邮件列表服务商都拥有自己的邮件服务器和相应的程序,有专门的技术人员负责系统的运行和维护。对于企业网站或小型网站来说,通常不具备这样的条件,所以一般可以利用群发邮件程序或者第三人提供的发行平台发行。

①采用群发邮件程序的邮件列表。这种方式被许多小型网站所采用,是一种简单的邮件列表形式,通常适合于用户数量比较小的情况,网上经常有此类共享或免费程序可以下载,当然,如果通过正式渠道购买原版软件更好。使用方法很简单,缺点是需要人工干预,因此容易出错。因此,在一个网站的邮件列表拥有一定数量用户之后,最好不要利用这种方式。

②利用第三方邮件列表发行平台。这是大多数网站邮件列表采取的形式。通常的方法是在邮件列表发行商的发行平台注册之后,可以得到一段代码,按照发行商的说明,将这些代码嵌入自己网站需要放置的地方。于是在网页上就会出现一个“订阅”框和一个“退订”框,用户可以通过在网页上输入自己的电子邮件地址来完成订阅或者退订手续,整个过程一般都是由发行系统自动完成的。

利用第三方邮件列表发行平台的最大优点是减少了繁琐的人工操作,提高了邮件发行效率。

(2)如何吸引用户加入邮件列表

邮件列表的用户数量是衡量其价值的重要指标之一,首先要为邮件列表做宣传,让尽可能多的人了解并加入你的邮件列表。下面介绍几种吸引用户加入邮件列表的方法:

①将邮件列表订阅页面注册到搜索引擎。将该页面的 <TITLE> 和 <MEAT> 标签进行优化,并将网页提交给主要的搜索引擎。

②为邮件列表提供多种订阅渠道。除了在自己网站为用户提供订阅机会之外,用户还可以加入电子发行服务商网站的分类目录中去。

③其他网站或邮件列表的推荐。争取能够得到相关内容的网站或者电子杂志的推荐,这对增加新用户大有好处。

④提供真正有价值的内容。一份邮件列表真正能够取得读者的认可,靠的是拥有自己独特的价值,为用户提供有价值的内容是最根本的要素、是邮件列表取得成功的基础。例如在某一领域内能给读者以解决方案,或者指导读者怎样去实现目标,或者提醒读者避免一些损失等等。

(3)邮件列表中的法律和其他相关问题

①邮件列表中的法律问题。邮件列表的发行人(或网站所有者)在网站上承诺向用户发送某方面内容的邮件,实际上是一种要约的形式,只要用户同意并自愿将自己的电子邮件地址提交给邮件列表发行人,按照合同法,就视为合同成立,邮件列表发行人就有责任按照自己承诺的内容履行合同(包括免费邮件列表服务)。

②防止垃圾邮件现象。允许用户随时自由地退订,有意阻止或者不明确告诉用户正确的退订方法,或者邮件列表系统不能自动完成退订而没有人工帮助的情形,是很容易让用户无法忍受的,这种情况实质上就属于中国电信制定的“垃圾邮件处理暂行办法”中所定义的垃圾邮件。

③关于部分邮件被屏蔽的问题。某些邮件被屏蔽的现象对邮件列表效果的影响事关重大,对许多用户来说,也是一个比较隐蔽的问题。例如无法用新浪的邮箱订阅网易的电子杂志。对屏蔽问题目前似乎没有很好的解决方法,只有在选择开发平台时多做一些测试,尽量选择被屏蔽最少的发行系统,或要求用户提供合适的邮箱地址,如收费邮箱。

④邮件无法正确投递。在邮件列表的发行过程中,无论邮件地址是否经过用户的确认,每次发行仍然会有部分地址无法接收,有时比例可以高达 10%,这是一个值得邮件列表发行者关注的事情。出现这种现象的原因可以是多方面的,除了前面所提到的屏蔽现象外,有时可能是网络故障、接收邮件的服务器出现临时“休克”等。这不仅给用户造成不好的印象,同时,也是邮件列表经营者的损失。对无法投递用户的信息跟踪通常需要投入比较多的人力,将这些地址清单整理好之后可以采取一定的补救措施,尽量减少死地址的数量。

⑤关注客户的投诉。邮件列表需要大量客户的支持,所以必须关注每一个客户的投诉,尽量解决客户在使用邮件列表中所遇到的问题。对客户的投诉尽快回复,是提高客户忠诚度的一个很好的措施。

除了上面介绍的几种常见情况外,在采用邮件列表进行营销工作时,可能还会遇到许多意想不到的问题,应该引起营销人员或者邮件列表发行者的密切关注,尽量将负面影响降到最低,最大可能地发挥邮件列表的作用。

2. 邮件列表效果评估

邮件列表是网络营销的重要手段之一,新闻邮件是邮件列表的一种,大部分有一定规模的网站都提供免费的新闻邮件和其他类型的邮件列表。邮件列表的作用主要体现在加强企业与客户之间的联系,向客户推销企业的产品和服务等。

对于企业来说,都希望知道企业的邮件列表的效果到底怎样,经营邮件列表是否值得,等等,特别是对那些经营了较长时间的、拥有众多客户的企业网站来说尤为重要。所谓"免费邮件列表",对企业来说并非免费,相反要投入很大的人力和财力。企业当然希望获得相应的回报,但由于缺乏必要的经验支持和评价标准,大部分企业实际上对此很难进行效果评估。企业维护一份日常的新闻邮件,不需要投入过多,但是,要经营一份有一定水平的新闻邮件,就不一样了。创建一套完善的邮件列表评价机制并不容易。为了对邮件列表的价值进行有效地评估,下面以电子刊物为例,来评价邮件列表效果时应该考虑的因素。

①统计订户数量的增加率和流失率。

②统计电子刊物发行后,网站流量中有多少来自邮件列表的作用。

③统计通过电子刊物直接获得的收益。

④如果邮件中含有推广性的内容,统计反馈率的情况。

⑤统计每期刊物发出后有多少客户回送反馈信息。

⑥估算出版发行每期刊物需要投入的工作量。

⑦预计有多少潜在的收益。

⑧获得预期的收益,还需要投入多少财力、人力。

要获取这些资料也不容易,它需要长期的跟踪和分析。如果掌握了以上基本资料,通过分析,就可以对邮件列表的效果有一个初步的估算。对此,企业的网络营销应该将邮件列表作为计划中的重点,进行跟踪、控制,及时获取有关信息,并根据企业的发展趋势进行策略调整,真正发挥邮件列表的作用。

3.4 搜索引擎技术

3.4.1 网上信息获取的一般方法

网上信息获取的方法很多,通常有网上浏览、收藏和保存页面信息等。

1. 网上浏览

网上浏览是获取信息的最简单的方法。通过网上浏览可以熟悉网站的特点、内容和风格,对于了解各网站的栏目设置情况、商气情况是有益的。但是从网络经济学的角度来讲,这种漫无边际的浏览会在时间上和经济上造成浪费。

2. 收藏和保存页面信息

对于在浏览中发现和获得的重要信息,可以把它收集并保存起来。收集和保存页面信息的方法很多,下面介绍几种常用的方法。

(1)使用“另存为”加以保存

找到要保存的 Web 页面信息,点击“文件”菜单,选择“另存为”选项,在“另存为”对话框中指定保存的位置和名称,然后点击“保存”按钮,IE 便开始下载指定的内容。

(2)用电子邮件直接发送 Web 页面。

找到要发送的 Web 页面信息,点击“文件”菜单,将鼠标指针指向“发送”,然后单击“电子邮件页面”或者“电子邮件链接”,输入 Web 页面的目标地址后,单击工具栏上的“发送”。

(3)采用粘贴保存法

首先用键盘上的 Print Screen 键复制网页,然后在 Word 文档中进行粘贴,并保存。

3. 定向浏览

定向浏览是网上浏览的深层次发展的形式,它不仅具有明确的目的性,而且具有捕捉信息的敏感性。通常有以下 6 个目的。

①寻找商气旺的目标发布网站。

②获取网上商品的上网情况和定价信息。

③寻找手中货的现实商机。

④分析产品的网上流向。

⑤判断该网站的商业价值。

⑥为待进行的商务谈判做准备。

4. 订制信息

订制信息是一种主动获取所需信息的方法。许多商业网站提高了这种订制信息的服务,只要登录这些网站,在该网站的订制信息的登记栏内留下电子邮件地址,就完成了订制信息的操作。例如,利用邮件列表订制信息是网站的一种个性化服务。

5. 搜索引擎

搜索引擎能够在互联网的信息中找到大量客户所需要的目标信息,它备受人们的喜爱。而利用搜索引擎获取信息是网络营销中的一种最基本、最直接、最快捷的方法。

3.4.2 网上信息搜索的常用方法

万维网上大量建立的具有搜索引擎功能的网站已经为您查找信息提供了高效率的工具。在这些站点往往注册了数以百万计的在 Internet 上的 Web 站点,并且对他们进行了详细的分类和列出相应的目录,如新闻媒体、体育健身、经济与贸易等。通过相应的目录,可以更容易地找到所需要的信息。此外,还可以使用专业的搜索引擎,如“百度”或“搜狐”等,进行信息查找。

1. 使用 IE 提供的搜索功能在网上搜索

一般情况下,浏览器都具有搜索功能,可以使用精确匹配的方法进行搜索。单击工具栏上的“搜索”按钮,在文档窗口左侧出现默认的搜索引擎窗口,如图 3-11 所示,输入需要搜索的内容,可以实现具体的搜索。

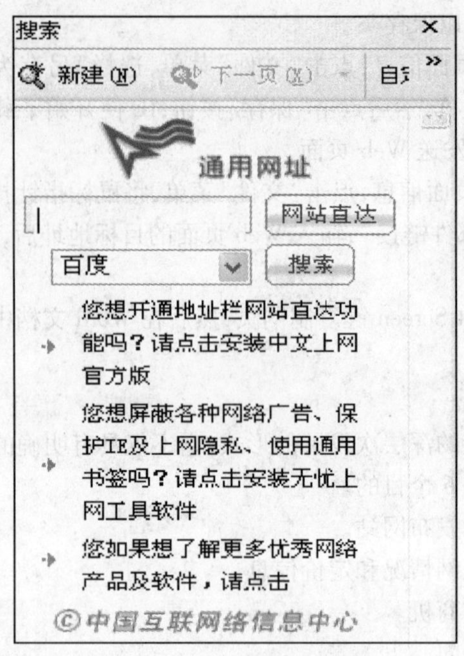

图 3-11　默认的搜索引擎窗口

2. 自动搜索

在地址栏键入 GO、Find 或"?",后面跟要查找的单词或词组,IE 会使用默认的 Google 搜索服务立即开始搜索。下面以搜索有关"电子商务"的信息为例,介绍 IE 的"自动搜索"功能。

①地址栏键入"电子商务"并按回车键,显示如图 3-12 所示的页面。

②利用滚动条可以选择相应的链接,查看详细结果。

图 3-12　自动搜索

3. 使用搜索引擎

搜索引擎是帮助用户在 Internet 上进行信息检索的一种专用工具，它能有效地对信息进行检索。在下面有搜索引擎的详细介绍。

3.4.3　搜索引擎分类

目前，搜索引擎的种类很多，分类方法也不一样。按语言可以分为单语种搜索引擎、多语种搜索引擎和跨语种搜索引擎等。按查询方式可分为浏览式搜索引擎、关键词搜索引擎、全文搜索引擎和智能搜索引擎；按其工作方式可分为目录式搜索引擎、全文搜索引擎和元搜索引擎。

1. 目录式搜索引擎

目录式搜索引擎是最早出现的基于 WWW 的搜索引擎，以雅虎为代表，我国的搜狐也属于目录式搜索引擎。目录式搜索引擎虽然有搜索功能，但在严格意义上算不上是真正的搜索引擎，仅仅是按目录分类的网站链接列表而已。用户完全可以不用进行关键词（Keywords）查询，仅靠分类目录也可找到需要的信息。

目录式搜索引擎主要通过人工发现信息，依靠编目员的知识进行甄别和分类。由于目录式搜索引擎的信息分类和信息收集有人的参与，因此其搜索的准确度是相当高的，但由于人工信息收集速度较慢，不能及时地对网上信息进行实际监控，其查全率并不是很好，是一种网站级搜索引擎。

2. 全文搜索引擎

全文搜索引擎是名副其实的搜索引擎，国外具代表性的有 Google、Fast/AllTheWeb、AltaVista、Inktomi、Teoma、WiseNut 等，国内著名的有百度。他们都是从网站提取信息建立网页数据库。

从搜索结果来源的角度，全文搜索引擎又可细分为两种，一种是拥有自己的检索程序（Indexer），俗称"蜘蛛"（Spider）程序或"机器人"（Robot）程序，并自建网页数据库，搜索结果直接从自身的数据库中调用，如 google、百度；另一种则是租用其他引擎的数据库，并按自定的格式排列搜索结果，如 Lycos 引擎。

按搜索引擎的自动信息收集功能分类，一种是定期搜索，即每隔一段时间，搜索引擎主动派出"蜘蛛"程序，对一定 IP 地址范围内的互联网站进行检索，一旦发现新的网站，它会自动提取网站的信息和网址加入自己的数据库；另一种是提交网站搜索，即网站拥有者主动向搜索引擎提交网址，它在一定时间内定向向你的网站派出"蜘蛛"程序，扫描你的网站并将有关信息存入数据库，以备用户查询。

3. 元搜索引擎

元搜索引擎也叫集搜索引擎，是指在统一的用户查询界面与信息反馈的形式下，共享多个搜索引擎的资源库为用户提供信息服务的系统。著名的元搜索引擎有 InfoSpace、Dogpile、Vivisimo 等，中文元搜索引擎中具代表性的有搜星搜索引擎。

元搜索与一般搜索引擎的最大不同在于它可以没有自己的资源库和机器人,它充当一个中间代理的角色,接受用户的查询请求,将请求翻译成相应搜索引擎的查询语法。在向各个搜索引擎发送查询请求并获得反馈之后,首先进行综合相关度排序,然后将整理抽取之后的查询结果返回给用户。元搜索引擎的优点是返回结果的信息量大、查全率高、搜索范围更多更大、查准率比较高;缺点是不能充分使用元搜索引擎的功能,用户需要自行做更多的筛选。

3.4.4 搜索引擎的工作原理和评价指标

1. 搜索引擎的工作原理

搜索引擎起源于传统的信息全文搜索理论。它并不真正搜索互联网,实际上是搜索预先整理好的网页索引数据库。真正意义上的搜索引擎,通常是指收集了因特网上几千万到几十亿个网页并对网页中的每一个词(即关键词)进行索引,建立索引数据库的全文搜索引擎。当用户查找某个关键词的时候,所有在页面内容中包含了该关键词的网页都将作为搜索结果被搜出来。在经过复杂的算法进行排序后,这些结果将按照与搜索关键词的相关度高低,依次排列。从搜索引擎的工作原理,可以看作是三步。

(1)从互联网上收集网页信息

利用能够从互联网上自动收集网页的 Spider 系统程序(蜘蛛程序),自动访问互联网,并沿着任何网页中的所有 URL 链接到其他网页,重复这过程,并把链接的所有网页收集回来。

(2)建立网页索引数据库

由分析索引系统程序对收集回来的网页进行分析,提取相关网页信息(包括网页所在URL、编码类型、页面内容包含的关键词、关键词位置、生成时间等),根据一定的相关度算法进行大量复杂计算,得到每一个网页针对页面内容中及超链接中每一个关键词的相关度(或重要性),然后用这些相关信息建立网页索引数据库。

(3)在索引数据库中搜索排序

当用户输入关键词搜索后,由搜索系统程序从网页索引数据库中找到符合该关键词的所有相关网页。因为所有相关网页针对该关键词的相关度早已算好,所以只需按照现成的相关度数值排序,相关度越高,排名越靠前。

最后,由页面生成系统将搜索结果的链接地址和页面内容摘要等组织起来返回给用户。

2. 搜索引擎的主要性能评价指标

(1)搜索引擎建立索引的方法

数据库中的索引一般是按照倒排文档的文件格式存放的,在建立倒排索引的时候,不同的搜索引擎有不同的选项。有些搜索引擎对于信息页面建立全文索引;而有些只建立摘要部分,或者是段落前面部分的索引。

还有些搜索引擎,如 Google 建立索引的时候,同时还考虑超文本的不同标记所表示的不同含义,如粗体、大字体显示的东西往往比较重要;放在“锚”链接中的信息往往是它所指向页面的信息的概括,所以用它来作为所指向的页面的重要信息。Google、Infoseek 还在建立索引的过程中收集页面中的超链接。这些超链接反映了收集到的信息之间的空间结构，利用这些结果可以提高页面相关度判别的准确度。由于索引不同，在检索信息时产生的结果会不同。

(2)搜索引擎的受欢迎程度

搜索引擎的受欢迎程度体现了用户对搜索引擎的偏爱程度，知名度高、性能稳定和搜索质量好的搜索引擎很受用户的青睐。搜索引擎的受欢迎程度也会随着它的知名度和服务水平的变化而动态地变化。搜索引擎的服务水平与它所收集的信息量、信息的新颖度和查询的精确度相关。随着各种新的搜索技术的出现，智能化的、支持多媒体检索的搜索引擎将越来越受到用户的欢迎。

(3)搜索引擎的检索功能

搜索引擎所支持的检索功能的多少及其实现的程度，直接决定了检索效果的好坏，所以网络检索工具除了要支持诸如布尔检索、邻近检索、截词检索、字段检索等基本的检索功能之外，更应该根据网上信息资源的变化，及时地应用新技术、新方法，提高高级检索功能。另外，由于中文信息持有的编码不统一问题，所以如果搜索引擎能够实现不同内码之间的自动转换，用户就能全面检索内地及港台地区乃至全世界的中文信息。这样不但可以提高搜索引擎的质量，而且会得到用户的支持。

(4)搜索引擎的检索效果

检索效果可以从响应时间、查全率、查准率和相关度方面来衡量。响应时间是用户输入检索式开始查询到检出结果的时间；查全率是指一次要求搜索结果中符合用户要求的数目与用户查询相关的总数之比；查准率是指一次搜索结果集中符合用户要求的数目与该词搜索结果总数之比；相似度是指用户查询与搜索结果之间相似度的一种度量。查准率是一个复杂的概念，一方面表示搜索引擎对搜索结果的排序，另一方面却体现了搜索引擎对垃圾网页的抗干扰能力。总之，一个好的搜索引擎应该具有较快的响应速度、高的查全率和查准率，或者有极大的相似度，另外，搜索引擎的信息占有量也可以作为评价搜索引擎性能的指标。

3.4.5　国内外主要搜索引擎的介绍

目前，国内用户常用的搜索引擎有中文雅虎、搜虎、新浪、网易、百度等。

1. 中文雅虎

雅虎在全球共有 24 个网站，12 种语言版本。其中雅虎中国网站(www. yahoo. com. cn)于 1999 年 9 月正式开通，它是雅虎在全球的第 20 个网站，雅虎中国的主页如图 3-13 所示。

雅虎中国网站为用户提供了强大的搜索功能，通过其 14 类简单易用、手工分类的简体中文网站目录及强大的搜索引擎，用户可以轻松搜索到政治、经济、文化、科技、房地产、教育、艺术、娱乐、体育等各方面的信息。

雅虎中国的分类目录查询做得相当出色，无论从网站的数量还是分类的合理性方面都可圈可点。站点目录分为 14 个大类，每一个大类下面又分若干子类，搜索十分方便。

2. 百度

2000 年 1 月，百度创立于北京中关村，是全球最大的中文搜索引擎，百度(Baidu)的主

图 3-13 雅虎中国的主页

页如图 3-14 所示。2000 年 5 月，百度首次为门户网站——硅谷动力提供搜索技术服务，之后迅速占领中国搜索引擎市场，成为最主要的搜索技术提供商。2001 年 8 月，发布 Baidu.com 搜索引擎 Beta 版，从后台服务转向独立提供搜索服务，并且在中国首创了竞价排名商业模式，2001 年 10 月 22 日正式发布 Baidu 搜索引擎。2005 年 8 月 5 日，百度在美国纳斯达克上市，成为 2005 年全球资本市场上最为引人注目的上市公司，百度由此进入一个崭新的发展阶段。

图 3-14 百度的主页

百度除网页搜索外，还提供了 MP3、文档、地图、传情、影视等多样化的搜索服务，率先创造了以贴吧、知道为代表的搜索社区，将无数网民头脑中的智慧融入了搜索。百度每天响应来自 138 个国家超过数亿次的搜索请求。用户可以通过百度主页，瞬间找到相关的搜索结果，这些结果来自百度超过 10 亿的中文网页数据库，并且这些网页的数量每天正以千万级的速度在增长。

3. Google

Google Inc. 创建于 1998 年 9 月，创始人为 Larry Page 和 Sergey Brin，他们开发的 Google 搜索引擎屡获殊荣，是一个在互联网上搜索信息的简单快捷的工具。Google 是目前全球使用最多、信息量最大、查询服务最好的网上搜索引擎，Google 的主页如图 3-15 所示。

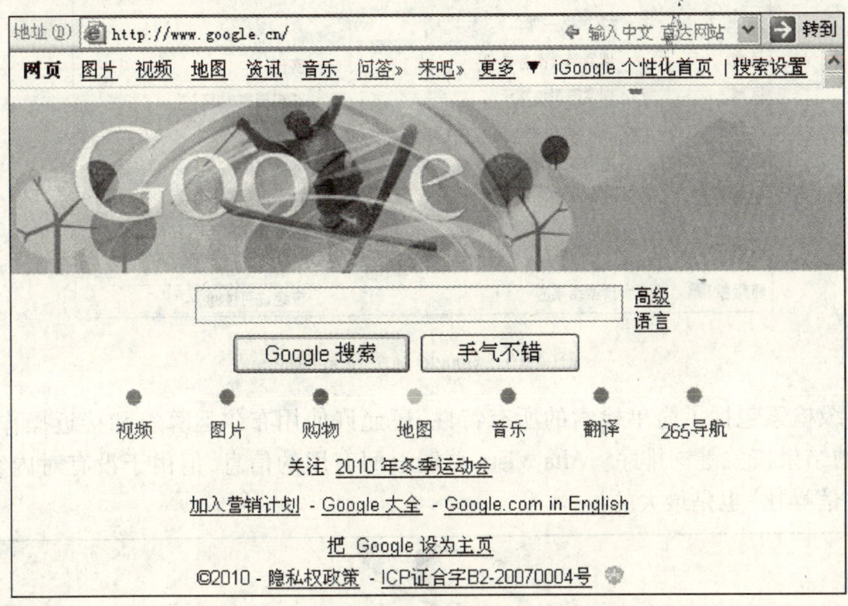

图 3-15　Google 的主页

Google 开发出了迄今为止最便捷的网上信息查询方法。通过对 30 多亿网页进行整理，为世界各地的用户提供适需的搜索结果，而且搜索时间通常不到半秒。现在，Google 每天需要提供 2 亿次查询服务。

Google 提供常规及高级搜索功能，Google 高级搜索功能如图 3-16 所示。在高级搜索中，用户可限制某一搜索必须包含或排除特定的关键词或短语。该引擎允许用户定制搜索结果页面所含信息条目数量，可从 10 ~ 100 条任选。提供网站内部查询和横向相关查询。Google 还提供特别主题搜索，如：Apple Macintosh，BSD Unix，Linux 和大学院校搜索等。Google 允许以多种语言进行搜索，在操作界面中提供多达 30 余种语言选择，包括英语、主要欧洲国家语言（含 13 种东欧语言）、日语、中文简繁体、朝鲜语等。同时还可以在多达 40 多个国别专属引擎中进行选择。

Google 的实用性及便利性赢得了众多用户的青睐，它几乎完全是在用户的称赞下成为全球最知名的品牌之一。作为一个企业，Google 通过提供广告服务来获取收入，使广告客户能够刊登与特定网页内容相关的、重要而又经济实效的在线广告。这不仅为您提供了实用的广告信息，同时也给刊登广告的广告客户带来了好处。

4. Alta Vista 检索引擎

Alta Vista 检索引擎为数字设备公司（DEC）开发，号称是目前最大的 Web 索引数据库，Alta Vista 的主页如图 3-17 所示。Alta Vista 检索引擎提供两种检索方法：简单检索和高级

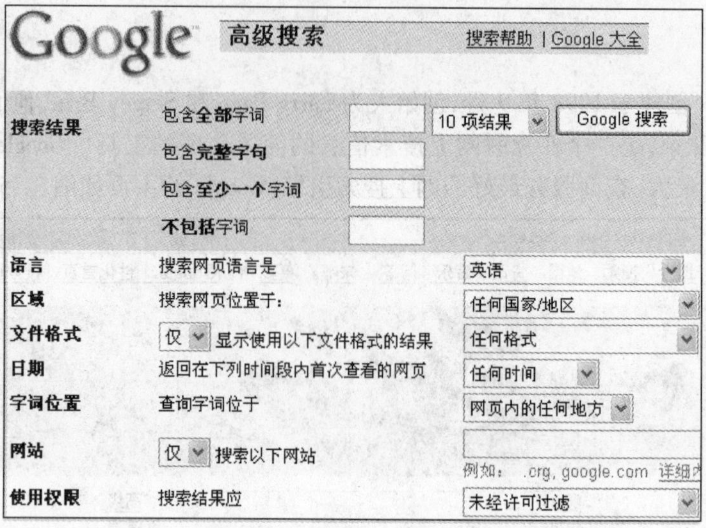

Google 高级搜索 搜索帮助 | Google 大全

搜索结果 包含全部字词 10 项结果 Google 搜索
包含完整字句
包含至少一个字词
不包括字词
语言 搜索网页语言是 英语
区域 搜索网页位置于: 任何国家/地区
文件格式 仅 显示使用以下文件格式的结果 任何格式
日期 返回在下列时间段内首次查看的网页 任何时间
字词位置 查询字词位于 网页内的任何地方
网站 仅 搜索以下网站
例如: .org, google.com 详细
使用权限 搜索结果应 未经许可过滤

图 3-16　Google 高级搜索功能

检索。高级检索包括了简单检索的所有特性,还允许使用布尔运算符和接近操作符、括号等,查找的结果按关键词排序。Alta Vista 总能返回有用的信息,但由于没有对内容进行选择,它的"信噪比"也是最大的。

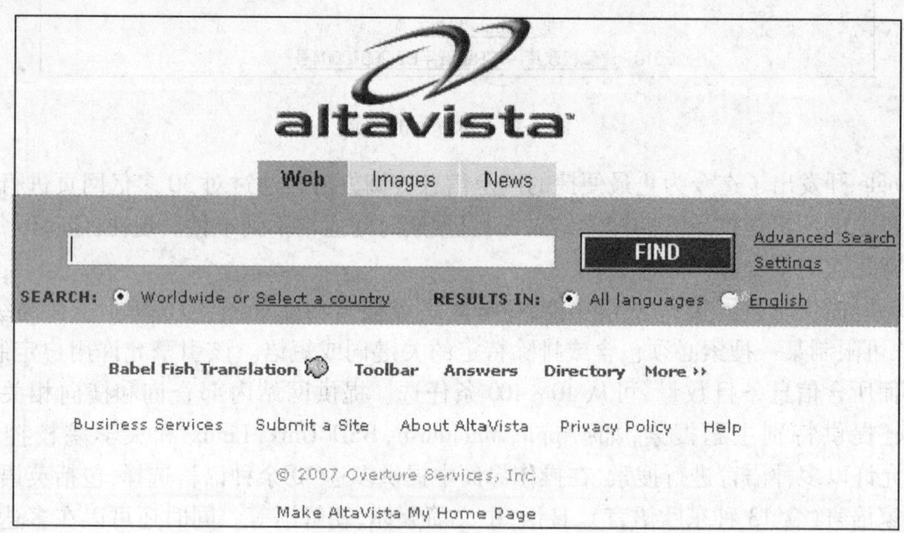

图 3-17　Alta Vista 的主页

Alta Vista 的优点是在所有的检索软件中,它的功能最全面,查全率和查准率最高,全文标引系统质量可靠;在检索语句上与传统的联机检索语言类似,更容易掌握;系统反应速度快;网页链接可靠。缺点是文件相关性评估的质量一般。

3.5　搜索引擎营销技术

搜索引擎营销是最常用的网络营销方法之一。随着网络营销环境的日益完善和网络营销方法的不断出现,虽然搜索引擎营销已经不再是网络营销的核心,但搜索引擎仍然是人们发现新网站的基本方法。而且搜索引擎本身也不断发展演变,基于搜索引擎的营销手段也不仅仅是免费登录分类目录,已经向更深层次发展,如提供高级服务的付费排名、关键词广告、关键词竞价排名、基于网页内容定位的网络广告等。随着国内主要搜索引擎全面开始付费登录,人们应用搜索引擎的热情并未改变,因此在搜索引擎登录并获得好的排名仍然是网站推广的基本任务之一。

3.5.1 搜索引擎营销概述

搜索引擎是网上天然的过滤器。无论是在全球还是在中国,搜索引擎市场正在如火如茶地进行。用户可以通过搜索引擎中关键词的查找过滤出自己感兴趣的信息,企业可以通过锁定不同关键词得到准确有效的目标客户。因此,搜索引擎营销在网络营销中占据极其重要的地位。

1. 搜索引擎营销的定义

搜索引擎营销得以实现的基本过程主要在于:企业将信息发布在网站上成为以网页形式存在的信息源;搜索引擎将网站/网页信息收录到索引数据库中;用户利用关键词进行检索(对于分类目录则是逐级目录查询);在检索结果中罗列相关的索引信息及其链接 URL;根据用户对检索结果的判断选择有兴趣的信息并点击 URL 进入信息源所在网页。这样便完成了企业从发布信息到用户获取信息的整个过程。

搜索引擎营销(Search Engine Marketing,SEM),是网络营销的主要手段,对于网站推广、网络品牌、产品推广、在线销售等具有明显的效果。它通过较高的搜索引擎排名来增加网站的点击率,即浏览量,从而获得产品或服务销售额的飙升。搜索引擎营销就是根据用户使用搜索引擎的方式,利用用户检索信息的机会尽可能将营销信息传递给目标用户,从而有效地利用搜索引擎来进行网络营销和推广。其中搜索引擎优化就是网络营销非常有效的一种手段。

2. 搜索引擎营销的发展历程

搜索引擎营销的发展历程是随着搜索引擎工具的发展而发展的,在搜索引擎营销发展中最值得关注的一些重要事件主要是:分类目录型搜索引擎的诞生;自动提交到搜索引擎的软件;基于网页 HTML 代码中 META 标签检索的搜索引擎;搜索引擎算法与网站链接广度;按照点击付费的搜索引擎关键词广告等。下面简单地介绍一下其发展历程。

- 1994 年,Yahoo、Lycos 等分类目录型搜索引擎相继诞生,搜索引擎表现出网络营销价值,搜索引擎营销的思想开始出现。
- 1995 年,自动提交到搜索引擎的软件诞生。网站管理员可以轻松地一次将网站提交到多个搜索引擎,但由于部分网站滥用这种软件,不断提交同一个网站或者同时提交同一网站中大量的网页以求网站总处于最新位置,或者占领搜索引擎收录网页的主要内容,因此这种软件的问题很快被搜索引擎发现,并且开始拒绝这种自动登录软件提交的信息。
- 1995—1996 年,基于网页 HTML 代码中 META 标签检索的搜索引擎技术诞生。利用 META 标签改善在搜索引擎中排名的技术很快成为搜索引擎营销的重要内容——这就是搜索引擎优化方法的萌芽。

• 1997 年,搜索引擎优化与排名自动检测软件问世。这使得网站管理员或网络营销人员可以检查网站搜索引擎优化设计的水平,并且了解被搜索引擎收录的情况,据此可以进一步制定针对性的搜索引擎营销策略。

• 1998 年,"搜索引擎算法"开始关注网站之外的链接,与此同时,网站优化者也开始制造"网站链接广度"(link popularity)。

• 2000 年,出现按点击付费(Pay-per-click)的搜索引擎关键词广告模式(overture),搜索引擎广告诞生。

• 2001 年,搜狐等部分中文分类目录开始收费登录,网站登录每年要缴纳数百元到数千元不等的费用,付费搜索引擎营销开始走向主流。

• 2002 年后半年,在网络广告市场最低潮中,搜索引擎关键词广告市场增长强劲,占 2002 年网络广告市场的 15%,搜索引擎带动整个网络经济复苏。

• 2003 年,出现基于内容定位的搜索引擎广告(google AdSense)。

• 2004 年,搜索引擎全面引领互联网经济潮流,搜索引擎营销的价值被企业普遍接受。

3.5.2 关键词与搜索引擎营销

关键词可以被称为是整个搜索应用的基石。对用户和搜索引擎来说,关键词是双方互动的媒介,难以想象如果不使用关键词,我们如何来达到快捷有效的信息查询目的。在搜索引擎营销中,关键词也起着重要的作用。

1. 关键词的重要性

搜索引擎营销的整个环节中,关键词的选择是最为重要的,如果你选错了关键词,可能会导致以下严重的后果:

①如果选择的关键词完全错误,那么后面的所有搜索引擎推广工作都等于白做。因为选择的关键词根本就很少会有人来用,即使获得了较好的排名,进行了关键词广告投放,也无法带来流量。

②如果选择的是热门的不够准确的关键词,那么将会浪费大量的人力、时间和推广费用,甚至太多的垃圾流量会造成网站浏览速度减慢等。

③如果选择的是非热门的不够准确的关键词,这些关键词因为不够准确,所以转化率非常低,虽然可以为网站带来一定的流量,但是却带来不了订单。

因此,对企业而言是希望更多的潜在客户通过某种渠道在最短的时间内找到企业,而这在搜索营销中则反映为企业所选择的关键词是否正好迎合了用户特定的搜索目标。用户在查找产品或服务信息时,通常会以产品服务的特有名称、行业名称,甚至是企业名称等为条件进行搜索,而这些搜索条件正是搜索营销的诉求点。可以说,关键词是决定搜索营销推广成败的关键。

2. 选择关键词的原则

在选择关键词的问题上,一般都会认为是一件很简单的事,其实不然。如果不注意其中的技巧,往往会误入歧途,造成投入和产出不成正比。在选择关键词时企业应该注意以下几个方面。

(1)选择与网站内容相关的关键词

即便是一个对关键词选择技巧一无所知的人,常识也会让他避免在销售家电时却选择诸如“食品”之类的毫不相干的关键词。同样道理,如果靠不相关的关键词吸引来的用户,对企业产品/服务的销售起不到任何作用。

(2)选择具体的关键词

关键词覆盖范围并不是越宽越好,因为意义越宽泛的关键词,其对应的信息需求种类也越多。有的用户以该关键词搜索的目的可能是要购买相关的产品,但更多的也许是其他方面的需求,并不一定会导致消费行为。

这一点在关键词竞价排名当中体现得尤为突出。由于企业必须为用户的每一次点击付费,企业当然是希望尽量只为那些能够转化成企业客户的人支付点击费,而含义宽泛的关键词却恰好会产生相反的结果。

(3)注意关键词的投资回报率

对搜索营销了解不多的人可能并未意识到,即使是同一类的关键词,其投资回报率也是有差别的。这方面除了有一个特定的基本标准外,还要靠我们在实践中进行科学的调整和总结。有时候,尤其是在商业活动中,数据往往比任何概念和理论都更具说服力。

3. 关键词的插入

关键词插入适当的位置也是提高搜索引擎优化推广效果的重要手段,插入关键词的方法主要有以下 5 种。

(1)将关键词或描述性的语言插入网页代码中的 Title 和 Meta 标签中

例如,网易中关键字的设置。

```
<title>网易</title>
<base target="_blank" />
<meta name="Keywords" content="网易,新闻,体育,娱乐,女性,旅游,文化,论坛,短信,数码,汽车,手机,财经,科技" />
<meta name="Description" content="网易,新闻,体育,娱乐,女性,旅游,文化,论坛,短信,数码,汽车,手机,财经,科技,专业报道门户网站" />
<meta name="robots" content="index, follow" />
<meta name="googlebot" content="index, follow" />
```

(2)将关键词插入超链接文本(锚文本)中

除了在导航、网站地图、锚文本中有意识地使用关键词外,还可以人为地增加超链接文本。例如,某大学的校园网站可以通过加上以下学校资料链接:浙江大学、清华大学等含有“大学”的文字链接来达到增加超链接文本的目的。

(3)将关键词插入 Header 标签中

Header 标签是正文标题 <H1> </H1> 中的文字,搜索引擎比较重视标题中的文字,将关键词插入 Header 标签,有助于搜索引擎对关键词的搜寻。用 <B> </B> 加粗的文字往往也是关键词经常出现的地方。

(4)将关键词插入图片的 ALT 属性中

目前搜索引擎不能抓取图片,因此制作网页时在图片属性 Alt 中加入关键词是对搜索引擎友好的一种好办法，它会认为该图片内容与你的关键词一致，从而有利于排名。

（5）将关键词插入网页正文最吸引注意力的地方

正文内容必须适当地出现关键词，并且“有所侧重”。要考虑因用户阅读习惯而形成的阅读优先位置，或从上到下，或从左到右，包括页面靠顶部、左侧、标题、正文前200字以内等。

4. 关键词广告

关键词广告是充分利用搜索引擎资源开展网络营销的一种手段，属于付费搜索引擎营销的主要形式之一。下面以 Google AdWords 账户为例，介绍 Google 的竞价广告模式。

Google 关键词广告（Google AdWords™）是与搜索关键词挂钩的收费文字广告项目，显示在客户预先指定的关键词搜索结果页面右侧。按点击计费，不点击不收费。Google AdWords的显示位置如图 3-18 所示。

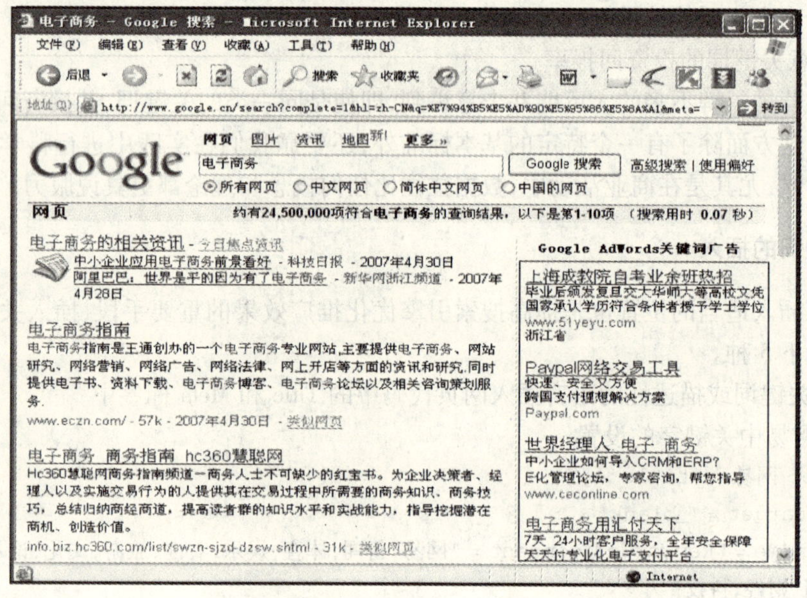

图 3-18 Google AdWords 关键词广告

（1）Google AdWords 关键词广告的特点

①覆盖范围广。Google 覆盖全球 250 多个国家和地区，支持 89 种语言，美国知名市场调研公司 ComScore Medta Metrix 最新统计数据表明，Google 占据了英语类用户中 32% 的搜索引擎访问量。

②投放针对性强。AdWords 关键词广告显示的内容和用户搜索的关键词是强相关的，就算用户现在不是该广告的客户，但至少是对它感兴趣的潜在客户，准确率极高，达到 90% 以上。

③用户关注度高。AdWords 关键词广告显示在搜索结果右边，而不会附带另外的东西去骚扰用户，所以一般不会给人反感，只要您的广告出现在搜索结果页面上，它就很难被忽视掉。

④投资性价比好。“一切为您提高成效！”是 Google AdWords 广告的服务宗旨，AdWords 关键词广告因为其投入经济效果显著和灵活性高，已经成为中小企业最理想的市场拓展工

具和渠道。

(2)Google AdWords 广告投放的步骤

Google AdWords 账号的注册与使用可以通过易城网络竞价中心(http://www.easetown.com)来完成。而 Google AdWords 广告投放过程主要包含以下基本步骤:

①确定目标客户。可以按照语言或者位置来确定目标客户,我们可以从多种主要语言和 200 多个国家、地区中选择,也可以选择只为特定城市或地区的用户展示你的广告。如图 3-19 所示为确定目标客户。

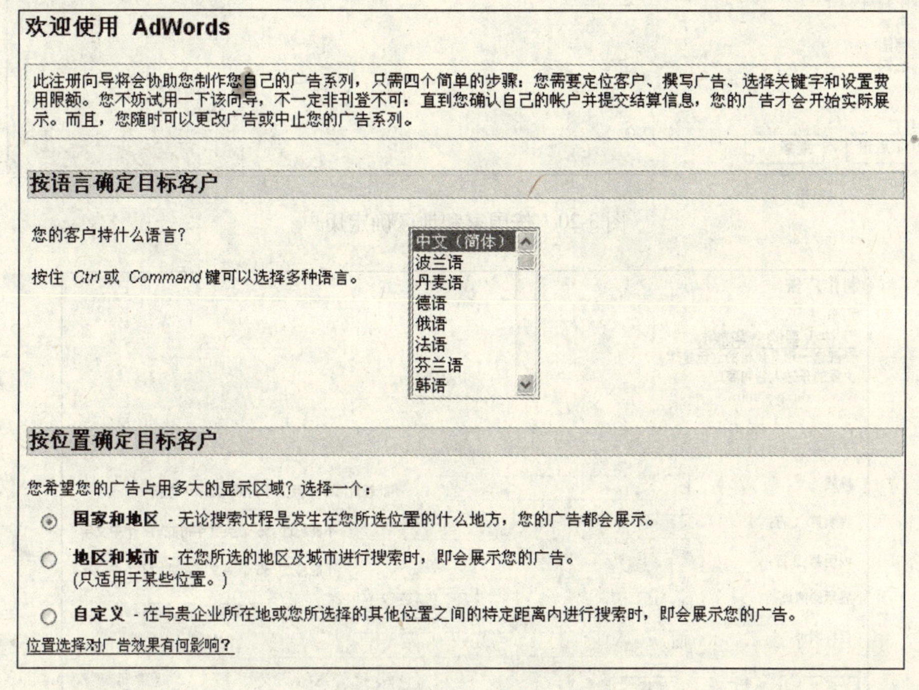

图 3-19　确定目标客户

当我们选择了按位置确定目标客户时,就可以按照国家和地区、区域或自定义定位客户,作出选择后,单击"继续"按钮,可以在接下来的页面中选择具体的目标位置,如图 3-20 所示为按国家和地区确定客户。

②制作广告。创建标题和两行广告文字,其中标题不能超过 25 个英文字符或 12 个中文字符。在"显示的网址"字段中需要输入希望在 AdWords 广告中显示的网站的网址,长度不能超过 35 个字符;"目标网址"是用户在点击广告后访问的实际网页,最多可包含 1024 个字符。如图 3-21 所示为制作广告文字界面。

③选择关键词。输入的关键词应反映网站或产品的特点,以获得最经济有效的结果。每个关键词应独占一行,在如图 3-22 所示选择关键字的界面中输入每个关键词或关键词词组后,按"Enter"键即可。

④定价。定价主要包括选择使用的币种,设定最高每次点击费用(CPC)和每日预算。每日支出金额完全由客户自己来定,无须设定最低预算。具体设置定价如图 3-23 所示。

选择币种:选择合适的币种来结算和付款。值得注意的是所选择的币种将同时应用于结算和付款。例如,如果选择了美元,那么 Google 只能使用美元申请付款,也只能接受美元付款。

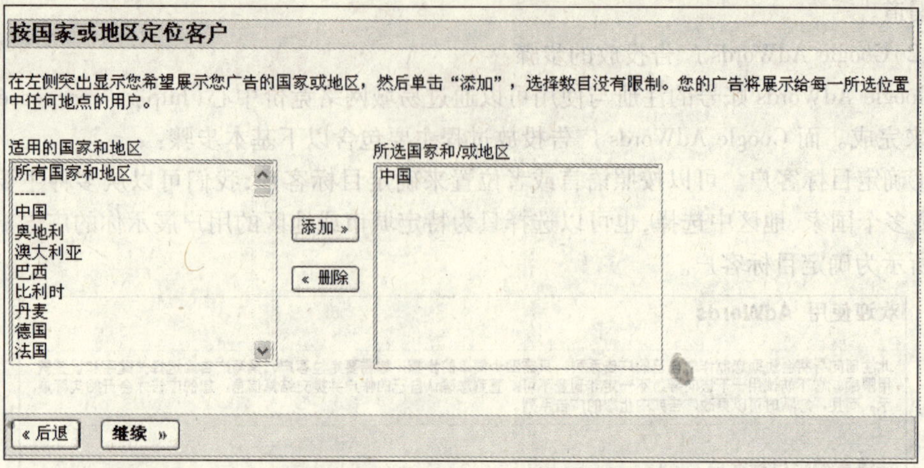

图 3-20　按国家和地区确定用户

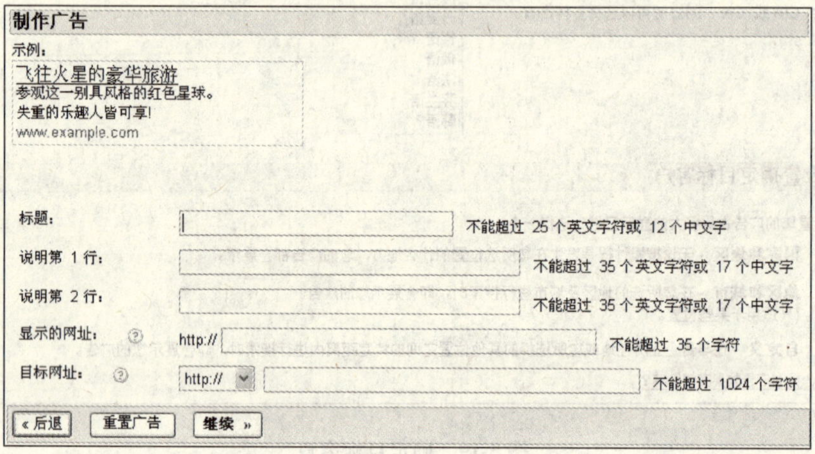

图 3-21　制作广告文字界面

设定每日预算：每日预算是每月希望在该广告系列上支出的费用除以该月的天数所得的金额。AdWords 系统会给出一个每日预算建议值，该值是根据客户的目标区域选项和相似关键词的历史点击数据计算得出的。此预算可以帮助确保客户的广告每天获得最大展示率。

设定最高每次点击费用(CPC)：最高每次点击费用是用户每次点击您的广告时您愿意支付的最高费用，每次点击费用越高，广告排名就越靠前。根据您输入的关键词，AdWords 系统会计算出一个最高每次点击费用的建议值，并且显示相应的每日点击数和费用。

⑤审核账户。查看目前为止的所有广告选择。点击修改以更改任一选择，完成修改后就可返回审核页面。具体审核账户如图 3-24 所示。

⑥注册和登录。如果已注册了 Google 账户，而且希望为新的 AdWords 账户使用相同的登录信息，请选择第一个单选按钮，然后选择"我希望为 AdWords 使用现有的 Google 账户"。请在提供的字段中输入您的 Google 账户登录电子邮件和密码。点击"继续"。

如果尚无 Google 账户，或有账户但希望为 AdWords 账户使用不同的登录信息，请选择

选择关键字

谁会看到您的广告？
当人们在 Google 上搜索您在此处选择的关键字时，您的广告就会展示。关键字应与您的广告直接相关。（如果您要卖车，请不要输入"不动产"。）输入 20 或更少的关键字可获得最佳效果。 示例列表

输入特定字词或词组，数量随您决定，每行一个：

<在此处输入关键字>

例如：

火星漫游
火星漫游
火星豪华游

扫描您的网站后所提供的关键字示例
如果它们能够说明您的产品或服务，请点击"添加"。（参阅我们的免责声明。）

点击类别，查看关键字：

▸分类：　example
▸分类：　example resume
▸分类：　其他关键字

需要更多信息？
输入字词查看相关关键字：

搜索

▸高级选项：匹配类型

重要声明：我们无法保证这些关键字会改善您广告系列的效果。我们保留拒登您所添加的任何关键字的权利。您要对所选择的关键字负全责，而且有责任保证您对关键字的使用不违反任何适用法律。

« 后退　**继续 »**

图 3-22　选择关键词

选择币种

使用以下信息向此帐户付款：　中国人民币 (CNY ¥)　查看付款方式
这仅仅取决于您如何向我们付款，而非您如何处理与客户之间的交易。
请注意：一旦您启动了帐户，就无法再修改该设置。

您希望的平均每天最高费用是多少？

每日预算 ? 控制您的费用。总体而言，在达到每日预算限额时，您的广告就会在当天停止展示。（预算控制着您广告的展示频率，而非其排名。）您可以随时提高或降低预算。

输入您的每日预算：¥
预算对我的广告效果有何影响？

每次用户点击您的广告时，您最高愿意支付多少费用？

通过设置广告的最高每次点击费用 (CPC) ? ，您可以影响其排名。最高每次点击费用就是用户每次点击您的广告时您愿意支付的最高费用。您可以随时更改最高每次点击费用。

默认每次点击费用出价： ¥　（最低金额：¥0.08）

想要购买可能获得的最高点击次数吗？

▸查看点击量估算工具 - 输入一个每次点击费用并查看您关键字的估算排名、点击量和费用。

图 3-23　设置定价

第二个单选按钮。输入要用于 AdWords 账户的电子邮件地址和密码。然后点击创建账户。如图 3-25 所示为 Google 账户创建的界面。

3.5.3　搜索引擎登记与排名

利用搜索引擎可以快速地将自己的网站推广出去。国内外著名的搜索引擎都提供了网站搜索功能，只要在窗口键入需要查找的关键词，就可以得到所需要的资料。一般情况下，搜索引擎使用"蠕虫"设置对网站页面代码的前几个进行查找，将符合条件的全部列出。但是，目前网页数量如银河繁星，一个关键词搜索结果往往会得到数以百万计的结果。结果太

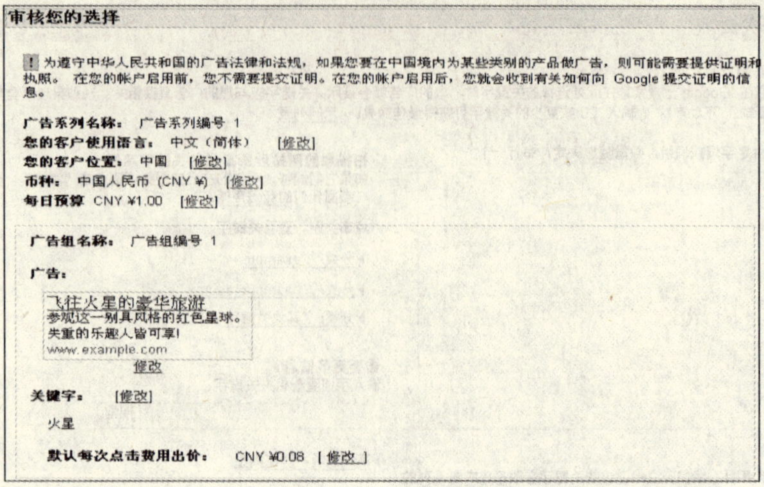

审核您的选择

为遵守中华人民共和国的广告法律和法规，如果您要在中国境内为某些类别的产品做广告，则可能需要提供证明和执照。在您的帐户启用前，您不需要提交证明。在您的帐户启用后，您就会收到有关如何向 Google 提交证明的信息。

广告系列名称： 广告系列编号 1
您的客户使用语言： 中文（简体） [修改]
您的客户位置： 中国 [修改]
币种： 中国人民币 (CNY ¥) [修改]
每日预算 CNY ¥1.00 [修改]

广告组名称： 广告组编号 1

广告：

飞往火星的豪华旅游
参观这一别具风格的红色星球。
失重的乐趣人皆可享!
www.example.com
修改

关键字： [修改]

火星

默认每次点击费用出价： CNY ¥0.08 [修改]

图 3-24 审核账户

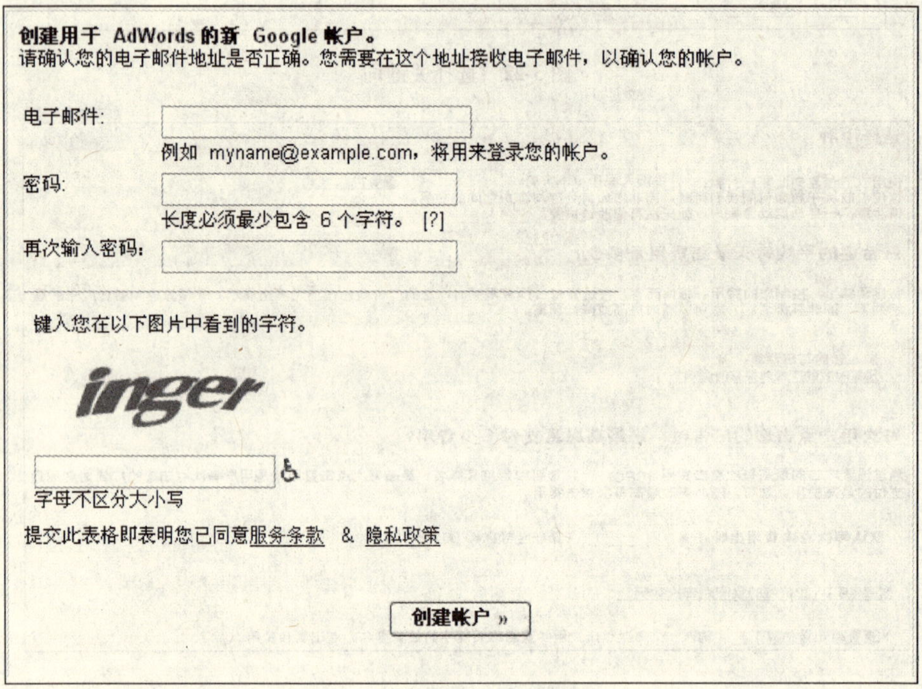

创建用于 AdWords 的新 Google 帐户。
请确认您的电子邮件地址是否正确。您需要在这个地址接收电子邮件，以确认您的帐户。

电子邮件:
例如 myname@example.com，将用来登录您的帐户。
密码:
长度必须最少包含 6 个字符。 [?]
再次输入密码:

键入您在以下图片中看到的字符。

inger

字母不区分大小写

提交此表格即表明您已同意服务条款 & 隐私政策

创建帐户 »

图 3-25 Google 账户创建

多比没有结果更糟，因此，为了使自己能够在搜索结果中排得靠前，就必须向搜索引擎主办者进行登记。

目前搜索引擎登记一般是收费的，国外的搜索引擎每次从几美元到 100 美元不等，一次登记可能会使自己的排名上升到前面，但要排在最前面就不容易了。有的网站是根据点击率进行排名的，有的则需要付费，高者排名第一。这样竞争排名可能会需要一定的开支。

1. 百度竞价排名

竞价排名是一种按效果付费的网络推广方式，由百度在国内率先推出。企业在购买该项服务后，通过注册一定数量的关键词，其推广信息就会率先出现在网民相应的搜索结果中。例如企业在百度注册“家用电气”这个关键词，当消费者寻找“家用电气”的信息时，企业就会优先被找到，并且百度按照给企业带去的潜在客户访问数收费。

百度竞价排名是把企业的产品、服务等通过关键词的形式在百度搜索引擎平台上作推广，它是一种按效果付费的新型而成熟的搜索引擎广告。用少量的投入就可以给企业带来大量潜在客户，有效提升企业销售额。

2. 百度竞价排名特点

百度竞价排名有以下几个特点。

(1)全球最大中文网络营销平台，覆盖面广

百度是全球最大的中文搜索引擎，全球 10 大网站之一，覆盖全国 95% 的网民，是最具价值的企业推广平台。

(2)按效果付费，获得新客户平均成本低

百度的竞价排名完全按照给企业带来的潜在用户访问数量计费，没有客户访问不计费，企业可以灵活控制推广力和资金投入，使投资回报率最高。

(3)针对性强

企业的推广信息只出现在真正感兴趣的潜在客户面前，针对性强，更容易实现销售。

(4)推广关键词不限

企业可以同时免费注册多个关键词，数量没有限制，使得企业的每一种产品都有机会被潜在客户找到，支持企业全线产品推广。

(5)全程贴心服务

百度拥有业界最大的网络营销服务中心，覆盖全国，为企业全程提供增值服务，全面保证网络营销的使用效果。

3.5.4 搜索引擎优化

搜索引擎优化，简称 SEO，英文全称是 Search Engine Optimization，是一种通过对网站的调整，使网站符合搜索引擎的喜好，从而使网站在不同的搜索引擎上占据较高排名位置的方法。

1. 搜索引擎优化的优势

搜索引擎优化的优势具体表现在以下几点：

①搜索引擎推广是最低廉的广告方式。与新闻或杂志、电视上的广告相比，搜索引擎推广的花费可以省却数倍，同时还可以为网站带来更多的流量，从而带来更好的投资回报率。

②搜索引擎优化将为网站带来更高质量的业务流量，由此对公司产生更多的销售。

③搜索引擎优化加强了品牌的网上知名度。

2. 搜索引擎优化的缺陷

搜索引擎优化的优势具体表现在以下几点:

①搜索引擎优化的效果存在着很多不确定的因素。因为搜索引擎的排名结果由搜索引擎自身来控制,如果没有绝对的把握使自己获得很好的排名,则只能尽可能地利用搜索引擎优化技术把自身的网站打造成优秀的网站,去迎合搜索引擎的“品味”。所以,排名结果不会被人为绝对地控制。

②搜索引擎优化的效果出现得比较慢。网站通过搜索引擎优化调整合理后,不会立刻就获得很好的排名,还必须做大量的工作,才能逐步提高网站在搜索引擎中的评分,促使排名逐步提高。一般一个新网站在搜索引擎中的排名提升到前三页,最少需要一个月以上的时间,热门的关键词、竞争激励的关键词会更久。

③要付出较多的时间和精力。要通过搜索引擎优化提高一个网站在各个搜索引擎中的排名,还需要做大量的工作,耗费大量的时间。不过,通过自身的努力获得好的排名之后,效果还是非常超值的。

3. 搜索引擎优化的推广操作

搜索引擎优化的推广很多,主要包括:对域名和主机的优化,对关键词的优化,对链接策略的优化,对网页设计的优化等。这里主要介绍其中的两种优化手段:对域名的优化和对关键词的优化。

对域名的优化主要包括对域名的选择和命名两项内容。

(1)对域名的选择

为域名选择单独的 IP 地址。出于多方面的考虑,服务提供商往往将多个域名共享一个 IP 地址,这样会带来风险。因为如果同一个 IP 地址下有一个弊端,有些搜索引擎就会对该 IP 地址下的所有网站进行惩罚,并消除这些域名或者降低它们在搜索引擎中的排名。

不要选择二级域名。主要原因是当主域名受到惩罚的时候,二级域名也将受牵连;有些搜索引擎对二级域名的收录数目有限制,超出范围的域名将不会得到收录;当域名供应商停止营业时,二级域名也将停止;二级域名的流量多将计入顶级域名下。

(2)域名的命名

①关键词域名。关键词域名就是以关键词作为前缀的域名,比如搜索关键词“china tour”的时候,如果你选择“china - tour. com”作为域名,就会非常有利于搜索引擎排名。

②包含关键词的域名。关键词的域名资源有限,好的关键词域名大部分已经被抢注了。如果你所在的行业早已存在这种情况,就可以采用包含关键词的域名。

对关键词的优化主要包括以下几方面的内容。

(1)关键词密度

关键词密度是许多搜索引擎,包括 Google、Yahoo 和 MSN 的搜索算法之一。每个搜索引擎都有一套关于关键词密度的数学公式,合适的关键词密度可使你获得较高的排名位置。关键词密度就是在一个页面中,关键词占该页面中总的文字的比例,该指标对搜索引擎的优化起到重要作用。一般关键词密度在 1% ~7% 之间较合适,超过或者低于这一标准就有过高或过低之嫌。

(2)关键词的选择

选择关键词一般有以下几点技巧:

①站在客户的角度考虑搜索引擎选用的关键词,并控制关键词数量,一页中的关键词最多不要超过3个。

②将关键词扩展成一系列词组和短语,如商务→电子商务。可以通过改变短语的词序,创建不同的词语组合。

③不要使用意义太广泛的关键词。

④应该选用自己的品牌或地理位置做关键词;不要用与自己无关的关键词。

⑤查看竞争对手使用的关键词,对自己已经选择好的关键词进行补充。

(3)各类网站的关键词选择策略

①资讯类网站。这类网站追求的是流量大,想通过搜索引擎带来较大的流量。首先要考虑的就是热门关键词。资讯类网站可以对热门关键词制作专题内容,然后合理地在搜索引擎中获得较好的排名。

②大型网站。大型网站如果刻意地追求某一个关键词在短时间内获得较好的排名,而费时费力,那是非常不划算的。因为单一个关键词,就算它搜索量再大,它给你带来的流量也是有限的。而大型网站的信息量是非常多的,包含的关键词比较多,因此必须考虑整体提高网页众多关键词的排名。

③电子商务网站、中小企业网站。这类网站追求的是通过网站带来订单,带来客户。选择关键词要坚持站在客户的角度思考,通过科学的方法选择出最准确的关键词。

习题三

一、判断题(正确的打"√",否则打"×")

1. ISDN(Integrated Services Digital Network)综合业务数据网。( )

2. DDN(Digital Data Network)即数字数据网,是利用光纤、数字微波或卫星等数字信道和数字交叉复用节点组成的数字数据网,提供永久性连接电路。( )

3. 传统的客户客户/服务器是三层的结构。( )

4. Web是World Wide Web的简称,中文称为世界信息网或全球网。( )

5. 文件传输是指Internet用户将一台计算机上的文件传输到另一台计算机上。( )

6. 主页是指某个机构或个人的信息在Web浏览器中显示与链接的基本信息页面。( )

7. HTML是一种用来制作超文本文档的简单标记语言。( )

8. 搜索引擎的工作原理就是收集、索引、排序。( )

9. 竞价排名是一种按效果付费的网络推广方式,由搜狗在中国率先推出。( )

10. 搜索引擎优化是一种是指通过对网站的调整,使网站符合搜索引擎的喜好,从而使网站在不同的搜索引擎上占据较高排名位置的方法。( )

二、填空题

1. Internet接入技术用于将________计算机或________连接到互联网。Internet接入技术主要有:________、________、数字用户线路(xDSL)、________、________、________和无线

接入等。

2. 电子邮件系统的特点：________、________和________等。

3. HTTP 会话过程包括以下________、________、________和关闭等四个步骤。

4. 一个主页一般包含以下________、________、________和超文本链接元素等几种信息元素。

5. 超文本是一种________的文本，与一般文本不同的在于用户________时，可以按________的方式，在不同的________之间随机地转来转去，随心所欲地进行阅读。

6. 邮件列表也叫________，是 Internet 上的一项________的一种服务内容，用于各种________的信息交流和信息发布。

7. 邮件列表的类型分为________、________和________等三种。

8. 邮件列表在电子商务中的主要作用有________、________、邮购业务和________等。

9. 目前，搜索引擎的种类很多，分类方法也不一样。按语言可以分为________搜索引擎、________搜索引擎和________搜索引擎等。

10. 按查询方式可分为________搜索引擎、________搜索引擎、________搜索引擎和________搜索引擎等。

三、思考题

1. 简述 Internet 接入技术。
2. 简述 Internet 提供的服务。
3. 简述电子邮件的特点。
4. 简述 Web 的概念。
5. 简述 Web 的工作原理。
6. 简述主页的概念。
7. 简述超文本概念。
8. 简述 URL 概念。
9. 简述 HTML 概念。
10. 简述 ASP 概念。
11. 简述邮件列表类型。
12. 简述在网上获取信息的方法。
13. 简述搜索引擎分类。
14. 简述搜索引擎工作原理。
15. 简述搜索引擎优化概念。

第 4 章

电子商务安全技术

电子商务是基于 Internet 网络环境开展的,它消除了传统商务交易中存在的时间、空间等条件的限制,因此,得到了迅速发展。电子商务依托的 Internet 网络,其通信协议 TCP/IP 及源代码的开放和共享,使得电子商务在开放、共享的环境中开展。但是,电子商务中的一些信息是不能共享的,如个人隐私、商业机密等,这就出现了矛盾。尽管如此,每天都有成千上万种交易在 Internet 网上进行,这自然给某些别有用心的人提供机会,例如,在 Internet 网上进行恶意攻击、窃取商业机密、冒用他人的信用卡、篡改订单等犯罪行为时有发生。在经受损失的同时,人们对电子商务的安全提高了警惕,安全已经成为电子商务交易和发展的关键问题。本章主要介绍此方面的知识,通过本章的学习要求:

- 掌握电子商务安全的概念。
- 掌握古典加密学理论和方法。
- 掌握数字证书概念。
- 掌握身份认证概念。
- 掌握生理特征识别概念。
- 掌握防火墙概念。

4.1 电子商务安全概况

4.1.1 电子商务安全的重要性

随着 Internet 的发展和网络基础设施的不断完善,我国电子商务在各行各业的发展也已初具规模。电子商务将成为企业对内实行高效管理,对外提高核心竞争力的必由之路。但伴随着电子商务的快速发展,安全问题越来越突出。如何构建一个安全、便捷的电子商务应用环境,对信息提供足够的保护,已经成为商家和用户都十分关心的话题。

1. 电子商务安全重要性

由于计算机信息有共享和易于扩散等特性,它在处理、存储、传输和使用上有着严重的脆弱性,很容易被干扰、滥用、遗漏和丢失,甚至被泄露、窃取、篡改、冒充和破坏,还可能受到计算机病毒感染。针对计算机及其内部信息的犯罪行为,会影响业务、财务、声誉,会造成失去客户、陷入管理困境、面临法律诉讼等方面的后果,甚至威胁到组织的生存。随着电子商务日益普及,安全问题显得异常突出,解决安全问题已成为我国电子商务正常发展的当务之急。

电子商务(Electronic Commerce)就是利用电子数据交换(EDI)、电子邮件(E-mail)、电子资金转账(EFT)及 Internet 的主要技术在个人间、企业间和国家间进行无纸化的业务信息的交换。随着互联网的全面普及,基于互联网的电子商务也应运而生,成为一种全新的商务模式,被许多经济专家认为是新的经济增长点。利用计算机技术、网络通信技术和因特网实现商务活动的国际化、信息化和无纸化,已成为全球商务发展的趋势。尽管电子商务的发展势头非常惊人,但它在全球贸易额中只占极小的一部分。一个主要的障碍就是如何保证传输数据的安全和交易双方的身份确认。

2. 我国电子商务安全的现状

作为对互联网的应用,电子商务正如雨后春笋般蓬勃发展,但由于技术不完善和管理不到位,安全隐患还很突出。

(1)基础技术相对薄弱

国外有关电子商务的安全技术,其结构或加密算法等都不错,但由于受到本国密码政策的限制,公开的算法对于他们来说几乎不能保密了,潜在安全隐患极大。比较遗憾的是我国至今还没有自己研发成功的较为成熟的算法。

(2)体系结构不完整

电子商务安全以前大多担当着“救火队”的角色,头痛医头,脚痛医脚。这种“治标不治本”的做法,问题总是层出不穷。近年来,人们已经开始着手从体系结构来解决问题,应当说在理论上已取得了明显进展,但到实践运用还需要更大的努力。

(3)支持产品不过硬

目前,市场上有关电子商务安全的产品数量不少,但真正通过认证的相当少。主要是因为不少安全措施是从网上“移植”来的。另外,不少电子商务安全技术的厂商对网络技术很熟悉,但对安全技术普遍了解得不够,很难开发出真正实用的、足够的安全技术和产品。目前构成我国信息基础设施的网络、硬件、软件等产品几乎完全建立在以美国为首的少数几个发达国家的核心信息技术之上。

(4)多种“威胁”纷杂交织、频频发生

电子商务面临的安全威胁主要来源于三个方面:一是非人为、自然力造成的数据丢失、设备失效、线路阻断;二是人为但属于操作人员无意的失误造成的数据丢失;三是来自外部和内部人员的恶意攻击和入侵。最后一种是当前电子商务所面临的最大威胁,极大地影响了电子商务的顺利发展。因此它是电子商务安全对策最需要解决的问题。

4.1.2 电子商务面临的挑战

由于 Internet 本身的开放性以及目前网络技术发展的局限性,电子商务面临着种种挑战,具体有以下几种。

1. 身份识别的挑战

在传统的交易中,交易的双方往往是面对面进行活动的,这样很容易确认对方的身份。即使开始不熟悉,不能确信对方,也可以通过对方的签名、印章、证书等一系列有形的身份凭证来鉴别身份。然而,在进行网上交易时,情况就大不一样了,因为网上交易的双方可能素昧平生,相隔千里,并且在整个交易过程中都可能不见一面。因此,如果不采取任何专门的保护措施,就要比传统的商务更容易引起假冒、诈骗等违法活动。因此,电子交易的首要安全需求就是要保证身份的可认证性。这就意味着在双方进行交易前,首先要能确认对方的身份,要求交易双方的身份不能被假冒或伪装。例如,新中国成立以来涉案金额最大的网络赌博案,在短短的 4 个月,投注赌博的累计金额达 52.5 亿余元。

2. 技术安全的挑战

从技术角度分析,电子商务应具有机密性、完整性、可认证性和抗抵赖性。对这些特性的破坏更多的是从技术环节挑战电子商务的安全。包括:①信息窃取;②信息篡改;③信息假冒;④交易抵赖;等等。

3. 隐私权的挑战

信息技术的进步、因特网的发展和相应的全球信息流动量的增长,正为社会、企业和个人提供着明显的好处。它们包括:消费者更多的选择和便利;信息的全球性和可接入性;增加了竞争、速度和效率;政府管理信息的公开化,使公众感到政府办公效率的提高和政府形象的改善;等等。

然而,这些进步也在保护个人隐私方面提出了新的挑战。数据隐私,即个人信息的保护,困而成为消费者、公司和政府部门日益关注的问题。电子合同交易记录就涉及信息(数据)不被非法获悉和公开这一问题。消费者担心他们在电子合同交易中和使用的产品中会泄露有关他们财产、信用和消费的信息。而且,随着电子合同和网上银行使用的更加广泛,这种顾虑可能会日益增加。因此,为了从这种信息流动中获益的同时,对个人信息给予适当的保护,就需要一种平衡的办法。调查显示,对于不同的人来说,对隐私的需要和想法有明显的不同,因而得到的服务也不相同。对隐私关注最少的人能够获得免费因特网服务的报偿、经常购买者的奖励、简化的购买手续和由知道消费者购买习惯而受益的零售商提供的特别折扣;对于具有强烈隐私需要或非常注重隐私的人来说,相应的网络信息服务也是同他们需要的隐私程度一致的。

4. 电子签名的挑战

电子商务要求人们能够在线形成具有法律效力的契约。对于物理文件的手工签字通常认为对签字人有约束力。虽然签字可能被伪造,但是签字仍然提供了一个唯一的证据,能够由熟悉这个签字的人们所识别。在由 1 和 0 组成的世界中,图像能够很容易的复制。那么,签字的电子等效方法是什么呢? 进一步讲,大多数国家没有法律承认电子方式的合同具有法律效力。

在因特网环境中,确定人的身份有时是困难的。例如,电子邮件的地址信息不足以确定这些人是谁、他们在哪里。还有一个身份认证的问题,就是在给某人发送信息之前,用户应能确定该地址是用户打算将信息发给的那个人所有。反之,用户所收到的信息确实是由声明已经将此信息发送的人发送的。

5. 电子支付的挑战

因特网的增长和浮现出的技术先进性正在创造全新的商业模式，消费者和商家可以很方便的从他们的家中和办公室里购买世界范围内的产品和服务。当用户选择好他们希望购买的产品或服务时，就需要一种可接受、可确认的支付方法。

在物理世界中，有各种支付方式，如现金、支票、信用卡和借记卡可以使用。在线世界采纳了这些支付方法，但还存在一个更容易的方法实现资金的转移，这就是电子支付系统。

电子清算和支付系统在银行和其他金融服务机构已经投入使用外，消费者也使用如旅行支票和磁条卡之类的储值支付方式很多年了。然而目前的系统还不能为从事电子商务的人提供充分的安全或选择，面临着以下几个的挑战：

- 网上支付硬件设施落后。
- 电子支付业务的支撑系统存在安全隐患。
- 信用风险的恶性循环会危及银行业。
- 技术规范和实施标准缺乏统一规划。
- 相关法律法规缺乏。
- 监管措施不完善带来风险。
- 诚信度太低和认知缺失。
- 第三方支付平台的发展问题。
- 国内计算机技术水平低影响网络银行的进程。
- 观念和习惯问题。

6. 税收的挑战

货物和服务的税收是政府为了公共事业筹集资金的一种必要的功能。电子商务不是一种对这种资金来源的威胁，而是支持和加强它。随着越来越多的交易是通过网络实现的，对于估税和收税方法需要做些调整，使电子商务中买卖双方能够在明确的税收法律条文下纳税。

B2B 交易代表了今天最多的电子商务交易额。因为，不论哪里的企业都需要存有繁杂的账务记录，向电子方式转移将改善税金的收集效率和查账能力。随着消费者逐渐进入电子商务，税收系统要适应参与买卖双方的位置不易确定时的交易。

新的税收方法是需要的，更重要的是制定新的税收法的出发点是什么。对是否把电子交易和网络服务作为增税或特殊税的目标，采取这样的行动是否会阻碍电子商务的发展、约束电子商务产生的、更大潜在收益的增长等，这些问题必须有深入的研究。

7. 知识产权的挑战

近年来，随着搜索引擎、P2P 技术、博客与播客等新技术的发展，互联网不断出现一些新的情况和问题。这些新技术在给网民带来便捷的同时，也给网络知识产权保护提出了“新课题”。然而，电子商务网是一个媒体，允许信息被完整的、便宜的拷贝无数次，并且广泛传播，除非在数字环境中有明确的知识产权保护法，人们将不会去创新、发明和网上交流，技术进步将受到阻碍。此外，因特网上的内容在世界各地都能得到，许多国家在知识产权方面的立法没有完善，不仅内容所有者面临非法翻印问题，他们还要防止商标被欺诈盗用。因此，为了知识产权在电子商务系统中得到实施，强有力的法律和国际合作是永久的解决办法。世界各国政府应当就内容所有者的权力达成普遍共识。

8. 信息基础设施的挑战

电子商务要求用户具有快速、可靠地接入因特网的多功能信息设备，如计算机、个人数字助理、蜂窝电话和机顶盒。电子商务给用户带来的好处是信息可以比传统方式更有效地处理、分析、存储和通信。技术进步使设备处理信息速度更快，成本下降。目前，电信市场正在进一步形成竞争环境，但是在用户接入速率方面改进不大，对许多电信用户来说，并没有可提供的高速因特网接入服务。

4.1.3　电子商务面临的安全威胁

根据攻击能力的组织结构程度和使用的手段，可以将威胁归纳为四种基本类型：无组织结构的内部威胁、无组织结构的外部威胁和有组织结构的内部威胁、有组织结构的外部威胁。一般来讲，对外部威胁，安全性强调防御；对内部威胁，安全性强调威慑。

1. 病毒的安全威胁

病毒是由一些不正直的程序员所编写的计算机程序，它采用了独特的设计，可以在受到某个事件触发时，复制自身，并感染计算机。如果在病毒可以通过某个外界来源进入网络时，网络才会感染病毒。

2. 恶意破坏程序的安全威胁

网站会提供一些软件应用的开发而变得更加活泼。这些应用可以实现动画和其他一些特殊效果，从而使网站更具有吸引力和互动性。恶意破坏程序是指会导致不同程度破坏的软件应用或者 Java 小程序。

3. 攻击的安全威胁

目前已经出现了各种类型的网络攻击，它们通常被分为三类：探测式攻击、访问攻击和拒绝服务（DOS）攻击。

①探测式攻击实际上是信息采集活动，黑客们通过这种攻击收集网络数据，用于以后进一步攻击网。

②访问攻击用于发现身份认证服务、文件传输协议（FTP）功能等网络领域的漏洞，以访问电子邮件账号、数据库和其他保密信息。

③DOS 攻击可以防止用户对于部分或者全部计算机系统的访问。

4. 数据阻截的安全威胁

通过任何类型的网络进行数据传输都可能会被未经授权的一方截取。犯罪分子可能会窃听通信信息，甚至更改被传输的数据分组。犯罪分子可以利用不同的方法来阻截数据。

5. 垃圾信件的安全威胁

垃圾信件被广泛用于表示那些主动发出的电子邮件或者利用电子邮件广为发送未经申请的广告信息的行为。垃圾信件通常是无害的，但是它可能会浪费接收者的时间和存储空间，带来很多麻烦。

因此，随着电子商务日益发展和普及，安全问题显得异常突出，解决安全问题已成为我国电子商务发展的当务之急。

6. 数据库的安全威胁

根据国内相关调查显示，国内的网站用 ASP + Access 或 SQL Server 的占 70% 以上，PHP + MySQL 占 20%，其他的不足 10%。而数据库是一个电子商务网站的核心，因此数据库的安全威胁也成为电子商务网站安全的首要问题。

(1)数据库位置和名称安全

以往许多网站设计人员会把数据库放在 Data 或 Database 等目录下，对数据库的文件名也通常采用 Data、Mydata、Database、DataShq0 等，这种做法很容易被非法用户猜解到并下载用户数据库，从而使电子商务网站所有数据具有被窃取的威胁。

(2)数据库结构安全威胁

①数据表命名的安全威胁问题。为了安全需要，不要直接用类似 Admin、User、Product 等作为表名，可以使用 XX—Admin—XX 等形式，用字母和数字组合作为表名的前后缀，以防止 SQL 注入时被猜解出表名。

②数据字段命名的安全威胁问题。同样在数据字段命名时，也不要直接用 Admin、UserName、用户名、密码 Passwor、Pwd、UserPwd 等作为敏感字段名，可以采用一些难以猜解的字母和数字组合来作为字段名以加强数据的安全性。

③数据库权限的安全威胁问题尽量不要把数据库密码留空或使用弱 13 令作为数据库密码，合理使用 10 位以上的数据库密码会进一步加强数据库的安全。

④数据库连接字串的安全威胁问题。这类安全问题主要是两个方面：一是在数据库连接字串中不直接出现明文密码，采用对称加密密码可以提高数据库的安全；二是数据连接文件不要用常见的 Conn、DbConn 作为文件名，避免使用 inc、asa、txt 作为扩展名，同时也不要把文件放在类似 Inc、Data、Conn 等目录下，以防数据库连接被非法下载。

4.1.4 电子商务安全问题采取的对策

电子商务的安全问题涉及电子商务的各个环节和参加交易的各个方面，解决电子商务的安全问题是一个系统工程和社会问题，需全社会的参与。但在操作层面上，主要有以下几方面。

1. 防火墙技术

防火墙技术是用来加强网络之间的访问控制，防止外部网络用户以非法手段通过外部网络进入内部网络。防火墙技术主要有包过滤、代理服务、状态监控等技术。防火墙技术的主要优点是：过滤不安全的服务，提高网络安全和减少子网中主机的风险；提供对系统的访问控制;阻击攻击者获取攻击网络系统的有用信息;根据统计数据来判断可能的攻击和探测等。

2. 信息加密技术

信息加密技术作为主动的信息安全防范措施,利用加密算法,将明文转换成为无意义的密文,阻止非法用户理解原始数据,从而确保数据的保密性。

3. 数字证书和认证技术

数字证书和认证技术是网络通信中标志通信各方身份信息的一系列数据,通过运用对称和非对称密码体制建立起一套严密的身份认证系统。具有信息除发送方和接收方外不被其他人窃取,信息在传输过程中不被篡改,发送方能够通过数字证书来确认接收方的身份,发送方对于自己发送的信息不能抵赖等多项功能。

4. 安全通信技术

SSL(安全套接层协议)是一种安全通信协议。SSL 提供了两台计算机之间的安全连接,对整个会话进行了加密,从而保证了信息的安全传输。具有三个特点:采用对称密码体制来加密数据;采用信息验证算法进行完整性检验;对端实体的鉴别采用非对称密码体制进行认证。

5. 安全电子交易技术

SET(安全电子交易)是通过开放网络进行安全资金支付的技术标准,SET 向基于信用卡进行电子化交易的应用提供实现安全措施的规则:信息在 Internet 上安全传输,保证传输的数据不被黑客窃取;其订单信息和个人账号信息的隔离,当包含持卡人账号信息的订单送到商家时,商家只能看到订货信息,而看不到持卡人的账户信息;持卡人和商家相互认证,以确定通信双方的身份。

电子商务尚是一个机遇和挑战(风险)共存的新领域,这种挑战不仅来源于传统的习惯、来源于计划体制和市场体制的冲突、更来源于对可使用的安全技术的信赖。随着电子商务的发展,安全问题更加重要和突出。要想解决好这个问题,必须由安全技术和标准作保障。电子商务的发展促使对安全技术进行不断探索研究和开发应用,以建立一个安全的商务环境。

4.2 电子商务安全的保障

4.2.1 电子商务安全控制要求

电子商务发展的核心和关键问题是交易的安全性。由于 Internet 本身的开放性,使网上交易面临了种种危险,也由此提出了相应的安全控制要求。

1. 信息保密性

交易中的商务信息均有保密的要求。例如,信用卡的账号和用户名被人知悉,就可能被盗用,订货和付款的信息被竞争对手获悉,就可能丧失商机。因此在电子商务的信息传播中一般均有加密的要求。

2. 交易者身份的确定性

网上交易的双方很可能素昧平生,相隔千里。要使交易成功,首先要能确认对方的身份,对商家要考虑客户端不能是骗子,而客户也会担心网上的商店是不是一个玩弄欺诈的黑店。因此能方便而可靠地确认对方身份是交易的前提。

3. 不可否认性

由于商情的千变万化,交易一旦达成是不能被否认的。否则必然会损害一方的利益。如订购黄金,订货时金价较低,但收到订单后,金价上涨了,如收单方能滞认收到订单的实际时间,甚至否认收到订单的事实,则订货方就会蒙受损失。因此电子交易通信过程的各个环节都必须是不可否认的。

4. 不可修改性

交易的文件是不可被修改的,例如,上例所举的订购黄金。供货单位在收到订单后,发现金价大幅上涨了,如其能改动文件内容,将订购数 1 吨改为 1 克,则可大幅受益,那么订货单位可能就会因此而蒙受损失。因此电子交易文件也要能做到不可修改,以保障交易的严肃和公正。

4.2.2 电子商务安全技术概述

目前广泛运用和比较成熟的网络安全技术主要有以下几种。

1. 防火墙技术

防火墙是网络安全的屏障,配置防火墙是实现网络安全最基本、最经济、最有效的安全措施之一。防火墙是指一个由软件或和硬件设备组合而成,处于企业或网络群体计算机与外界通道之间,限制外界用户对内部网络访问及管理内部用户访问外界网络的权限。

当一个网络接上 Internet 之后,系统的安全除了考虑计算机病毒、系统的健壮性之外,更主要的是防止非法用户的入侵,而目前防止的措施主要是靠防火墙技术完成。防火墙能极大地提高一个内部网络的安全性,并通过过滤不安全的服务而降低风险。防火墙可以强化网络安全策略。通过以防火墙为中心的安全方案配置,能将所有安全软件(如口令、加密、身份认证)配置在防火墙上。其次对网络存取和访问进行监控审计。

如果所有的访问都经过防火墙,那么,防火墙就能记录下这些访问并作出日志记录,同时也能提供网络使用情况的统计数据。当发生可疑动作时,防火墙能进行适当的报警,并提供网络是否受到监测和攻击的详细信息。再次防止内部信息的外泄。利用防火墙对内部网络的划分,可实现内部网重点网段的隔离,从而降低了局部重点或敏感网络安全问题对全局网络造成的影响。

2. 数据加密与用户授权访问控制技术

与防火墙相比,数据加密与用户授权访问控制技术比较灵活,更加适用于开放的网络。用户授权访问控制主要用于对静态信息的保护,需要系统级别的支持,一般在操作系统中实现。

数据加密主要用于对动态信息的保护。对动态数据的攻击分为主动攻击和被动攻击。对于主动攻击,虽无法避免,但却可以有效地检测;而对于被动攻击,虽无法检测,但却可以避免,实现这一切的基础就是数据加密。

数据加密实质上是对以符号为基础的数据进行移位和置换的变换算法,这种变换是受“密钥”控制的。在传统的加密算法中,加密密钥与解密密钥是相同的,或者可以由其中一个推知另一个,称为“对称密钥算法”。

这样的密钥必须秘密保管,只能为授权用户所知,授权用户既可以用该密钥加密信息,也可以用该密钥解密信息,DES 是对称加密算法中最具代表性的算法。如果加密/解密过程各有不相干的密钥,构成加密/解密的密钥对,则称这种加密算法为“非对称加密算法”或称为“公钥加密算法”,相应的加密/解密密钥分别称为“公钥”和“私钥”。在公钥加密算法中,公钥是公开的,任何人可以用公钥加密信息,再将密文发送给私钥拥有者。私钥是保密的,用于解密其接收的公钥加密过的信息。典型的公钥加密算法如 RSA 是目前使用比较广泛的加密算法。

3. 入侵检测技术

入侵检测技术是一种主动保护自己免受攻击的一种网络安全技术。作为防火墙的合理补充,入侵检测技术能够帮助系统对付网络攻击,扩展了系统管理员的安全管理能力(包括安全审计、监视、攻击识别和响应),提高了信息安全基础结构的完整性。它从计算机网络系统中的若干关键点收集信息,并分析这些信息。入侵检测被认为是防火墙之后的第二道安全闸门,在不影响网络性能的情况下能对网络进行监测。它可以防止或减轻上述的网络威胁。

入侵检测技术的功能主要体现在以下方面:监视分析用户及系统活动,查找非法用户和合法用户的越权操作。检测系统配置的正确性和安全漏洞,并提示管理员修补漏洞;识别反映已知进攻的活动模式并向相关人士报警;对异常行为模式的统计分析;能够实时地对检测到的入侵行为进行反应;评估重要系统和数据文件的完整性;可以发现新的攻击模式。

4. 防病毒技术

电脑病毒是令人头痛的问题,Internet 的快速发展使得病毒造成毁灭性的灾难成为可能。因此,防止网络病毒问题是保障电子商务交易安全最重要的研究课题之一。为了避免计算机病毒的感染和传播,应从预防和清除两个方面着手。首先,应当树立预防为主的思想。要充分利用操作系统中的安全功能和安全机制,加强存取控制,防止非法用户进入。同时,要加强对目前广泛应用的因特网的管理,防止病毒通过网络传播。为防止病毒侵入对信息的破坏,应当经常进行自行检测,并能养成定期替文件做备份的良好习惯。

5. 认证技术

认证技术是保证电子商务安全的又一重要技术手段,是防止信息被篡改、删除、重放和伪造的一种有效方法,它使发送的消息具有被验证的能力,使接收者能够识别和确认消息的真伪。与认证有关的技术包括数字签名技术、身份识别技术和信息的完整性校验技术等。

(1)数字签名技术

在电子商务的安全保密系统中,数字签名技术有着特别重要的地位,安全服务中的源鉴别、完整性服务、不可否认服务,都要用到它。完善的数字签名应具备签字方不能抵赖、他人不能伪造、在公证人面前能够验证真伪的特点。

(2)身份识别技术

通过电子网络开展电子商务,身份识别是一个不得不解决的问题。只有采取一定的措施使商家可以确认对方的身份,商家才能放心地开展电子商务。同时,存在身份识别技术,有关当事人就无法抵赖自己的行为。在电子商务中,身份识别技术的实现往往要采用密码技术设计出安全性高的识别协议。

(3)信息完整性校验

信息的完整性要靠信息认证来实现,信息认证是信息的合法接受者对信息的真伪进行判定的技术。信息认证的内容包括信息的来源、信息的完整性、信息的序号和时间,信息序号和时间的认证主要是为了阻止信息的重复攻击。

4.2.3 电子商务安全保障体系

中国电子商务安全保障体系应遵循综合防范的原则,从技术、管理、法律三方面入手,建立健全以信息安全、网络安全为目标,加密技术、认证技术为核心,安全电子交易制度为基础的,具有自主知识产权的电子商务安全保障体系。根据以上用户信任度的分析,针对电子商务领域存在的安全问题,根据电子商务的安全性要求,现阶段建立电子商务安全保障体系,提升用户信任度可从以下几个途径展开。

1. 技术途径

(1)明确电子商务安全体系结构

电子商务的安全技术体系结构是保证电子商务中数据安全的一个完整的逻辑结构。电子商务安全体系由网络服务层、加密技术层、安全认证层、安全协议层、应用系统层组成。其中,下层是上层的基础,为上层提供技术支持;上层是下层的扩展与递进。各层次之间相互依赖、相互关联构成统一整体。通过不同的安全控制技术,实现各层的安全策略,保证电子商务系统的安全。

(2)充分发挥电子商务安全协议作用

电子商务的运行需要一套完整的安全协议。目前,比较成熟的协议有安全电子交易协议(SET)、安全套接层协议(SSL)等。

(3)增强人们对电子商务的信任度,必须加强计算机的安全技术

有关部门应组织一支精干的安全技术研究队伍,集中力量尽快解决电子商务的安全技术问题,包括密码技术、防火墙技术、认证技术、留痕技术等,并能够随着计算机和电子商务

技术的发展而不断改进这些技术;同时为保证网络交易的安全,应着手建立相应的国家级的安全控制中心系统。这一系统应包括国际出入口(信息海关)监控、电子交易证书授权、密钥管理、安全产品评测认证、病毒检测和防治、系统攻击与反攻击等分中心。通过各种安全控制分中心的协调作用,将电子商务交易风险降低到最小限度。

(4)保护传输线路安全

通过搭线的方式,攻击者可以窃听网络上传输的信息,而且目前有线网络仍然占据着很大的市场,一旦传输线路出现问题,将导致网络不通,所以传输线路应有露天保护措施或埋于地下,并要求远离各种辐射源。电缆铺设应当使用金属导管,以减少各种辐射引起的电磁泄漏和对发送线路的干扰。集中器和调制解调器应放置在受监控的地方,以防止外来连接,对连接要定期检查,检查是否有窃听、篡改或破坏行为。

(5)路由选择机制

在一个网络中,从源节点到目的节点的路径有很多条,有些路径是安全的,有些路径是不安全的。路由选择机制可以使信息的发送者选择特殊的路由,以保证数据的安全。这种选择可以是由用户提出申请,在自己的程序和数据前打上路由标志,也可以由网络安全控制机构在检测出不安全路由后,通过动态调整路由表,限制某些不安全通路。

(6)流量控制

流量控制通常都是采用填充报文的形式掩盖通信的频度和报文的长度,采用物理链路层加密方式掩盖报文地址,采用带反馈的加密方式掩盖报文的形式。

2. 管理途径

(1)建立网络品牌的信任度

无论是在网上还是在网下进行商业运作,信任总是一个不可缺少的重要组成部分。用户对一个网络品牌产生信任是他们经常访问该网站的精神基础。在条件相近的情况下,消费者总是更加偏向在知名度高的网站购物,这就是品牌效应,不仅在实体商店中是这样,网上商场的品牌知名度对用户购买决策同样具有重要影响,而且由于网上购物不受地理位置的局限,消费者这种偏向可能会更强烈一些。

我们无法用金钱购买到友善和信任。这些资产的积累需要时间。那些传统品牌建立起用户的信任度大约需要好几年,而对于那些新生的网络品牌来说,他们所缺乏的正是时间的考验。为了维持用户的信任度,网络品牌应该学习一些传统品牌的管理经验。用户至上就是其中一条重要的真理。要使你的品牌在用户中建立起良好的口碑,你必须尊重用户的隐私,确保用户的信箱不会被无关的垃圾信件骚扰。对用户私人信息和网络浏览情况的记录情况的保护是开展电子商务的一个重要环节。任何一个精明的消费者都只会选择那些他所信任的商家。

(2)完善电子商务安全管理制度

从中央和地方两个层次上逐步建立电子商务交易安全管理制度,包括交易的安全制度、交易安全的实时监控制度。同时实行对现有的电子商务系统安全漏洞的检查制度,广泛开展电子商务的安全教育。引进电子商务安全风险管理机制,通过监督现有的安全政策和措施,可以确定哪些是成功的,哪些是失败的,并对其进行修改或废弃。

(3)鼓励研究开发先进的电子商务安全技术产品

采取积极的鼓励措施,开发先进的安全技术产品,如防火墙产品、防病毒产品、信息加密产品、认证产品等;重点支持具有自主知识产权的电子商务安全关键技术的开发;注重参与国际标准的制定。

(4)人员管理制度

人是电子商务活动中的主要参与者,对于像网络管理员这样的人员,需要具备相当的职业道德,对他们的管理很重要。

①严格选拔。对网络工作者的选拔不仅要考核工作技能,更要考虑道德感和纪律性。

②落实工作责任制。由于网络工作者,特别是超级管理员,拥有访问计算机系统的高级权限,掌握着很多重要的资料,他们必须严格遵守企业的安全制度,遵守保密原则。

③贯彻电子商务安全运作基本原则。为了便于管理,应遵循多人负责、任期有限、最小权限的原则。多人负责是为了相互制约;任期有限是指任何人都不能长期担任与交易安全相关的职务,否则,即使发生问题也很难有人发现;最小权限则是明确规定只有网络管理员才可以实施物理访问及进行软件安装工作。

(5)保密制度

从事电子商务工作的企业,内部会涉及很多保密信息,如客户隐私、公司财务状况、密钥等,而每类信息又有不同的安全级别,哪些是可以让客户随意访问的,哪些是公司普通员工可以访问的,哪些又是高级管理员才能访问的,这些都应该通过保密制度明确下来。

(6)跟踪、审计、稽核制度

跟踪制度是经系统自动生成日志文件的形式来记录系统运行的全过程。日志文件里包括操作日期、操作方式、登录人、登录次数、运行时间、交易内容等。通过该日志文件,可以对系统进行监督、维护分析和故障排除,为安全案件的侦破提供事实依据。

审计制度是规定网络审计员应经常对系统的日志文件检查、审核,及时发现异常状况,监控和捕捉各种安全事件,并对系统日志进行保存、维护和管理。

稽核制度是指工商管理、银行、税务人员利用计算机及网络系统,借助稽核业务应用软件调阅、查询、审核、判断辖区内电子商务参与单位业务经营活动的合理性、安全性、堵塞漏洞,保证电子商务交易安全,发出相应的警示或作出处理、处罚的有关决定的一系列步骤及措施。它是针对企业外部的监督单位建立的,而审计则是针对企业内部员工的。

(7)系统维护制度

系统维护包括硬件维护和软件维护两种。

①硬件维护。企业里的硬件必须建立系统设备档案,档案内容包括设备型号、生产厂家、配置参数、安装时间、安装地点、IP 地址、上网目录和内容等。对于服务器和客户机还应记录其内存、硬盘容量和型号及数量、多用户卡型号、操作系统名称、数据库名称等,这样便于日后对设备的更新和管理。

②软件维护。软件是能实现一定功能的计算机指令的集合。根据其所起作用的不同,可以将软件分为系统软件和应用软件两大类。

系统软件的维护包括对硬件的直接监管,对各种计算机资源进行管理以及各种应用程序的服务等。具体包括日志文件和临时文件的管理,整理文件系统,检测服务器上的活动状态和用户注册数,处理运行中的死机情况等。

应用软件是针对某种应用所编写的程序,例如,常见的网页浏览器、图像软件、排版软件等。对该类软件的管理和维护工作主要是版面控制,这时应配置一台安装服务器,当远程客户机应用软件需要更新时,就可以从网络上进行远程安装。

(8)应急措施

应急措施是指在计算机灾难事件发生时,利用应急计划、辅助软件和应急设施,排除灾难和故障,保障计算机信息系统继续运行或紧急恢复正常运行。

在启动电子商务业务之初,就必须制订交易安全计划和应急方案以防万一。一旦发生意外,有备无患,可最大限度地减少损失,尽快恢复系统的正常工作,保证交易的正常进行。灾难恢复包括许多工作,一方面是硬件的恢复,使计算机系统重新运转起来,另一方面是数据的恢复。一般来说,数据的恢复更为重要,难度也更大。

3. 法制途径

电子商务代表着未来贸易方式的发展方向,其应用推广将给各成员带来更多的贸易机会。在发展电子商务方面,我们不仅要重视民营、工商部门的推动作用,同时也应加强政府部门对发展电子商务的宏观规划和指导,并为电子商务的发展提供良好的法律法规环境。

(1)全球电子商务的持续发展将取决于合同法律框架的制订

它们将使电子市场中的跨边境交易具有统一性及法律上的确定性,无论这些交易是在同一国家之内还是跨国的。只有出台地方、国家和国际法律当局所认可的、明确的、共同的法律原则,也只有当客户、政府和公司认为电子商务与其目前进行的面对面的或纸上的交易具有同样的确定性时,全球电子商务才能发挥出其全部潜能。

(2)从交易安全方面看,要制定一些相关的电子商务法律

使它能够保证网上交易合同的有效性,加强数据保护,保证用户的个人隐私权,保证用户具有对 Internet 上的信息进行控制的自主权,以解决电了商务上发生的各种纠纷,防止诈骗等案件的发生,保证消费者在电子商务活动中的合法权益不受侵犯,防止单方面对交易信息的生成和修改。

(3)从电子支付方面看,也需要制定相应的法律

明确电子支付的当事人包括付款人、收款人和银行之间的法律关系,制定相关的电子支付制度,认可电子签名的合法性。同时还应出台对于电子支付数据的伪造、变造、更改、赊销问题的处理办法。

(4)有关电子商务消费者权益保护的法律

电子商务交易中消费者对商家信誉的信心只能寄托于 CA 中心和银行等部门。其中 CA 中心能够核实商家的合法身份,银行则能够掌握商家的信誉情况,一旦因商家不付货、不按时付货或者货物不符实而产生对消费者损害时,可以由银行先行赔偿消费者,再由银行向商家追偿。如果商家屡次违规,银行可以取消商家的电子账号,并将违规情况通报给 CA 中心,由 CA 中心计入黑名单。情况严重时可以取消商家的数字证书,由此商家将失去开展电子商务的权利。

(5)有关保护个人隐私、秘密的法律

本着最小限度收集个人数据、最大限度保护个人隐私的原则来制定法律,以消除人们对泄露个人隐私以及重要个人信息的担忧,从而吸引更多的人上网进行电子商务。

(6)有关网络知识产权保护的法律法规

电子商务交易活动的最终产品可能是实体物品,也可能是信息(如电子书、音乐、软件等),而我们只要通过"复制"、"粘贴"这样小动作,就能不费吹灰之力从网上找到免费的资料,这就构成了侵权行为,使得版权所有者的劳动成果得不到保护,盗版行为愈发猖獗,这样的环境无法给电子商务提供可控性需求。

针对这样的问题,世界知识产权组织首先做出表率,制定了《世界知识产权组织版权条约》,为日后各国知识产权立法提供了参考。之后,陆续出现了国家性的法律法规。我国的知识产权立法相当薄弱,但该问题已得到了重视。

(7)有关电子合同的法律法规

在传统商务中,合同是一项交易达成的重要证明文件。同样地,在电子商务中,电子合同的重要地位仍然不可动摇。于是,确定法律承认电子合同、电子签名、电子商务凭证等的法律效力,明确对电子商务中凭证、数据进行伪造、篡改的法律后果,并由此带出了认证中心建设的问题,为电子商务提供一个数据完整性、不可否认性的安全环境做出了不可磨灭的贡献。

4.2.4 我国电子商务法律法规

我国电子商务经历了从无到有,在电子商务发展的12年过程中,国家政策的监管起到了至关重要的作用,在政策的正确引导下,电子商务才得以不断地发展壮大。下面就我国12年来的一些重要的法律法规作一简单介绍。

2004年8月28日,十届全国人大常委会第十一次会议表决通过了《中华人民共和国电子签名法》(以下简称《电子签名法》),于2005年4月1日起施行。《电子签名法》首次赋予可靠电子签名与手写签名或盖章具有同等的法律效力,并明确了电子认证服务的市场准入制度。

2004年年底,在国务院办公厅信息化领导小组第四次会议上,温家宝总理主持通过了《关于加快电子商务发展的若干意见》。意见阐明了发展电子商务对我国国民经济和社会发展的重要作用,提出了加快电子商务发展的指导思想和基本原则,还提出了一系列促进电子商务发展的具体措施。

2005年3月31日,国家密码管理局颁布了《电子认证服务密码管理办法》。

2005年4月18日,中国电子商务协会政策法律委员会组织有关企业起草《网上交易平台服务自律规范》正式对外发布。

2005年6月,央行发布了《支付清算组织管理办法》(征求意见稿)。

2005年10月26日,中国人民银行发布了《电子支付指引(第一号)》,意在规范电子支付业务,规范支付风险,保证资金安全,维护银行及其客户在电子支付活动中的合法权益,促进电子支付业务健康发展。

2006年颁布的《中华人民共和国第十一个五年规划》将"积极发展电子商务"作为一项重要的任务提出来。强调"建立健全电子商务基础设施、法律环境、信用和安全认证体系,建设安全、便捷的在线支付服务平台"。

2006年5月,中共中央办公厅、国务院办公厅发布了《2006—2020年国家信息化发展战略》。

2006年6月,商务部公布了《中华人民共和国商务部关于网上交易的指导意见》(征求意见稿),有效地避免了网上交易面临的交易的安全性问题。

2007年3月6日,商务部发布了《关于网上交易的指导意见(暂行)》。其目的是为了贯彻国务院办公厅《关于加快电子商务发展的若干意见》文件精神,推动网上交易健康发展,逐步规范网上交易行为,帮助和鼓励网上交易各参与方开展网上交易,警惕和防范交易风险。

2007年6月,国家发展和改革委员会、国务院信息化工作办公室联合发布我国首部《电子商务发展"十一五"规划》。

2007年12月17日,国家商务信息化的主管部门商务部公布了《商务部关于促进电子商务规范发展的意见》。该意见出台的目的在于,希望能够促进电子商务规范发展,引导交易参与方规范各类市场行为,防范市场风险、化解交易矛盾、促进电子商务健康发展。

2008年4月,中共中央办公厅、国务院办公厅日前印发的《国民经济和社会发展信息化"十一五"规划》提出,要放宽市场准入,加强政策引导,鼓励社会资金参与信息化建设。营造良好的财税政策环境,鼓励社会资金投向信息资源公益性开发以及公共信息服务平台建设。进一步完善对信息服务领域的各项扶持政策。

2008年4月24,为规范网上交易行为,促进电子商务持续健康发展,商务部起草了《电子商务模式规范》和《网络购物服务规范》。

2008年,加大对电子商务的监管力度,北京工商局出台了《关于贯彻落实〈北京市信息化促进条例〉加强电子商务监督管理意见》,并有望被工商部门今后逐步在全国推行。

2009年4月,央行、银监会、公安部和国家工商总局联合发布的《关于加强银行卡安全管理预防和打击银行卡犯罪的通知》(下简称《通知》)的出台。《通知》被视为是在为牌照发放预热。这似乎预示着国家监管部门开始真正着手加强对于第三方支付企业的监管力度。

4.3 加密技术与信息安全技术

4.3.1 数据加密概述

"天王盖地虎,宝塔镇河妖……"大家一定在电影里看过对暗号的场面。其实,这种暗号是一种最朴素的密码。只不过这种密码过于简单,经不起密码学家的分析,非常容易破译。将密码当成一种科学来研究,就产生了密码学。

密码学是一门古老的学科,在古代就已经得到应用,但仅限于外交和军事等重要领域。随着现代计算机技术的飞速发展,密码技术正在不断向更多其他领域渗透。密码技术是保障信息安全的核心技术,是保证计算机网络安全的理论基础。

密码学是结合数学、计算机科学、电子与通信等诸多学科于一身的交叉学科。它的主要任务是研究计算机系统和通信网络内信息的保护方法以实现系统内信息的安全、保密、真实和完整。所以,使用密码技术不仅可以保证信息的机密性,而且可以保证信息的完整性和正确性,防止信息被篡改、伪造和假冒。随着计算机网络不断渗透到各个领域,密码学的应用也随之扩大。数字签名和身份鉴别等都是由密码学派生出来的新技术和应用。

1. 密码技术的发展

密码学的发展划分为以下三个阶段。

(1)第一阶段(古代到1949年)

这一时期可以看作是科学密码学的前夜时期,这阶段的密码技术可以说是一种艺术,而不是一种科学,密码学专家常常是凭知觉和信念来进行密码设计和分析,而不是推理和证明。

这个时期发明的密码算法在现代计算机技术条件下都是不安全的。但是,其中的一些算法思想,比如代换、置换,是分组密码算法的基本运算模式。

(2)第二阶段(1949—1975年)

1949年香农发表的《保密系统的信息理论》为私钥密码系统建立了理论基础,从此密码学成为一门科学,但密码学直到今天仍具有艺术性,是具有艺术性的一门科学。这段时期密码学理论的研究工作进展不大,公开的密码学文献很少。

(3)第三阶段(1976年至今)

1976年,Diffie和Hellman发表的文章"密码学的新动向"一文引导了密码学上的一场革命。他们首先证明了在发送端和接收端无密钥传输的保密通信是可能的,从而开创了公钥密码学的新纪元。从此,密码学开始充分发挥它的商用价值和社会价值,普通人才能够接触到前沿的密码学。

2. 密码学的基本概念

明文,是指需要秘密传送的消息。

密文,是指明文经过密码变换后的消息。

加密,是指由明文到密文的变换。

解密,是指从密文恢复出明文的过程。

破译,是指非法接收者试图从密文分析出明文的过程。

加密算法,对明文进行加密时采用的一组规则。

解密算法,对密文进行解密时采用的一组规则。

密钥,加密和解密时使用的一组秘密信息。

密码员,对明文进行加密操作的人员称作密码员或加密员(Cryptographer)。

加密算法,密码员对明文进行加密时采用的一组规则称为加密算法(Encryption Algorithm)。

接收者,传送消息的预定对象称为接收者(Receiver)。

解密算法,接收者对密文进行解密时采用的一组规则称作解密算法(dncryption algorithm)。

加密密钥和解密密钥,是指加密算法和解密算法的操作通常是在一组密钥(Key)的控制下进行的,分别称为加密密钥(Encryption Key)和解密密钥(Decryption key)。

截收者,在消息传输和处理系统中,除了预定的接收者外,还有非授权者,他们通过各种办法,如搭线窃听、电磁窃听、声音窃听等来窃取机密信息,称其为截收者(Eavesdropper)。

密码分析,虽然不知道系统所用的密钥,但通过分析可能从截获的密文推断出原来的明文，这一过程称为密码分析(Cryptanalysis)。

密码分析者，从事密码分析工作的人称作密码分析员或密码分析者(Cryptanalyst)。

3. 密码体制分类

根据密钥的特点将密码体制分为对称密码体制和非对称密码体制两种。

①对称密码体制，又称单钥(One-key)或私钥(Private Key)或传统(Classical)密码体制。

②非对称密码体制，又称双钥(Two-Key)或公钥(Public Key)密码体制。

4.3.2 古典密码学

1. 密码通信模型

密码通信模型如图4-1所示。

消息源从原始地出发到目的地，需要经过加密算法到解密算法，最后到目的地。在加密算法中，需要从密钥源中取出加密钥匙进行加密，在解密算法中，也需要从密钥源中取出解密钥匙进行解密，才能准确地到达目的地。密码破译者在信息运输过程中窃取信息，并利用密码破译算法进行破译。

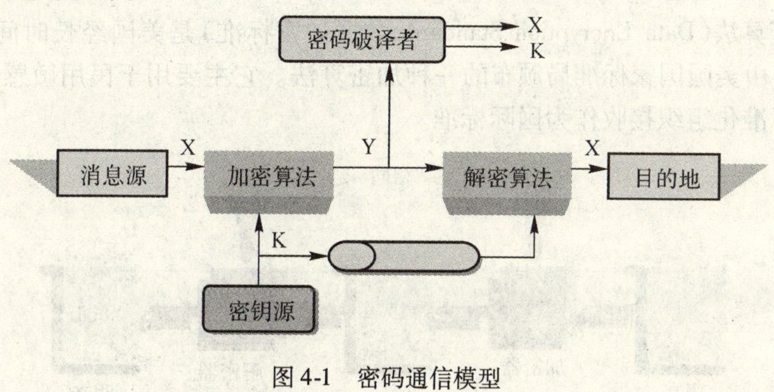

图4-1 密码通信模型

2. 代替密码

代替密码(Substitution Cipher)又叫替换密码，就是明文中的每一个字符被替换成密文中的另一个字符。接收者对密文做反向替换就可以恢复出明文。典型的代替密码是恺撒密码。

恺撒密码是一个古老的加密方法，当年凯撒大帝行军打仗时用这种方法进行通信，因此得名。它的原理很简单，其实就是单字母的替换。

让看一个简单的例子："This is Caesar Code"。用恺撒密码加密后字符串变为"vjku ku Ecguct Eqfg"。看起来似乎加密得很"安全"。可是只要把这段很难懂的东西每一个字母换为字母表中前移2位的字母，结果就出来了。

在经典的密码学中，有简单替代密码(Simple Substitution Cipher)、多名或同音替代密码(Homophonic Subdtitution Cipher)、多表替代密码(Polyalphabetic Substitution Cipher)和字母替代密码(Polygram Substitution Cipher)等几种类型的代替密码。

3. 置换密码

置换密码(Permutation Cipher)又称换位密码(Transposition Cipher),即明文的字母保持相同,但顺序被打乱了。在这种密码中最简单的是栅栏技术,在该密码中以对角线顺序写下明文,并以行的顺序读出。例如,为了用深度 2 的栅栏密码加密明文消息"meet me after the toga party",写出如下形式:

M e m a t r h t g p r y

E t e f e t e o a a t

被加密后的消息是:MEMATRHTGPRYETEFETEOAAT。

4. 对称密码学

对称密码学如图 4-2 所示。

所谓对称算法就是指加密和解密过程均采用同一把密钥。如 DES、3DES、AES 等算法都属于对称算法。对称算法所采用的基本技术大多是替换、置换和移位。比较典型的是 DES、3DES、AES 等算法。

(1)DES 算法概述

DES 加密算法(Data Encryption Standard,数据加密标准)是美国经长时间征集和筛选后,于 1977 年由美国国家标准局颁布的一种加密算法。它主要用于民用敏感信息的加密,后来被国际标准化组织接收作为国际标准。

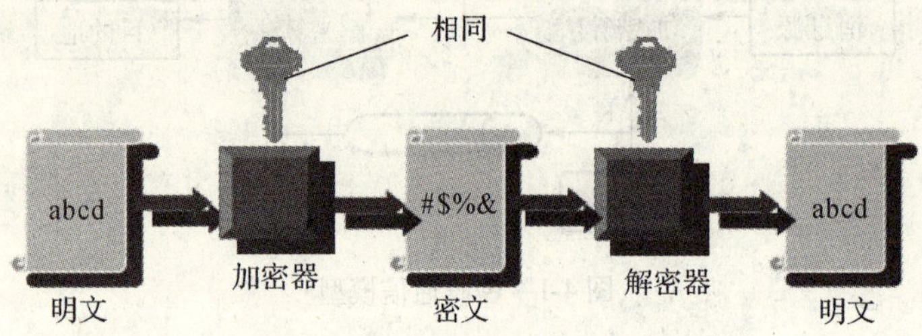

图 4-2 对称密码学

DES 主要采用替换和移位的方法加密。它用 56 位密钥对 64 位二进制数据块进行加密,每次加密可对 64 位的输入数据进行 16 轮编码,经一系列替换和移位后,输入的 64 位原始数据转换成完全不同的 64 位输出数据。

DES 算法仅使用最大为 64 位的标准算术和逻辑运算,运算速度快,密钥生产容易,适合于在当前大多数计算机上用软件方法实现,也适合于在专用芯片上实现。目前在国内,随着三金工程尤其是金卡工程的启动,DES 算法在 POS、ATM、磁卡及智能卡(IC 卡)、加油站、高速公路收费站等领域被广泛应用,以此来实现关键数据的保密,如信用卡持卡人的 PIN 的加密传输,IC 卡与 POS 间的双向认证、金融交易数据包的 MAC 校验等,均用到 DES 算法。

DES 算法的入口参数有三个:Key、Data、Mode。其中 Key 为 8 个字节共 64 位,是 DES 算法的工作密钥;Data 也为 8 个字节 64 位,是要被加密或被解密的数据;Mode 为 DES 的工作方式,有两种:加密或解密。

(2)DES 算法工作过程

DES 算法是这样工作的:如 Mode 为加密,则用 Key 去把数据 Data 进行加密,生成 Data 的密码形式(64bit)作为 DES 的输出结果;如 Mode 为解密,则用 Key 去把密码形式的数据 Data 解密,还原为 Data 的明码形式(64bit)作为 DES 的输出结果。在通信网络的两端,双方约定一致的 Key,在通信的源点用 Key 对核心数据进行 DES 加密,然后以密码形式在公共通信网(如电话网)中传输到通信网络的终点,数据到达目的地后,用同样的 Key 对密码数据进行解密,便再现了明码形式的核心数据。这样,便保证了核心数据(如 PIN、MAC 等)在公共通信网中传输的安全性和可靠性,如图 4-3 所示。

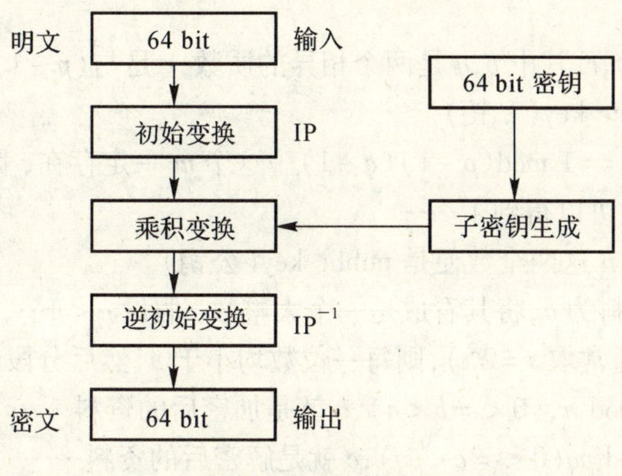

图 4-3　DES 算法

通过定期在通信网络的源端和目的端同时改用新的 Key,便能更进一步提高数据的保密性,这正是现在金融交易网络的流行做法。

5. 非对称密码学

非对称密码学如图 4-4 所示。

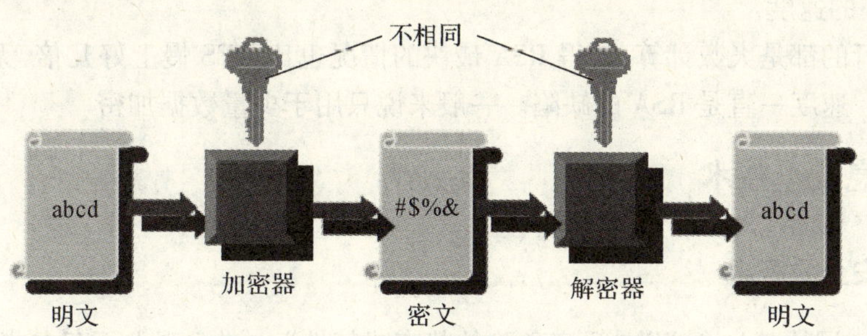

图 4-4　非对称密码学

所谓非对称算法就是指加密和解密用的不是同一个密钥。非对称算法的密钥分为两部分,通常称为“公钥”和“私钥”(或者称为“公开密钥”和“秘密密钥”)。公钥和私钥存在数学上的关系,使得用公钥加密的数据只能用对应的私钥解密,用私钥加密的数据只能用对应的公钥解密。但是从公钥中推导出私钥是很难的(理论上是可以推导出来的,但是实际上找不到这么强的计算能力)。RSA、DSA、ECC(椭圆曲线加密算法)等算法属于非对称算法。

(1)RSA 算法概述

RSA 算法是第一个能同时用于加密和数字签名的算法,也易于理解和操作。RSA 是被研究得最广泛的公钥算法,从 1978 年提出到现在已近 30 年,经历了各种攻击的考验,逐渐为人们接受,普遍认为是目前最优秀的公钥方案之一。通常认为破译 RSA 的难度与大数分解难度相当。RSA 特别适用于通过因特网传送的数据。这种算法以它的3 位发明者的名字命名:RonRivest、AdiShamir 和 LeonardAdleman。

RSA 算法的安全性基于分解大数字时的困难(就计算机处理能力和处理时间而言)。在常用的公钥算法中,RSA 与众不同,它能够进行数字签名和密钥交换运算。

(2)RSA 算法

①找出三个数,p,q,r,其中 p,q 是两个相异的质数,r 是与$(p-1)(q-1)$互质的数…p,q,r 这三个数便是 private key(私钥)。

②找出 m,使得 $rm == 1 \bmod (p-1)(q-1)$…这个 m 一定存在, 因为 r 与$(p-1)(q-1)$互质, 用辗转相除法就可以得到了……

③计算 $n = pq$…m,n 这两个数便是 public key(公钥)。

编码过程是,若资料为 a,将其看成是一个大整数, 假设 $a < n$…,如果 $a >= n$ 的话, 就将 a 表成 s 进位($s <= n$,通常取 $s = 2$^t),则每一位数均小于 n,然后分段编码……

④计算 $b == a$^$m \bmod n$,$(0 < = b < n)$,b 就是加密后的资料……

⑤计算 $c == b$^$r \bmod pq(0 < = c < pq)$,c 就是解密后的资料……

(3)RSA 的安全性

RSA 的安全性依赖于大数分解,但是否等同于大数分解一直未能得到理论上的证明,因为没有证明破解 RSA 就一定需要作大数分解。假设存在一种无须分解大数的算法,那它肯定可以修改成为大数分解算法。目前, RSA 的一些变种算法已被证明等价于大数分解。不管怎样,分解 n 是最显然的攻击方法。现在,人们已能分解多个十进制位的大素数。因此,模数 n 必须选大一些,因具体适用情况而定。

(4)RSA 的速度

由于进行的都是大数计算,使得 RSA 最快的情况也比 DES 慢上好几倍,无论是软件还是硬件实现。速度一直是 RSA 的缺陷。一般来说只用于少量数据加密。

4.3.3 信息安全技术

1. 信息安全的概念

"安全"一词的基本含义为"远离危险的状态或特性",或"主观上不存在威胁,主观上不存在恐惧"。在各个领域都存在着安全问题,安全问题是普遍存在的。随着计算机网络的迅速发展,人们对信息的存储、处理和传递过程中涉及的安全问题越来越关注,信息领域的安全问题变得非常突出。

信息安全是一个广泛而抽象的概念,不同领域不同方面对其概念的阐述都会有所不同。建立在网络基础之上的现代信息系统,其安全定义较为明确,那就是:保护信息系统的硬件、软件及相关数据,使之不因为偶然或者恶意侵犯而遭受破坏、更改及泄露,保证信息系统能够连续、可靠、正常地运行。在商业和经济领域,信息安全主要强调的是消减并控制风险,保持业务操作的连续性,并将风险造成的损失和影响降低到最低限度。

信息安全就是关注信息本身的安全,而不管是否应用了计算机作为信息处理的手段。信息安全的任务是保护信息资源,以防止偶然的或未授权者对信息的恶意泄露、修改和破坏,从而导致信息的不可靠或无法处理等。这样可以使得人们在最大限度地利用信息的同时损失最小。

总的来说,凡是涉及保密性、完整性、可用性、可追溯性、真实性和可靠性保护等方面的技术和理论,都是信息安全所要研究的范畴,也是信息安全所要实现的目标。

2. 信息安全的威胁

信息安全的威胁是指某个人、物、事件或概念对信息资源的保密性、完整性、可用性或合法使用所造成的危险。攻击就是对安全威胁的具体体现。目前还没有统一的方法来对各种威胁进行分类,也没有统一的方法来对各种威胁加以区别。信息安全所面临的威胁与环境密切相关,不同威胁的存在及重要性是随环境的变化而变化的。下面给出一些常见的安全威胁。

(1)服务干扰

服务干扰是指以非法手段窃得对信息的使用权,恶意添加、修改、插入、删除或重复某些无关信息,不断对网络信息服务系统进行干扰,使系统响应减慢甚至瘫痪,影响用户的正常使用,如一些不法分子在国外干扰我国正常卫星通信等。

(2)恶意访问

恶意访问是指没有预先经过授权同意,就使用网络或计算机资源,如有意避开系统访问控制机制,对网络设备及资源进行非正常使用,或擅自扩大权限,越权访问信息等。

(3)自身失误

自身失误是指网络管理员或网络用户都拥有相应的权限,利用这些权限破坏网络安全的可能性也是存在的。如操作口令被泄露,磁盘上的机密文件被人利用及未将临时文件删除导致重要信息被窃取,都有可能使网络安全机制失效,从内部遭受严重破坏。

(4)信息泄露

信息泄露是指信息被泄露或透露给某个非授权的实体。

(5)破坏信息的完整性

破坏信息的完整性是指数据被非授权地进行增删、修改或破坏而受到损失。

(6)拒绝服务

拒绝服务是指对信息或其他资源的合法访问被无缘无故拒绝。

(7)非法使用

非法使用是指某一资源被某个非授权的人,或以非授权的方式使用。

(8)窃听

窃听是指用各种可能的合法或非法的手段窃取系统中的信息资源和敏感信息。

(9)业务流分析

业务流分析是指通过对系统进行长期监听,利用统计分析方法对诸如通信频度、通信问题的变化等参数进行研究,从中发现有价值的信息和规律。

(10)假冒

假冒是指通过欺骗通信系统达到非法用户冒充成为合法用户,或者特权小的用户冒充成特权大的用户的目的。

(11)旁路控制

旁路控制是指攻击者利用系统的安全缺陷或安全性上的脆弱之处获得非授权的权利或特权。例如,攻击者通过各种攻击手段发现原本应该保密,但是却又暴露出来的一些系统"特性",利用这些"特性",攻击者可以绕过防线守卫者侵入系统的内部。

(12)内部攻击

内部攻击是指被授权以某一目的来使用某一系统或资源的某个个人,却将此权限用于其他非授权的目的。

(13)特洛伊木马

特洛伊木马是指软件中含有一个察觉不出的或者无害的程序段,当其被执行时,会破坏用户的安全。这种应用程序称为特洛伊木马(Trojan Horse)。

(14)陷阱门

陷阱门是指在某个系统或某个部件中设置的"机关",使得在特定的数据输入时,允许违反安全策略。

(15)抵赖

抵赖是指一种来自用户的攻击,比如:否认自己曾经发布过的某条消息,伪造一份对方来信等。

(16)重放

重放是指出于非法目的,将所截获的某次合法的通信数据进行复制,并重新发送。

(17)电脑病毒

电脑病毒是指一种人为编制的特定程序。它可以在计算机系统运行过程中实现传染和侵害功能。它可以通过电子邮件、软件下载、文件服务器、防火墙等侵入网络内部,删除、修改文件,导致程序运行错误、死机,甚至毁坏硬件。网络的普及为病毒检测与消除带来很大的难度,用户很难防范。

(18)员工泄露

员工泄露是指某个授权的人,为了金钱或某种利益,或由于粗心,将信息泄露给某个非授权的人。

(19)媒体废弃

媒体废弃是指信息被从废弃的磁盘、光盘或纸张等存储介质中获得。

(20)物理侵入

物理侵入是指侵入者绕过物理控制而获得对系统的访问。

(21)窃取

窃取是指重要的安全物品(如身份卡等)被盗用。

(22)业务欺骗

业务欺骗是指某一伪系统或系统部件欺骗合法的用户或系统自愿放弃敏感信息等。

3. 信息安全需求

一般来讲,组织的信息安全需求有以下 3 个来源。

(1)法律法规与合同条约的要求

与信息安全相关的法律法规是对组织的强制性要求,组织应该对现有的法律法规加以识别,将适用于组织的法律法规转化为组织的信息安全需求。这里所说的法律法规有 3 个层次,即国家法律、行政法规以及各部委和地方的规章及规范性文件。此外,组织还要考虑商务合作者和客户对组织提出的具体的信息安全要求,包括合同约定、招标条件和承诺等。例如,合同中可能会明确要求组织的信息安全管理体系遵循 BS7799 标准。

(2)组织的原则、目标和规定

组织应该根据既定的信息安全方针、要求实现的安全目标和标准来确定组织的信息安全要求,确保支持业务运作的信息处理活动的安全性。

(3)风险评估的结果

除了以上两个信息安全需求的来源之外,确定安全需求最主要的一个途径就是进行风险评估,组织对信息资产的保护程度和控制方式的确定都应建立在风险评估的基础之上。一般来讲,通过综合考虑每项资产所面临的威胁、自身的弱点、威胁造成的潜在影响和发生的可能性等因素,组织可以分析并确定具体的安全需求。风险评估是信息安全管理的基础。

4. 信息安全技术

归纳起来,典型的信息安全技术包括以下几种。

①物理安全技术,包括环境安全、设备安全、媒体安全等。

②系统安全技术,包括操作系统及数据库系统的安全性等。

③网络安全技术,包括网络隔离、访问控制、VPN、入侵检测、扫描评估等。

④应用安全技术,包括 E-mail 安全、Web 访问安全、内容过滤、应用系统安全等。

⑤数据加密技术,包括硬件和软件加密,实现身份认证和数据信息的 CIA 特性等。

⑥认证授权技术,包括口令认证、SSO 认证(如 Kcrbcros)、证书认证等。

⑦访问控制技术,包括防火墙、访问控制列表等。

⑧审计跟踪技术,包括入侵检测、日志审计、辨析取证等。

⑨防病毒技术,包括单机防病毒技术逐渐发展成整体防病毒体系等。

⑩灾难恢复和备份技术,包括业务连续性技术,前提就是对数据的备份等。

4.4 数字证书和身份认证

4.4.1 数字证书概述

1. 什么是数字证书

Internet 电子商务系统技术使在网上购物的顾客能够极其方便轻松地获得商家和企业的信息,但同时也增加了对某些敏感或有价值的数据被滥用的风险。为了保证互联网上电子交易及支付的安全性、保密性等,防范交易及支付过程中的欺诈行为,必须在网上建立一种信任机制。这就要求参加电子商务的买方和卖方都必须拥有合法的身份,并且在网上能够有效无误的被进行验证。数字证书是一种权威性的电子文档。它提供了一种在 Internet 上验证身份的方式,其作用类似于司机的驾驶执照或日常生活中的身份证。

数字身份认证是基于国际 PKI 标准的网上身份认证系统,数字证书相当于网上的身份证,它以数字签名的方式通过第三方权威认证有效地进行网上身份认证,帮助各个实体识别对方身份和表明自身的身份,具有真实性和防抵赖功能。与物理身份证不同的是,数字证书还具有安全、保密、防篡改的特性,可对企业网上传输的信息进行有效保护和安全的传递。

它由一个由权威机构——CA 证书授权(Certificate Authority)中心发行的,人们可以在互联网交往中用它来识别对方的身份。当然在数字证书认证的过程中,证书认证中心(CA)作为权威的、公正的、可信赖的第三方,其作用是至关重要的。

数字证书采用公钥密码体制,即利用一对互相匹配的密钥进行加密、解密。每个用户拥有一把仅为本人所掌握的私有密钥(私钥),用它进行解密和签名;同时拥有一把公共密钥(公钥)并可以对外公开,用于加密和验证签名。当发送一份保密文件时,发送方使用接收方的公钥对数据加密,而接收方则使用自己的私钥解密,这样,信息就可以安全无误地到达目的地了,即使被第三方截获,由于没有相应的私钥,也无法进行解密。通过数字的手段保证加密过程是一个不可逆过程,即只有用私有密钥才能解密。在公开密钥密码体制中,常用的一种是 RSA 体制。

2. 数字签名的概念

在金融和商业等系统中,许多业务都要求在单据上进行签名或加盖印章,证实其真实性,以备日后检查,可是在利用计算机网络来传送报文时,显然不能用手签的方法,在计算机中我们可以采用数字签名的方法,利用公开密钥来实现数字签名,从而代替传统的签名。为使数字签名能代替传统的签名,必须满足下面三个条件:

(1)接收者能够核实发送者对报文的签名。

(2)发送者事后不能抵赖对其报文的签名。

(3)接收者无法伪造对报文的签名。

3. 数字签名的基本形式

对于交换信息的双方而言,数字签名的最基本形式是该信息基于某种特定的附加信息(如密钥或标识等的信息摘录)。发送方对发送的报文签名并随同报文一起发送,以担保报文的内容,若需接收方也对报文的内容进行担保,则要求接收方向发送方返回一个签名的回执(可以是对报文的再签名)。

4. 数字签名的实现

数字签名的简单实例是直接利用 RSA 算法和发送方的秘密密钥。对被签名的数据进行加密。当接收方收取本块密文时,使用发送方的公开密钥进行解密,如果能够还原明文,则根据公开密钥体制的特点(公开密钥加密的密文只能用秘密密钥解密,秘密密钥加密的密文只能用公开密钥解密),可以认为该数据确实来自希望的发送方。

5. 数字证书的申请

一般来讲,用户要携带有关证件到各地的证书受理点,或者直接到证书发放机构即 CA 中心填写申请表并进行身份审核,审核通过后缴纳一定费用就可以得到装有证书的相关介质(磁盘或 Key)和一个写有密码口令的密码信封。

6. 数字证书的使用

用户在进行需要使用证书的网上操作时,必须准备好装有证书的存储介质。如果用户是在自己的计算机上进行操作,操作前必须先安装 CA 认证书。一般所访问的系统如果需要使用数字证书会自动弹出提示框要求安装认证书,用户直接选择确认即可;当然也可以直接登录 CA 中心的网站,下载安装认证书。操作时,一般系统会自动提示用户出示数字证书或者插入证书介质(IC 卡或 Key),用户插入证书介质后系统将要求用户输入密码口令,此时用户需要输入申请证书时获得的密码信封中的密码,密码验证正确后系统将自动调用数字证书进行相关操作。使用后,用户应记住取出证书介质,并妥善保管。当然,根据不同系统数字证书会有不同的使用方式,但系统一般会有明确提示,用户使用起来都较为方便。

7. 数字证书的收费

作为一种第三方认证服务,数字证书是需要收取一定费用的。就像我们在日常生活中进行证件公正需要支付公正费用,进行通信需要支付通信费一样,CA 数字证书作为网上身份认证和安全信息传递的工具一样是有偿进行的。

从服务提供方的角度来讲,CA 中心需要对几十万用户的数据进行维护,同时对随时发生的网上操作调用进行处理运作,成本是可观的。针对这一点,国外 CA 证书的收费也相对有较高标准,例如,目前国际社会使用较为普遍的 Verisign 企业 CA 证书的收费标准为 890 美元/年,以此来维持其高额的运作成本。国内其他 CA 中心也针对证书服务收取一定的费用。

4.4.2　数字证书的功能与应用

1. 数字证书的功能

数字证书有以下几个功能。

(1)信息的保密性

网络业务处理中的各类信息均有不同程度的保密要求。如政务系统的用户名和密码被人知悉,身份就可能被冒用,网络交易的订货和付款的信息被竞争对手获悉,就可能丧失商机。而 CA 中心颁发的数字证书保证了电子政务、电子商务的信息传播中信息的保密。

(2)网络通信双方身份的确定性

网络通信的双方很可能素昧平生,相隔千里。要使交易成功首先要能确认对方的身份,对于服务提供方,要考虑“客户端不能是骗子”;而对于客户一方,也会担心自己登录的服务方是否是一个玩弄欺诈的黑店。因此能方便而可靠地确认对方身份是交易的前提。

对于为顾客或用户开展服务的政府行政服务中心、银行和销售商店,为了做到安全、保密、可靠地开展服务活动，都要进行身份认证的工作。而CA中心颁发的数字证书可保证网上通信双方的身份，行政服务中心、银行和电子商务公司可以通过CA认证确认身份，放心地开展网上业务。

(3)不可否认性

由于系统业务的千变万化，交易一旦达成是不能被否认的。否则必然会损害一方的利益。例如订购黄金，订货时金价较低，但收到订单后，金价上涨了，如果收单方能否认受到订单的实际时间，甚至否认收到订单的事实，则订货方就会蒙受损失。因此CA中心颁发的所有数字证书类型都确保了电子交易通信过程的各个环节的不可否认性，使交易双方的利益不受到损害。

(4)不可修改性

交易的文件是不可被修改的，如上例所举的订购黄金。供货单位在收到订单后，发现金价大幅上涨了，如其能改动文件内容，将订购数1吨改为1克，则可大幅受益，那么订货单位可能就会因此而蒙受损失。因此CA中心颁发的数字证书也确保了电子交易文件的不可修改性，以保障交易的严肃和公正。

2. 数字证书的应用

数字证书可以应用到以下多个领域中。

(1)网上银行

国内商业银行的网上银行近几年有很大发展，其中工行、招行、建行比较突出。但是网上银行也出现了一些安全问题，如假造银行通知、网上"钓鱼"、病毒程序，黑客们利用这些手段，直接窃取客户口令和账号。2009年的所谓"网银大盗"事件，就是一帮黑客将特洛伊木马程序置于某银行网银，窃取了近800万客户的密码及账号，其目的就是进行网上欺诈。

(2)电子商务

在电子商务交易中，安全是第一位的，交易各方必须使用数字证书，如交易中心、在线支付平台、银行、商家、客户等都必须使用数字证书，以达到交易各方身份的真实性及交易的不可否认性。电子商务的交易模式分B2B、B2C、B2G等。以B2B电子商务为例，中国目前B2B电子商务涉及了许多行业，大多数是以卖方主导型，或电子市场交易型为主。

(3)手机移动支付

手机移动支付较安全的方式是手机、银行和商户都使用数字证书机制进行身份确认和加密。中国目前已经拥有超过3亿的手机用户。与此同时，人们手中的手机已不仅仅是简单的通话工具，它正在日益成为集音乐播放器、数码照相摄像机、中英文字典、电子钱包、家电远程遥控器等众多功能于一身的多功能产品。其中，与手机用户钱袋子密切相关的手机移动支付功能，正在受到越来越多的关注。随着手机"电子钱包"功能的进一步推广应用，也许不久的将来，全国各地的用户都将可以通过手机购买地铁车票、支付停车费、在超市购物，甚至实现银行转账。

手机支付市场的发展空间十分广阔。因为手机的移动支付功能把移动网络和金融系统结合在一起，让用户通过手机这种十分方便的方式来进行商品交易。手机支付业务最初在发达国家出现，目前欧美一些国家已经完全进入了手机支付时代。那里的手机用户，小到停车费、大到商场购物，都已经采取移动支付的方式。而在我们的近邻韩国，也有越来越多的人通过手机实现银行 POS 支付、购买地铁月票、完成 ATM 自动取款机的取款，甚至做到银行转账。可以说，手机移动支付业务正在全球日渐风行。

(4)网上证券

以网上炒股为例，网上炒股是股民和证券公司之间发生的两方交易，必须确认身份和交易的不可否认。网上转账是指股民通过 Internet 将资金在银行股民账户和证券公司账户之间划入或划出，是涉及股民、证券公司和银行的三方交易。

除了上述领域，在专用网、互联网或无线网上的数字证书的应用也很广泛。目前最有发展前途的还有卫生医疗系统的电子病历管理，应大力推广数字证书的应用。因为电子病历是将病人的病历、病史检查、治疗等信息，通过一个电子病历的平台，存储起来，达到信息共享的目的。还有各医疗单位的化验单、检查单、报告单要统一标准，达到资源共享，提供医疗服务。其中数字证书的应用必不可少，因为医院、医生对自己的诊断、处方要负法律责任，所以必须在电子病历中进行数字签名。

4.4.3 身份认证概述

1. 身份认证定义

声称者向验证者出示自己的身份的证明过程。证实客户的真实身份与其所声称的身份是否相符的过程。

身份认证又叫身份鉴别、实体认证、身份识别。认证目的是使别的成员(验证者)获得对声称者所声称的事实的信任。身份认证是获得系统服务所必需的第一道关卡。

2. 身份认证分类

身份认证可以分为本地和远程两类。

①本地，实体在本地环境的初始化鉴别(就是说，作为实体个人只和设备物理接触，不和网络中的其他设备通信)。

②远程，连接远程设备、实体和环境的实体鉴别。

实体鉴别可以是单向的也可以是双向的。单向认证是指通信双方中只有一方向另一方进行鉴别。双向认证是指通信双方相互进行鉴别。

3. 认证技术

认证技术是计算机网络安全中的一个重要内容，一般可以分为两种：

(1)消息认证，用于保证信息的完整性和抗否认性；在很多情况下，用户要确认网上信息是不是假的，信息是否被第三方修改或伪造，这就需要消息认证。消息认证的有关内容参见加密解密部分和数字签名部分。

(2)身份认证，用于鉴别用户身份。包括：①识别，明确并区分访问者的身份；②验证，对访问者声称的身份进行确认。

4. 基于秘密信息的身份认证方法

基于秘密信息的身份认证方法有以下几种。

(1)口令核对

口令核对的基本做法是,让每一个合法用户都有系统给的一个用户名/口令对,用户进入时,系统要求输入用户名、口令,如果正确,则该用户的身份得到了验证。

该方法的优点是方法简单。缺点是用户取的密码一般较短,且容易猜测,容易受到口令猜测攻击;口令的明文传输使得攻击者可以通过窃听通信信道等手段获得用户口令;加密口令还存在加密密钥的交换问题。

(2)单向认证

单向认证是指通信的双方只要一方被另一方鉴别,这样的身份认证过程就是一种单向认证。口令核对其实也是一种单向认证,只是这种认证方法还没有与密钥分发相结合。

解决方案:①采用对称密钥加密体制,通过一个可信任的第三方——通常称为KDC(密钥分发中心),由这个第三方来实现通信双方的身份认证和密钥分发;②采用非对称的密钥加密体制,无须第三方的参与。

(3)双向认证

双向认证是指通信双方需要互相鉴别各自的身份,然后交换会话密钥。

(4)身份的零知识证明

通常的身份认证都要求传输口令或身份信息,但如果能够不传输这些信息身份也得到认证就好了。零知识证明就是这样一种技术。

被认证方A掌握某些秘密信息,A想设法让认证方B相信他确实掌握那些信息,但又不想让认证方B知道那些信息。

5. 基于物理安全的身份认证方法

前面提出的一些身份认证方法,它们有一个共同的特点,就是只依赖于用户知道的某个秘密的信息,与此对应的是依赖于用户特有的基于某些生物学信息或用户持有的硬件。

基于生物学的方案包括基于指纹识别的身份认证、基于声音识别的身份认证以及基于虹膜识别的身份认证等技术。

基于智能卡的身份认证机制在认证时需要一个硬件——智能卡(智能卡中存有秘密信息,通常是一个随机数),只有持卡人才能被认证。这样可以有效地防止口令猜测,有卡有密码的用户会被得到认证。

4.4.4 基于生理特征的识别技术

并非所有的生物特征都可用于个人的身份鉴别。身份鉴别可利用的生物特征必须满足以下几个条件:①普遍性,即必须每个人都具备这种特征。②唯一性,即任何两个人的特征是不一样的。③可测量性,即特征可测量。④稳定性,即特征在一段时间内不改变。当然,在应用过程中,还要考虑其他的实际因素,如识别精度、识别速度、对人体有无伤害、被识别者的接受性等。现在常用的生物特征有以下几种。

1. 指纹识别

(1)概念

指纹识别技术是通过取像设备读取指纹图像,然后用计算机识别软件分析指纹的全局特征和指纹的局部特征，特征点如嵴、谷、终点、分叉点和分歧点等，从指纹中抽取特征值，可以非常可靠地通过指纹来确认一个人的身份。

(2)优点

指纹识别的优点表现在：研究历史较长，技术相对成熟；指纹图像提取设备小巧；同类产品中，指纹识别的成本较低。

(3)缺点

指纹识别的缺点表现在，指纹识别是物理接触式的，具有侵犯性；指纹易磨损，手指太干或太湿都不易提取图像。

2. 虹膜识别

(1)概念

虹膜识别技术是利用虹膜终身不变性和差异性的特点来识别身份的，虹膜是一种在眼睛中瞳孔内的织物状的各色环状物，每个虹膜都包含一个独一无二的基于水晶体、细丝、斑点、凹点、皱纹和条纹等特征的结构。虹膜在眼睛的内部，用外科手术很难改变其结构；由于瞳孔随光线的强弱变化，想用伪造的虹膜代替活的虹膜是不可能的。

(2)优点

虹膜识别的优点表现在，操作更简便，检验的精确度也更高。统计表明，到目前为止，虹膜识别的错误率是各种生物特征识别中最低的，并且具有很强的实用性。

(3)缺点

虹膜识别的缺点表现在，没有进行过任何的测试，当前的虹膜识别系统只是用统计学原理进行小规模的试验，而没有进行过现实世界的唯一性认证的试验；难将图像获取设备的尺寸小型化；要昂贵的摄像头聚焦；眼睛极难读取等。

3. 视网膜识别

(1)概念

人体的血管纹路是具有独特性的，人的视网膜上面血管的图样可以利用光学方法透过人眼晶体来测定。用于生物识别的血管分布在神经视网膜周围，即视网膜四层细胞的最远处。如果视网膜不被损伤，从三岁起就会终身不变。同虹膜识别技术一样，视网膜扫描可能具有最可靠、最值得信赖的生物识别技术，但它运用起来的难度较大。视网膜识别技术要求激光照射眼球的背面以获得视网膜特征的唯一性。

(2)优点

视网膜识别的优点表现在，不易磨损、老化或是为疾病影响。非接触性的，不可见的，故而不会被伪造。

(3)缺点

视网膜识别的缺点表现在，视网膜技术未经过任何测试，可能会给使用者带来健康的损坏，这需要进一步的研究；对于消费者，视网膜技术没有吸引力；很难进一步降低它的成本。

4. 面部识别

(1)概念

面部识别技术是通过对面部特征和它们之间的关系(眼睛、鼻子和嘴的位置以及它们之间的相对位置)来进行识别,用于捕捉面部图像的两项技术为标准视频和热成像技术:标准视频技术通过视频摄像头摄取面部的图像,热成像技术通过分析由面部的毛细血管的血液产生的热线来产生面部图像,与视频摄像头不同,热成像技术并不需要在较好的光源,即使在黑暗情况下也可以使用。

(2)优点

面部识别的优点表现在,非接触性的。

(3)缺点

面部识别的缺点表现在,要比较高级的摄像头才可有效高速地捕捉面部图像;使用者面部的位置与周围的光环境都可能影响系统的精确性,而且面部识别也是最容易被欺骗的。

5. 掌纹识别

(1)概念

掌纹与指纹一样也具有稳定性和唯一性,利用掌纹的线特征、点特征、纹理特征、几何特征等完全可以确定一个人的身份,因此掌纹识别是基于生物特征身份认证技术的重要内容。目前采用的掌纹图像主要分脱机掌纹和在线掌纹两大类。脱机掌纹图像,是指在手掌上涂上油墨,然后在一张白纸上按印,然后通过扫描仪进行扫描而得到数字化的图像。在线掌纹则是用专用的掌纹采样设备直接获取,图像质量相对比较稳定。随着网络、通信技术的发展,在线身份认证将变得更加重要。

(2)优点

掌纹识别的优点表现在,具有精度高、速度快、价格低,容易被用户接受等。

(3)缺点

掌纹识别的缺点表现在,掌纹识别是物理接触式的,具有侵犯性,掌纹易磨损等。

6. 红外温谱图识别

(1)概念

人的身体各个部位都在向外散发热量,而这种散发热量的模式就是一种每人都不同的生物特征。通过红外设备可以获得反映身体各个部位的发热强度的图像,这种图像称为温谱图。拍摄温谱图的方法和拍摄普通照片的方法类似,因此,可以用人体的各个部位来进行鉴别,比如可对面部或手背静脉结构进行鉴别来区分不同的身份。

红外温谱图识别的数据采集方式决定了利用温谱图的方法可以用于隐蔽的身份鉴定。除了用来进行身份鉴别外,温谱图的另一个应用是吸毒检测,因为人体服用某种毒品后,其温谱图会显示特定的结构。

(2)优点

温谱图识别的优点表现在,温谱图的方法具有可接受性,因为数据的获取是非接触式的,具有非侵犯性。

(3)缺点

温谱图识别的缺点表现在,人体的温谱值受外界环境影响很大,对于每个人来说不是完全固定的。

7. 手形识别

(1)概念

手形是指手的外部轮廓所构成的几何图形。手形识别技术中,可利用的手形几何信息包括手指不同部位的宽度、手掌宽度和厚度、手指的长度等。经过生物学家大量实验证明,人的手形在一段时期具有稳定性,且两个不同的人手形是不同的,即手形作为人的生物特征具有唯一性,手形作为生物特征也具有稳定性,且手形也比较容易采集,故可以利用手形对人的身份进行识别和认证。

(2)优点

手形识别的优点表现在,是速度最快的一种生物特征识别技术,它对设备的要求较低,图像处理简单,且可接受程度较高。

(3)缺点

手形识别的缺点表现在,由于手形特征不像指纹和掌纹特征那样具有高度的唯一性,因此,手形特征只用于认证,满足中/低级的安全要求。

8. 基因(DNA)识别

(1)概念

DNA(脱氧核糖核酸)存在于一切有核的动(植)物中,生物的全部遗传信息都贮存在DNA 分子里。DNA 识别是利用不同的人体的细胞中具有不同的 DNA 分子结构。人体内的DNA 在整个人类范围内具有唯一性和永久性。因此,除了对双胞胎个体的鉴别可能失去它应有的功能外,这种方法具有绝对的权威性和准确性。

(2)优点

基因(DNA)识别的优点表现在,不像指纹必须从手指上提取,DNA 模式在身体的每一个细胞和组织都一样。这种方法的准确性优于其他任何生物特征识别方法,它广泛应用于识别罪犯。

(3)缺点

基因(DNA)识别的缺点表现在,使用者的伦理问题和实际的可接受性,DNA 模式识别必须在实验室中进行,不能达到实时以及抗干扰,耗时长是另一个问题。这就限制了 DNA识别技术的使用。

4.4.5 基于行为特征的识别技术

1. 步态识别

步态是指人们行走时的方式,这是一种复杂的行为特征。步态识别主要提取的特征是人体每个关节的运动。尽管步态不是每个人都不相同的,但是它也提供了充足的信息来识别人的身份。

步态识别的输入是一段行走的视频图像序列,因此其数据采集与脸相识别类似,具有非侵犯性和可接受性。但是,由于序列图像的数据量较大,因此步态识别的计算复杂性比较高,处理起来也比较困难。尽管生物力学中对于步态进行了大量的研究工作,基于步态的身份鉴别的研究工作却是刚刚开始。到目前为止,还没有商业化的基于步态的身份鉴别系统。

2. 击键识别

这是基于人击键时的特性,如击键的持续时间、击不同键之间的时间、出错的频率以及力度大小等而达到进行身份识别的目的。20 世纪 80 年代初期,美国国家科学基金和国家标准局研究证实,击键方式是一种可以被识别的动态特征。

3. 签名识别

签名作为身份认证的手段已经用了几百年了,而且我们都很熟悉在银行的格式表单中用签名作为我们身份的标志。将签名数字化是这样一个过程:测量图像本身以及整个签名的动作——在每个字母以及字母之间的不同的速度、顺序和压力。签名识别易被大众接受,是一种公认的身份识别的技术。但事实表明人们的签名在不同的时期和不同的精神状态下是不一样的。这就降低了签名识别系统的可靠性。

4. 声音识别

声音识别本质上是一个模式识别问题。识别时需要说话人讲一句或几句试验短句,对它们进行某些测量,然后计算量度矢量与存储的参考矢量之间的一个(或多个)距离函数。语音信号获取方便,并且可以通过电话进行鉴别。语音识别系统对人们在感冒时变得嘶哑的声音比较敏感;另外,同一个人的磁带录音也能欺骗语音识别系统。

4.5 防火墙技术

4.5.1 防火墙概述

1. 防火墙概述

所谓"防火墙",是指一种将内部网和公众访问网(如 Internet)分开的方法,它实际上是一种隔离技术。防火墙是在两个网络通信时执行的一种访问控制尺度,它能允许你"同意"的人和数据进入你的网络,将"不同意"的人和数据拒之门外,最大限度地阻止网络中的黑客来访问你的网络,防止他们更改、拷贝、毁坏你的重要信息。

防火墙最初含义是,当房屋还处于木质结构的时候,人们将石块堆砌在房屋周围用来防止火灾的发生,这种墙被称之为防火墙。防火墙是一种访问控制技术,在某个机构的网络和不安全的网络之间设置障碍,阻止对信息资源的非法访问。换句话说,防火墙是一道门槛,用来控制进/出两个方向的通信。图 4-5 所示的是防火墙示意图。

2. 防火墙的作用

防火墙具有以下几个作用。

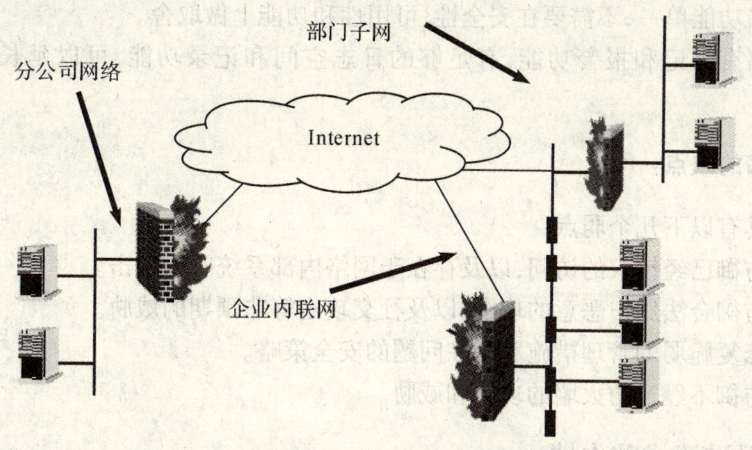

图 4-5　防火墙

(1)作为网络安全的屏障

只有经过精心选择的应用协议才能通过防火墙,可使网络环境变得更安全。如防火墙可以禁止 NFS 协议进出受保护的网络,这样外部的攻击者就不可能利用这些脆弱的协议来攻击内部网络。防火墙同时可以保护网络免受基于路由的攻击,如 IP 选项中的源路由攻击和 ICMP 重定向中的重定向路径。防火墙应该可以拒绝所有以上类型攻击的报文并通知防火墙管理员。

(2)可以强化网络安全策略

通过以防火墙为中心的安全方案配置,能将所有安全软件(如口令、加密、身份认证、审计等)配置在防火墙上。与将网络安全问题分散到各个主机上相比,防火墙的集中安全管理更经济。例如在网络访问时,一次一密口令系统和其他的身份认证系统完全可以不必分散在各个主机上,而集中在防火墙身上。

(3)可以对网络存取和访问进行监控审计

如果所有的访问都经过防火墙,那么,防火墙就能记录下这些访问并作出日志记录,同时也能提供网络使用情况的统计数据。当发生可疑动作时,防火墙能进行适当的报警,并提供网络是否受到监测和攻击的详细信息。另外,收集一个网络的使用和误用情况也是非常重要的。可以清楚防火墙是否能够抵挡攻击者的探测和攻击,并且清楚防火墙的控制是否充足。而网络使用统计对网络需求分析和威胁分析等也是非常重要的。

(4)可以防止内部信息的外泄

通过利用防火墙对内部网络的划分,可实现内部网重点网段的隔离,从而限制了局部重点或敏感网络安全问题对全局网络造成的影响。

3. 防火墙的优点

防火墙主要有以下几个特点:

①防火墙可以通过执行访问控制策略而保护整个网络的安全,并且可以将通信约束在一个可管理和可靠性高的范围之内。

②防火墙可以用于限制对某些特殊服务的访问。

③防火墙功能单一,不需要在安全性、可用性和功能上做取舍。

④防火墙有审记和报警功能,有足够的日志空间和记录功能,可以延长安全响应的周期。

4. 防火墙的缺点

防火墙具有以下几个弱点:

①不能防御已经授权的访问,以及存在于网络内部系统间的攻击。

②不能防御合法用户恶意的攻击,以及社交攻击等非预期的威胁。

③不能修复脆弱的管理措施和存在问题的安全策略。

④不能防御不经过防火墙的攻击和威胁。

4.5.2 分组过滤式防火墙

1. 分组过滤式防火墙概念

分组过滤器是目前使用最为广泛的防火墙,其原理很简单。

①有选择地允许数据分组穿过防火墙,实现内部和外部主机之间的数据交换。

②作用在网络层和传输层。

③根据分组的源地址、目的地址、端口号、协议类型等标志确定是否允许数据包通过。满足过滤逻辑的数据包才被转发,否则丢弃。

2. 分组过滤式防火墙工作原理

分组过滤式防火墙工作原理示意如图4-6所示。

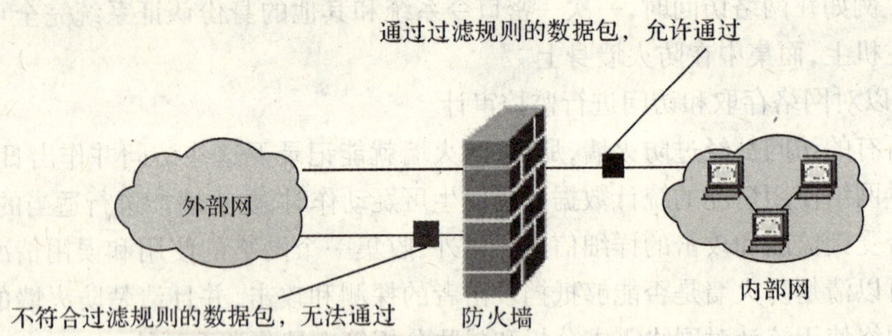

图4-6　分组过滤式防火墙工作原理

从图4-6中可知:

①分组过滤软件通常集成到路由器上,允许用户根据某种安全策略进行设置,允许特定的分组穿越防火墙。

②路由器对每个分组进行分析,并为分组选择一条最佳的路径。

③普通路由器只执行两种操作:如果它知道分组的目的地址的路由,就转发该分组;否则丢弃或者退回分组。增加了分组过滤功能的路由器则检查更多的内容。

④接入因特网的每台主机都有一个IP地址,并且内部网的应用一般都与特定的端口号有关,如远程登录(Telnet)的TCP端口号的默认值为23。

⑤提供分组过滤功能的路由器可以通过分析 IP 地址和端口号来决定是否转发一个分组。例如:可以建立一个对应端口号为 23 的防火墙过滤器来阻止向内部计算机上发送远程登录分组;建立一个对应端口号为 21 的防火墙过滤器来阻止外部用户向内部计算机发送文件传输分组(FTP)等。

⑥基于分组过滤的防火墙的安全性依赖于用户制定的安全策略。

⑦由于分组过滤防火墙是由用户来设置安全策略的,因此根据系统对用户设置的理解,目前的产品又为两类:"不允许的就是禁止"和"不禁止的就是允许"。

3. 分组过滤式防火墙的优缺点

(1)优点

①能有效地控制对站点的访问。

②能有效地保护易受攻击的服务。

③简单、价廉。

(2)缺点

①不能防止假冒。

②只能在网络层和运输层实现。

③缺乏可审核性。

4.5.3 代理防火墙

1. 代理服务式防火墙概念

代理防火墙运行在两个网络之间,它对于客户来说像是一台真的服务器一样,而对于外界的服务器来说,它又是一台客户机。当代理服务器接收到用户的请求后,会检查用户请求的站点是否符合公司的要求,如果公司允许用户访问该站点的话,代理服务器会像一个客户一样,去那个站点取回所需信息再转发给客户。

2. 代理服务式防火墙工作原理

代理服务式防火墙工作原理示意如图 4-7 所示。

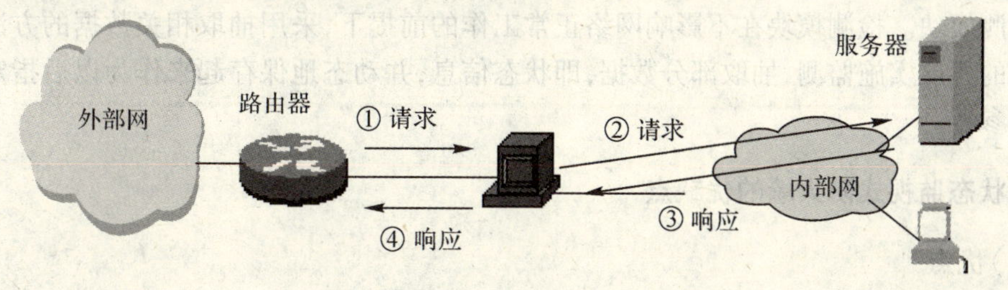

图 4-7 代理服务式防火墙工作原理

从图 4-7 中可知:

①当外部网的用户希望访问内部网某个应用服务器时,实际上是向运行在防火墙上的代理服务软件提出请求,建立连接。

②由代理服务器代表它向要访问的应用系统提出请求,建立连接。
③应用系统给予代理服务器响应。
④代理服务器给予外部网用户以响应。

外部网用户与应用服务器之间的数据传输全部由代理服务器中转,外部网用户无法直接与应用服务器交互,避免了来自外部用户的攻击。

通常代理服务是针对特定的应用服务而言的,不同的应用服务可以设置不同的代理服务器,如 FTP 代理服务器、Telnet 代理服务器等。目前,很多内部网络都同时使用分组过滤路由器和代理服务器来保证内部网络的安全性,并且取得了较好的效果。

3. 代理服务式防火墙的优缺点

(1)优点
①代理易于配置。
②代理能生成各项记录。
③代理能灵活、完全地控制进出流量、内容。
④代理能过滤数据内容。
⑤代理能为用户提供透明的加密机制。
⑥代理可以方便地与其他安全手段集成。
(2)缺点
①代理速度较路由器慢。
②代理对用户不透明。
③对于每项服务代理可能要求不同的服务器。
④代理服务不能保证免受所有协议弱点的限制。
⑤代理不能改进底层协议的安全性。

4.5.4 状态监视式防火墙

1. 状态监视式防火墙工作原理

这种防火墙安全特性非常好,它采用了一个在网关上执行网络安全策略的软件引擎,称之为检测模块。检测模块在不影响网络正常工作的前提下,采用抽取相关数据的方法对网络通信的各层实施监测,抽取部分数据,即状态信息,并动态地保存起来作为以后指定安全决策的参考。

2. 状态监视式防火墙的优缺点

(1)优点
①检测模块支持多种协议和应用程序,并可以很容易地实现应用和服务的扩充。
②它会监测 RPC 和 UDP 之类的端口信息,而包过滤和代理网关都不支持此类端口。
③性能坚固。
(2)缺点
①配置非常复杂。

②会降低网络的速度。

3. 防火墙的位置

一般讲，企业内部网常采用局域网技术，外部网常为广域网，用路由器来互连内部网和外部网，因此路由器所在的位置也应是防火墙的位置；有时，路由器中也集成了防火墙的功能。防火墙设施通常具有 2 个或者 1 个端口；双端口时，分别接外部网和内部网，如图 4-8 所示。

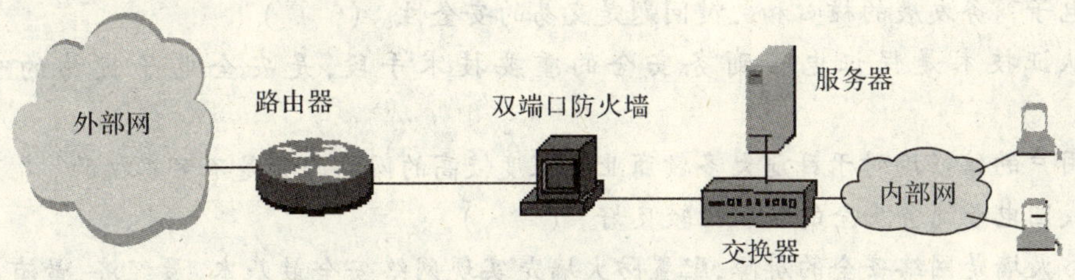

图 4-8　双端口防火墙位置

单端口防火墙时，需交换设备的端口绑定，如图 4-9 所示。

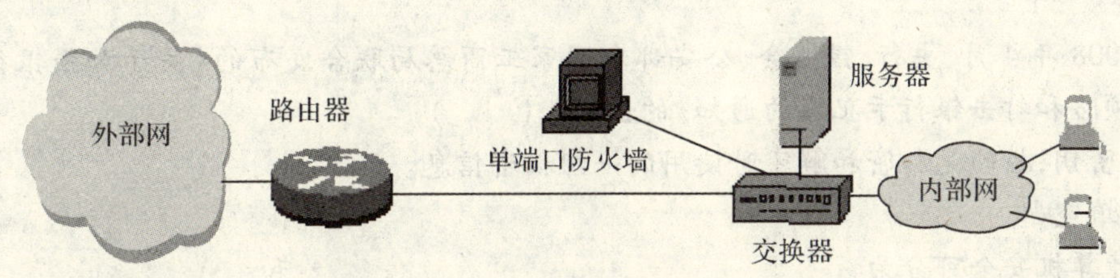

图 4-9　单端口防火墙位置

4. 防火墙的连线

防火墙的连线如图 4-10 所示。

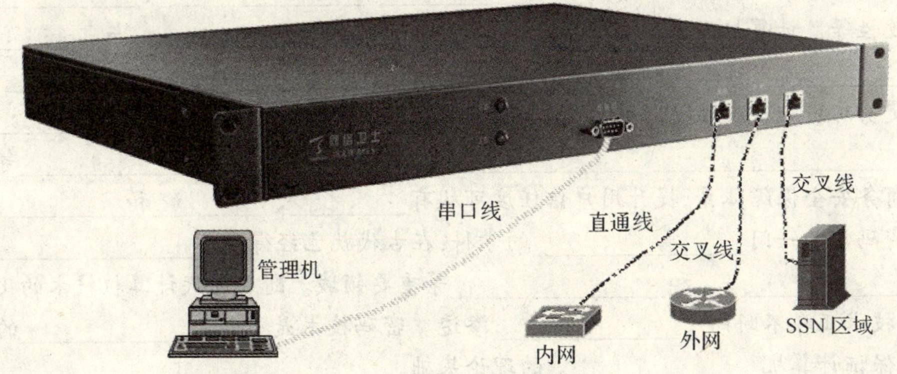

图 4-10　防火墙的连线

习题四

一、判断题(正确的打"√",否则打"×")

1. 网络安全是一个关系国家安全和主权、社会稳定、民族文化的继承和发扬的重要问题。( )

2. 所谓黑客是指利用计算机技术,非法侵入或者擅自操作他人计算机信息系统,对电子信息交流安全具有不同程度的威胁性和危害性的事。( )

3. 电子商务发展的核心和关键问题是交易的安全性。( )

4. 认证技术是保证电子商务安全的重要技术手段,是安全电子交易的唯一保障。( )

5. 用户的信任度对于目前大多数商业化程度较高的网站而言是不可忽视的。( )

6. 我国电子商务安全的现状比较良好。( )

7. 防火墙是网络安全的屏障,配置防火墙是实现网络安全最基本、最经济、最有效的安全措施之一。( )

8. 电脑病毒是令人头痛的问题,Internet 的快速发展使得病毒造成毁灭性的灾难成为不可能。( )

9. 2008 年 4 月,央行、银监会、公安部和国家工商总局联合发布的《关于加强银行卡安全管理预防和打击银行卡犯罪的通知》的出台。( )

10. 密钥,指的是加密和解密时使用的一组秘密信息。( )

二、填空题

1. 计算机安全可分为________、________和________等三类。网络安全所遭受的攻击可以分为________、________、________和________等四类。

2. 计算机信息系统面临的威胁主要来自________、________、计算机病毒、________、________和________等几个方面。

3. 电子商务的安全控制要求是________、________、________、不可修改性等。计算机网络安全技术有________、________与________技术、________、________、________和________等。

4. 交易环境中存在的安全隐患有________、________被篡改、________、________和________等。建立电子商务安全保障体系,提升用户信任度可从有________、________和________等。

5. 密码学是一门________的学科,在古代就已经得到________,但仅限于________和________等重要领域。随着现代计算机技术的飞速发展,密码技术正在不断向________渗透。密码技术是________的核心技术,是保证计算机________的理论基础。

6. 明文是指________,密文是指________,加密是指________,解密是指________,密钥是指________。

7. 代替密码又叫________,就是________中的________

字符被____________中的另一个字符。接收者对____________做反向替换就可以____________。

8. 置换密码又称____________即____________的字母保持相同,但____________被打乱了。在这种密码中最简单的是____________,在该密码中以____________顺序写下____________,并以____________读出。

9. 所谓对称算法就是指____________和____________过程均采用____________密钥。对称算法所采用的基本技术大都是________、________和移位。

10. 信息安全的威胁是指________、________、________或概念对________的保密性、________、________或合法使用所造成的危险。

11. 数字证书的功能有________、________、________和不可修改性等。数字证书可以应用在________、________、________和网上证券等。

12. 基于秘密信息的身份认证方法有________、________、双向认证和________等。

13. 基于生理特征的识别技术有________、________、视网膜识别技术、________、________、________、________和手形识别技术等。

14. 所谓"防火墙",是指一种将________网和________网(如 Internet)分开的方法,它实际上是一种________技术。

15. 防火墙具有________、________、________、可以防止内部信息的外泄等功能。

三、思考题

1. 简述网络安全问题有哪些。
2. 简述计算机信息系统面临哪些问题。
3. 简述计算机网络安全技术有哪些。
4. 简述密码技术的发展过程。
5. 简述非对称密码学原理。
6. 简述信息安全的要素。
7. 简述数字证书概念。
8. 简述数字签名概念。
9. 简述数字证书的应用。
10. 简述身份认证定义。
11. 简述指纹识别技术的原理和优缺点。
12. 简述几种常用的基于行为特征的识别技术。
13. 简述防火墙的概念。
14. 简述分组过滤式防火墙工作原理。
15. 简述代理服务式防火墙工作原理。

第 5 章

HTML 标注语言

Internet 是目前世界上最大的计算机互联网络，随着它的蓬勃发展，在 Internet 上已建起了数以万计的 WWW 站点，而建立在各 WWW 站上的网页更是难以计数。各式各样的网页可以只有几行字、几张图，也可以是充满了动画、与数据库技术相结合的完整的电子商务系统。本章主要介绍的是 HTML 标注语言的语法结构、HTML 的各种标记符的用法以及如何利用 HTML 制作网页。通过本章的学习，要求：

- 认识 HTML 的运行环境和工作原理。
- 掌握 HTML 标注语言的语法结构。
- 掌握 HTML 标记符的用法。
- 学会使用 HTML 语言制作自己的网页。

5.1 认识 HTML

5.1.1 什么是 HTML

HTML 是超文本标记语言（Hyperlink Text Markup Language）的缩写。它是一种简单的、基于文本的语言，是网页制作的基础。它使用一系列标记，创建可被浏览者使用的文本，它不是一种真正的计算机语言，而是一种描述语言。用其编写的 HTML 文件不需要进行编译，而是靠浏览器解释执行的。

一个 HTML 文件是一页文字信息，就像一封电子邮件或一个 Word 字处理文档，而且实际上你完全可以使用 Word 字处理软件来编写一个 HTML 网页。你也可以通过其他字处理软件编写文本文件，网络浏览器只能处理文本信息。一个 HTML 文件中包含了所有将显示在网页上的文字信息，其中也包括对浏览器的一些指示，如哪些文字应放置在何处，显示模式是什么样的，等等。如果你还有一些图片、动画、声音或是任何其他形式的资源，HTML 文件也会告诉浏览器到哪里去查找这些资源，以及这些资源将放置在网页的什么位置。HTML文件通过标记符（tag）来实现这一功能。

标记符是一些字母或单词，并被放在尖括号内，其格式为：

<标签名> 显示内容 </标签名>

HTML 标签一般都有起始标签和结束标签两种，分别放在它起作用的文档两边。结束标签与起始标签的标签名相同，只是在结束标签中的标签名前面加一个斜杠“/”，例如 <HTML>… </HTML>或 <HEAD>… </HEAD>。但是有些标签只有起始标签而没有相应的结束标签，例如，换行标签，由于它不包括相应的内容，所以它只有
，而没有

</BR>。在 HTML 的起始标签中还可以包含一些属性(attribute)域,用来告诉浏览器如何去处理页面中有关内容的附加信息,如 <BODY bgcolor = "red">。我们常讲的学习 HTML 语言实际上就是学习这些各种各样的标记符。

HTML 网页文件可由任何文本编辑器或网页专用编辑器编辑,完成后(以.htm 或.html 为文件后缀保存)将 HTML 网页文件由浏览器打开显示,若测试没有问题则可以放到服务器(Server)上,对外发布信息。

5.1.2 HTML 基本结构

HTML 文件的基本结构如下:

```
<HTML>                                  (文件开始)
<HEAD>                                  (标头区开始)
<TITLE>…</TITLE>                        (标题区)
</HEAD>                                 (标头区结束)
<BODY>                                  (文档主体区开始)
本文区内容
</BODY>                                 (文档主体区结束)
</HTML>                                 (文件结束)
```

以上是 HTML 文件的基本结构,每个文件是以 <HTML> 为开始,以 </HTML> 为结束的,Web 页的所有其他内容都位于这对标签之间。这对标签通知客户端的浏览器该文档是一个 HTML 文档,而不是 TXT 文档或 DOC 文档。其中:

- 标题区 <TITLE>:文件标题须使用在标头区内,可以在浏览器最上面看到标题。
- 文档主体区 <BODY>:文件资料,即在浏览器上看到的网站内容。

【例 5.1】 将标题显示在浏览器的标题栏中,如图 5-1 所示。

```
<HTML>
<HEAD>
<TITLE>动态网页制作基础</TITLE>
</HEAD>
<BODY>
我们现在学习 HTML 语言,自己动手编写代码。
</BODY>
</HTML>
```

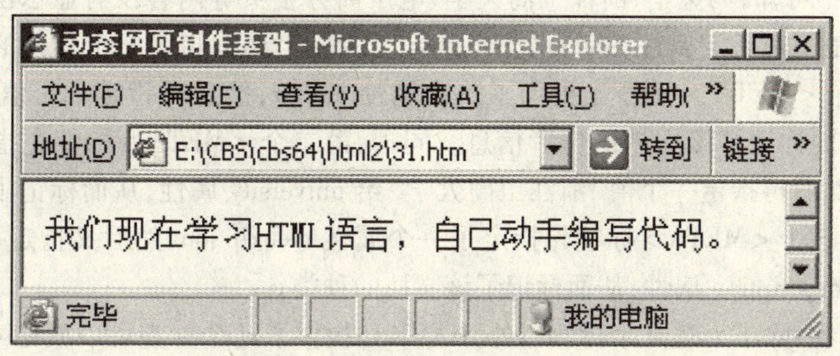

图 5-1 在标题栏中显示信息

• 标头区 <HEAD>:记录文件基本资料,如作者、编写时间。通常 <HEAD> 标签是紧跟在 <HTML> 的后面,在 <HEAD>… </HEAD> 包含一些与 Web 页面有关的特定信息,如网页的标题、使用的字符集、样式表的定义、脚本程序等。

在 <HEAD> 部分中另一个重要的标签就是 <META> 标签,它是用来指定 HTML 文档的相关信息,如可以用来指定网页的制作者的姓名、内容说明、关键字等。这些指定的信息在浏览器上并不会显示出来,但是这些信息会被搜索引擎登录,尤其关键字的设定和搜索引擎的搜索效率有很大关系。

【例 5.2】 在 HTML 中加入网页作者、关键字、网页内容说明等。其效果如图 5-2 所示。

```
<HTML>
<HEAD>
<META name="author" content="马金华">
<META name="university" content="浙江工商大学">
<META name="description" content="电子商务主页...">
<TITLE>META 的属性示例</TITLE>
</HEAD>
<BODY>
电子商务动态主页是企业商务活动的宣传阵地
</BODY>
</HTML>
```

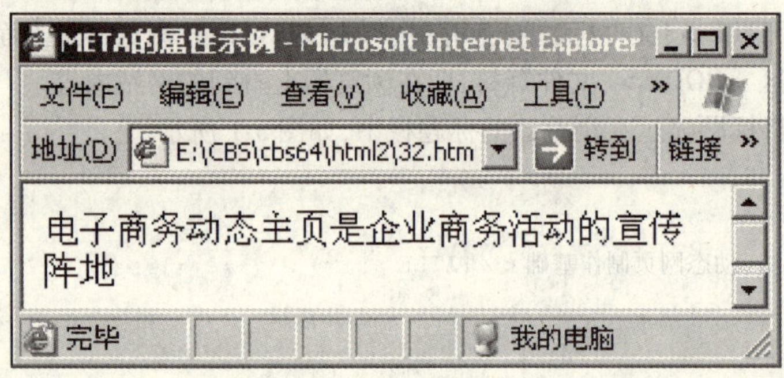

图 5-2 META 标签效果

从图 5-2 中可知,马金华、浙江工商大学、电子商务主页等内容没有显示出来。代码中的 name="" 是用来指定属性的名称;content="" 为一个属性指定一个具体的值。在这个例子中,第一个 <META> 标签先指定了一个属性 author,然后再指定一个值"马金华"给 author属性,从而标记了该文档的作者信息。同理,第二个 <META> 标签先指定了一个属性 university,然后再指定一个值"浙江工商大学"给 university 属性,从而标记了该文档的关键字信息。第三个 <META> 标签先指定了一个属性 description,然后又指定一个值"电子商务主页"给 description 属性,从而标记了该文档的种类。

• 其他标签:除了上述几个标签以外,HTML 还提供了几个标签可以放在 <HEAD> 部分中,如:

LINK:设定链接。

BASE:设定基点。

ISINDEX:可搜索的索引文档。

SCRIPT:脚本语言。

STYLE:设定页面样式。

如果在 <HEAD> 部分中出现了其他标签或普通文本,则 Web 浏览器将自动假定文档头部已经结束,并开始显示 HTML 文档的正文内容。

5.1.3　HTML 基本元素

HTML 的元素有很多,按照元素的用途可以将 HTML 元素分为:文档元素、头部元素、列表元素、超链接元素等。见表 5-1 所示。

表 5-1　HTML 常用元素一览表

类别	所含元素
文档结构元素	<html>　<head>　<body>　<frameset>
头部元素	<title>　<meta>　<link>　<style>
块元素	<blockquote>　<center>　<hx>　<address>　<pre>　<p>　<hr>　<div>
列表元素	<dir>　<dl>　<dt>　<dd>　<li>　<ol>　<ul>
表格元素	<table>　<tr>　<td>　<th>　<caption>
表单元素	<title>　<meta>　<link>　<style>
超链接元素	<title>　<meta>　<link>　<style>
字符格式元素	<title>　<meta>　<link>　<style>
帧元素	<title>　<meta>　<link>　<style>
图片和热区元素	<title>　<meta>　<link>　<style>
层元素	<title>　<meta>　<link>　<style>
脚本元素	<title>　<meta>　<link>　<style>
内嵌对象元素	<title>　<meta>　<link>　<style>

5.2　HTML 中的字体

本节将要介绍的是有关文字的标记符,包括字体大小、颜色、字型等变化,适当的应用可以增加页面的美观。

5.2.1　标题格式

<Hn>…</Hn> 标题,设定标题字体大小,n=1(大)~6(小)会自动跳下一行。通常用在例如章节、段落等标题上。

<H1>…</H1>一级标题

<H2>…</H2>二级标题

<H3>…</H3>三级标题

<H4>…</H4>四级标题

<H5>…</H5>五级标题

<H6>…</H6>六级标题

在标题标签中可以使用 align 属性指定文字的对齐方式：

align = "left"　左对齐。

align = "center"　居中对齐。

align = "right"　右对齐。

<B>…</B> 粗体字。

<I>…</I> 斜体字。

<U>…</U> 加底线。

<DEL>…</DEL> 横线(表示删除)。

<TT>…</TT> 打字体(固定宽度文字)。

[…] 上标字。

_… 下标字。

<!…> 注解(不会显示在浏览器上)，可以多行。

【例 5.3】 1～6 级标题格式，效果如图 5-3 所示。

```
<HTML>
<HEAD>
<META name = "university" content = "浙江工商大学">
<TITLE>标题格式示例</TITLE>
</HEAD>
<BODY>
<H1>动态网页制作(一级)</H1>
<H2>动态网页制作(二级)</H2>
<H3 align = "left">动态网页制作(三级左对齐)</H3>
<H4 align = "center">动态网页制作(四级居中对齐)</H4>
<H5 align = "right">动态网页制作(五级右对齐)</H5>
<H6>动态网页制作(六级,最小)</H6>
</BODY>
</HTML>
```

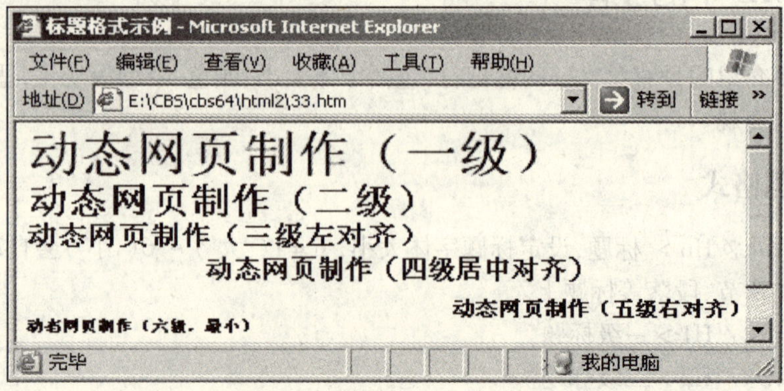

图 5-3　六级标题的显示效果

5.2.2 字体格式

1. 字体颜色和大小

有关设定文字的方法共有以下几种。

①设定 HTML 文件主体文字颜色的标签：<BODY> … </ BODY>。

②设定基本字体大小、颜色、字型的标签：<BASEFONT>… </ BASEFONT>。

③设定字体大小、颜色、字型的标签：<FONT>… </ FONT>。

<FONT>标签有 3 个属性分别用于控制字体的颜色、样式和大小。

(1)SIZE 属性

SIZE 属性是用于控制文字的大小，其值越大显示的文字就越大，字号大小分为 1 ~ 7 级，默认值是 3，可以直接使用字号设置字体的大小，也可以使用 +1，-2 等数值来指定字号的大小，这表示它比默认的 3 号字体大 1 号和小 2 号，即 4 号字和 1 号字。

例如：<FONT size = +2>杭州世界动漫节</ FONT>，表示“杭州世界动漫节”几个字的大小为 5 号。

(2)COLOR 属性

COLOR 属性是用于控制<FONT>内的文字颜色，默认字体的颜色是黑色，可以使用 COLOR 属性来改变字体的颜色，其值可以是颜色的名称或是一组十六进制值。

例如：下列代码设置的文字的颜色均为红色

```
<FONT color = "red">山重水复疑无路,柳暗花明又一村</FONT>
```

或者

```
<FONT color =”#FF0000”>山重水复疑无路,柳暗花明又一村</FONT>
```

(3)FACE 属性

FACE 属性是<FONT>标签中的另一个属性，它是用来指定字体的样式，字体的样式也就是平常说的“字体”，即网页中显示的实际字体。通常，默认的中文字体是“宋体”，英文字体是“Times New Roman”。使用 FACE 改变字体时，可以使用多个字体名称作为 FACE 的属性值，每个字体之间用逗号分隔。当浏览器显示 FACE 中含有多个字体的网页时，浏览器将逐个搜索系统字体以得到匹配。如果第一种字体找不到，就找第二种，以此类推，直到找到一种实际已安装了的字体为止。如果到最后还没有找到 FACE 中指定的字体，则浏览器就用默认字体来显示。

【例 5.4】 使用<FONT>设置字体的颜色、样式及大小，效果如图 5-4 所示。

```
<HTML>
<HEAD>
 <META name =“university” content =“浙江工商大学”>
<TITLE>设置字体</TITLE>
</HEAD>
<body>
<P align = "center">山重水复疑无路，</P>
<P align = "center">
<FONT face = "黑体,宋体" size = " +1">柳暗花明又一村。</FONT></P>
```

```
<P align="center">
<FONT face="楷体_GB2312,黑体" size="+2" color="#0000FF">楼船夜雪瓜洲渡,</FONT></P>
<P align="center">
<FONT face="华文彩云,幼圆,黑体" size="6" color="#FF00FF">铁马秋风大散关。</FONT></P>
</BODY>
</HTML>
```

图 5-4 在网页中指定字体显示效果

注意:可以使用 <BASEFONT> 标签来改变系统默认的字体样式、大小及颜色。<BASEFONT>标签中的属性与<FONT>标签中的属性相同,但<FONT>标签有结束标签,需要成对出现,而<BASEFONT>标签不需要结束标签,另外应将<BASEFONT>标签放在头部,即将其放在<HEAD>…</ HEAD>中。例如:<BASEFONT size="6" color="#0000ff" face="仿宋体">。这样,浏览器的默认字体、大小及颜色就变成了<BASEFONT>标签所指定的字体、大小及颜色了。

2. 逻辑风格标签

字体逻辑风格标签有 8 种,如表 5-2 所示。

表 5-2 逻辑风格标签

标签符	功 能
<EM>	用于普通强调,强调内容为斜体字体
<STRONG>	比<EM>强调的程度更深的特别强调。强调内容为粗体字体
<CITE>	用于表示文本是属于引用的,常以斜体表示
<DFN>	用于表示定义了的文字,常以粗体或斜体表示
<CODE>	表示程序代码文字,通常是固定宽度
<VAR>	表示程序的变量名,常以斜体或下划线方式显示
<SAMP>	表示程序输出的文字,通常是固定宽度
<KBD>	表示键盘输入的文字

【例 5.5】 逻辑风格字符,效果如图 5-5 所示。

```
<HTML>
<HEAD>
<META name="university" content="浙江工商大学">
<TITLE>逻辑风格字符示例</TITLE>
</HEAD>
<BODY>
<EM>逻辑风格(普通强调 EM)</EM><BR>
<STRONG>逻辑风格(特别强调 STRONG)</STRONG><BR>
<CITE>逻辑风格(引用文本 CITE)</CITE><BR>
<DFN>逻辑风格(术语定义 DFN)</DFN><BR>
<CODE>逻辑风格代码格式 CODE:"code formatting "</CODE><BR>
<VAR>逻辑风格变量格式 VAR:"variable formatting "</VAR><BR>
<SAMP>逻辑风格样本字符格式 SAMP:"literal characters "</SAMP><BR>
<KBD>逻辑风格键盘输入字符格式 KBD:"Input characters "</KBD><BR>
</BODY>
</HTML>
```

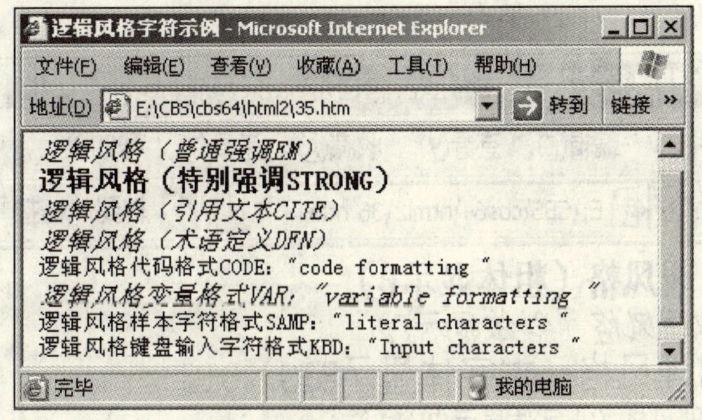

图 5-5　逻辑风格字符显示效果

3. 物理风格标签

物理风格标签有 9 种,如表 5-3 所示。

表 5-3　物理风格标签

标签符	功　能
<B>	粗体
<I>	斜体
<TT>	等宽字体
<U>	下划线
<S>	删除线
<BIG>	以较大字体显示
<SMALL>	以较小字体显示
<SUB>	下标
<SUP>	上标

【例 5.6】 物理风格字符,效果如图 5-6 所示。

```
<HTML>
<HEAD>
<META name="university" content="浙江工商大学">
<TITLE>物理风格字符示例</TITLE>
</HEAD>
<BODY>
<B>物理风格(粗体显示 B)</B><BR>
<I> 物理风格(斜体显示 I)</I><BR>
<BIG>物理风格(大字体显示 BIG)BIG</BIG><BR>
<SMALL>物理风格(小字体显示 SMALL)</SMALL><BR>
<TT>物理风格(等宽字体显示 TT)</TT><BR>
<S> 物理风格(删除标记显示 S)</S><BR>
<U>物理风格(下划线显示 U)</U><BR>
物理风格(上标显示):a<SUP>6</SUP>+b<SUP>3</SUP><BR>
物理风格(下标显示):H<SUB>2</SUB>O<BR>
</BODY>
</HTML>
```

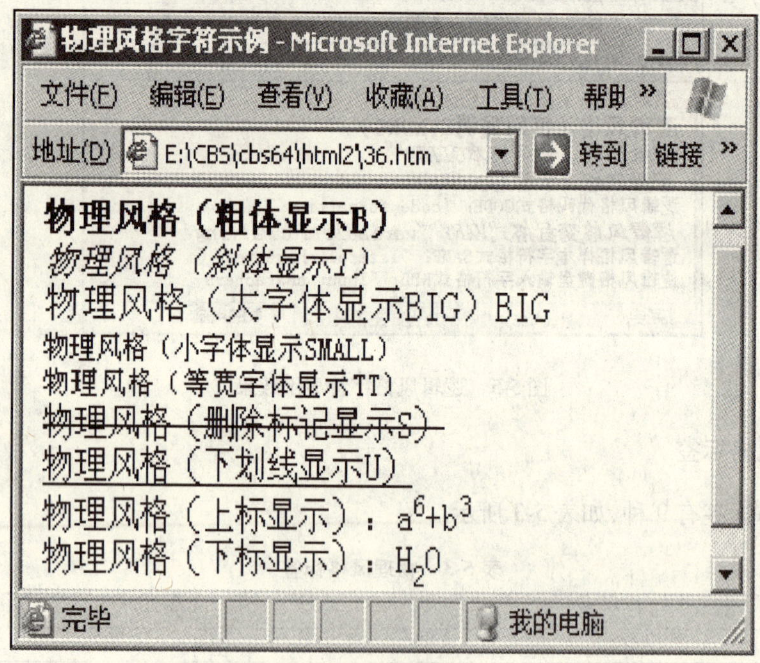

图 5-6 物理风格字符显示效果

5.2.3 段落格式标签

1. <P>…</P>分段标签

在显示文档时往往需要分段,分段标签形式为:

<P>…</P>

【例 5.7】 分段显示,效果如图 5-7 所示。

```
<HTML>
<HEAD>
<META name="university" content="浙江工商大学">
<TITLE>分段显示示例</TITLE>
</HEAD>
<BODY>
<P align="center">《满 江 红》岳飞</P>
    <P>怒发冲冠,凭栏处,潇潇雨歇。</P>
    <P>抬望眼,仰天长啸,壮怀激烈。</P>
    <P>三十功名尘与土,八千里路云和月。</P>
    <P>莫等闲 白了少年头,空悲切。</P>
</BODY>
</HTML>
```

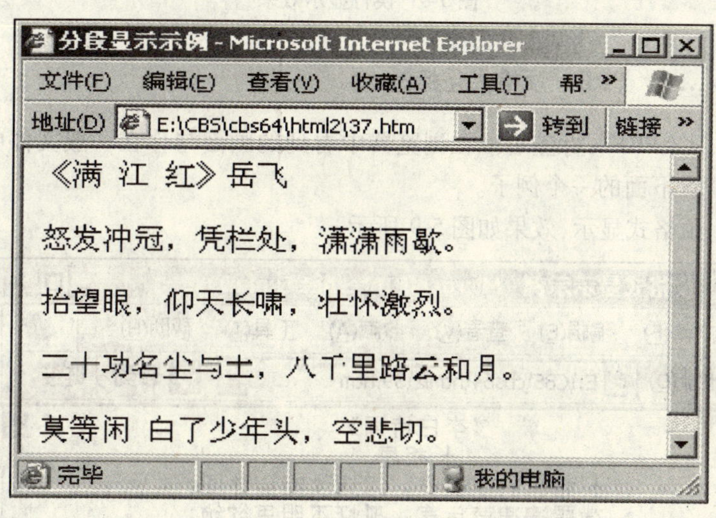

图 5-7 分段显示效果

2.
换行标签

换行标签的形式为

【例 5.8】 换行显示,效果如图 5-8 所示。

```
<HTML>
<HEAD>
<META name="university" content="浙江工商大学">
<TITLE>换行显示示例</TITLE>
</HEAD>
<BODY>
<P align=center>昭君塞上悲琵琶,胡笳声动阴山下。<BR>万里关山啼不住,从此香魂
```

```
寄天涯...<BR>风萧萧兮易水寒,壮士去兮不复还。<BR>为酬知己始轻命,生固不易死更难。</P>
</BODY>
</HTML>
```

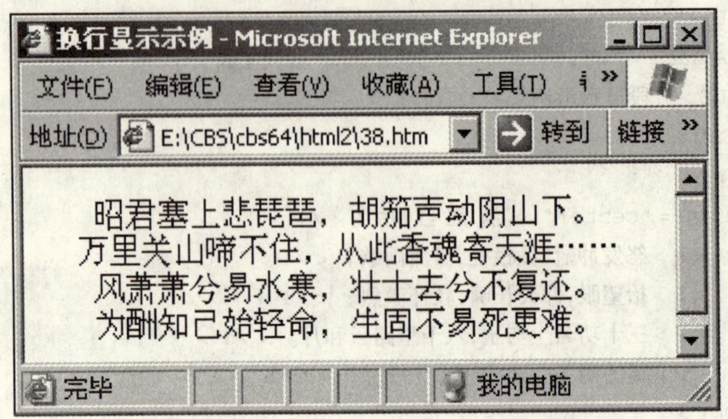

图 5-8　换行显示效果

3. <PRE>... </ PRE>预格式化标签

<PRE>... </ PRE>标签可以在浏览器中看到的画面与你在一般文件中所看到的形式是一样的。请看下面的一个例子。

【例 5.9】　预格式显示,效果如图 5-9 所示。

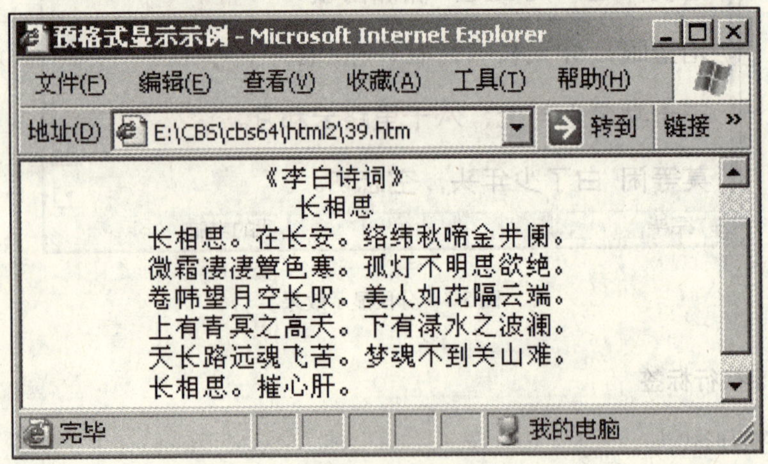

图 5-9　预格式显示效果

```
<HTML>
<HEAD>
<META name = "university" content = "浙江工商大学">
<TITLE>预格式显示示例</TITLE>
</HEAD>
<BODY>
<PRE>
```

```
                    《李白诗词》
                      长相思
               长相思。在长安。络纬秋啼金井阑。
               微霜凄凄簟色寒。孤灯不明思欲绝。
               卷帏望月空长叹。美人如花隔云端。
               上有青冥之高天。下有渌水之波澜。
               天长路远魂飞苦。梦魂不到关山难。
               长相思。摧心肝。
</PRE>
</BODY>
</HTML>
```

4. <HR>水平尺线标签

<HR>标签没有对应的结束标签,也没有关联文本,只是在页面上生成一条水平线。此外,<HR>有许多属性以提供对水平线的更多的控制。属性如表 5-4 所示。

表 5-4　<HR>标签属性一览表

属性	功　能
SIZE	以像素为单位定义水平线的宽度(线的粗细),默认属性值为 2
WIDTH	指出了水平线的长度
ALIGN	指明水平线的对齐方式,默认属性为 center
COLOR	指明水平线的颜色
NOSHADE	使得浏览器以简单的黑线而无三维投影效果的方式来显示水平尺线

【例 5.10】　水平线显示,效果如图 5-10 所示。

图 5-10　水平线显示效果

```
<HTML>
<HEAD>
<META name = "university" content = "浙江工商大学">
<TITLE>水平线示例</TITLE>
</HEAD>
```

```
<BODY>
请观看下面这几条线,并考虑<BR>
<HR SIZE="5">
<HR WIDTH="280">
<HR WIDTH="170" ALIGN="RIGHT">
<HR NOSHADE COLOR="RED" SIZE="4">
</BODY>
</HTML>
```

5.2.4 会移动的文字

在主页中为了美观或增强文字的吸引力,往往把一些文字做成动感。动感文字的基本标签形式为:

```
<MARQUEE>…</MARQUEE>
```

例如,<MARQUEE>我会移动耶! </ MARQUEE >。

<MARQUEE>有许多属性以提供对移动文字的方式、速度、颜色等更多的控制,其属性如表5-5所示。

表5-5 < MARQUEE >标签属性一览表

属　性	功　能
<direction=#> #=left, right	移动方向,left从右向左移,right从左向右移
<bihavior=#> #=scroll, slide, alternate	移动方式,scroll一圈圈绕着走,slide只走一次,alternate来回移动
<loop=#> #=次数 #号是数值	循环次数由用户定,若未指定则循环不止
<scrollamount=#> #号是数值	移动文字的速度
<scrolldelay=#> #号是数值	延时,如<marquee scrolldelay=500 scrollamount=100>
<align=#> #=top, middle, bottom	对齐方式,top对齐上沿、middle中间、bottom下沿
<bgcolor=#> #=rrggbb 16进制数码	底色,可以直接输入下列中的任意一个预定义色彩:Black, Olive,Teal, Red, Blue,Maroon, Navy,Gray, Lime, Fuchsia, White, Green, Purple,Silver, Yellow,Aqua

【例5.11】 文字移动显示,效果如图5-11所示。

```
<HTML>
<HEAD>
<TITLE>会移动的字体</TITLE>
</HEAD>
<BODY>
<MARQUEE direction="left"> 我从右向左移! </MARQUEE>
<MARQUEE direction="right">我从左向右移! </MARQUEE>
<MARQUEE behavior="scroll">我一圈一圈绕着走! </MARQUEE><P>
<MARQUEE behavior="slide">我只走一次就歇了! </MARQUEE> <P>
<MARQUEE behavior="alternate">我来回走耶! </MARQUEE>
```

```
<MARQUEE scrolldelay="500" scrollamount=100>我走一步,停一停! </MARQUEE>
</BODY>
</HTML>
```

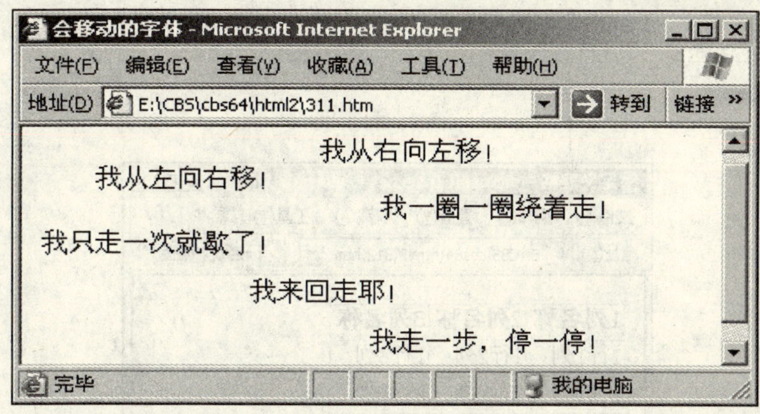

图 5-11　会移动的文字

5.3　表格

5.3.1　简单表格制作

表格在主页中应用十分广泛,可以说每一个主页都用表格来描述信息的。使用表格可以在网页中实现准确的排版和定位,并且允许你使用有边框的表格和无边框的表格布置文本、图像和其他的 HTML 内容。

1. 表格的定义

定义一个表格需要使用 <TABLE>… </TABLE>标签,在它的中间加入标题和数据。该标签的形式如下:

```
<TABLE>…</TABLE> -定义表格
<TR> -定义表行
<TH> -定义表头
<TD> -定义表元(表格的具体数据)
```

【例 5.12】　定义表格,效果如图 5-12 所示。

```
<HTML>
<HEAD>
<TITLE>定义表格 </TITLE>
</HEAD>
<BODY>
<TABLE BORDER>
<TR> <TH>1 列名称 </TH> <TH>2 列名称 </TH> <TH>3 列名称 </TH>
</TR>
```

```
<TD>1 行 1 列</TD> <TD>1 行 2 列</TD> <TD>1 行 3 列</TD>
<TR>
<TD>2 行 1 列</TD> <TD>2 行 2 列</TD> <TD>2 行 3 列</TD>
</TR>
</TABLE>
</BODY>
</HTML>
```

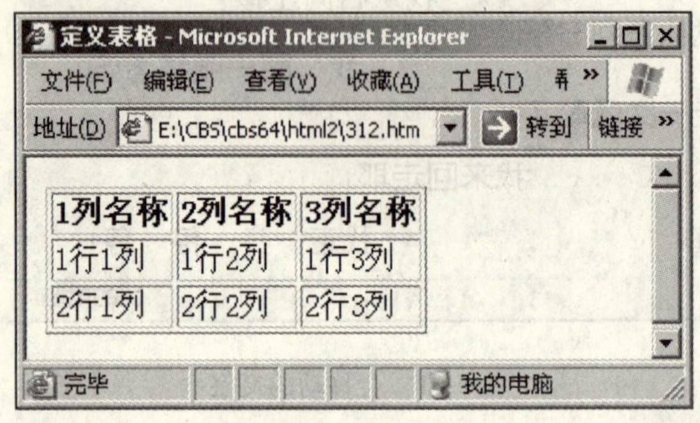

图 5-12　表格定义

<TABLE>标签有许多属性,用于控制表格的特征,应用<TABLE>标签的属性,可以增加表格的美观,内容更加丰富。

BORDER 属性:设定表格四周边线的阴影宽度,单位为像素,该属性的默认值为 1,即表示表格外框的阴影为 1 个像素宽度。但是如果该属性不指定,则表格无边框。

ALIGN 属性:指定表格的对齐方式,可以有左对齐、居中和右对齐,其相应的属性值分别为 left、center 和 right。

WIDTH 属性:指整个表格的宽度,其属性值可以是数值,表示表格的宽度是以像素为单位,也可以使用"%"表示,它表示整个表格占浏览器宽度的百分比。当用户改变浏览器的大小时,表格会根据浏览器的大小而自动调整。

其他的属性如表 5-6 所示。

表 5-6　<TAELE>标签属性

属　性	功　能
HEIGHT	定义整个表格的高度,其属性值的取值与 WIDTH 属性相同
BGCOLOR	定义表格的背景颜色
BORDERCOLOR	定义表格边框的颜色
BORDERCOLORLIGHT	定义表格边框明亮部分的颜色
BORDERCOLORDARK	定义表格边框阴暗部分的颜色
BACKGROUND	定义表格的背景图像
CELLSPACING	设置单元格之间框线的宽度
CELLPADDING	定义单元格中的内容与边框之间的距离
COLS	定义表格的列数
FRAME	定义表格外边框的显示类型
RULES	定义表格内边框的显示类型

2. 表格标题

表格标签形式为：

<CAPTION>…</CAPTION>

该标签应放在 <TABLE>…</TABLE> 标签内，其他表格行之前。

<CAPTION>标签有一个可以用来设置标题行对齐方式的 ALIGN 属性：

ALIGN = TOP 表示标题放在表格的顶部，该值为默认值。

ALIGN = BOTTOM 表示将标题放在表格的下面。

标题在水平方向上显示在表格的中央。

【例 5.13】 定义表格标题，效果如图 5-13 所示。

```
<HTML>
<HEAD>
<TITLE>表格标题</TITLE>
</HEAD>
<BODY>
<TABLE border=3>
<CAPTION>教师档案表</CAPTION>
<TR>
<TH>姓名</TH> <TH>出生年月</TH> <TH>职称</TH> <TH>基本工资</TH>
<TR>
<TD>陈智军</TD> <TD>05/28/67</TD> <TD>副教授</TD> <TD>
2345.68</TD>
<TR>
<TD>张春燕</TD> <TD>05/28/79</TD> <TD>讲师</TD> <TD>1587.32</TD>
</TABLE>
</BODY>
</HTML>
```

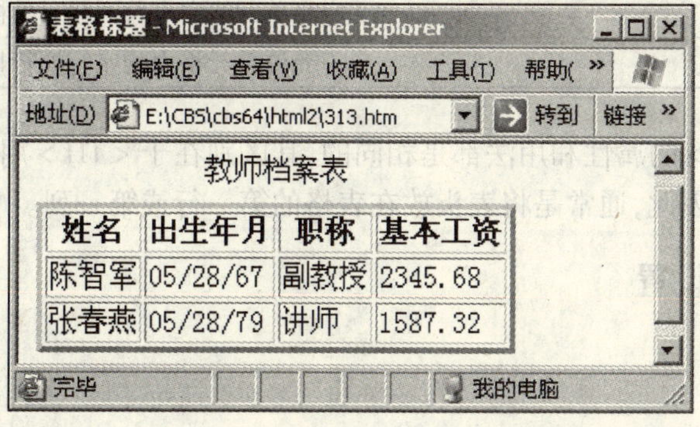

图 5-13 定义表格标题

3. 表格行、表头和数据

在 HTML 中，表格的建立是按行进行的，首先定义一行，然后在每一行内按顺序定义该行所包含的所有单元格，当一行所有单元格都定义完成后，再定义下一行，并以此类推，直至定义完整个表格内容。

定义表格行的标签是<TR>…</TR>，它包含有下列属性：

ALIGN：指定行内各单元格中的数据水平对齐方式，有左对齐、居中和右对齐，其属性值分别为 left、center 和 right。

VALIGN：指定行内各单元格中的数据垂直对齐方式，有向上对齐、居中和向下对齐，其属性值分别为 top、middle 和 bottom。

BGCOLOR：定义表格行的背景颜色。

定义表格表头的标签是<TH>…</TH>，定义表格数据的标签是<TD>…</TD>，它包含有下列属性：

ALIGN：指定单元格中的数据水平对齐方式，有左对齐、居中和右对齐，其属性值分别为 left、center 和 right。

VALIGN：指定单元格中的数据垂直对齐方式，有向上对齐、居中和向下对齐，其属性值分别为 top、middle 和 bottom。

其他属性如表 5-7 所示。

表 5-7 <TR>标签的其他属性

属　性	功　能
BGCOLOR	定义单元格的背景颜色
BORDERCOLOR	定义单元格边框的颜色
BORDERCOLORLIGHT	定义单元格边框明亮部分的颜色
BORDERCOLORDARK	定义单元格边框阴暗部分的颜色
BACKGROUND	定义单元格的背景图像
WIDTH	定义单元格的宽度，单位为像素
HEIGHT	定义单元格的高度，单位为像素
ROWSPAN	定义单元格向下跨行显示的格数
COLSPAN	定义单元格向右跨列显示的格数
NOWARP	不允许单元格内的字符换行显示

<TH>与<TD>的属性和用法都是相同的，其区别在于<TH>用于表示表头，在浏览器中显示为粗体字，因此，通常是将表头放在表格的第一行或第一列。

5.3.2 表格数据设置

1. 表格对齐

利用表格的 ALIGN 属性，可以将表格显示在网页的左边、右边和中间。如果在<TABLE>标签中不加 ALIGN 属性，默认情况下为左对齐，表格后面所跟的文字被放置在表格的下放；如果在<TABLE>标签中加上 ALIGN = left 属性，则表格后面所跟的文字被放置在表格的右边；如果指定表格右对齐，即在<TABLE>标签中加上 ALIGN = right 属性，则表格后面所跟的文字被放置在表格的左边。

【例 5.14】 将文字放在表格的左边，效果如图 5-14 所示。

```
<HTML>
<HEAD>
<TITLE>表格右对齐</TITLE>
</HEAD>
<BODY>
<TABLE border="1" width="70%" align="right">
 <CAPTION>课程表</CAPTION>
 <TR align="center">
  <TD> </TD>
  <TH>星期一</TH>  <TH>星期二</TH>  <TH>星期三</TH>
  <TH>星期四</TH>  <TH>星期五</TH>
 </TR>
 <TR align="center">
  <TH>1-2 节</TH>  <TD>计算机英语</TD>  <TD>电子商务概论</TD>
  <TD>计算机英语</TD>  <TD>VB 程序设计</TD>  <TD>数学</TD>
 </TR>
 <TR align="center">
  <TH>3-4 节</TH>  <TD>VB 程序设计</TD>  <TD>网站建设</TD>
  <TD>网络营销</TD>  <TD>数学</TD>  <TD>体育</TD>
 </TR>
<TR align="center">
  <TH>下午</TH>  <TD>实验</TD>  <TD>班会</TD>
  <TD>实验</TD>  <TD>实验</TD>  <TD>实验</TD>
 </TR>
</TABLE>
<P>请各位同学注意右边的课程表从 2006 年 2 月 12 日开始执行。请相互转告</P>
</BODY>
</HTML>
```

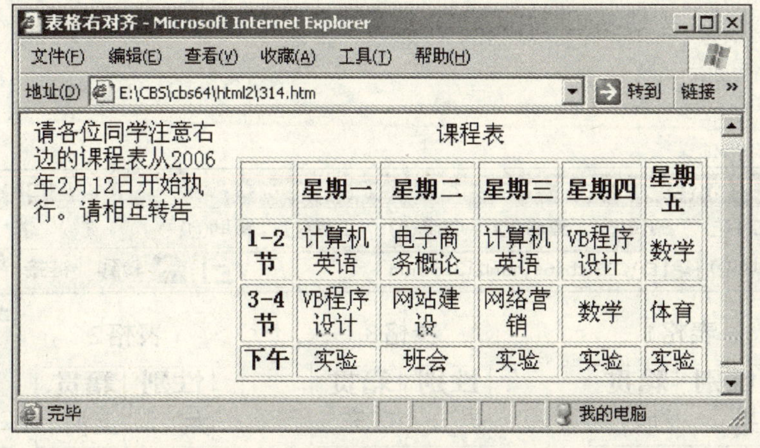

图 5-14　文字放在表格左面的效果

除了像上例中可以将文字与表格放在同一行以外，还可以利用 ALIGN 属性的 left 和 right 两个属性值，将两个表格放在同一行上，甚至可以将三个表格放在同一行，但必须要按照先左，后右再中间的顺序才能将三个表格放在同一行中。

【例 5.15】 表格的三种对齐方式，效果如图 5-15 所示。

```
< HTML >
< HEAD >
< TITLE >表格对齐方式示例 < / TITLE >
< / HEAD >
< BODY >
< TABLE Border Align = "LEFT" Width = "25% " >
< CAPTION >表格 1 < / CAPTION >
< TR >
< TH >性别 < / TH >  < TH >籍贯 < / TH > < / TR >
< TR >
< TD >男 < / TD >  < TD >浙江 < / TD >
< / TR >
< / TABLE >
< TABLE Border Align = "right" Width = "25% " >
< CAPTION >表格 2 < / CAPTION >
< TR >
< TH >性别 < / TH >  < TH >籍贯 < / TH > < / TR >
< TR >
< TD >女 < / TD >  < TD >上海 < / TD > < / TR >
< / TABLE >
< TABLE Border Align = "center" Width = "25% " >
< CAPTION >表格 3 < / CAPTION >
< TR >
< TH >性别 < / TH >  < TH >籍贯 < / TH > < / TR >
< TR >
< TD >男 < / TD >  < TD >广东 < / TD > < / TR >
< / TABLE >
< / BODY >
< / HTML >
```

图 5-15 表格对齐方式

2. 数据对齐

单元格中的数据在默认情况下水平方向是左对齐,垂直方向是居中,而表头在默认情况下的水平方向和垂直方向都是居中。使用 ALIGN 属性中的 left(左对齐)、center(居中)和 right(右对齐)三个属性值,和 VALIGN 属性中的 top(顶部对齐)、middle(居中)和 bottom(底部对齐)等属性值,可以改变表格中数据的显示效果。

5.3.3　表格边框与颜色设置

1. 边框尺寸设置

可以利用<TABLE>标签中的 BORDER 属性来设置表格边框阴影部分的宽度。

【例 5.16】　设置表格边框的宽度,效果如图 5-16 所示。

```
<HTML>
<HEAD>
<TITLE>表格实例</TITLE>
</HEAD>
<BODY>
<TABLE  width="96%" border="10">
<CAPTION>教师资料</CAPTION>
<TR>
  <TH width="20%">姓名</TH>   <TH width="20%">出生年月</TH>
  <TH width="20%">职称</TH>   <TH width="35%">部门</TH>
</TR>  <TR>
  <TD>黄振华</TD>   <TD>09/13/78</TD>
  <TD>讲师</TD>   <TD>信息技术系</TD>
</TR>  <TR>
  <TD>潘秋风</TD>   <TD>05/24/67</TD>
  <TD>副教授</TD>   <TD>电子商务系</TD>
</TR> <TR>
  <TD>刘青萍</TD>   <TD>04/18/68</TD>
  <TD>教授</TD>   <TD>工商管理系</TD>
</TR>
</TABLE>
</BODY>
</HTML>
```

2. 表格颜色和背景

在设置表格、行和单元格中可以使用 BGCOLOR、BORDERCOLOR、BACKGROUND、BORDERCOLORLIGHT 以及 BORDERCOLORDARK 等属性设置表格、行或单元格的背景颜色、背景图像以及边框颜色等。

【例 5.17】　设置表格的背景、颜色及边框,效果如图 5-17 所示。

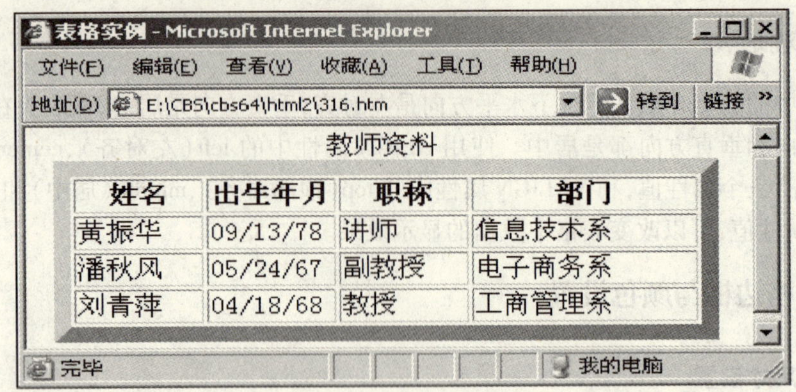

图 5-16　表格边框设置

```
<HTML>
<HEAD>
<TITLE>背景颜色实例</TITLE>
</HEAD>
<BODY>
<TABLE  width="96%" border="3" cellspacing="5"
bordercolordark="blue" bordercolorlight="blue"  background="bg3.jpg">
<CAPTION>教师资料</CAPTION>
  <TR bgcolor="#ccddff">
  <TH width="20%"  >姓名</TH>
  <TH width="20%">出生年月</TH>
  <TH width="20%">职称</TH>
  <TH width="35%">部门</TH>
</TR>  <TR>
  <TD>黄振华</TD>   <TD>09/13/78</TD>
  <TD>讲师</TD>   <TD>信息技术系</TD>
</TR>  <TR>
  <TD>潘秋风</TD>   <TD>05/24/67</TD>
  <TD>副教授</TD>   <TD>电子商务系</TD>
</TR> <TR>
  <TD>刘青萍</TD>   <TD>04/18/68</TD>
  <TD>教授</TD>   <TD>工商管理系</TD>
</TR>
</TABLE>
</BODY>
</HTML>
```

3. 表格跨栏与跨列

表格跨栏与跨列在很多实际过程中使用非常平凡，我们可以在 <TH> 和 <TD> 标签中加入 ROWSPAN 属性或 COLSPAN 属性并指定想要跨越的行或列数。其格式为：

```
<TD ROWSPAN=行数 COLSPAN=列数>单元格中的内容</TD>
```

【例 5.18】　设置跨栏与跨列表格，效果如图 5-18 所示。

```
<HTML>
```

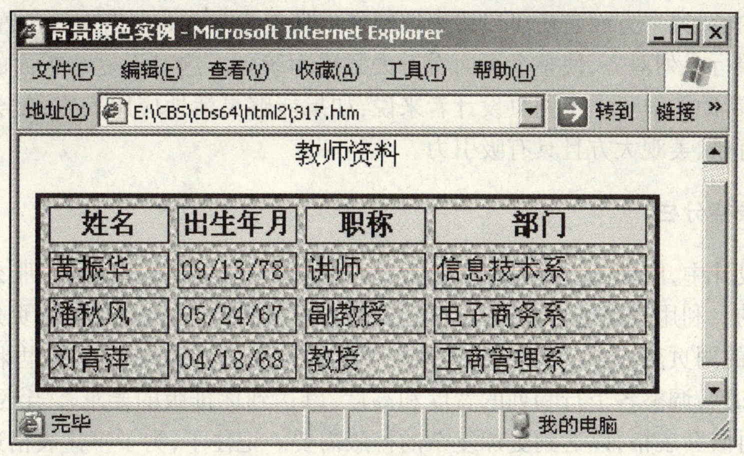

图 5-17　表格背景颜色设置

```
<HEAD>
<TITLE>跨栏与跨列表格</TITLE>
</HEAD>
<BODY>
<TABLE Border="1" Align=Center Bgcolor="#ccccff">
<CAPTION>表格标题</CAPTION>
<TR><TD><TH Colspan="2">行标题 1  <TH Colspan="2">行标题 2
<TR><TH Rowspan=2>列标题 1  <TD>A  <TD>A  <TD>A  <TD>A
<TR><TD>B <TD>B <TD>B <TD>B
<TR><TH Rowspan="2">列标题 2  <TD>C  <TD>C  <TD>C <TD>C
<TR><TD>D  <TD>D  <TD>D  <TD>D
</TABLE>
</BODY>
</HTML>
```

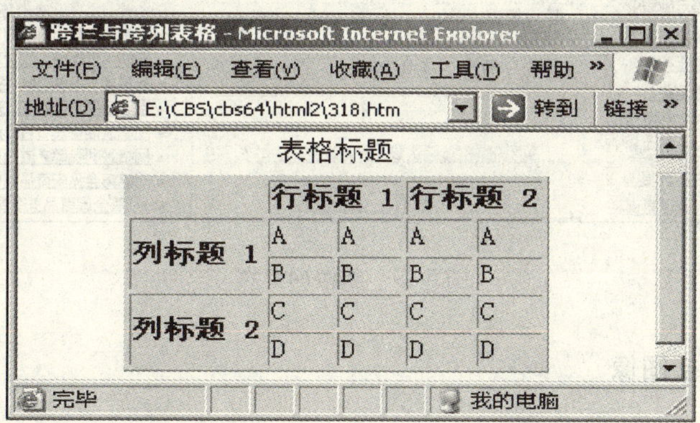

图 5-18　跨栏与跨列

5.3.4　表格在网页中的应用

表格在网页制作中的应用十分普遍，主要是因为表格的信息量大，它用最简洁的形式表达了繁杂的内容,另一方面它还可以用来控制文本和图像在页面上出现的位置,把文字和图像规范地按照行或列对齐,使整个页面看上去紧凑而统一。这对于复杂版面的网页排版来说,有很大的帮助。对于一个网页设计者来说,如果能够灵活地应用表格,就会让你的网页看上去井井有条、美观大方且具有吸引力。

1. 利用表格分栏

在网页设计中,版面的设计是重中之重,如果整体上的版面没设计好,那么这个网页可以说是失败的。利用表格进行分栏,可以达到整齐排版的目的,美化你的网页外观。所谓分栏,就是让你的网页变成一个大表格,然后根据你的版面设计和内容安排,再将这个表格分成不同的行和列,调整各个行和列的宽度和高度,以达到你排版的要求。当然了,你还可以在表格之中再嵌套表格,以达到更加复杂的排版需要。记住了,为了不让表格边框线出现在你的网页中,必须把边框线的粗细设置为0,在设计过程中你还可以根据排版的需要灵活设置单元格边距和单元格间距的数值。

图5-19所示的是"新浪网"首页,从图中可以看出,该首页的布局都是用表格分栏的形式制成的,在表格分栏中可以插入文字、图形、动画等内容。

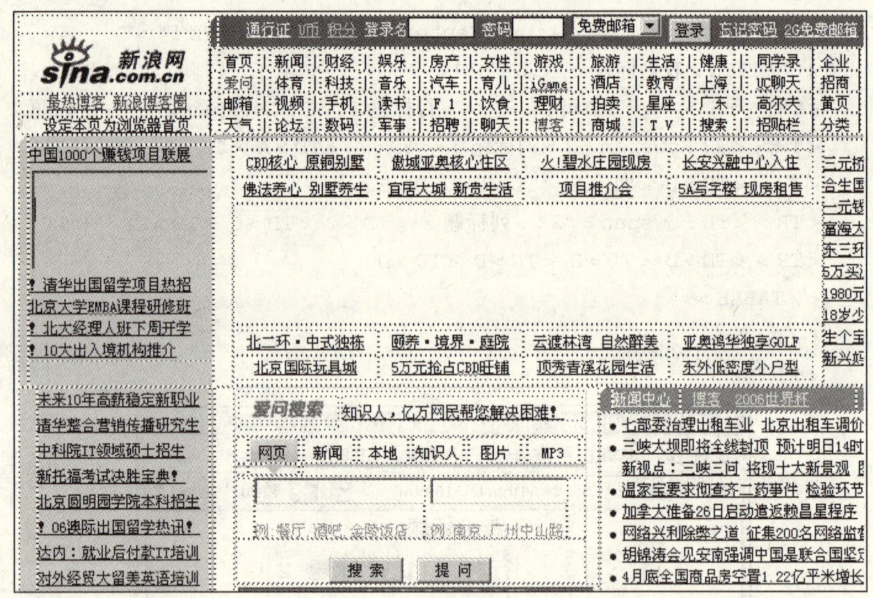

图 5-19 新浪网首页

2. 利用表格拼接图像

对于一些较大的图像,我们可以把它切分成几部分,然后再利用表格把它们拼接到一起,这样就可以加快图像的下载速度。具体的操作方法是:先用图像处理工具(如Photoshop),把图像切分成几个部分,然后在网页中插入一个表格,其行列数与切分的图像相同,在表格属性中将边框粗细、单元格边距和单元格间距均设为0,再把切分后的图像按照原来的位置关系插进相应的单元格中就行了。

3. 细线表格

某些制作网页的工具，例如 FrontPage 2000、Dreamweaver，它们默认的表格并不十分理想，用户可以稍加处理，制作出一个只有 1 个像表宽度的细线表格，这种表格非常娟秀小巧，很有个性。它的设置方法是：在表格属性中将边框粗细设为 1，将单元格边距和单元格间距设置为 0，同时将亮边框设置成与表格背景相同的颜色，暗边框设置成你想要的任一颜色即可。

4. 凹陷表格

把表格框线突出，就可以达到表格内容凹陷的效果，很有立体感。操作方法是：在表格属性中把亮边框设置为白色，把暗边框设置为黑色，适当调整边框线的粗细和单元格间距，然后设置合适的单元格颜色，就可以让表格达到很强的立体效果。当然对于亮边框以及单元格的颜色你也可以根据网页的背景颜色灵活搭配，这就要求你要有一定的色彩搭配知识和技巧。

5. 凸起表格

既然可以让表格下陷，那我们也可以让它凸起，这种效果非常美观。方法是：把亮边框设置为黑色，暗边框设置为白色，单元格设置为一种中间色就行了。

6. 用表格做按钮

很多人为了做出按钮效果，不得不去动用一些图像或动画制作工具，非常麻烦，事实上，利用 FrontPage 2000 的表格功能，你可以轻松地做出按钮效果来。方法是：插入一个一行一列的表格，然后设置它的表格属性，将单元格边距和单元格间距均设为 0，亮边框设为白色，暗边框设为黑色，然后把边框的粗细设置为一个较大的数值就行了，你可以根据需要灵活调整。

5.4 表单和框架

5.4.1 表单的概念

表单是用于实现网页浏览者与服务器（或者说网页所有者）之间信息交互的一种页面元素，在 WWW 上它被广泛用于各种信息的收集和反馈，例如，用户反馈信息表、用户调查表、商品订货单中。在电子商务活动中，在线表单使用户可以通过浏览器向服务器端提交信息的功能，如用户注册、在线联系、在线调查表等都是在线表单的具体应用形式。

在线表单与电子邮件一样可以作为一种在线客户服务手段。在线表单的作用与E-mail类似，客户无须利用自己的电子邮件发送信息，而是通过浏览器界面上的表单填写咨询内容，提交到网站，由相应的客户服务人员处理，由于可以事先设定一些格式化的内容，如客户姓名、单位、地址、问题类别等，通过在线表单提交的信息比一般的电子邮件更容易处理。因此有为数不少的网站采用这种方式。从功能上说，在线表单和电子邮件这两种常用的在线联系方式都可以实现用户信息传递的目的，但从效果上来说却有着很大的区别，但如果处理不当，在线表单可能会存在很大的潜在问题，因此应该对此给予必要的重视。

表单(Form)是用来收集信息域的集合。这些信息域来自多种不同类型的表单元素，如文本框(Text)、单选框(Radio)、复选框(Check)、下拉式菜单(Pulldown)以及按钮(Button)等。这些元素需要和表单(<FORM>…</FORM>)一起使用，并且放在表单标签<FORM>与</FORM>之间，从而形成一个完整的表单。下面将详细介绍表单的各种元素及其相应的属性。

1. 表单<FORM>

表单标签<FORM>…</FORM>有点与<TABLE>…</TABLE>标签相似，需要在它中间加入一些其他标记，如<INPUT>、<BUTTON><SELECT>、<TEXTAREA>等标记，但表单标签不是像<TABLE>标签用于显示数据，而是让用户输入或选择数据的。<FORM>标签有许多属性，用于控制表单的特征。其具体属性如下：

Action属性：指定用于接收、处理表单数据程序的URL地址。这样的程序可以是ASP或CGI等应用程序。如果采用电子邮件方式时，用action="mailto:邮件地址"表示。但由于在默认状态下，发往邮件的数据是以URL的编码形式传送的，无法读取其内容，因此需要将enctype属性设置为“text/plain”。例如：

```
<FORM action="mailto:abc123@sohu.com" enctype="text/plain" method="post">
```

Method属性：指定表单数据传送到服务器的方式。有两种主要的方式，当method=get时，将输入数据加在action指定的地址后面传送到服务器；当method=post时则将输入数据按照HTTP传输协议中的post传输方式传送到服务器，电子邮件接收用户数据采用这种方式。

Name属性：用于设定表单的名称。

这些属性都是任选的，但为了清楚起见，Action和Method属性最好都要使用。

2. 表单输入标记<INPUT>

输入标记<INPUT>的格式有很多种，通过设置Type属性值，可得到文本框、口令、单选框、复选框、提交按钮等表单元素。此标记在表单中使用频繁，大部分表单元素都需要用到此标记。其主要属性如下：

Name属性：用于设定输入标记的名称，以便将来数据送出时，ASP或CGI程序能够用此名称很容易的分辨并获得其输入的数据值。

Value属性：指定输入数据的默认值，如果用户不输入的话，就采用此默认值。

Type属性：指定输入数据的类型，不同的类型代表了不同的表单元素。

通过使用Type属性的设置，可以得到多种形式的输入方式。

(1)单行文本框元素(Text)

当Type=Text时，表示输入类型为文本框，允许用户输入一行文本信息，可以设置Size属性，用来确定输入文本的最大字符数。例如：

```
<P>姓名:<INPUT Type="text" Size="10" name="sname"></P>
```

```
<P>性别:<INPUT  Type="text"  Size="2" name="ssex"></P>
```

(2)口令框元素(Password)

当 Type = Password 时,表示输入类型为可以输入密码的文本框,允许用户输入密码,并在文本框中输入的密码被显示成为"＊"号,可以设置 Size 属性,用来确定输入密码的最大字符数。例如:

```
<P>用户名:<INPUT  Type="text"  Size="10"  name="uname"></P>
<P>口令:<INPUT  Type="Password"  Size="16"  name="upass"></P>
```

【例 5.19】 文字和密码输入表单,效果如图 5-20 所示。

```
<HTML>
<HEAD>
<TITLE>文字和密码输入</TITLE>
</HEAD>
<BODY>
<form action=/cgi-bin/post-query method=POST>
您的姓名:
<input type="text" name="姓名"><BR>
您的主页的网址:
<input type="text" name="网址" value="http://" ><BR>
密码:
<input type="password" name="密码"><BR>
<input type="submit" value="发送"><input type="reset" value="重设">
</form>
</BODY>
</HTML>
```

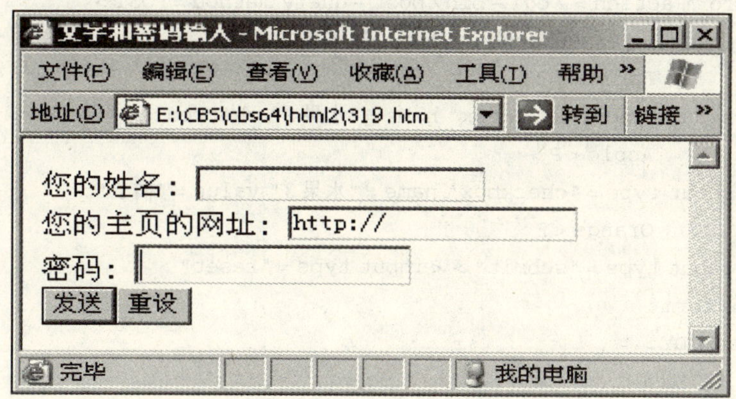

图 5-20　文字和密码输入表单

(3)单选框元素(Radio)

当 Type = Radio 时,表示输入类型为单选按钮,允许用户在一组单选按钮中,一次只能选择一个。如果在表单上添加了单选按钮,则需要为每一个单选按钮指定一个名称,并为每个单选按钮指定一个值,即参数 Name 和 Value 是必须要的。此外还可以为其中的一个单选按钮指定 Checked 参数,它表示在默认情况下,该选项被选种。例如:

```
<INPUT  Type="radio"  Value="male"  Name="sex"  Checked >男
<INPUT  Type="radio"  Value="female"  Name="sex">女
```

(4)复选框元素(Checkbox)

当Type=Checkbox时,表示输入类型为复选框,允许用户在一组复选框中选择多项。如果使用了复选框,则需要为每一个复选框指定一个名称,并为每个复选框指定一个值,即参数Name和Value是必须要的。此外还可以为其中的一个或多个复选框指定Checked参数,它表示在默认情况下,该选项被选种。例如:

```
<INPUT  Type="checkbox"  Value="music"  Name="check1"  Checked >音乐
<INPUT  Type="checkbox"  Value="read"  Name="check2"  Checked >读书
<INPUT  Type="checkbox"  Value="sport"  Name="check3"  >体育
```

(5)提交与恢复按钮元素(Submit,Reset)

当Type=submit时,表示输入类型为提交按钮,当按了submit按钮时,允许用户把表单上的数据提交给服务器上的ASP或CGI程序处理,当Type=reset时,表示输入类型为恢复按钮,按此按钮,将清除用户填写在表单中的数据,并允许用户重新填写。参数Value的值,将被显示在命令按钮的键面上。如果不指定value值,则按系统默认值显示出来。例如:

```
<INPUT  Type="submit" >
<INPUT  Type="reset”>
```

【例5.20】 单选框和复选框表单,效果如图5-21(a)所示。

```
<HTML>
<HEAD>
<TITLE>单选框和复选框</TITLE>
</HEAD>
<BODY>
<form action=/cgi-bin/post-query method=POST>
<input type="checkbox" name="水果1">
      Banana<P>
<input type="checkbox" name="水果2" checked>
      Apple<P>
<input type="checkbox" name="水果3" value="橘子">
      Orange<P>
<input type="submit"><input type="reset">
</form>
</BODY>
</HTML>
```

如果使用单选框,可以输入以下的程序:

```
<form action=/cgi-bin/post-query method=POST>
<input type="radio" name="水果">
      Banana<P>
<input type="radio" name="水果" checked>
      Apple<P>
<input type="radio" name="水果" value="橘子">
      Orange<P>
```

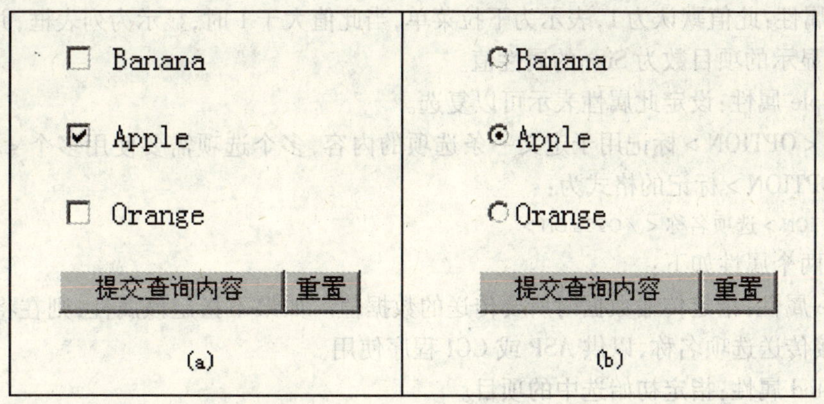

图 5-21　单选框和复选框表单

```
<input type="submit"> <input type="reset">
</form>
```

运行效果如图 5-21(b)所示。

3. 多行文本框标记 <TEXTAREA>

多行文本框标签允许用户一次输入多行信息，如果在 <TEXTAREA>… </TEXTAREA> 标签中间填写内容时，将被作为提示信息或默认文本显示在多行文本框内。该标签可用来制作表单中的备注栏等。它有三个属性如下：

Name 属性：用于设定多行文本框标记的名称，以便将来数据送出时，ASP 或 CGI 程序能够用此名称很容易的分辨并获得其输入的数据值。

Rows 属性：指定文本框所能显示信息的行数。

Cols 属性：指定文本框所能显示信息的列数。

例如：

```
<TEXTAREA Name="memo"  Rows="6"  Cols="30">在此输入备注信息
</TEXTAREA>
```

4. 下拉式菜单 <SELECT>

下拉式菜单可列出所有事先定义好的项目，然后允许用户选择其中一项或多个项目。制作下拉菜单时，首先用 <SELECT>… </SELECT> 标签定义下拉菜单，然后在 <SELECT> 标签中间，再使用 <OPTION>… </OPTION> 标签一个一个的定义项目，直至定义完所有的下拉菜单项目。<SELECT> 标签的格式为：

```
<SELECT name="名称">
<OPTION>选项</OPTION>
...
</SELECT>
```

它有三个属性如下：

Name 属性：用于设定下拉式菜单的名称，以便将来数据送出时，ASP 或 CGI 程序能够用此名称很容易地分辨并获得其中所选中的菜单项。

Size 属性:此值默认为 1,表示为下拉菜单,当此值大于 1 时,显示为列表框,并且在列表框中一次显示的项目数为 Size 的属性值。

Multiple 属性:设定此属性表示可以复选。

每个 <OPTION>标记用于定义一条选项的内容,多个选项需要使用多个 <OPTION>标记, <OPTION>标记的格式为:

```
<OPTION>选项名称</OPTION>
```

它有两个属性如下:

Value 属性:指定传输数据时所要传送的数据值。如果不指定该属性,则在将来传送数据时,直接传送选项名称,以供 ASP 或 CGI 程序使用。

Selected 属性:指定初始选中的项目。

例如:

```
<P>学历
<SELECT size="1" name="D1">
  <OPTION>研究生</OPTION>
  <OPTION selected>本科</OPTION>
  <OPTION>专科</OPTION>
  <OPTION>高中</OPTION>
  <OPTION value="middler">初中</OPTION>
  </SELECT></P>
```

其中“本科”选项为初始选中的项目,在“初中”选项中指定了 Value 值,表示将来传送数据时,不是传送“初中”,而是传送“middler”。

5.4.2 框架

1. 什么是框架

所谓框架(Frames)就是在网页的页面中生成几个独立变化的窗口,同时使用多个 URL,分别放在这些窗口中,一起显示出一个页面的内容。框架是一个应用程序框架,为应用程序的开发提供强大的支持;框架也是一个容器,管理对象的整个生命周期,维护对象的各种存在状态。

框架与表格相比较,其最大区别在于框架的每个窗口都可以包含一个独立的页面,而每一个页面又可以独立于其他页面而翻动或改变。可以说,每一个框架就是一个小型的浏览器。合理运用框架可以使一个页面显得更加完美、更具有视觉上的吸引力、更宜于导航。

在框架网页结构中,每一个区域为一个框架窗口(称为框架),每一个框架窗口中可以显示一个独立的网页,所以框架网页已与前面我们所学普通网页大不相同,它们的主要区别在于:

①框架网页文件是一组文件,也就是说每一个框架构成一个文件,它们是一组相对有关联的文件,例如,有一个主页分为 3 个框架,每一个框架组成一个文件,另外加一个主体文件,一共是 4 个文件,所以,一个具有框架的主页具有 $N+1$ 个文件。

②框架文件的主体不再使用 <BODY>…</ BODY>标签,而是使用 <FRAMESET>…</ FRAMESET>和 <FRAME>标签。

③在框架网页文件中只记录该框架是如何分割和如何显示,而不包括任何可见的显示

内容,所以它不需要 <BODY> 标签。

2. 框架集 <FRAMESET> 和框架 <FRAME>

框架架构的标记,主要是分割窗口和插入浮动窗口的功能。如果能有效的运用将有助于浏览网页的效率。常用窗口标签如下。

(1) <FRAMESET>…</ FRAMESET> 定义分割窗口

它的相关属性如下。

BORDER:边框。

COLS:行,设定分割左右窗口宽度(用“,”分隔,可设百分比“%”,“ * ”表示剩余部分)。

FRAMEBORDER:显示边框。

ROWS:列,设定分割上下窗口高度(用“,”分隔,可设百分比“%”,“ * ”表示剩余部分)

(2) <FRAME> 定义窗口

它的相关属性如下。

FRAMEBORDER:显示边框。

NAME:名称。

NORESIZE:设定是否可以调整窗口大小。

SRC:文件或 URL 位址。

SCROLLING:设定是否可以卷动。

(3) <NOFRAMES>…</ NOFRAMES> 无支援分割窗口浏览器显示文字

它的相关属性如下。

BORDER:边框。

FRAMEBORDER:显示边框。

NORESIZE:设定是否可以调整窗口大小。

SRC:文件或 URL 位址。

SCROLLING:设定是否可以卷动。

【例 5.21】 注册会员登记表单,效果如图 5-22 所示。

```
<HTML>
<HEAD>
<TITLE>分框显示</TITLE>
</HEAD>
<FRAMESET rows="74",* cols="140",* frameborder="NO" border="0">
<FRAME src="f1.htm" NAME="RAD" NORESIZE SCROLLING=NO>
<FRAME src="f2.htm" NAME="FRAME1" NORESIZE SCROLLING="NO">
<FRAME src="f3.htm" NAME="FRAME2" NORESIZE SCROLLING="AUTO">
<FRAME src="f4.htm" NAME="FRAME3" NORESIZE SCROLLING="AUTO">
</FRAMESET>
</HTML>
```

注意:程序中的 f1. htm…f4. htm 文件内容就是“这是第几个窗口”,实际应用时需要实在的内容。

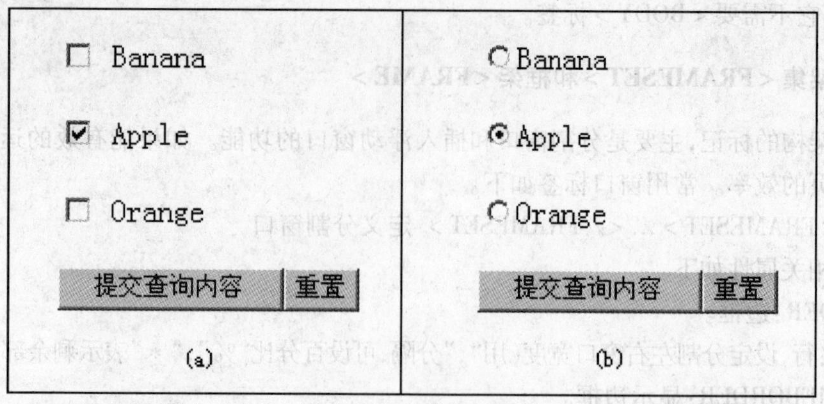

图 5-22　分框显示

3. 横向分框

横向分框使用 <FARMSET ROWS = # > 来定义各窗口所占的高度。其中#为一个或多个属性值,如有多个值时,可用逗号隔开,数值的个数代表分割框架的数目,每个属性值则依次表示每个框架的高度。其 ROWS 属性的取值与 COLS 完全相同。

【例 5.22】 横向分框示例,效果如图 5-23 所示。

```
<HTML>
<HEAD>
<TITLE>横向分框</TITLE>
</HEAD>
<NOFRAMES>
你的浏览器不支持分框
</NOFRAMES>
<FRAMESET rows = "160,40%,*">
  <FRAME  src = "f5.HTM">
  <FRAME  src = "f6.HTM">
  <FRAME  src = "f7.HTM">
</FRAMESET>
</HTML>
```

4. 纵向分框

纵向分框使用 <FARMSET cols = # > 来定义各窗口所占的宽度。其中#为一个或多个属性值,如有多个值时,可用逗号隔开,数值的个数代表分割框架的数目,每个属性值则依次表示每个框架的宽度。如, <FARMSET cols = "30,50,*">。

有三种方法定义各框的宽度:

数字:指定分割窗口宽度的像素数。

百分号(%):指定分割窗口占 <FRAMESET> 总宽度的百分比。

星号(*):当使用星号时,通常用来表示剩余空间。

【例 5.23】 纵向分框,效果如图 5-24 所示。

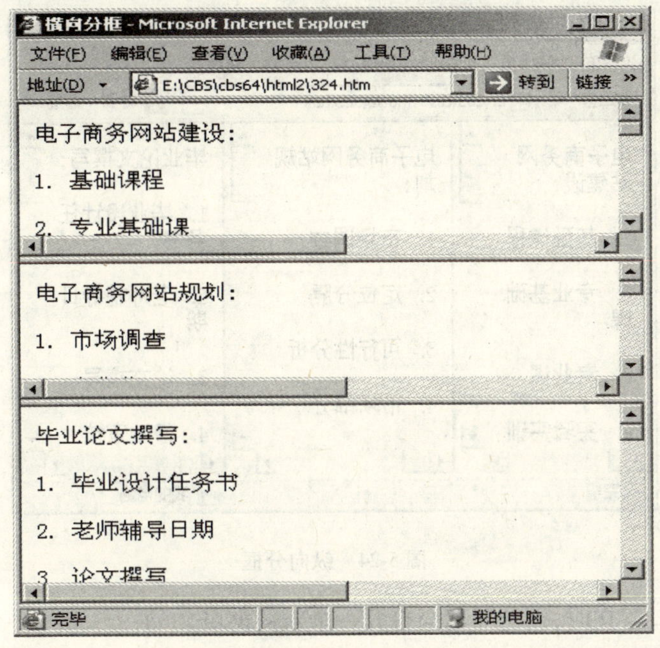

图 5-23 横向分框

```
<HTML>
<HEAD>
<TITLE>纵向分框</TITLE>
</HEAD>
<NOFRAMES>
你的浏览器不支持分框
</NOFRAMES>
<FRAMESET cols="160,40%,*">
   <FRAME  src="f5.htm">
   <FRAME  src="f6.htm">
   <FRAME  src="f7.htm">
</FRAMESET>
</HTML>
```

5.4.3 框架的应用

框架的应用一般包括在页面的顶部建立一个包括公司徽标或网站主题的框架,而且将页面的其他部位根据其内容划分成不同的框架,通常是用左边的框架提供公司的产品目录列表,而右边的框架则是用来详细介绍每种产品和显示图片,它的内容将根据用户在左边框架中所选的项目而不断变化,这就需要将左边框架中页面上的每个超链接都指向右边的目标框架。这样,当用户在左边框架的页面中点击一个超链接时,相应的目标网页就会在右边的框架中出现。

当选中左边框架中的超链接后,希望将所链接的网页能够显示在指定的框架中时,就要用到 Target 属性,当 Target 属性值与页面中的窗口名相同时,就会在该窗口中显示。如果没

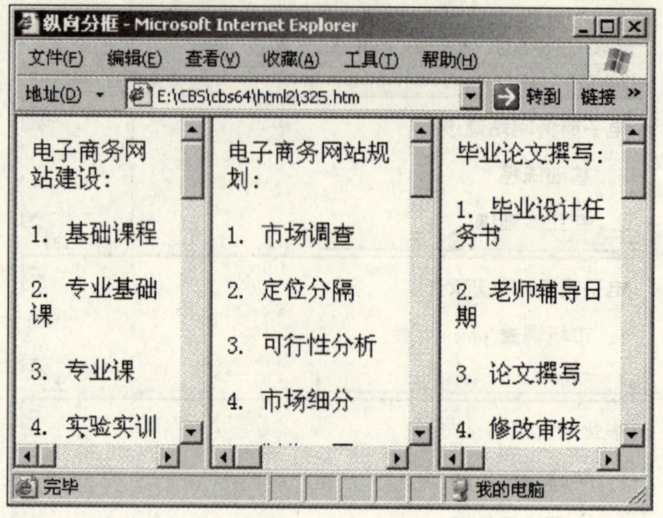

图 5-24　纵向分框

有与它匹配的窗口存在时,浏览器就会打开一个新的窗口。

【例 5.24】　框架应用示例,效果如图 5-25 所示。

(1)框架(326. htm)的源程序代码

```
<HTML>
<HEAD>
<TITLE>框架应用</TITLE>
</HEAD>
<NOFRAMES>
<P>此网页使用了框架,但您的浏览器不支持框架。</P>
</NOFRAMES>
<FRAMESET rows="80,*">
<FRAME name="banner" scrolling="no"
noresize target="contents" src="3261.htm">
<FRAMESET cols="170,*">
<FRAME name="contents" target="main" src="3262.htm">
<FRAME name="main" src="3263.htm">
</FRAMESET>
</FRAMESET>
</HTML>
```

(2)网页 1(3261. htm)的源程序代码

```
<HTML>
<HEAD>
<TITLE>网页1</TITLE>
<BASE target="contents">
</HEAD>
<BODY bgcolor="#0000FF">
<P align="center"><FONT size="7" face="华文彩云" color="#FFFF00">
<SPAN style="background-color:#0000FF">精品课程</SPAN></FONT></P>
</BODY>
```

```
</HTML>
```

(3)网页 2(3262. htm)的源程序代码

```
<HTML>
<HEAD>
<TITLE>网页 2</TITLE>
<BASE target="main">
</HEAD>
<BODY bgcolor="#FFFF00">
<TABLE border="0" width="110%" height="210">
 <TR>
   <TD width="100%" height="50" bgcolor="#FFFF00">
     <FONT face="华文行楷" size="5" color="#FFFF00">
   <A href="教材1.jpg">教材封面</A></FONT></TD>
 </TR> <TR>
   <TD width="100%" height="50" bgcolor="#FFFF00">
     <FONT face="华文行楷" size="5" color="#FFFF00">
   <A href="教学大纲.htm">教学大纲</A></FONT></TD>
 </TR> <TR>
   <TD width="100%" height="50" bgcolor="#FFFF00">
     <FONT face="华文行楷" size="5" color="#FFFF00">
   <A href="电子教案.htm">电子教案</A></FONT></TD>
 </TR> <TR>
   <TD width="100%" height="50" bgcolor="#FFFF00">
     <FONT face="华文行楷" size="5" color="#FFFF00">
   <A href="实验实训.htm">实验实训</A></FONT></TD>
 </TR></TABLE>
</BODY>
</HTML>
```

(4)网页 3(3263. htm)的源程序代码

```
<HTML>
<HEAD>
<TITLE>网页 3</TITLE>
</HEAD>
<BODY>
这个网页是要显示用户所选的内容
</BODY>
</HTML>
```

5.5 图像和超链接

5.5.1 图形的概念

1. 图形的描述

从实际形成来看，下面所列的我们都可称为图形：

图 5-25 框架应用

- 人类眼睛所看到的景物。
- 用摄影机、录像机等装置获得的照片、图片。
- 用绘图机或绘图工具绘制的工程图、设计图、方框图。
- 各种人工美术绘画、雕塑品。
- 用数学方法描述的图形(包括几何图形、代数方程或分析表达式所确定的图形)。

狭义地说,只有最后一类人们才称为图形,而前面一些则分别称为景象、图像、图画和形象等。但是,计算机图形处理的范围早已超出用数学方法描述的图形,故要用一个统一的名字来称呼上面各类景物、图片、图画、形象等所表示的含意,则还是用“图形”最为合适,因为它既包括图,又包括形。

从构成图形的要素来看,图形是由点、线、面、体等几何要素和明暗、灰度、色彩等非几何要素构成的。例如,一幅黑白照片上的图像是由不同灰度的点构成的,方程 $X^2+Y^2=R^2$ 确定的图形则是用一定灰度、色彩且满足这个方程的点所构成的,因此,计算机图形不但有形状,而且还有明暗、灰度和色彩。这是与数学中研究的图形不同之处。它比数学中描述的图形更为具体,但它仍是一种抽象,因为一只玻璃杯与一只塑料杯只要形状一样,透明性一样,则从计算机图形的观点来看,它们的图形是一样的。

所以,我们可以这样来描述计算机的图形,即所谓的图形是从客观世界的物体中抽象出来的带有灰度或色彩及形状的图或形。

2. 向量图形的描述

向量图形是一种以指令的形式存在的,这些指令描述一幅图中所包含的每一个直线、圆、椭圆、弧线、扇线、矩形等的大小和形状。显示一幅向量图形时,需要用软件读取这些指令,并将它们转变为屏幕上所能显示的形状和颜色,图 5-26 所示的是一幅向量图形的示例。

用来生成向量图形的工具是一种程序，通常称为 Draw（绘画）程序，它要求以该程序已设计好的一些图元进行绘画，例如，有点、线、平行四边形、圆、椭圆、弧线、扇形等。用户可以用这些小小的图元进行放大、缩小、旋转等各种操作，使其构成你所需要的图形。

向量图形通常用于线条的绘制、报纸的版面设计、出版物的图形排版以及建筑绘图等。著名的北大方正排版软件中的交互式图文编辑系统软件中所绘制的图形就是向量图，它不支持位图图形。

图 5-26　向量图形实例

3. 位图图像的描述

位图图像（或称位映图像）是由一组计算机内存位（bit）组成的，这些定义图像中每一个像素点的颜色和亮度。通常，使用位图产生的图像都比较细致，层次和色彩都比较丰富。照片、负片以及其他图像常以位图的形式存放。如图 5-27 所示的是一本书的位图图像。

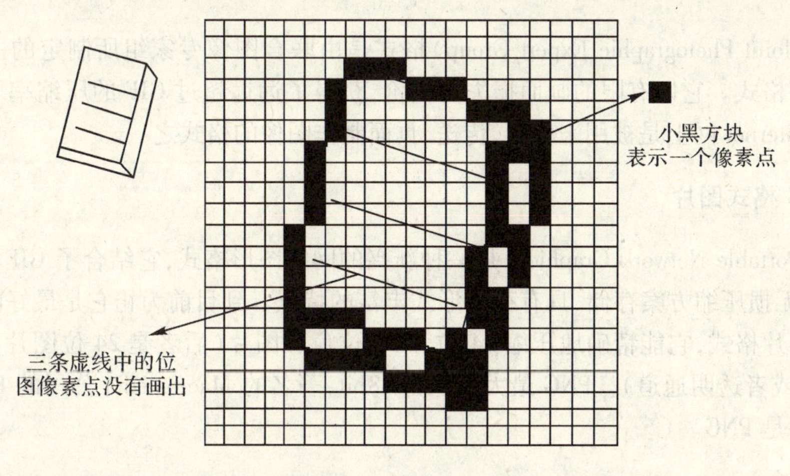

图 5-27　位图图像实例

位图可以用程序来绘制,也可以用扫描仪来扫描照片或平面照片,或用摄像机或帧捕捉设备获得数字化帧画面。

用来生成位图图像的工具也是一种程序,通常称为 Paint(绘画)程序,它要求通过使用指定的颜色画出每一个像素点来生成一幅数字化图像。Windows 中使用的标准位图格式是独立于设备的位图格式。通常,图像是以其他工业标准格式(如 PIC)生成的,然后再转换为 DIB 格式以便在应用程序中使用。

5.5.2 Web 页图像格式

图像使 Web 页面更加丰富多彩、生动形象。如果 Web 页上全是文字,给人的感觉会很单调。根据网页的内容、风格样式合理地加入一些图像,使得网页的内容图文并茂,可以吸引更多的浏览者。

图片文件的格式有很多种,比如:BMP、JPEG、GIF、PNG、TIF、PCX、CDR、PSD 等都是相当普遍的格式,但是什么样的图片能够加入网页中,或者说更适合于加入到网页中呢?由于观看网上图片不像在本地计算机中看图片那样方便、快捷,一个很大的图片在网上传输要很长时间。为了尽可能地减少图片在网络中的传输时间,对要插入到网页中的图片,应该是在保证图片质量的前提下,尽可能减少它的尺寸。因此适合于加入到网页中的图片格式主要有 GIF、JPEG、PNG 和矢量格式的图片。

1. GIF 格式

GIF(Graphics Information Format)格式是由 CompuServe 创建,并被用来作为国际互联网上交换图片的媒介。它可以无损失地压缩图像,也可以用来制作动画,它是目前较为流行的图像文件格式之一,但它的调色板最多只能包含 256 种色彩。

它的图形分为静态 GIF 和动画 GIF 两种,支持透明背景图像,适用于多种操作系统,网上很多小动画都是 GIF 格式。GIF 动画作为一种压缩比非常高的无损压缩图像格式已被广泛的使用。

2. JPG 格式

JPEG(Joint Photographic Expert Group)格式是由联合图像专家组所制定的一种静态图像高效压缩格式。它以有限的画面损失为代价,获得了远远超过 GIF 的压缩率。这种格式的图像在 Internet 网上是被用来保存、传送、页面制作图像的格式之一。

3. PNG 格式图片

PNG(Portable Network Graphics)是一种新兴的网络图形格式,它结合了 GIF 和 JPEG 的优点,采用无损压缩方案存储,具有存储形式丰富的特点。到目前为止它是最好的不损失图像质量的图片格式,它能精确地压缩 24 位和 32 位色彩图片(后者是 24 位图片附带一个 8 位的 alpha 或者透明通道)。PNG 最大色深为 48bit,著名的 Macromedia 公司的 Fireworks 的默认格式就是 PNG。

5.5.3　图像标签及相关属性

在网页中加入图像可使用 <IMG> 标签，<IMG> 标签只有一个开始标签，而没有结束标签。<IMG> 标签常用属性如表 5-8 所示。

1. 图片的大小

虽然每幅图片本身都已设置了它的大小，但放在网页中指定的位置上，它的大小就不一定合适了。这时可以使用 Height 和 Width 两个属性来指定图片在浏览器中实际显示的高度和宽度。该属性值可以是以像素为单位的任意数值，也可以使用"%"表示，它表示整个图片占浏览器的高度和宽度的百分比。当用户改变浏览器的大小时，图片会根据浏览器的大小而自动调整。

表 5-8　<IMG> 标签属性

属性名称	功　能
Src	指定存放图片文件的路径和图片文件名
Alt	指定图片文件的简短说明，它主要用于以下几个方面： ①当浏览器在指定位置没找到图片文件时，将显示此内容 ②当浏览器下载图片时间过长时，先显示此内容 ③当浏览器不能显示或设置了不显示图片时，显示此内容 ④在浏览器 IE5 中，当鼠标移动到图片上时，也会显示此内容
Align	指定图片的对齐方式
Border	指定图片的线框粗细
Height	指定图片的高度
Width	指定图片的宽度
Hspace	指定图片的水平间距
Vspace	指定图片的垂直间距
Name	指定图片的名称。该名称可供 SCRIPT、APPLET 或书签使用

2. 图片的位置

图片对齐是指图片本身在页面中的位置，以及图片与文本的对齐。图片对齐属性 Align 有 5 种对齐方式。

Left：左对齐（默认值），表示图片在页面的左边，文字在图片的右边。

Right：右对齐，表示图片在页面的右边，文字在图片的左边。

Top：上对齐，表示文字与图片的顶部对齐。

Middle：居中对齐，该方式不是指图片居中，而是指文字与图片的中部对齐。

Bottom：下对齐，表示文字与图片的底部对齐。

3. 图片的边框

我们可以给图片添加边框，以便增强视觉效果。添加边框的属性是 Border，边框的单位是像素。

【例 5.25】 图片的边框,效果如图 5-28 所示。

```
<HTML>
<HEAD>
<TITLE>边框</TITLE>
</HEAD>
<BODY>
<IMG border="0" src="插花艺术.jpg" width="160" height="173">
<IMG border="1" src="插花艺术.jpg" width="160" height="173">
<IMG border="5" src="插花艺术.jpg" width="160" height="173">
<P>无边框 Border="0"    有边框 Border="1"   Border="5" </P>
</BODY>
</HTML>
```

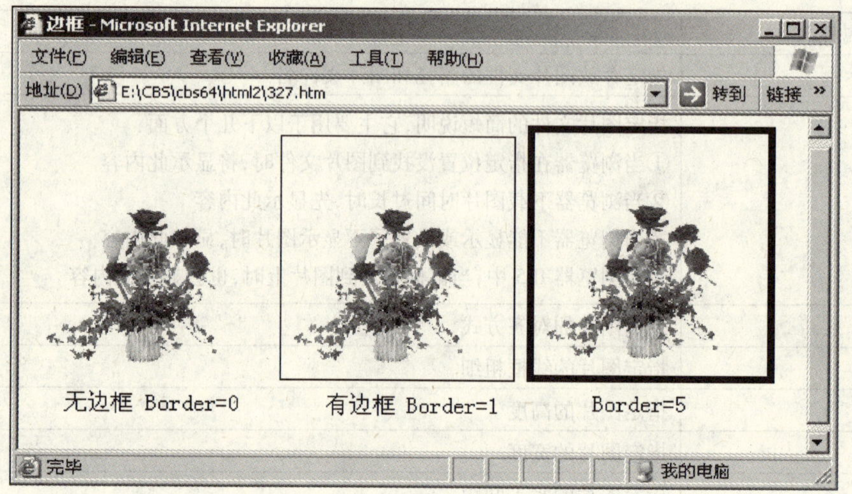

图 5-28 图像边框

5.5.4 超链接概念

在 Internet 中,超链接恐怕是最吸引人的优点之一,使用超链接可以使顺序存放的文件实现随机访问的能力。超链接可以在文章段落之间任意地链接,可以链接本机的另一个网页,也可以链接到另一台计算机上的网页。

1. 什么是超链接

所谓超链接是指访问者在网站上可以访问 Web 中的某一个网页文件的内容,也可以访问其他网页地址,甚至还可以访问远程网页中的内容。它可以是一段文字、标题、或图像等对象,当访问者点击它时,它就会告诉浏览器载入一个新的网页,这个网页可能就是近在咫尺的本机上,也可能是在天涯海角的海上孤岛。

2. 什么是定位点

所谓定位点是指访问者在网站上可以访问 Web 中的某一个网页文件中某一个位置的内容,但不可以访问其他网页中的内容,也不能访问远程网页中的内容。它的作用只是在网页文件内标记一个特定的点,就像一个书签,这样就可以实现在同一个页面上定位了。

3. 什么是 URL

URL(Uniform Resource Locator)是统一资源定位器的缩写。它是一种统一格式的Internet信息资源地址的表示方法,它将 Internet 上提供的各种类型的服务统一编址,从而可以使用户通过 Web 浏览器进行查询。它好比某个学校在某个城市里的某条街道的地理上的地址。

在 Internet 中,每一台主机的域名都是唯一的,而每一台计算机上的每一个文件的路径和文件名也是唯一的,所以通过 URL 就可以唯一的确定信息资源在 Internet 上的具体位置。比如:

http:// www. sohu. com/ index. html

它分为三个部分:通讯协议、域名、文件路径和文件名。

通讯协议:是指 URL 所链接的网络服务类型,如:

HTTP 代表超文本传输协议,HTTP:// www. sina. com. cn/ index. html

FTP 代表文件传输协议,FTP:// ftp. sjtu. edu. cn/

TELNET 登录远程系统服务,TELNET:// bbs. zju. edu. cn/

MAILTO 电子邮件服务,MAILTO:abc123@ sohu. com

域名:指定在 Internet 中提供服务的主机名称。在域名后面还可以加上通信端口号,其方法是在域名后面加冒号一个":",然后再跟一个用数字表示的端口号。不同的端口可以提供不同的服务,例如:"浙江大学海纳百川站"同一个域名使用了 80 端口提供 HTTP 服务,使用 23 端口提供 TELNET 服务。通常服务器所提供的端口号都是采用默认的,一般用户并不需要指定端口号,除非是特殊的端口号。常用的系统默认端口号为:HTTP 为 80、FTP 为 21、TELNET 为 23、E-mail 接收为 110、发送为 25。

文件路径和文件名:指定存放文件的虚拟路径或相对路径名和要访问的具体文件名。

5.5.5 文档与超链接

1. 超链接分类

超链接基本上可分成以下几种类型。

(1)外部链接

所谓外部链接就是链接到网络的某个 URL 网站,也可以链接到某一个网页或某个文件。其格式为://主机名称/路径/文件名称。例如:

网站,http : // cmjs. nease. net/

文件传输,ftp : // ftp. cmjs. nease. net /

GROPHER 传输,gropher : // gropher. net. cn/

远端登入,telnet : // bbs. net. cn/

文件下载,file : / datahtml/ file. zip

NET NEWS 传输,news : talk. hinet. net. cn

E-Mail,mailto : pcedu@ pconline. com. cn

(2)内部链接

所谓内部链接是指在同一个网站间的链接,可以是网页之间、文档之间、图像之间的链接。

2. 超链接标签

创建一个超链接需要使用<A>... </A>标签,<A>标记与</A>标记之间的文字内容被设置为超链接,并且文字会变成蓝色且有下划线,只要单击该文字,即可链接到指定的网页,此外图片也可设置链接,图片设置链接后在图片的四周会出现一个蓝色的边框。

<A>标记的常用属性有:

Href:指定超链接所要链接的文件名称或 URL。

Name:指定书签名称。

Target:指定目标框架的名称。

创建超链接可根据所链接的内容的不同分为四种类型:指向本地网页的链接、指向其他服务器上的网页的链接、指向书签的链接(页面中某个特定部位)以及链接至 E-mail 地址。

3. 指向其他服务器上的网页的链接

其他服务器是指 Internet 网上的其他主机。指向其他服务器上的网页的链接应使用完整的 URL。例如:建立一个指向搜狐网站的超链接,相应的语句为:

```
<A Href="HTTP://WWW.SOHU.COM">搜狐主页</A>
```

或

```
<A href="http://www.163.com"> 网易主页</A>
```

4. 指向本地网页的链接

链接本地网页是指链接到同一个服务器中的另一个页面,可在 HREF 属性中直接等于要链接的文件名和相对路径或虚拟路径。如:

```
<A Href="menu.htm">回到主菜单</A>
```

在这里 menu. htm 与当前网页属于同一个目录下,如果网页 menu. htm 不在当前目录下,而在下一级的 home 目录中时,则须指定为:Href = "home/ menu. htm";如果是在上一级目录时,则指定 Href = "../ menu. htm" 。

【例 5.26】 链接本地网页,效果如图 5-29 所示。

```
<HTML>
<HEAD>
<TITLE>精品课程</TITLE>
<STYLE>
<! --
div.Section1
    {page: Section1;}
```

```
-- >
< /STYLE >
< /HEAD >
< BODY >
< P align = "center" >
< A href = "第一章.htm" > 上一章 < /A >  
< A href = "../menu.htm" > 主菜单 < /A >  
< A href = "第三章.htm" > 下一章 < /A >
< BR > < BR >
第二章　电子商务网站规划 < BR >
< /P >
    < div class = "Section1" style = "LAYOUT - GRID:
15.25pt 0pt; mso - layout - grid - char - alt: 0" >
  < p class = "4" >
电子商务网站是电子商务系统运行的主要承担者和体现者,电子商务
网站的设计与管理是电子商务实施运作过程中持续不断的基础工作。
电子商务网站的规划是网站设计与管理的重要内容,是电子商务网站
建设的重要步骤。网站规划的好坏,
直接影响着企业电子商务网站实施的成败。
< /P >
< /BODY >
< /HTML >
```

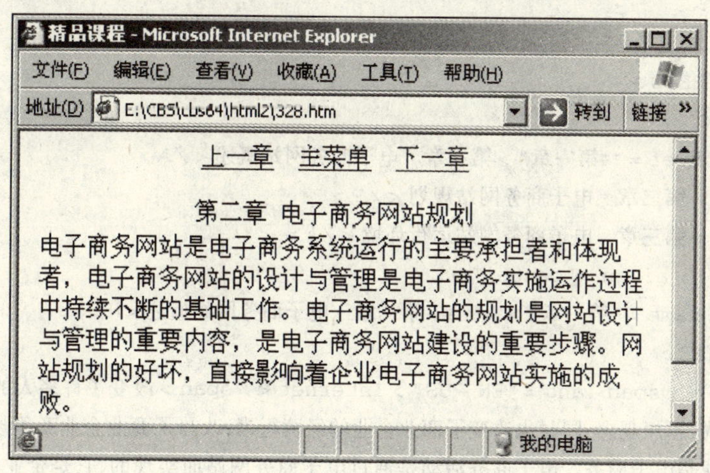

图 5-29　链接本地网页

5. 指向书签的链接

不同网页之间可以互相链接,在同一个网页的不同部分或不同页面的特定部分也可以进行链接,这种链接被称为书签链接。例如,可以在长文档的顶部以超链接的方式显示一个目录,而这些目录的内容则链接到本网页中各自指定的具体内容上,当我们想要查看不同的内容时,只要点一下链接到该内容的目录链接即可。

建立书签链接分两个步骤:建立书签和建立链接。

(1)建立书签

当链接到文档的指定位置时,则需要在此位置设一个特殊标志,即书签,它使用<A>标记中的 NAME 属性取代 HREF 属性,NAME 属性的值为书签的名称,而且在<A>和</A>之间不需要任何内容。例如:从网页的开始处,跳转到网页的末尾。

```
<A Name = "end" > </A>
```

其中:end 为书签的名称,该标签则建立在网页的末尾处。

(2)建立书签链接

建立好了书签之后,就可在链接文本中设置链接标签:

```
<A HREF = " #end" >网页末尾</A>
```

其中:end 为书签的名称,该标签则建立在网页的开始处。

这样,当你在网页的开始处用鼠标单击"网页末尾"文字时,浏览器将会自动转到网页末尾的书签处。

【例 5.27】 同网页的书签链接,效果如图 5-30 所示。

```
<HTML>
<HEAD>
<TITLE>书签</TITLE>
<STYLE>
<! --
div.Section1    {page: Section1;}
-- >
</STYLE>
</HEAD>
<BODY>
<A href = "#第一章" >第一章  电子商务网站概述</A>
<P>第二章  电子商务网站规划</P>
<P>第三章  电子商务网站运行环境</P>
</H3 align = "center">
<A name = "第一章" > </A>第一章  电子商务网站概述<H>
</H3>
<p> <span lang = "EN - US" >Internet </span>改变了许多人的生活习惯、交流方式、思想观念,同时也改变了商业企业的经营行为,改写了商业企业竞争规则,其中主要形式便是电子商务。电子商务活动是通过电子商务网站而实现的,它是企业利用信息网络进行的商务活动,是一种电子化的运作方式。它为用户提供网页服务、数据传输服务、邮件服务、数据库服务等多种服务的信息载体。本书主要介绍的是电子商务网站建设与管理的基本理论和实践。本章主要介绍的是电子商务网站的基本概念,这是我们创建和管理电子商务网站必不可少的最重要的基本知识。 </P>
</BODY>
</HTML>
```

如果要链接到其他网页的某一处时,则应先在被链接的网页里建立书签,然后,再在要链接的网页中建立书签链接。例如将上题分为两个网页,其中一个网页为 detail. htm,只放

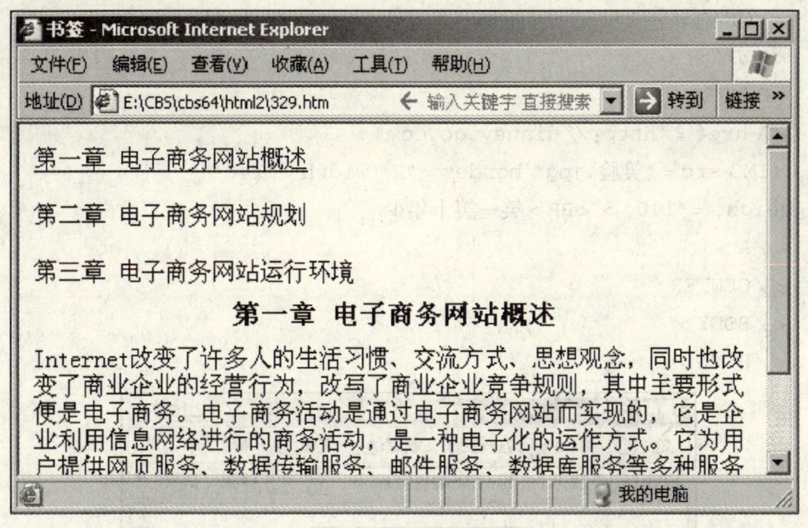

图 5-30　同网页的书签链接

文章内容,并且在每一章内容的前面都加一个书签,而另一个网页为 contents. htm,只放文章的目录,则该网页的语句为:

```
<HTML>
<HEAD>
<TITLE>目录</TITLE>
</HEAD>
<BODY>
<A href="detail.htm#第一章">第一章　电子商务网站概述</A>
<A href="detail.htm#第二章">第二章　电子商务网站规划</A>
<A href="detail.htm#第三章">第三章　电子商务网站运行环境<A>
</BODY>
</HTML>
```

6. 链接至 E-mail 地址的超链接

在网页中还可以建立与 E-mail 地址相链接的超链接,点击该超链接后,会自动启动电子邮件程序,进行邮件的发送。建立电子邮件的超链接需要使用 Href 属性,使用的通讯协议为 mailto 协议。例如:

```
<A HREF="mailto: abc123@sohu.com">请与我联系</A>
```

7. 建立图片的超链接

除了可以使用文字作超链接外,还可以使用图片作为超链接。其方法是在 <A>…</A>标签的中间不放文字,而改放图片。

【例 5.28】　图片超链接,效果如图 5-31 所示。

```
<HTML>
<HEAD>
<TITLE>图片超链接</TITLE>
```

```
</HEAD>
<BODY>
<CENTER>
<A href="http://disney.go.com">
<IMG src="笑脸.jpg" border="2" width="140"
height="140"><BR>笑一笑十年少
</A>
</CENTER>
</BODY>
</HTML>
```

图 5-31 图片超链接

8. 播放音乐

HTML 除了可以插入图形之外,还可以播放音乐和视频等。用浏览器可以播放的音乐格式有:MIDI 音乐、WAV 音乐、AU 格式。另外在利用网络下载的各种音乐格式中,MP3 是压缩率最高,音质最好的文件格式。

```
<A HREF="音乐地址">乐曲名</A>
```

例如:播放一段 MIDI 音乐:

```
<A HREF="midi.mid">MIDI 音乐</A>
```

(1)播放一段 AU 格式音乐

```
<A HREF="you.au">同桌的你-AU 音乐</A>
```

(2)自动载入音乐

可以让音乐自动载入,也可以让它出现控制面板或当背景音乐来使用。基本语法:

```
<EMBED SRC="音乐文件地址">
```

它的常用属性有:

SRC = "FILENAME":设定音乐文件的路径。

AUTOSTART = TRUE/ FALSE: 是否要音乐文件传送完就自动播放,TRUE 是要,FALSE 是不要,默认为 FALSE。

LOOP = TRUE/ FALSE: 设定播放重复次数,LOOP = 6 表示重复 6 次,TRUE 表示无限

次播放,FALSE 播放一次即停止。

STARTIME = " 分:秒" :设定乐曲的开始播放时间,如 20 秒后播放写为 STARTIME =00:20。

VOLUME = 0 ~ 100:设定音量的大小。如果没设定的话,就用系统的音量。

WIDTH HEIGHT:设定控制面板的大小。

HIDDEN = TRUE:隐藏控制面板。

CONTROLS = CONSOLE/ SMALLCONSOLE:设定控制面板的样子。

【例 5.29】 播放音乐。

```
<HTML>
<HEAD>
<TITLE>播放音乐</TITLE>
</HEAD>
<BODY>
<EMBED src="midi.mid" autostart="true" hidden="true" loop="true">
作为背景音乐来播放。
</BODY>
</HTML>
```

【例 5.30】 播放音乐,出现控制面板,效果如图 5-32 所示。

```
<HTML>
<HEAD>
<TITLE>播放音乐</TITLE>
</HEAD>
<BODY>
<EMBED src="midi.mid" loop="true" width="145" height="60">
</P>    出现控制面板了,你可以控制它的开与关,还可以调节音量的大小。</P>
</BODY>
</HTML>
```

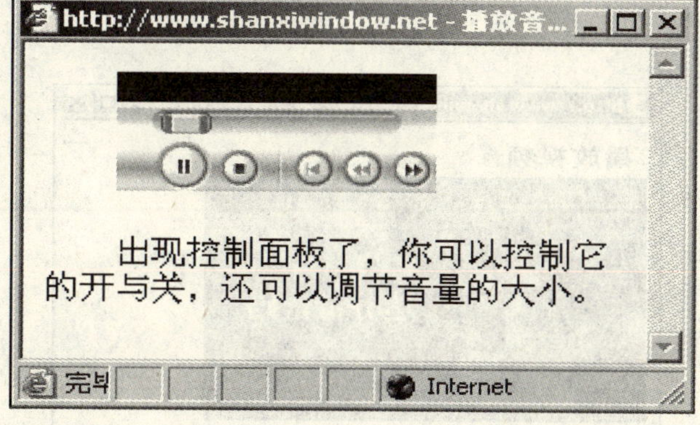

图 5-32　播放音乐出现控制面板

9. 播放视频

用浏览器可以播放的格式有:MOV 格式、AVI 格式。播放视频标签形式为:

```
<A  HREF="视频地址">视频名称</A>
```

例如:播放一段视频:

```
<A  HREF="welcome.avi">WINDOWS95</A>
```

WINDOWS95

自动载入视频,与音乐的播放一样,我们可以使用 EMBED 标签播放视频。

```
<EMBED SRC="视频文件地址">
```

播放视频标签的属性如下:

SRC="FILENAME":设定文件的路径。

AUTOSTART=TRUE/ FALSE:是否要文件传送完就自动播放,TRUE 是要,FALSE 是不要,默认为 FALSE。

LOOP=TRUE/ FALSE:设定播放重复次数,LOOP=6 表示重复 6 次,TRUE 表示无限次播放,FALSE 播放一次即停止。

STARTIME="分:秒":设定开始播放时间,如 20 秒后播放写为 STARTIME=00:20。

VOLUME=0~100:设定音量的大小。如果没设定的话,就用系统的音量。

WIDTH HEIGHT:设定控制面板的大小。

【例 5.31】 播放视频,出现控制面板,效果如图 5-33 所示。

```
<HTML>
<HEAD>
<TITLE>播放视频</TITLE>
</HEAD>
<BODY>
<B><font size=4>播放视频</font></B>
<P><EMBED SRC="welcome.avi" autostart="false"
loop="false" width="350" height="250">
</P>
</BODY>
</HTML>
```

图 5-33 播放视频

习题五

一、判断题（正确的打“√”，否则打“×”）

1. HTML 不是一种真正的计算机语言，而是一种描述语言。（ ）

2. <EM>标签符是强调内容为粗体字体。（ ）

3. 每个 HTML 文件是以<HTML>为开始的，以</HTML>为结束。（ ）

4. 分段标签形式为：
…</BR>。（ ）

5. 表格标签形式是：<CAPTION>…</CAPTION>，该标签应放在<HTML>…</HTML>标签内，其他表格行之前。（ ）

6. <HR>标签只有开始标签。（ ）

7. 利用<TABLE>标签中的 BORDER 属性来设置表格边框阴影部分的宽度。（ ）

8. 表单就表格，其格式与标识符都相似。（ ）

9. 超链接就是任何地区的网页和文件都可以连接。（ ）

10. 在网络上只有 GIF、JPEG、BMP 三种格式的图像可以传输。（ ）

二、填空题

1. HTML 标记符是一些________或________，并被放在________内，其格式为：________________。

2. HTML 标签一般都有________与________两种，分别放在________的文档两边。

3. 设定 HTML 文件主体文字颜色的标签是：________________，设定基本字体大小、颜色、字型的标签是：________________，设定字体大小、颜色、字型的标签是：________________。

4. HTML 中的标识符<B>表示________、<I>表示________、<TT>表示________、<U>表示________、<BIG>表示________、<SUB>表示________。

5. 定义一个表格需要用________________标签，<TR>定义________、<TH>定义________、<TD>定义________。

6. 表单是用于实现________与________之间________的一种页面元素，在 WWW 上它被广泛用于________的收集和________。

7. 框架是在________的页面中生成________的窗口，同时使用________，分别放在这些窗口中，一起显示出________的内容。框架是一个________框架，为应用程序的________提供强大的支持。

8. 在网页中加入图像可使用________标签，该标签只有________标签，而没有________标签。

9. 图片对齐属性 Align 有左对齐________、右对齐________、上对齐________、居中对齐________、下对齐________等 5 种对齐方式。

10. 超链接指的是________在网站上可以访问________的某一个网页文件的内容，也可以访问________地址，甚至还可以访问________中的内容。它可以是________、________、或________等对象。

三、思考题

1. 简述 HTML 概念。
2. 简述 HTML 文件的结构。
3. 简述 HTML 字体格式。
4. 简述 HTML 逻辑风格标签种类。
5. 简述 HTML 物理风格标签种类。
6. 简述 HTML 中表格的定义。
7. 简述表格边框设计概念。
8. 表格如何在网页中应用。
9. 简述表单的概念。
10. 简述超链接的概念。

第 6 章

XML 标注语言

在学习了 HTML 语言后，本章将介绍 XML 语言。XML 与 HTML 一样也是一种置标语言，它是在 HTML 推出新规范感到困难时提出的。HTML 和 XML 都基于 SGML，但 SGML 太庞大，以至于很难使用它，而 XML 保留了 SGML 的优点，除去了其过于复杂的缺点，用户可以用它来制定一套自己的置标语言，因此，它是一种元置标语言。要注意的是 HTML 是 SGML 的一个应用，而 XML 是 SGML 的一个子集。

微软指出，当今在因特网向电子商务应用方向发展时，Web 技术成为关键问题，而 XML 则可以有效解决这些问题，它可以统一多种语言、多种数据格式和多种表现方式。将可能成为因特网标准。通过本章的学习，要求：

- 认识 XML 的运行环境和工作原理。
- 掌握 XML 标注语言的语法结构。
- 掌握 XML 标记符的用法。
- 学会使用 XML 语言制作自己的网页。

6.1 XML 的基本语法

6.1.1 XML 的出现及发展前景

1. 综述

XML 是 Extensible Markup Language 的缩写，意为可扩展的标记语言。它是由 W3C 于 1998 年 2 月发布的一种标准，是 SGML 的一个简化子集，它将 SGML 的丰富功能与 HTML 的易用性结合到 Web 的应用中，以一种开放的自我描述方式定义了数据结构，在描述数据内容的同时能突出对结构的描述，从而体现出数据之间的关系。这样所组织的数据对于应用程序和用户都是友好的、可操作的。自推出以来，迅速得到软件开发商的支持和程序开发人员的喜爱，显示出强大的生命力。

HTML（超文本置标语言），简单易学、灵活通用，使人们很容易地进行信息发布、检索和交流，从而使 Web 成了最大的环球信息资源库。然而，由于电子商务、电子出版、远程教育等基于 Web 的新兴应用领域的兴起使得传统的 Web 资源更加复杂化、多样化，日趋庞大的数据量对网络的传输能力也提出更高的要求。同时，人们对 Web 服务功能也提出了更高的要求，比如：用户需要对 Web 进行智能化的语义搜索和对数据按照不同的需求进行多样化显示等个性化服务；公司和企业要为客户创建和分发大量有价值的文档信息，以降低生产成本,以及对不同平台、不同格式的数据源进行数据集成和数据转化等。而这些要求是HTML所无法解决的,它作为一种简单的表示性语言,只能显示内容而无法表达数据内容。而这一点恰恰是电子商务、智能搜索引擎所必需的。另外,HTML语言不能描述矢量图形、数学公式、化学符号等特殊对象,在数据显示方面的描述能力也不尽如人意。最重要的是,HTML只是SGML(Standard Generalized Markup Language,标准通用置标语言)的一个实例化的子集,可扩展性差,用户根本不能自定义有意义的置标供他人使用。这一切都成为Web技术进一步发展的障碍。

XML的最大优点在于它的数据存储格式不受显示格式的制约。一般来说,一篇文档包括三个要素:数据、结构以及显示方式。对于HTML来说,显示方式是内嵌在数据中的,这样在创建文本时,要同时考虑输出格式,如果需求按不同风格来显示相同的内容时,则需要从头创建一个全新的文档,重复工作量很大。此外HTML缺乏对数据结构的描述,对于应用程序理解文档内容、抽取语义信息都有诸多不便。而XML把文档的三要素独立开来,分别进行处理。首先把显示格式从数据内容中独立出来,保存在样式单文件(Style Sheet)中,这样如果需要改变文档的显示方式,只要修改样式单文件就行了。XML的自我描述性质能够很好地表现许多复杂的数据关系,使得基于XML的应用程序可以在XML文件中准确高效地搜索到相关的数据内容。XML还有其他许多优点,比如它有利于不同系统之间的信息交流,完全可以充当网际语言,并有希望成为数据和文档交换的标准机制等。正因为这样使得它在政府、金融、证券、邮电、保险、税务、司法、出版以及电子商务等方面得到了广泛的应用。

概括起来XML的应用可分为四大类。

(1)应用于当客户需要与不同的数据源进行交互时

数据可能来自不同的数据库,他们都有各自不同的复杂格式。但客户与这些数据库间只通过一种标准语言进行交互,那就是XML。由于XML的自定义性及可扩展性,它足以表达各种类型的数据。客户收到数据后可以进行处理,也可以在不同数据库间进行传递。总之,在这类应用中,XML解决了数据的统一接口问题。但是,与其他数据传递标准不同的是,XML并没有定义数据文件中数据出现的具体规范,而是在数据中附加tag来表达数据的逻辑结构和含义。这使XML成为一种程序能自动理解的规范。

(2)应用于当需要将大量运算负荷分布到客户端时

客户可根据自己的需求选择和制作不同的应用程序以处理数据,而服务器只须发出同一个XML文件。在传统的"客户/服务器"工作方式下,客户需要向服务器发出各自不同的请求,服务器则分别予以响应,这种模式不仅加重了服务器本身的负荷,而且要求网络管理者必须事先调查各种不同的用户需求以作出相应不同的程序,如果用户的需求复杂而多变时,若仍然将所有业务逻辑集中在服务器端是不合适的。应用XML则将处理数据的主动权交给了客户,服务器所作的只是尽可能完善、准确地将数据封装进XML文件中。XML的自解释性使客户端在收到数据的同时也能理解数据的逻辑结构与含义,从而使广泛、通用的分布式计算成为可能。

(3)应用于需要将同一数据以不同的面貌展现给不同的用户

这一应用将会为网络用户提供更加个性化、风格化的应用界面。

(4)应用于网络代理对所取得的信息进行编辑、增减以适应个人用户的需要有些客户取得数据并不是为了直接使用而是为了根据需要组织自己的数据库。比方说,教育部建立一个庞大的题库,考试时将题库中的题目取出若干组成试卷,再将试卷封装进 XML 文件,接下来各个学校让其通过一个过滤器,滤掉所有的答案,再发送到各个考生面前,未经过滤的内容则可直接送到老师手中,当然考试过后还可以再传送一份答案汇编。此外,XML 文件中还可以包含诸如难度系数、往年错误率等其他相关信息,这样只需几个小程序,同一个 XML 文件便可变成多个文件传送到不同的用户手中。

2. XML 的发展过程

W2C 中列出关于 XML 的最早工作草案是名为可扩展的标记语言(Extensible Markup Language),日期为 1996 年 11 月 14 日。它指出 XML 将是一个及其简单的 SGML 版本,XML 文档被作为数据对象存储在计算机上。实体可以包含文本或二进制数据,文本实体可以包含内容文本和标记,内容文本是可以阅读的字符数据,如我们在 Web 页面上看到的内容,而标记则是标识、元素和属性,由它们来告诉浏览器如何安置内容文本及链接到哪里。

草案规定 XML 处理器需要处理 XML 文档,并提出 XML 处理器是一个独立的应用程序这一设想,该应用程序提供从 XML 文档到其他应用程序的解释内容。

1997 年 12 月 8 日,W3C 发布了 XML 1.0。1998 年 7 月,Internet 工作任务小组(Internet Engineering Task Force, IETF)发布了注释请求,RFC 2376,提出两种新的 XML 媒体类型:text/ xml 和 application/ xml。1998 年 7 月 31 日,"Document Content Description For XML"(XML 文档内容描述)注释被提交给 W3C,它即是 XML Schemas 的先驱。1998 年 9 月,涉及复杂业务表单(包括电子签名)"Extensible Forms Description Language(XFDL) 4.0"(扩展表单描述语言)被提交给 W3C。

最终,于 2000 年 10 月 6 日 XML 成为一项被正式接受的建议,其第二版正式发布,许多相关技术被正式定义为建议。这些相关技术及功能如下。

• XHTML 1.0:W3C 于 2000 年 1 月 26 日提出的一项建议,它重新将 HTML 描述为与 XML 兼容的应用。

• Extensible Stylesheet Language(扩展样式表语言 XSL) version 1.0:W3C 于 2000 年 11 月 21 日提出的候选建议,这种语言的目的是为 XML 文档显示样式表。

• XSL Transformations(XSL 转换,XSLT) version 1.0:W3C 于 1999 年 11 月 16 日提出的一项建议,XSLT 的目的是明确描述怎样将 XML 文档转换为指定平台下的一个最终产品,尤其是带有 XSL 格式化元素。

• XML Pointer(Xpointer), XML Base ,and XML Linking Language(Xlink):它们是 W3C 于 2000 年 6 月 7 日、9 月 8 日及 7 月 3 日提出的候选建议。涉及在 XML 文档中和 XML 文档间创建链接和导航的定义方法。

• XML Path Language(XML 路径语言,Xpath):W3C 于 1999 年 11 月 16 日提出的候选建议,这种语言提供一种在 XML 文档中定义路径的方法。

• XML Schema(XML 模式):W3C 于 2000 年 10 月 24 日提出的候选建议,这是设计 XML 应用程序的另外一种方法,它允许作者指出元素、属性、数据类型和约束。

• 工作草案:在 W3C 站点的"XML Query"标题下能够找到"XML Query Requirements"(XML 查询需要)、"XML Query Data Model"(XML 查询数据模型)和"The XML Query

Algebra”(XML 查询代数)。这三个草案都与建立 XML 文档的工作查询语言相关。

• XML 协议:这一领域主要为 XML 文档开发机—机通信协议,并只是开始形式处理。目前可以使用的唯一文档是 2000 年 12 月 19 日提出的 XML Protocol Requirements(XML 协议需求)工作草案。

• Xforms 1.0: W3C 于 2000 年 12 月 19 日提出的一项工作草案。这个文档专门处理通过 Internet 和其他平台的表单的开发和表示问题。

• XML Signature Syntax and Processing(XML 签名语法和处理):W3C 于 2000 年 10 月 31 日提出一项候选建议,它提出创建数字签名和相关的 Platform for Privacy Preference s (P3P,专用参数选择平台)。

• 杂项:关于 Resource Description Framework(RDF,资源描述框架)、Synchronized Multimedia Integration Language(SMIL,同步多媒体集成语言)、Scalable Vector Graphics Web 站点中查找到。

3. XML 的发展前景

XML 的丰富置标完全可以描述不同类型的单据,如信用证、保险单、索赔单以及各种发票等。结构化的 XML 文档发送至 Web 的数据可以被加密,并且很容易附加上数字签名。因此,XML 有希望推动 EDI(Electronic Data Interchange)技术在电子商务领域的大规模应用。

信息发布在企业的竞争发展中起着重要作用。服务器只需发出一份 XML 文件,客户可根据自己的需求选择和制作不同的应用程序以处理数据。加上 XSL(Extensible Stylesheet Language)的帮助,使广泛的、通用的分布式计算成为可能。

XML 能够更准确地表达信息的真实内容,其严格的语法降低了应用程序的负担,也使智能工具的开发更为便捷。来自不同应用程序的数据也能够转化到 XML 这个统一的框架中,进行交互、转化和进一步的加工,使得 Web 应用程序和数据集成更加智能化。

比尔·盖茨曾指出:新一代因特网的关键在于把握 XML。以 Web 浏览器为中心的因特网在向“商务因特网”发展时,需要一套全新的技术,而 XML 是这一切的基础,使用 XML 就可以统一多种语言、多种数据格式以及多种表现方式,将极大地促进电子商务的发展。

6.1.2 XML 文件的结构

1. XMl 文档结构

XML 文档包含由 XML 标记和字符数据组成的文本。它是一个有固定长度的有序字节的集合,并遵守特定的约束。它可能是或者不是一个文件。XML 文档可能存储在数据库中,或由 CGI 程序在内存中瞬间创建,或由几个相互嵌套的不同文件组合而成,或不存在于自身的文件中。即它可能并不是存在于硬盘上的真实文件。

XML 由称为“实体”的存储单元组成,每个实体包含文本或者二进制数据,两者不能同时存在。文本数据由字符组成,二进制数据用于图片和小程序等。比如:一个含有 <IMG> 标记的原始 HTML 文件是一个实体而不是文档,而一个 HTML 文件加上所有使用 <IMG> 标记嵌入的图片就组成一个文档。

XML 文档是文本。文本由字符组成,字符是字母、数字、标点符号、空格、制表符号或类似的符号。XML 使用 Unicode 字符集(统一的字符编码标准集),它不仅包含来自英语和其他西欧字母表中的常见字母和符号,也包含来自古斯拉夫语、希腊语、希伯来语、阿拉伯语和梵语的字母表。另外还包含汉语和日语的象形汉字和韩国的 Hangul 音节表。

Unicode 使用 0B ~ 65535 的双字节无符号数对每一个字符进行编码。目前已经定义了 40000 多个不同的 Unicode 字符,剩余 25000 个空缺留给将来扩展之用。其中大约 20000 个字符用于汉字,另外 11000 左右的字符用于韩语音节。Unicode 中 0 ~ 255 的字符与 Latin-1 中的一致。

2. XML 声明

XML 声明在文件中虽然是可选内容,但 W3C 建议最好加上这一行声明,作为一个 XML 文件的第一行。以下为最简单的 XML 声明:

```
<? xml version = "1.0" ? >
```

XML 声明中要求必须指定“version”的属性值,同时,声明中还有两个可选属性,分别是“standalone”和“encoding”。Standalone 属性表明该 XML 文件是否和一个其他声明文件配套使用。Encoding 属性确定采取哪一种编码类型。比如:GB2312 为简体中文码、BIG5 为繁体中文码、UTF_8 为西欧字符。因此,一个完整的 XML 声明如下:

```
<? xml version = "1.0" standalone = "yes" Encoding = "GB2312"? >
```

3. 注释

XML 的注释与 HTML 的注释很相似,它们以 <!-- 开始,以 --> 结束。介于 <!-- 和 --> 之间的全部数据均被 XML 处理器忽略,就像它们根本不存在一样。注释用于提醒自己或临时标注出文档中不完善的部分。例如:

```
<? xml version = "1.0" standalone = "yes"? >
<! —注释信息— >
```

在使用注释时注意以下几点:

①注释不能出现在 XML 声明之前,XML 声明必须是文档最前面的部分。

②注释不能放在标记中。

③注释可以包围和隐藏标记。

④两个连字符号(--)除了作为注释起始和结束标记的一部分外,不能出现在该注释中。

4. 标记

标记在 XML 文档中以“ < ”开始,以“ > ”结束,而且不包含在注释或者 CDATA 段中。因此,XML 标记有与 HTML 标记相同的形式。开始或打开标记以“ < ”开始,后面跟有标记名。终止或结束标记以“ </ ”开始,后面也跟标记名。遇到的第一个“ > ”该标记结束。

每个标记都有一个名称。标记名必须以字母或下划线(_)开始,名称中后续字符可以包含字母、数字、下划线、连字符和句号。其中不能含有空格(经常用下划线替代空格)。下面是一些合法的 XML 标记:

```
< Book >
```

```
<作者>
<E_mail>
<Mike.Smith>
<_class>
```

事实上标记名的规则也适用于其他许多名称,如属性名、ID 属性值、实体名等。

结束标记与起始标记同名,只是在起始尖括号后加了一个"/"。例如,如果起始标记是 <Book>,那么结束标记是 </Book>。下面是前面所提到的合法起始标记所对应的结束标记:

```
</Book>
</作者>
</E_mail>
</Mike.Smith>
</_class>
```

XML 名称是对大小写敏感的。在 HTML 中的 <P> 和 <p> 是同一个标记,</p> 可以结束一个 <P> 标记,但在 XML 中却不行。比如:</book> 就不是 <Book> 的结束标记。

许多不含数据的 HTML 标记没有结束标记。例如,在 HTML 中没有 </LI>、</IMG>、</HR> 或 </BR> 标记。XML 中标记必须成对出现。

5. 实体引用

实体引用是指分析文档时会被字符数据取代的置标。XML 预先定义了 5 个实体引用,列在表 6-1 中。实体引用用于 XML 文档中的特殊字符,否则这些字符将被解释为置标的组成部分。例如,实体引用 <代表小于号(<),否则会被解释为一个标记的起始部分。

表 6-1 特殊的 XML 实体引用

实体引用	字 符
&	&
<	<
>	>
"	"
'	'

XML 中的实体引用与 HTML 中不同,必须以一个分号结束。因此 >是正确的实体引用写法,> 是不正确的。

未经处理的小于号(<)同表示"和"的符号(&)在一般的 XML 文本中往往被分别解释为起始标记和实体引用(特殊文本是指 CDATA 段,将在后面讨论)。因此,小于号同"和"号必须分别编码为 <和 &。例如:"Tom & Marry"应当写成"Tom & Marry"。

大于号、双引号和撇号在它们可能会被解释成为置标的一部分时也必须编码。

6. CDATA

大多数情况下,出现在一对尖括号(< >)中的是置标,不在尖括号中的是字符数据。

但是有一种情况例外,在 CDATA 段中所有文本都是纯字符数据。看起来与标记或者实体相似的仅仅是它们各自相应的文本。XML 处理器无论如何是不会解释它们的。

CDATA 段用于需要把整个文本解释为纯字符数据而并不是置标的情况。当有一个包含许多<、>、& 或"字符而非置标的庞大文本时,这是非常有用的。对于大部分 C 和 Java 源代码,正是这种情况。另外,若想使用 XML 写有关 XML 的简介,CDATA 段同样非常有效。

如果有以下一段 XML 代码:

```
<? xml version = "1.0" standalone = "yes"? >
<Hello >
Welcome to XML!
</Hello >
```

用实体引用的方法,将表示如下:

```
&lt;? xml version = "1.0" standalone = "yes"? &gt;
&lt; Hello &gt;
Welcome to XML!
&lt;/Hello &gt;
```

可见这种方法是非常麻烦的,下面我们将尝试用一个 CDATA 段来表示上面的代码:

CDATA 段以 <! [CDATA[开始并以]] >结束

例如:

```
<! [CDATA[
<? xml version = "1.0" standalone = "yes"? >
<Hello >
Welcome to XML!
</Hello >
]] >
```

其优越性不言而喻。

注意:唯一不许出现在 CDATA 段中的文本是 CDATA 的结束界定符]] >。注释可能会出现在 CDATA 段中,但不再扮演注释的角色。也就是说两个注释标记和包含在它们之间的全部文本都将显示出来。

由于]] >不能出现在 CDATA 段中,所以 CDATA 段不能嵌套。这使得使用 XML 写有关的 CDATA 段相对困难些。如果需要的话,必须去掉项目符号,并使用 <、&和实体引用。

7. 属性

起始标记和空标记可以随意地包含属性。属性是用等号(=)分隔开的名称-数值对。例如:

```
< Hello LANGUAGE = "English" >
Welcome to XML!
</Hello >
```

在此< Hello >标记有一个 LANGUAGE 属性,其属性值是 English。

(1)属性名

属性名是字符串,遵循与标记名同样的规则。这就是属性名必须以字母或下划线(_)

开始,名称中后续字符可以包含字母、数字、下划线、连字符和句号。其中不能含有空格(经常用下划线替代空格)。

同一个标记不能有两个同名的属性。例如,下面的例子是不合法的:

```
<Hello LANGUAGE="English"  LANGUAGE="Chinese"/>
```

属性名是区分大小写的。LANGUAGE 属性与 Language 或者 language 属性不是同一个属性,因此以下例子是合法的:

```
<Hello LANGUAGE="English" Language="Chinese"/>
```

虽然这种写法是合法的,但是看上去不清楚,建议最好不要这样写。

(2)属性值

属性值也是字符串。如下面所示的 LENGTH 属性,即使字符串表示的是一个数,但还是两个字符 5 和 8,不是十进制数 58。

```
<RULE LENGTH="58"/>
```

与属性名不同,对属性值包含的内容没有任何限制。属性值可以包含空格,可以以一个数字或任何标点符号(有时单括号和双括号除外)开头。

如果编写处理 XML 的代码,在对字符串执行算术运算之前必须把它们转换为一个数。

XML 属性值由引号界定。与 HTML 属性不同,XML 属性值必须加引号。

如果属性值中含有两种引号,那么其中不用于界定字符串的一个必须用合适的实体引用代替。例如:

```
<RECTANGLE LENGTH="8&apos;7&quot;" WIDTH="10&apos;6&quot;"/>
```

6.1.3 结构完整的 XML

XML 文档为了保持结构完整必须遵循一定的规则。事实上,XML 规范严格禁止 XML 句法分析器分析和解释结构欠妥的文档。

为了使一个文档结构完整,XML 文档中的所有置标和字符数据必须遵守前面所给出的规则。这些规则总结如下:

①文档的开始必须是 XML 声明。

②含有数据的元素必须有起始标记和结束标记。

③不含数据并且仅使用一个标记的元素必须以"/ >"结束。

④文档只能包含一个能够包含全部其他元素的元素。

⑤元素只能嵌套不能重叠。

⑥属性值必须加引号。

⑦字符 < 和 & 只能用于起始标记和实体引用。

⑧出现的实体引用只有 &、<、>、'和 "。

6.1.4 XML 文件实例

1. 实例

【例 6.1】

```
<?xml version="1.0" encoding="GB2312">
```

```
<! 一以下为一个用 XML 描述学生的实例 -->
<学生>
  <姓名>王芳</姓名>
  <性别>女</性别>
  <专业>电子商务</专业>
  <联系地址>
      <地址>文二路 138 号</地址>
      <邮编>310012</邮编>
      <E_mail>wangfang@ 163.com</E_mail >
      <电话>13808264536</电话>
  </联系地址>
</学生>
```

本例中第一行是一个 XML 声明，第二行是注释，从第三行开始是文件中的各个元素。<姓名>王芳</姓名>中"<姓名>"和"</姓名>"是标记，"王芳"是字符数据。

2. 名字空间

名字空间(Namespaces)在 XML 中非常重要。如果当我们在一个 XML 文档中使用他人的或者多个 DTD 文件时，可能会出现这样的情况：因为 XML 中标识都是自己创建的，在不同的 DTD 文件中，标识名可能相同，尽管各自表示的含义可能并不相同，那么，在引用时可能就会出现问题，引起数据混乱。为了解决这个问题，W3C 的 XML 小组制定了被称为名字空间(Namespaces)的标准。名字空间标准提供了一个很好的方法，即在元素名和属性名的前面先声明它的名域，为了唯一地区分，XML 采用 URL(Uniform Resource Ldentifier，统一资源标识符)作为名域的唯一标识，从而来区分相同的标识名。

Namespaces 同样需要在 XML 文档的开头部分声明，声明的语法如下：

```
<document xmlns: yourname='URL'>
```

其中，yourname 是由你定义的 namespaces 的名称，URL 就是名字空间的网址。假设上面一个"学生"文档来自 http:// www. hzstudent. com，另一个"学生"文档来自 http:// www. forstudent. com，我们就可以分别声明为：

```
<document xmlns: hzstudent='http://www.hzstudent.com'>
<document xmlns: forstudent='http://www.forstudent.com'>
```

然后在后面的引用时，我们就可以使用前面定义好的名字空间，比如：

```
< hzstudent:学生姓名>王芳</hzstudent:学生姓名>
< forstudent:学生姓名>Mike</forstudent:学生姓名>
```

这样就将这两个学生文档区分开来。注意的是：设置 URL 并不是说这个标识真的要到那个网址去读取，仅仅作为一种区别的标志而已。

6.2 文档类型定义

6.2.1 文档类型定义

1. 综述

XML 被作为一种元标记语言,是一种描述标记语言的语言。本节我们将讨论如何说明和描述所创建的新标记语言。这些新的标记语言(也叫标记集)要通过文档类型定义(DTD)来定义。各个文档要与 DTD 相比较,这一过程称为合法性检验。如果文档符合 DTD 中的约束,这个文档就被认为是合法的,否则就是不合法的。

DTD(Document Type Definition)代表文档类型定义。XML 被作为一种元置标语言,是一种描述置标语言的语言。它描述了一个置标语言的语法和词汇表,也就是说定义了文件的整体结构以及文件的语法。一项文档类型定义应规定元素清单、属性、标记、文档中的实体及其相互关系,DTD 为文档结构制定了一套规则。例如,一项 DTD 指定一个 BOOK 元素有一个 ISBN 子元素、一个 TITLE 子元素、一个或多个 AUTHOR 子元素,有或没有 SUBTITLE。DTD 以元素、实体、属性和记号的标记声明来做到这一点。

DTD 可以包括在包含它描述的文档的文件中,或者与外部的 URL 相链接。这些外部 DTD 可以被不同文档和网站所共享。

2. 文档类型声明

文档类型声明指定了文档使用的 DTD。文档类型声明出现在文档的序言部分,处在 XML 声明之后和基本元素之前。它可能包括文档类型定义或是标识文档类型定义所在文档的 URL。

文档类型声明同文档类型定义不是一回事。文档类型定义缩写为 DTD,而文档类型声明必须包含或者引用文档类型定义,但文档类型定义不包括文档类型声明。

我们通过以下例子进行说明:

不带文档类型的 Hello XML:

```
<? xml version = "1.0" standalone = "yes"? >
<Hello >
Welcome to XML!
< /Hello >
```

这个文档包含单一元素 Hello。<? xml version = "1.0" standalone = "yes"? >是一条处理指令,不是元素。

下面来看带有文档类型声明的 XML。文档类型声明声明了基本元素是 Hello。文档类型声明也包含文档类型定义,它声明了 Hello 元素包含可析的字符数据。

带有 DTD 的 Hello XML:

```
<? xml version = "1.0" standalone = "yes"? >
<! DOCTYPE Hello [
```

```
<! ELEMENT Hello (#PCDATA) >
]>
< Hello >
Welcome to XML!
</Hello >
```

以上两个文件的唯一区别在于后者比前者增加了以下三行：

```
<! DOCTYPE Hello [
<! ELEMENT Hello (#PCDATA) >
]>
```

这几行是文档类型声明。文档类型声明在 XML 声明与文档本身之间。XML 声明与文档类型声明统称为文档序言(Prolog)。在本例中，<? xml version = "1.0" standalone = "yes"? >是 XML 声明；<! DOCTYPE Hello [<! ELEMENT Hello (#PCDATA) >] >是文档类型声明；<! ELEMENT Hello (#PCDATA) >是文档类型定义；< Hello > Welcome to XML! </ Hello >是文档或基本元素。

文档类型声明以<! DOCTYPE 为开始，以] >结束。通常将开始和结束放在不同的行上，但断行和多余的空格并不重要。同一文档类型声明也可以写成一行：

```
<! DOCTYPE Hello [ <! ELEMENT Hello (#PCDATA) > ]>
```

本例中基本元素名称——Hello 跟在<! DOCTYPE 之后。这不仅是一个名称，也是一项要求。任何带有这种文档类型声明的合法文档必须有基本元素。在[和]之间的内容是文档类型定义。

DTD 由一系列声明了特写的元素、实体和属性的标记声明所组成。其中的一项声明基本元素。上例中整个 DTD 只是如下简单的一行：

```
<! ELEMENT Hello (#PCDATA) >
```

但通常情况下 DTD 可能会更长更复杂。

6.2.2 合法性检验

一个合法的文档必须符合 DTD 指定的约束条件。而且，它的基本元素必须是在文档类型声明中指明的。文档类型声明和 DTD 说明一个合法的文档必须是这样的：

```
<Hello>
various random text but no markup
</Hello >
```

一个合法的文档不能是这样的：

```
< Hello >
<sometag>various random text</sometag>
<someEmptyTag/ >
</Hello >
```

也不能是这样的：

```
< Hello >
< Hello >various random text</Hello >
</Hello >
```

这个文档必须由放在< Hello >开始标记和</ Hello >结束标记之间的可析的字符所

组成。与只是结构完整的文档不同,合法文档不允许使用任意的标记。所使用的任何标记都要在 DTD 内声明。而且,必须以 DTD 允许的方式使用,否则是不合法的。<Hello>标记只能用作基本元素的开始,且不能嵌套使用。

要注意并不是所有的文档都必须合法,也不是所有的语法分析程序都检查文档的合法性。事实上,多数 Web 浏览器包括 IE5 都不检查文档的合法性。

当进行合法性检查时,语法分析程序读取 DTD 并检查文档是否合乎 DTD 指定的规则。如果是,则分析程序将数据传送到 XML 应用程序(如 Web 浏览器和数据库)。如果分析程序发现错误,它将报告出错。

我们在 Web 上可以找到几十种不同的合法性检查的语法分析程序。其中大多数是免费的,一般以库文件的形式存在,程序员可将其结合到自己的程序中。这类分析程序包括 IBM 的 alphaWorks'XML for Java、Microsoft 和 DataChannel 的 XJParser 和 Silfide 的 SXP。

6.2.3 建立 XML DTD

DTD 分为内部和外部两种类型,内部 DTD 作为 DOCTYPE 声明的一部分被直接书写在 XML 文档中。外部 DTD 被书写为一个单独的文件,该文件从 XML 文档的 DOCTYPE 声明中参照。

XML 文档可以同时使用内部 DTD 和外部 DTD,甚至根据需要可以参照多个外部 DTD。

在一个 DTD 中,可以建立 4 种类型的声明。

ELEMENT:定义 XML 文档中所涉及的“内容”,如学生、客户、图书、产品等。

ATTLIST:定义属性,并指出这些属性对某个指定元素的可能取值,如学生的姓名为“王芳”,某本图书的名称为“电子商务技术基础”。

ENTITY:定义一个代表所插入的长字符串的实体名称。

NOTATION:为非 XML 数据定义一个名称,并将它与处理该数据的适当应用程序联系起来。

在以上 4 种类型的声明中,我们通常只使用元素和属性。

1. 连接内部 DTD

使用内部 DTD 的方法是在 XML 文件的序言部分加入一个 DTD 描述。以下为一个包含 DTD 的 XML 文件的结构:

```
<? xml version = "1.0" encoding = "GB2312" standalone = "yes"? >
<! DOCTYPE 根元素名 [
<! ELEMENT 元素描述 >
] >
文件体...
```

【例 6.2】 一个包含内部 DTD 的 XML 文件:

```
<? xml version = "1.0" encoding = "GB2312" standalone = "yes"? >
<! DOCTYPE 学生[
<! ELEMENT 学生(姓名, 性别, 专业, 联系地址 +) >
<! ELEMENT 姓名(#PCDATA) >
<! ELEMENT 性别(#PCDATA) >
```

```
<! ELEMENT 专业(#PCDATA) >
<! ELEMENT 联系地址(地址, 邮编, E_mail, 电话) >
<! ELEMENT 地址(#PCDATA) >
<! ELEMENT 邮编(#PCDATA) >
<! ELEMENT E_mail(#PCDATA) >
<! ELEMENT 电话(#PCDATA) >
]>

<? xml version = "1.0" encoding = "GB2312" >
<! —以下为一个用 XML 描述学生的实例 -->
<学生>
    <姓名>王芳</姓名>
   <性别>女</性别>
    <专业>电子商务</专业>
    <联系地址>
        <地址>文二路138号</地址>
        <邮编>310012</邮编>
        <E_mail>wangfang@ 163.com</E_mail >
  <电话>13808264536</电话>
  </联系地址>
</学生>
```

2. 连接外部 DTD

为了引用一个外部 DTD,必须修改 XML 声明和 DOCTYPE 声明。XML 声明中必须说明这个文件不是自成一体的,即 standalone 属性的属性值不再是“yes”,在 DOCTYPE 声明中,加入 SYSTEM 属性。

```
<? xml version = "1.0" encoding = "GB2312" standalone = "no"? >
<! DOCTYPE 根元素名 SYSTEM "外部 DTD 文件的 URL" >
```

URL 是一个绝对路径,同时也可以是相对路径,我们将上例中的 DTD 放到一个单独的文件(student. dtd)中。

【例 6.3】

```
<? xml version = "1.0" encoding = "GB2312" standalone = "no"? >
<! DOCTYPE 学生 SYSTEM “student.dtd” >
<学生>
      <姓名>王芳</姓名>
   <性别>女</性别>
      <专业>电子商务</专业>
      <联系地址>
          <地址>文二路138号</地址>
          <邮编>310012</邮编>
          <E_mail>wangfang@ 163.com</E_mail >
          <电话>13808264536</电话>
```

```
    </联系地址>
</学生>
```

其中 student.dtd 的内容为：

```
<? xml version = "1.0" encoding = "GB2312" >
<! ELEMENT 学生(姓名, 性别, 专业, 联系地址 + ) >
<! ELEMENT 姓名(#PCDATA) >
<! ELEMENT 性别(#PCDATA) >
<! ELEMENT 专业(#PCDATA) >
<! ELEMENT 联系地址(地址, 邮编, E_mail, 电话) >
<! ELEMENT 地址(#PCDATA) >
<! ELEMENT 邮编(#PCDATA) >
<! ELEMENT E_mail(#PCDATA) >
<! ELEMENT 电话(#PCDATA) >
]>
```

上例在使用外部 DTD 时，要在 DOCTYPE 中使用关键字 SYSTEM。事实上 SYSTEM 并不是引用外部 DTD 的唯一方法。还存在一种外部 DTD，它是由权威机构制定的，提供给特定行业或公众使用的 DTD。引用这种 DTD 的方法是使用关键字 PUBLIC，来引用这一类公开给公众使用的 DTD。

其格式为：

```
<? DOCTYPE 根元素 PUBLIC "DTD 名称" "外部 DTD 的 URL" >
```

用法与 SYSTEM 基本相同，只是多了 DTD 名称。

DTD 名称只能包含字母、数字、空格以及“ - ”、“% ”、“ $ ”、“#”、“@ ”、“(”、“)”、“ + ”、“ : ”、“ = ”、“/”、“ ! ”、“ * ”、“ ; ”、“?”。同时，DTD 名称还必须符合一些标准的规定。例如，ISO 标准的 DTD 以“ISO”三个字母开头，被改进的非 ISO 标准的 DTD 以加号“ + ”开头，未被改进的非 ISO 标准的 DTD 以减号“ - ”开头。以上任何一种情况，开始部分后面都跟着两个斜杠“//”及 DTD 所有者的名称。名称之后再加上两个斜杠“//”，然后是 DTD 所描述的文件类型，文件类型之后又是两个斜杠“//”，最后是语言的种类(参见 ISO639)。

下例为引用一个公用的 DTD：

```
<? DOCTYPE 联系人列表 PUBLIC " - //Zhong Guo//Contact Data//CN" "http://www.
cnxml.orgdtdstest.dtd" >
```

6.2.4 DTD 中的元素

在合法的 XML 文档中使用的每项标记都要在 DTD 中的元素声明中加以声明。一项元素声明指明了元素名称和元素可能的内容。内容清单有时称为内容规格。内容规格使用一种简单的语法精确地指明文档中允许什么和不允许什么。这听起来复杂，却只需在元素名称上加上如“ * ”、“?”或“ + ”的标点以便指明它可能出现不止一次，可能出现或可能不出现，或必须出现至少一次。一个 XML 元素可以为空，也可以是一段纯文本，还可以有若干个子元素，DTD 正是通过元素之间的父子关系来描述整个文件的结构关系。

从外到内，逐级建立 DTD 是最容易的。这使您能在建立 DTD 的同时建立一份样本文档来验证 DTD 本身是合法的和真正地描述您想要的格式。

1. ANY

在 DTD 中首先要标识基本元素。上例中,学生是基本元素。! DOCTYPE 声明指明了这一点:

```
<! DOCTYPE 学生 [
]>
```

但是,这仅仅是说基本标记是学生,而没有提到元素能或不能包含的内容,若要包含其他内容,可通过下列一行代码来实现:

```
<! ELEMENT 学生 ANY >
```

所有的元素类型声明都以 <! ELEMENT(区分大小写)开头而以 > 结束。其中包括声明的元素名称,如学生,后接内容规格。关键词 ANY(也要区分大小写)表明所有可能的元素以及可析的字符数据都可以是学生元素的子元素。

```
<? xml version = "1.0" encoding = "GB2312" standalone = "yes"? >
<! DOCTYPE 学生[
<! ELEMENT 学生 ANY >
]>
```

这个 DTD 定义了一个 XML 文件,它只是一个根元素,名为"学生",这个元素可以有任何类型的子元素,可以是纯文本也可以为空。

但是,虽然元素"学生"被定义为"ANY",即可以包含其他元素,但由于 DTD 中除了"学生"元素外,没有定义任何其他元素,也没有其他元素作为其子元素,因此,下面的 XML 文件是不能被语法分析器所接受的。

```
<? xml version = "1.0" encoding = "GB2312" standalone = "yes"? >
<! DOCTYPE 学生[
<! ELEMENT 学生 ANY >
]>
<学生>
    <姓名>王芳</姓名>
    <性别>女</性别>
    <专业>电子商务</专业>
    <联系地址>
        <地址>文二路 138 号</地址>
        <邮编>310012</邮编>
        <E_mail>wangfang@163.com</E_mail>
        <电话>13808264536</电话>
    </联系地址>
</学生>
```

为了使元素"学生"中还可以包含其他元素,从而使前面的文件"有效",还需要定义其他元素。

```
<? xml version = "1.0" encoding = "GB2312" >
<! ELEMENT 学生(姓名, 性别, 专业, 联系地址 +) >
<! ELEMENT 姓名(#PCDATA) >
```

```
<! ELEMENT 性别(#PCDATA) >
<! ELEMENT 专业(#PCDATA) >
<! ELEMENT 联系地址(地址, 邮编, E_mail, 电话) >
<! ELEMENT 地址(#PCDATA) >
<! ELEMENT 邮编(#PCDATA) >
<! ELEMENT E_mail(#PCDATA) >
<! ELEMENT 电话(#PCDATA) >
] >
```

元素"学生"中可以包含子元素"姓名"、"性别"、"专业"、"联系地址",而子元素"联系地址"又包含自己的子元素"地址"、"邮编"、"E-mail"、"电话",而"姓名"、" 性别"、"专业"等只能包含纯文本数据。

2. #PCDATA

```
<! ELEMENT 姓名 (#PCDATA) >
```

该声明说明"姓名"只能包含可析的字符数据,即非标记文本,但它不能包含自己的子元素。所以,下面这个"姓名"元素是合法的:

```
<姓名 >王芳< /姓名 >
```

但是,下面的"姓名"元素是非法的,因为它包含了子元素:

```
<姓名 >
    <姓 >王< / 姓 >
    <名 >芳< / 名 >
< / 姓名 >
```

通常,空格和缩进无关紧要。元素声明的顺序也不重要。

3. 元素的内容

元素的内容分为以下几种形式:

#PCDATA:包含可解析的字符数据,即非标记文本。

EMPTY 内容:该类型标示元素不允许有内容,而只能用属性标示。

ANY 内容:标示元素可以出现任何内容。通常根元素使用 ANY,尤其是对未结构化的文档,但对多数其他元素则应避免使用 ANY。

子元素内容:只能出现在元素类型声明中规定的子元素。

混合内容:指可以有字符数据,或字符数据和内容说明中出现的子元素的混合体。使得元素中即可能包含子元素,也可能包含纯文本。

如下例:

```
<! ELEMENT 学生(姓名, 性别, 专业, #PCDATA) >
<学生 >
    <姓名 >王芳< / 姓名 >
    <性别 >女< / 性别 >
    <专业 >电子商务< / 专业 >
    学生王芳的联系地址
< / 学生 >
```

4. 子元素的定义

上面我们已经看到了子元素的定义方法以及父元素和子元素之间的大致关系,但实际应用中它们之间的关系会比较复杂,而且子元素之间的关系也可能会比较复杂。要定义及控制这些关系,可以用正则表达式,其核心思想是采用匹配的逻辑来描述父元素和子元素之间复杂关系。比如:通过正则表达式,可以规定一个元素有一个子元素,或有一个或多个子元素,至少有一个子元素等。表 6-2 所示的是正则表达式中可能出现的元字符及含义。

表 6-2　正则表达式中可能出现的元字符及含义一览表

元字符	含　义
+	出现一次或多次
*	出现零次或多次
?	可选,不出现或出现一次
( )	一组要共同匹配的表达式
		OR,或
,	AND,要求严格遵从顺序要求
元素 A 元素 B 元素 C	元素列表,无需遵从顺序要求

下面我们通过举例来对表格中的符号进行说明。

【例 6.4】

若有声明

```
<! ELEMENT 联系地址(E-mail| 电话)>
```

表明 E_mail 和电话只能出现一个。以下描述联系地址是合法的。

```
<联系地址>
    <电话>0571 - 88886056</电话>
</联系地址>
```

而下面的描述是非法的:

```
<联系地址>
    <电话>0571 - 88886056</电话>
    <E_mail>wangfang@163.com</E_mail>
</联系地址>
```

【例 6.5】

若有声明:

```
<! ELEMENT 联系地址(E_mail *)>
```

表明元素 E_mail 可以出现任意次,即零个或多个。以下描述联系地址是合法的。

```
<联系地址>
    <E_mail>wangfang@yahoo.com</E_mail>
    <E_mail>wangfang@163.com</E_mail>
</联系地址>
```

5. DTD 中定义元素的属性

实际上我们已经在 XML 中使用过属性了,XML 文件第一行必须是 XML 声明,其中

version、standalone 和 Encoding 都是 XML 标准中默认的属性(以后不必在 DTD 中声明)。

```
<? xml version = "1.0" standalone = "yes" Encoding = "GB2312"? >
```

所有的属性值都必须用双引号,如:"yes",这是结构良好的 XML 文件的要求。

下面就让我们来看一下如何在 DTD 中定义属性。

在 DTD 中我们用以下方法来定义属性:

```
<! ATTLIST 元素名(属性名 属性类型 缺省值) * >
```

属性类型有以下十种:

CDATA:是指纯文本。

Enumerated:是枚举类型,在括号中列出所有的可能取值,并用竖线隔开。

如:

```
<! ATTLIST 学生 籍贯(北京|上海|浙江|江苏|安徽) "北京" >
```

表示籍贯只能是北京、上海、浙江、江苏和安徽中的一个,其中"北京"为缺省值。

ID:CDATA 是最常用的属性,但它对属性值的控制过于宽松,而 ID 属性类型表示属性值是唯一的,用于表示学生编号、公民身份证号、信用卡号等需要具有唯一值的属性。一个元素中只能有一个具有 ID 类型的属性。

IDREF 和 IDREFS:IDREF 为 Identifier 的缩写,IDREF 类型允许一个元素的属性使用文件中另一个元素,方法就是将那个元素的 ID 标识值作为该属性的取值。

ENTITY 和 ENTITIES:它们定义元素实现应用引用文档中的实体。

NMTOKEN 和 NMTOKENS:当将属性值定义为 NMTOKEN 时,就表示是一个合法的 XML 名字。

NOTATION:允许属性值为一个 DTD 中声明的符号,这个类型对于使用非 XML 格式的数据非常有用。

例如:

```
<! ATTLIST  地址
        省份 CDATA #REQUIRED
        城市 CDATA #IMPLIED
        国家 CDATA #FIXED "中国"
```

ATTLIST 是一个属性列表,它可以包含很多属性,一个元素也可以有很多属性。在使用中要注意属性缺省值的用法。所谓缺省值就是指若在 XML 文件中没有特别说明属性的取值时,语法分析器默认它具有的取值。具体可分为以下三类。

①必须赋值的属性:使用 REQUIRED 关键字来说明。如上例中的"省份"。

②属性值可有可无的属性:使用 IMPLIED 关键字来说明。如上例中的"城市"。

③固定取值的属性:使用 FIXED 关键字来说明。表明要为一个特定的属性提供一个固定的缺省值,不希望 XML 文件的编辑者将你的缺省值替代掉。如上例中的"国家"。

6.3 XML Schema 介绍

6.3.1 Schema 概述

上一节中我们已掌握了 DTD 的使用方法,虽然 DTD 得到了广泛的应用,但同时也看到它存在较大的缺陷,比如它采用了非 XML 的语法规则、不支持多种多样的数据类型、扩展性较差等。在此情况下提出了 XML Schema,它保留了 DTD 的文档结构说明的功能,并解决了存在的问题。

Schema 与 DTD 相比较具有以下优势。

1. 一致性

DTD 的书写结构和 XML 文件的结构很不相同,后者清晰直观,前者复杂晦涩。而 Schema建立在 XML 之上,它的样子与一般的 XML 文件完全相同,使得 XML 达到了从内到外的完美统一。现在,读者不必再为了搞懂 DTD 而去重新学习,另一方面,因为 Schema 本身也是一种 XML,可以被现有的 XML 编辑制作工具所编辑、被 XML 语法分析器所解析、被 XML 应用系统所利用。

2. 扩展性

对文档编辑人员及 Web 页面设计人员,可能对数据类型不太关心。但是,对程序员来说,每天都要和成堆的公式和程序打交道,如果在开发应用系统时采用一种没有数据类型的程序设计语言,那将是不可想象的。虽然 DTD 中也定义了一些数据类型,但那都是针对属性类型而定义的,而且类型非常有限。尤其是在现在电子商务应用日趋发展的情况下,必然会出现大量的数据类型,DTD 不能适应这种需求,而 Schema 对 DTD 进行了扩充,引入了数据类型,很好地解决了这一问题。

3. 易用性

XML Schema 取代 DTD 的另一个原因要归结于 DOM 和 SAX。如果你了解 DOM 和 SAX,那你肯定知道,作为一种 XML API,DOM 和 SAX 只是对 XML 实例文档有效,对于 DTD 则无能为力,你不可能期望通过 DOM 或 SAX 来判定一个元素的属性类型或者某个元素的子元素允许出现的次数(当然,这都是 XML 分析器的本职工作)。但是,一旦有了 Schema,这个问题便不复存在,因为此时对于 XML 文档结构的描述已变成为 Schema——一种“形式良好的”XML 文档,用 DOM 和 SAX 去访问当然不在话下。

4. 规范性

与 DTD 一样,Schema 也提供了一套完整的机制以约束 XML 文档中置标的使用,但相比之下,后者基于 XML,更具有规范性。Schema 利用元素的内容和属性来定义 XML 文档的整体结构,如哪些元素可以出现在文档中、元素间的关系是什么、每个元素有哪些内容和属性以及元素出现的顺序和次数等,一目了然。

5. 互换性

正如每个人都可定义自己的 DTD 一样,读者也可根据需要设计适合自己应用的 Schema,并且可以与其他人交换彼此的 Schema。利用 Schema,我们能够书写 XML 文档,验证文档的合法性。另外,通过映射机制,还可以将不同的 Schema 进行转换,以实现更高层次的数据交换。如微软的 BizTalk Server,对此就有很好的支持。

6.3.2 Schema 语言的基本结构

Schema 文件与其他 XML 文件的样子非常相似,它是由一组元素构成的,其根元素是"Schema"。"Schema"元素是 XML Schema 中第一个出现的元素,用于表明该 XML 文档是一个 Schema 文档,相应的,"Schema"的结束标记一般在文档的末尾。这样,一个 Schema 的结构如下:

```
<Schema name="schema-name" xmlns="namespace" >
</Schema>
```

Schema 具有两个属性:name 属性指定该 Schema 的名称,而 xmlns 属性则指定该Schema 包含的命名空间。注意,一个 XML Schema 文档中可以包含多个命名空间,比如下面的语句指定了三个命名空间:

```
<Schema name="mySchema"
        xmlns="urn: schemas-microsoft-com: xml-data"
        xmlns: dt="urn: schemas-microsoft-com: datatypes"
        xmlns: "myNS=http://www.xml_step_by_step.edu\ns.xml"
>
```

第一个 xmlns 指定本文档是一个 XML Schema 文档;第二个 xmlns: dt 定义了在本文档中可以使用的数据类型;第三个 xmlns: myNS 表明下面可能会用到在 myNS 中定义的元素或属性。

6.3.3 用 Schema 定义元素及其内容

以下,我们先来看看所涉及的三个 Schema 元素:ElementType、element、group。

1. ElementType 元素

在 Schema 文档中使用 ElementType 来声明 XML 文件中会出现的元素,ElementType 的语法表达如下:

```
<ElementType
    name="元素名"
    content="{ empty | textOnly | eltOnly | mixed }"
    dt: type="元素类型"
    order="{ one | seq | many }"
    model="{ open | closed }"
>
```

在 ElementType 的几个属性中,name 是所声明元素的名称,它是不可缺少的。content 是 ElementType 的一个重要属性,它指明 ElementType 所声明的元素是否为空、是否包含文本、是否包含子元素、还是既包含文本又包含子元素。dt: type 指定该元素的数据类型。order指定该元素的子元素的排列顺序规则。最后,model 指定该元素是否可以包含未在本 Schema 中定义的元素和属性,它主要用于其他 Schema 的引入,也就是其他"命名空间"的引入。

2. element 元素

ElementType 只是起到声明元素的作用，至于元素的内容究竟是什么，则要靠它的子元素 element 来说明。element 的语法表达如下：

```
<element
    type = "元素类型"
    [minOccurs = "{ 0 |1 }"]
    [maxOccurs = "{ 1 | * }"]
>
```

element 实际上是对该 Schema 中 ElementType 声明的引用，而具体引用什么元素类型，就要靠 type 属性指定了。type 属性不可缺少，并且为了保证 type 指定的是已经声明过的元素，要求它的取值必须与某个 ElementType 中的 name 属性严格一致。其他两个属性：minOccurs指定该元素在其父元素中出现的最小次数，缺省值为 1，表明该元素至少出现一次；取值为 0，表明该元素是可选的。maxOccurs 则指定了该元素出现的最大次数，缺省值同样为 1，表明该元素至多出现一次；也可取值为“ * ”，表明该元素在 XML 实例文档中出现次数不受限制，这两个属性是可有可无的。

3. group 元素

DTD 中有成组的概念，相应的，Schema 中也有“group”元素。它的语法表达类似element 元素：

```
<group
    order = "{one |seq |many}"
    [minOccurs - "{ 0 |1 }"]
    [maxOccurs = "{ 1 | * }"]
>
```

与 DTD 的规定相同，组里的内容可以是元素，也可以是另一个子组。属性 order 指定该组中的元素或子组的顺序，minOccurs 和 maxOccurs 分别指定了该组在其父元素中出现的最小次数和最大次数。

4. 简单类型和复杂类型

简单类型可以这样定义：

```
< xsd: simpleType name = "名字参数" >
```

简单类型不能包含子元素，不能包含属性值，元素属性值是元素类型的一部分。

可以通过对其他类型加以限制产生新的类型。

```
< xsd: simpleType name = "名字参数" >
   < xsd: restriction base = "类型参数" >
     ...(限制条件)
   < /xsd: restriction >
</xsd: simpleType >
```

含义为对 base 所指定的类型加以限制，产生新的类型。比如，以下代码的含义为

NameType是一个 xsd: string 类型,限制条件为最小长度为 1。

```
< xsd: simpleType name = "NameType" >
    < xsd: restriction base = "xsd: string" >
        < xsd: minLength value = "1" >
    </xsd: restriction >
</xsd: simpleType >
```

6.3.4 用 Schema 定义元素属性

Schema 中用来定义属性的元素有两个,AttributeType 元素是声明属性的,attribute 元素则是说明一个元素中究竟包含哪些属性。

1. AttributeType 元素

AttributeType 元素也是 Schema 中的重要元素之一,用于定义该 Schema 文档中出现的属性类型。AttributeType 的语法表达如下:

```
<AttributeType
  name = "属性名"
  dt: type = "属性类型"
  dt: values = "枚举值列表"
  default = "缺省值"
  required = "{yes |no}"
>
```

表 6-3 所示的是 Schema 中的十个基本属性与 DTD 中属性的对应关系。

表 6-3 Schema 中的十个基本属性与 DTD 中属性的对应关系

Schema 中基本类型	DTD 中数据类型
string	#PCDATA
enumeration	ENUMERATED
id	ID
idref	IDREF
idrefs	IDREFS
nmtoken	NMTOKEN
nmtokens	NMTOKENS
entity	ENTITY
entities	EMTITIES
notation	NOTATION

2. attribute 元素

AttributeType 和 attribute 的关系与 ElementType 和 element 的关系相同,AttributeType 只是起到声明属性的作用,而真正指明一个元素具有哪些属性还需依靠 attribute 元素。attribute的语法表达如下:

```
<attribute
```

```
  type = "attribute - type"
  default = "default - value"
  [required = "{yes | no}"]
>
```

attribute 实际上是对该 Schema 中 AttributeType 声明的引用,而具体引用什么属性类型,关键就要看 type 属性了。type 唯一指定了要引用的属性类型,因此其取值必须与某个 AttributeType元素中 name 属性的取值严格一致。其他两个属性与 AttributeType 中相应属性的含义相同,default 指定该属性类型的缺省取值,required 指定该属性对于引用它的元素是否是必须的。如果和同一个属性相对应的 AttributeType 和 attribute 中都对 default 和required 给出了定义,则在 attribute 中的取值具有更高的优先级。

6.3.5 Schema 的特色——扩展数据类型

Schema 中共有 23 种扩展数据类型,包括 bin. base64、bin. hex、boolean、char、date、dateTime、dateTime. tz、fixed. 14. 4、float、int、number、time、time. tz、i1、i2、i4、r4、r8、ui1、ui2、ui4、uri、uuid,已经可以覆盖相当广泛的应用。限于篇幅,表 6-4 列出了几种最常用的类型。

表 6-4 几种常用数据类型

类 型	解 释	举 例
boolean	布尔型:0 或 1, 其中 0 代表 false,1 代表 true	0,1
char	单字符	“a”、“b”
time	时间类型,符合 ISO 8601 格式, 无日期和时区部分	08: 16: 18
date	日期类型,符合 ISO 8601 格式且无时间部分	2000 - 06 - 01
dateTime	日期类型,符合 ISO 8601 格式,带可选时间部分但无时区部分,秒可精确到纳秒级	2000 - 06 - 01T20: 08: 18
fixed. 14. 4	数值类型,与“number”类似,但精度上小数点前不超过 14 位,小数点后不超过 4 位	14. 1234
float	实数类型,位数不受限制,可以包含符号位和小数位以及指数。取值范围从 1. 7976931348623157E + 308 至 2. 2250738585072014E - 308	. 314159265358979E + 1
int	数值类型, 可以包含符号位,但不含小数位和指数位	1, - 10, 2566
number	数值类型,位数不限,可以包含符号位和小数位以及指数。取值范围从 1. 7976931348623157E + 308 至 2. 2250738585072014E - 308	12, 3. 1415, - 1. 24E - 10
uri	统一资源标识(URI)类型	http:// www. ics. uci. edu / pubietfuri/

元素和属性的数据类型可以使用元素 datatype 来定义,这个元素是 Schema 中一个重要元素,也是 Schema 的一大特色。datatype 的语法表达如下:

```
< datatype dt: type = " datatype" >
```

6.3.6 Schema 简单例子

【例 6.6】

下面，我们通过一个简单例子来进一步了解 Schema。

```
<? xml version = "1.0" standalone = "no" Encoding = "GB2312"? >
<! DOCTYPE 学生信息 SYSTEM "studentinfo.dtd" >
<学生信息 >
<学生 >
    <姓名 >王芳 < /姓名 >
    <年龄 >20 < /年龄 >
    <专业 >电子商务 < /专业 >
    <联系地址 >
        <地址 >文二路 138 号 < /地址 >
        <邮编 >310012 < /邮编 >
        <E_mail >wangfang@ 163.com < /E_mail >
        <电话 >13808264536 < /电话 >
    < /联系地址 >
  < /学生 >

<学生 >
    <姓名 >李敏 < /姓名 >
    <年龄 >21 < /年龄 >
    <专业 >计算机 < /专业 >
    <联系地址 >
        <地址 >文二路 138 号 < /地址 >
        <邮编 >310012 < /邮编 >
        <E_mail >liming@ 163.com < / E_mail >
        <电话 >13807686430 < /电话 >
    < /联系地址 >
< /学生 >
< /学生信息 >
```

相应的 DTD 文件 studentinfo.dtd 的内容为：

```
<? xml version = "1.0" encoding = "GB2312" >
<! ELEMENT 学生信息(学生) * >
<! ELEMENT 学生(姓名, 年龄, 专业, 联系地址 + ) >
<! ELEMENT 姓名( #PCDATA) >
<! ELEMENT 年龄( #PCDATA) >
<! ELEMENT 专业( #PCDATA) >
<! ELEMENT 联系地址(地址, 邮编, E_mail, 电话) >
<! ELEMENT 地址( #PCDATA) >
<! ELEMENT 邮编( #PCDATA) >
<! ELEMENT E_mail( #PCDATA) >
```

```
<! ELEMENT 电话(#PCDATA) >
]>
```

如果用 Schema 来描述，则可写成以下的形式，我们给该文件取名为 studentinfo. xsd。

【例 6.7】

```
<? xml version = "1.0" encoding = "GB2312" >
<xsd: schema xmlns: xsd = "http://www.w3.org XMLSchema" >
  <xsd: element name = "学生信息" >
    < xsd: complexType mixed = "false" >
      < xsd: sequence >
        <xsd: element name = "学生" type = "MessageType" maxOccurs =
        "unbounded"  >
      < xsd: sequence >
    < /xsd: complexType >
  < /xsd: element >
< xsd: complexType name = "MessageType" mixed = "false" >
  < xsd: sequence >
    < xsd: element name = "姓名"type = "NameType" / >
    < xsd: element name = "年龄"type = "AgeType" / >
    < xsd: element name = "专业"type = "SpecialityType" />
      < xsd: element name = "联系地址"type = "ConnAddressType" maxOccurs =
        "unbounded" / >
   </xsd: sequence >
< /xsd: complexType >
< xsd: simpleType name = "NameType" >
   < xsd: restriction base = "xsd: string" >
     < xsd: minLength value = "1" >
   < xsd: restriction >
</xsd: simpleType >
< xsd: simpleType name = "AgeType" >
  < xsd: restriction base = "xsd: positiveInteger" >
    < xsd: maxInclusive value = "60" >
  < xsd: restriction >
</xsd: simpleType >
< xsd: simpleType name = "SpecialityType" >
   < xsd: restriction base = "xsd: string" >
     < xsd: minLength value = "1" >
   < xsd: restriction >
</xsd: simpleType >
< xsd: complexType name = "ConnAddressType" mixed = "false" >
    < xsd: sequence >
       < xsd: element name = "地址"type = "AddressType" / >
        < xsd: element name = "邮编"type = "PostType" / >
        < xsd: element name = "Email"type = "EmailType" / >
```

```
      < xsd: element name = "电话"type = "PhoneType" / >
    < /xsd: sequence >
< /xsd: complexType >
< xsd: simpleType name = "AddressType" >
    < xsd: restriction base = "xsd: string" >
      < xsd: minLength value = "1" >
    < xsd: restriction >
< /xsd: simpleType >
< xsd: simpleType name = "PostType" >
    < xsd: restriction base = "xsd: string" >
      < xsd: minLength value = "1" >
    < xsd: restriction >
< /xsd: simpleType >
< xsd: simpleType name = "EmailType" >
    < xsd: restriction base = "xsd: string" >
      < xsd: pattern value = "([0,9] |[A - Z] |[a - z] |- |_)
            +@ ([0,9] |[A,Z] |[a,z] |- |_|.) + " >
    < xsd: restriction >
< /xsd: simpleType >
< xsd: simpleType name = "PhoneType" >
    < xsd: restriction base = "xsd: string" >
      < xsd: minLength value = "12" / >
      < xsd: minLength value = "14" >
    < xsd: restriction >
< /xsd: simpleType >
< /xsd: schema >
```

为使大家明白上面代码的含义，下面，我们对上例进行必要说明：

第一行是 XML 声明语句，因为 XSD 也是一种 XML 文件，指明该文档是一个 XML 文档。第二行是 Schema 声明语句，它包含了 Schema 名域空间的声明。接下来定义了本 Schema的顶级元素，该元素中可以包含其他元素，也就是说该元素是一个复杂类型，可以包含属性，其中参数 mixed = "false" 表明元素中只能包含其他元素而不能包含字符串。另外 "maxOcurs" 表明该元素的最大出现次数，"base" 表明该类型是从哪个类型继承下来的，"minLength" 限制最小长度，"maxLength" 限制最大长度，"pattern" 规定了元素内容的格式。

由于 XML Schema 的种种优点，现在 Schema 取代 DTD 已成大势所趋。在这种情况下，国际上一些知名企业和组织审时度势，纷纷在战略上向 XML Schema 倾斜，提供对 XML Schema 的支持。其中最为典型的当然要数微软的 BizTalk 和 xml. org 组织的注册/资源库。更加值得一提的是，微软在其浏览器软件 Internet Explorer 5. 0 中率先提供对 Schema 的支持。

BizTalk 是微软发起的电子商务 schema 库，配合的产品有微软的 BizTalk 服务器。它的结构是，各个商家定义自己的 schema，定义好后将 schema 提交到 bizTalk. org 进行注册。BizTalk事先制定了一些标记供商家使用，每个 Schema 必须遵守规则，而且要有一些规定好的必要元素和属性,只有这样才能生成一个标准的 BizTalk 消息。用户可以注册和查找 schema,当遇到某个 BizTalk 消息而不确定它的结构时可以在 bizTalk. org 找到它的 schema。BizTalk的框架结构还包括 routing scheme,由 message server 来进行消息的异步发送,它的作用就是一个 MOM (Message Oriented Middleware),这样达到系统间的松耦合。

6.4　CSS、XSL 介绍

6.4.1　样式单概述

在我们学完前面三节后发现,在 XML 文档中只包含了数据信息,并没有涉及文档如何显示。制定 XML 标准的目的是要使它的内容与其显示方式分离,使之更容易进行数据交换。XML 的主要任务并非在文字图像的显示上,而是要建立它们之间的内在关系。

那么,如何解决 XML 文档的显示问题呢? 那就是采用样式单。

样式单(Style Sheet)是一种专门描述结构文档表现方式的文档,它既可以描述这些文档如何在屏幕上显示,也可以描述它们的打印效果,甚至声音效果。样式单一般不包含在 XML 文档内部,而以独立的文档方式存在。与 HTML 描述数据显示方式的传统方法相比,样式单有许多突出的优点。

1. 表达效果丰富

样式单可以支持文字和图像的精确定位、三维层技术以及交互操作等,对于文档的表现力远远超过 HTML 中的标记。更重要的是,样式单的标准规范独立于其他结构文档的规范,当需要实现更丰富的表达效果时,仅需修改样式单规范即可,不会牵涉到原始的 XML 文档内容。

2. 文档体积小

传统的方法中,给相同名称标记下的内容定义相同的表现方式,需要在每个标记中予以描述,造成大量的重复定义。而在样式单中,对于同一个标记只需进行一次描述就足够了,大大缩小需要传输的文件的体积,可提高传输速度,并节约带宽。

3. 便于信息检索

样式单可以实现非常复杂的显示效果,但由于样式描述与数据描述相分离,显示细节的描述并不影响文档中数据的内在结构。因此,网络搜索引擎对文档进行搜索时,不会被种种显示描述标记所迷惑。

4. 可读性好

样式单对各种标记的显示进行集中定义,且定义方式直观易读。这使得它易学易用,可读性、可维护性都比较好。同时 XML 文档也相对简洁、清晰,突出对内容本身的描述功能。

正是由于样式单的种种优点,W3C 大力提倡使用样式单描述结构文档的显示效果。与之相应,XML 关于文档浏览的基本思想是将数据与数据的显示分别定义。不仅如此,样式单还带来另一个好处，即定义不同的样式表可以使相同的数据呈现出不同的显示外观，从而适合于不同应用，甚至能够在不同的显示设备上显示。这样，XML 数据就可以得到最大限度上的重用性，满足不同的应用需求。

迄今为止，W3C 已经给出了两种样式单语言的推荐标准，一种是层叠样式单 CSS（Cascading Style Sheets），另一种是可扩展样式单语言 XSL（eXtensible Stylesheet Language）。下面，我们就来分别讲述这两种样式单。

6.4.2 使用 CSS 显示 XML 文档

CSS（Cascading Style Sheet），意为级联式样式单。所谓样式单是负责 XML 文档显示的文件，它确定了 XML 文档在浏览器中的显示方案。

样式单的编写必须针对 XML 文档的结构，不能随便引用。因此，在 XML 文档中使用 CSS 的方式也有所不同。总结起来，常用以下两种方式：引用式和嵌入式。

1. 引用式

引用式是指 XML 文档本身不含有样式信息，通过引用外部 CSS 文档来定义文档的表现形式。大部分 XML 文档都采用这种方式，这也与 XML 语言内容与形式分开的原则相一致。具体实现的方法是，在 XML 文档的开头部分写一个关于样式单的声明语句，如下：

```
<? xml - stylesheet type = "text/css" href = "mystyle.css" ? >
```

按照声明语句的指示，该文档在浏览器上的表现方式就由样式文件 mystyle. css 所决定。

现在，就让我们来看一个新例子。下面是一段 XML 文档，描述的是一个学生名册，其中有两个学生的资料。

【例 6.8】

```
Student.xml
<? xml version = "1.0" encoding = "gb2312" ? >
<? xml - stylesheet type = "text/css" href = "mystyle.css"? >
<roster>
学生名册
    <student>
        <name>王芳</name>
        <origin>浙江</origin>
        <age>18</age>
        <telephone>88656725</telephone>
    </student>
    <student>
        <name>李强</name>
        <origin>江苏</origin>
        <age>19</age>
        <telephone>72568855</telephone>
    </student>
</roster>
```

下面编写其显示的样式文件 mystyle. css

```
mystyle.css:
roster,student
{
  font-size: 15pt;
  font-weight: bold;
  color: blue;
  display: block;
  margin-bottom: 5pt;
}
origin,age,telephone
{
  font-weight: bold;
  font-size: 12pt;
  display: block;
  color: block;
  margin-left: 20pt;
}
name
{
  font-weight: bold;
  font-size: 14pt;
  display: block;
  color: red;
  margin-top: 5pt;
  margin-left: 8pt;
}
```

这个样式单的显示效果是将学生信息列表显示。同样，我们还可以将学生信息用表格的形式显示，相应的样式单为：

```
mystyle.css:
roster
{
  display: table;
  margin-top: 12pt;
}
student
{
  display: table-row;
}
name,origin,age,telephone
{
  display: table-cell;
}
name
```

```
{
 color: red;
 font-weight: bold;
}
```

2. 嵌入式

内嵌式是指将 CSS 样式直接嵌入 XML 文档内部,为元素设置 style 属性,并在属性值中给出对其样式的定义。这种用法主要出现在一些特殊的 XML 文档中,一般来讲内嵌 CSS 样式的 XML 文档本身就是面向显示的。

6.4.3 CSS 的基本语法规范

CSS 的基本思想是为结构文档中的各个标记定义出相对应的一组显示样式。利用 CSS,我们可以定义 HTML 或 XML 文档中元素的显示效果,包括元素的位置、颜色、背景、边框、字体、排版格式等。定义的基本格式为:

选择符 { 样式属性:取值;样式属性:取值;…}

1. 选择符

选择符是指被施加样式的元素,浏览器在文件中碰到这些元素时,就使用定义好的样式来显示它们。基本的选择符包括标记、类、标识、伪类等。

2. 样式属性

样式属性就是指元素的哪些属性可以在样式单中给予改变,在 CSS 中用于显示的属性大体分为五类:字体属性(字形、大小、粗细、倾斜等)、颜色及背景属性、文本属性、边框属性(页边空、边框、内空等)和分类属性(独立块、内联、列表、表格、隐藏等)。运用这些属性可使 XML 文档达到预期的显示效果。

3. 字体属性

CSS1 支持下列五种基本的字体属性:font-family, font-style, font-variant, font-weight, font-size。

(1)font-family(字体族)属性

它是一组以逗号分隔开来的字体名,如 Helvetica、Times、Palatino 等。包含空格的字体名(如"Times New Roman")应放在双引号内。

这些名称也可能是 serif、sans-serif、cursive、fantasy 和 monospace 这五种一般名称之一。浏览器使用本地系统上安装的所需类型的字体来代替这些名称。表 6-5 所示的是一般字体一览表。

表 6-5 一般字体

名 称	典型的字族	显著特征	示 例
Serif(衬线体)	Times, Times New Roman, Palatino	在字母的边缘上形成花体,使以小型的大写形式出现于衬线文本更易于阅读	The quick brown fox jumped over the lazy dog.
sans-serif (非衬线体)	Geneva, Helvetica, Verdana	印刷体,常用于大字标题	The quick brown fox jumped over the lazy dog.
Monospace (等宽字体)	Courier, Courier New, Monaco, American, Typewriter	一种打印体,字体中的每个字符的宽度相等,常用于源码和 E-mail	The quick brown fox jumped over the lazy dog.
Cursive (草书)	ZapfChancery	手稿字体,模拟书法	The quick brown fox jumped over the lazy dog.
Fantasy (梦幻体)	Western, Critter	具有特定效果的文本;如热情洋溢的字母、歪斜状特技的字母,以及从动物那里形成的字母,等等	The quick brown fox jumped over the lazy dog.

(2)font-style(字体风格)属性

font-style 属性有三个值:normae(普通)、italic(斜体)和 oblique(倾斜)。

下面的规则使 Student 元素成斜体:

```
Student { font-style: italic }
```

(3)font-variant(字体变形)属性

在 CSS 中,font-variant 属性有两个可能值:normal 和 small-caps,缺省值为 normal。将 font-variant 属性值设置为 small-caps 将会用比主体文本字号小一些的大写字母代替小写字母。

(4)font-weight(字体加粗)属性

font-weight 属性决定文本以多黑(粗)或多浅(细)显示。此属性有 13 个值:normal、bold、bolder、lighter、100、200、300、400、500、600、700、800、900。

粗细的范围是从 100(最浅)到 900(最深)。正常粗细为 400,粗体为 700。bolder 值会使一个元素变得比其父元素更粗。lighter 值会使一个元素变得比其父元素更细。

下例,使 TITLE 元素成为粗体。

```
TITLE { font weight: bold }
```

(5)font-size(字体大小)属性

font-size 属性决定字体中典型字符的高和宽度。字号越大,在屏幕中所占的空间也就越大。可以通过这样的几种方式来指定字号:关键字、相对于其父元素的字号、其父元素字号的百分比或绝对数。

绝对大小关键字有以下几个:xx-small、x-small、small、medium、large、x-large 和 xx-large。这些关键字是设置字号的首选方式。

在 CSS 中,每种字号是下一个最小字号的 1.5 倍。缺省值为 medium,因此,如果浏览器的缺省值是 12 磅,那么 large 类型就是 18 磅,x-large 类型就是 27 磅,而 xx-large 类型就是 40.5 磅。同样,small 类型就是 8 磅;x-small 类型就是 5.33 磅;xx-small 类型就是 3.56 磅,此时字迹几乎模糊不清。

下面的简单规则使 TITLE 成为特大字:

```
TITLE { font - size: x-large }
```

也可以将相对于父元素 TITLE 的字号指定为 larger 或 smaller。例如,在下列语句中,TITLE_NUMBER将获得比其父元素 TITLE 字体更小的字体。

```
TITLE_NUMBER { font-size: smaller }
```

如果感到这样设置不够精确,也可以使用父元素字号的百分比进行更精细地调整。例如,下列规则说明用于 TITLE_NUMBER 的字体是 TITLE 字号的 70%。

```
SCENE_NUMBER { font-size: 70% }
```

4. 颜色及背景属性

(1)颜色

CSS 允许使用 color 属性可将颜色赋给几乎网页上的任何元素。颜色属性的值可以是 16 个命名颜色关键字之一,或以十进制、十六进制或百分数表示的 RGB 三基色。例如,下列规则指定网页上的所有元素都以黑色显示,只是 TITLE_NUMBER 除外,它是以红色显示的。

```
SYNOPSIS { color: black }
TITLE_NUMBER { color: red }
```

color 属性可被子属性所继承。所以,除 TITLE_NUMBER 之外的大纲中的所有元素都将是黑色的。表 6-6 所示的是颜色关键字一览表。

表 6-6 颜色关键字

关键字	颜色	关键字	颜色
BLACK	黑	DACKGRAY	深灰
BLUE	蓝	LIGHTBLUE	浅蓝
GREEN	绿	LIGHTGREEN	浅绿
CYAN	青	LIGHTCYAN	淡青
RED	红	LIGHTRED	淡红
MAGENTA	洋红	LIGHTMAGENTA	淡洋红
BROWN	褐	YELLOW	黄
LIGHTGRAY	浅灰	WHITE	白

(2)背景

元素的背景可设置成一种颜色或一幅影像。如果设置为一幅影像,那么此影像可相对于元素内容加以定位。可使用下列五个基本属性来达此目的:

①background-color

background-color 属性可设置为与 color 属性一样的值,但是,它并不改变元素内容的颜色，而是改变元素内容绘制其上的背景的颜色。例如，要在蓝色背景上绘制红色文本TITLE元素，可使用如下的规则：

```
TITLE { color: red; background-color: blue }
```

也可以将 background-color 设置为关键字 transparent（缺省值），这表明背景使用位于其下的元素（通常为父元素）的颜色或影像。

②background-image

background-image 属性既可以是 none（缺省值），也可以是指明位图图像文件集的 URL（通常是相对值）。如果为 URL，则浏览器将加载影像，并把它作为背景使用，这一点极像 HTML 中 BODY 元素的 BACKGROUND 特性。例如，可以将文件 flower. gif 作为INVITATION 元素的背景。

```
INVITATION { background-image: url(flower.gif)}
```

③background-repeat

background-repeat 属性调整背景影像如何在屏幕上平铺。可指定背景影像为不平铺或只以水平或垂直方向平铺。此属性可取的值如下：

```
repeat
repeat-x
repeat-y
no-repeat
```

例如，要在页面上横向平铺 flower. gif 而不是向下平铺，可设置 background-repeat 为 repeat-x.

```
INVITATION { background-image: url(flower.gif);
background-repeat: repeat-x }
```

④background-attachment

在 HTML 中，背景影像是附加到文档上的。当滚动文档时，背景影像也随之滚动。使用 background-attachment 属性，就可以指定背景只附加于窗口或是窗格上。可取的值是 scroll 和 fixed。缺省值是 scroll，这就是说，背景附加于文档而不是窗口之上。

但是，将 background-attachment 设置为 fixed，文档就会滚动，但背景影像不滚动。当不想使此影像平铺，而对于一般类型的浏览器来说图像已大到充满窗口，但大文档的背景要小时，将此属性设置为 fixed 可能是有用的。这时可编码如下：

```
DOCUMENT { background-attachment: fixed;
background-repeat: no-repeat }
```

无论是 IE5，还是 Mozilla 都不支持固定的背景影像。

⑤background-position

在缺省条件下，背景影像的左上角与它所连接的元素的左上角对齐的。在多数情况下，这样就能满足人们的需要。但是，在少数情况下，可能还需要其他变化，background-position 就允许人们相对于元素来移动背景。

可使用父元素的宽和高度的百分数、绝对长度或下列六个关键字中的两个来指定偏移量：top、center、bottom、left、center 和 right。

5. 文本属性

如不考虑字体，影响文本外观的属性有 8 个：

(1) word-spacing

该属性通过在单词之间附加空格而使文本扩大。负值会删除单词之间的空白。

(2) letter-spacing

该属性能在字母之间添加额外的空隙从而扩展文本。设置为负值,就会删除字母之间的空隙。同样,我们认为在 Web 网页上这样做的唯一的理由是让纸张看起来比实际的更大或更小,以满足纸张长度要求。

(3) text decoration

该属性可以是下列五个值之一:none、underline、overline、line-through、blink。可以为一个段落指定下划线(underline)、上线(overline)、删除线(struck through)和闪烁(blink)。

(4) vertical-align

该属性指定内联元素如何根据文本的基线定位。可取值为:baseline、sub、super、top、text-top、middle、bottom、text-bottom。

(5) text transform

该属性可用来指定文本应以全部大写字母、全部小写字母或首字母为大写形式显示。这个属性对标题来说是很有用的。有效值为:capitalize、uppercase、lowercase、none。

(6) text-align

该属性只能用于块级元素。它指定块中的文本是否为左对齐、右对齐、居中或两端对齐。可取值为:left、right、center、justify。

(7) text-indent

该属性只应用于块级元素,它指定块的第一行相对于块其余行的缩排方式,可用绝对长度或父元素宽度的百分数来表示。此值可为负,表示悬挂式缩进。

(8) line-height

该属性指定后续行基线之间的距离,可用绝对数字、绝对长度或字号的百分数来表示。

6. 边框属性

CSS 描述了绘制输出内容的一块两维画布。在这块画布上绘制的元素被包围在虚构的矩形中,这些矩形称为框(box)。这些框总是平行于画布的边缘放置。使用框属性使人们能够指定单个框的宽度、高度、页边距、贴边、边、大小和位置。

(1) 页边距属性

页边距属性指定加到框的边框线外面的间距。可使用 margin-top、margin-bottom、margin-right 和 margin-left 分别设置顶端、底端、右和左页边距。各页边距可使用绝对长度或父元素宽度大小的百分数来表示。

(2) 边框线属性

大多数框都有边框。它们是影响基本内容布局的想象中的框,但也许读者无法看见这些框。但是,可以使用边框线属性在其周围绘出线,从而使框可见。边框线属性允许指定边框线的样式、宽度和颜色。

(3) 贴边属性

贴边属性指定框的边界内部间距量。如果显示,框的边框落在页边距和贴边之间。使用 padding-top、padding-bottom、padding-right 和 padding-left 属性,可以对顶、底、右和左贴边分别进行设置。每个贴边都可以用绝对长度或父元素宽度大小的百分数来表示。

(4)大小属性

使用 width 和 height 属性可强制框为给定的大小。框的内容随需要成比例变化,以适应框的要求。

7. 级联样式单级别 2(CSS2)

级联样式单级别 2(CSS2)规范由 W3C 在 1998 年出版,它优于 CSS1,对 XML 和 HTML 文档格式化的功能比以前更强大。当然,与 CSS1 一样,CSS2 也对 HTML 向后兼容。但是,使用 XML,CSS2 几乎和桌面出版程序(如 PageMaker 和 Quark XPress)一样,可格式化纸张和 Web 上的内容。

CSS2 体现了 Web 开发者和设计者对浏览器开发商长期以来一直要求的许多特点。其规范也比 CSS1 多两倍,不仅仅是所有改变的综合和具有一些新特点,而且重写了原来的规范。这使此规范成为所有级联样式单句法、语义和规则的唯一来源。

CSS2 的许多新特点能使人们更加准确地选择和格式化文档中的元素。新的伪类和伪元素能够选择元素的第一个子元素,当接收到焦点时调整元素,或者在指定元素选定范围内自动地控制其他元素的位置。媒体类型可把不同的样式应用于不同媒体(如打印的页面、计算机显示和无线电广播)上出现的文档。对分页媒体(如打印输出和幻灯片显示)的支持也获得了极大地改进,从而可对页面的分页符(page break)实现更加强大的控制。现在不仅可以对块和内联框中的元素格式化,也能对表格中的元素格式化。可自动地对顺序和列表加以编号和缩进排印。对非西方语言(如阿拉伯语和中文)提供了更多的支持。并且,第一次应用声觉样式来指定文档不是以何种方式显示,而是如何让人阅读。此外,CSS2 改变了 CSS1 一些功能的实现方式。

以下所列为 CSS2 的新特点。

(1)新的伪类

伪类选择具有共同部分但不一定是相同类型的元素。例如,:hover 伪类指明是光标当前正在其上的那个元素,而不管此元素的类型。CSS2 有七个新的伪类:

:first-child: :first-child 伪类选择元素的第一个子元素。

:focus: :focus 伪类选择有焦点的对象;也就是说,如果用户在键盘上击一个键,那么此键就输入到该对象之中。

:hover: :hover 伪类选择一个指派的、但非激活的对象。

:lang: :lang 伪类选择以特定的语言编写、由 xml: lang 特性标识的元素。

:first: :first 伪类选择要打印文档的首页。

:left: :left 伪类选择文档打印输出的左页(通常是偶数页),就像复印材料装订成书那样。

:right: :right 伪类选择文档打印输出的右页(通常是奇数页),就像复印材料装订成书那样。

(2)新的伪元素

伪元素通过从 XML 输入中不易获得的其他信息来标识特定的元素。例如,在 CSS1 和 CSS2 中,:first-line 和:first-letter 就是伪元素,它们选择元素的第一行和首字母,甚至它们不必用任何元素来表示。

CSS2 添加了两个新的伪元素::after 和:before。:after 伪元素可用来在指定的元素后面插入对象。这些对象可以是影像、自动计数器或正文。:before 伪元素可用来在指定的元素之前插入对象。这些对象也可以是影像、自动计数器或正文。

(3)媒体类型

CSS2 为盲文、计算机显示器、纸张上的墨水和电视所呈现的信息定义了十种媒体类型。CSS2 可以为不同的媒体指定不同的样式。

(4)分页媒体

CSS2 控制页面的分页符,并提供标识文档中各页面的方法,以便设计者可格式化地打印文档,而不影响文档在屏幕上的外观。

(5)国际化

由于 Internet 已在全球使用,而非仅英语国家,所以在支持成千上万种语言方面,正取得更大的进步。CSS2 增加了对 Unicode 和双向正文的支持,所以为中文和希伯来文施加样式就犹如英语和法语一样容易。

(6)可视格式化控制

CSS2 增加了更多的格式化属性,以提供对组成文档的对象更精确的控制。现在可指定元素的绝对位置和尺寸。当创建元素时,还有更多的显示样式可供使用。可以将阴影应用于正文。字体和颜色也可以指定为"同等于"用户界面的元素,就像菜单项或图标标签那样。当光标的指针移动到不同的元素上时,可改变光标的显示形式。

(7)表格

display 属性的改进使得把 XML 元素当作类似表格的结构一样处理,并能更好、更容易地控制它们的对齐方式。

(8)生成的内容

当文档正在显示时,能自动生成计数器、编号系统和列表标记符等。无论何时文档发生变化时,编号都会瞬间重新计算,而不用手工插入。

(9)有声样式单

为了努力地使信息友好地分发给所有的人,CSS2 中加入了具有语音合成系统功能的特殊属性。这些属性使文档作者能控制文档内每个元素的声音的强度、语调和其他属性。

(10)新工具

CSS2 规范也改变了原先包括在 CSS1 中的一些功能。它们包括级联机制、伪类和其他的各种属性。

6.4.4 XSL

1. XSL 概述

在上一节中我们已经讲了两种样式单中的一种——层叠样式单 CSS,本节要介绍的另一种是可扩展样式单语言 XSL(Extensible Stylesheet Languge),它也是由 W3C 制定的。

CSS 是一种静态的样式描述格式,其本身不遵从 XML 的语法规范。而 XSL 不同,它是通过 XML 进行定义的,遵守 XML 的语法规则,是 XML 的一种具体应用。这也就是说,XSL

本身就是一个 XML 文档，系统可以使用同一个 XML 解释器对 XML 文档及其相关的 XSL 文档进行解释处理。

XSL 由两大部分组成：第一部分描述了如何将一个 XML 文档进行转换，转换为可浏览或可输出的格式；第二部分则定义了格式对象 FO（Formatted Object）。在输出时，首先根据 XML 文档构造源树，然后根据给定的 XSL 将这个源树转换为可以显示的结果树，这个过程称作树转换，最后再按照 FO 解释结果树，产生一个可以在屏幕上、纸上、语音设备或其他媒体中输出的结果，这个过程称作格式化。

到目前为止，W3C 还未能出台一个得到多方认可的 FO，但是描述树转换的这一部分协议却日趋成熟，已从 XSL 中分离出来，另取名为 XSLT（XSL Transformations），其正式推荐标准于 1999 年 11 月 16 日问世，现在一般所说的 XSL 大多是指 XSLT。与 XSLT 一同推出的还有其配套标准 XPath，这个标准用来描述如何识别、选择、匹配 XML 文档中的各个构成元件，包括元素、属性、文字内容等。

如前所述，XSLT 主要的功能就是转换，它将一个没有形式表现的 XML 内容文档作为一个源树，将其转换为一个有样式信息的结果树。在 XSLT 文档中定义了与 XML 文档中各个逻辑成分相匹配的模板，以及匹配转换方式。值得一提的是，尽管制定 XSLT 规范的初衷只是利用它来进行 XML 文档与可格式化对象之间的转换，但它的巨大潜力却表现在它可以很好地描述 XML 文档向任何一个其他格式的文档作转换的方法，例如转换为另一个逻辑结构的 XML 文档、HTML 文档、XHTML 文档、VRML 文档、SVG 文档等，不一而足。

使用 XSL 定义 XML 文档显示方式的基本思想是：通过定义转换模板，将 XML 源文档转换为带样式信息的可浏览文档。最终的可浏览文档可以是 HTML 格式、FO 格式、或者其他面向显示方式描述的 XML 格式（如前面提到的 SVG 和 SMIL），限于目前浏览器的支持能力，大多数情况下是转换为一个 HTML 文档进行显示。

在 XML 中声明 XSL 样式单的方法与声明 CSS 的方法大同小异：

```
<? xml-stylesheet type="text/xsl" href="mystyle.xsl"? >
```

至于具体的转换过程，既可以在服务器端进行，也可以在客户端进行。两者分别对应着不同的转换模式。

（1）服务器端转换模式

在这种模式下，XML 文件下载到浏览器前先转换成 HTML，然后再将 HTML 文件送往客户端进行浏览。有两种方式：

①动态方式。即当服务器接到转换请求时再进行实时转换，这种方式无疑对服务器要求较高。

②批量方式。实现将 XML 用 XSL 转换好一批 HTML 文件，接到请求后调用转换好的 HTML文件即可。

（2）客户端转换模式

这种方式是将 XML 和 XSL 文件都传送到客户端，由浏览器实时转换。前提是浏览器必须支持 XML + XSL。

2. 一个 XSLT 的简单例子

为了能够对 XSLT 有一个感性认识，我们先来看一个 XSLT 的简单例子。通过这个例子,我们可以掌握一些 XSLT 的基本语法和功能,并能尝试写出自己的 XSLT 文档。

我们仍然使用前面在讲述 CSS 时用过的"学生名册"的例子。在这里,为了使用 XSL 样式单,样式单声明语句应改为:

```
<? xml-stylesheet type="text/xsl" href="mystyle.xsl"? >
```

mystyle.xsl 文档如下。

【例 6.9】

```
<? xml version="1.0" encoding="gb2312" ? >
 <xsl: stylesheet            xmlns: xsl=http://www.w3.org/XSL/Transform
              xmlns="http://www.w3.org/TR/REC-html40" >
<xsl: template >
<xsl: apply-templates >
<xsl: template >
<xsl: template match="/" >
<HTML >
 <HEAD >
  <TITLE >学生名册</TITLE >
   <STYLE > .title{font-size: 15pt; font-weight: bold; color: blue} .name{color: red}
   </STYLE >
 </HEAD >
  <BODY >
   <P class="title" >学生名册</P >
     <xsl: apply-templates select="roster" >
  </BODY >
  </HTML >
   </xsl: template >
   <xsl: template match="roster" >
   <TABLE BORDER="1" >
  <THEAD >
      <TD> <B>姓名<B> <TD>
      <TD> <B>籍贯<B> <TD>
      <TD> <B>年龄<B> <TD>
      <TD> <B>电话<B> <TD>
  </THEAD >
     <xsl: for-each select="student" order-by="name" >
  <TR >
      <TD><B><xsl: value-of select="name"/></B></TD>
      <TD><xsl: value-of select="origin"/></TD>
      <TD><xsl: value-of select="age"/></TD>
      <TD><xsl: value-of select="telephone"/></TD>
  </TR >
  </xsl: for-each >
 </TABLE >
```

```
</xsl: template>
</xsl: stylesheet>
```

将上例的 XML 文档用 XSL 样式转换为 HTML 文档的步骤是:先用 XML 解释器将 XML 文档解释成 DOM 对象,相当于建立了原文档的一个节点树。然后用 XML 解释器解释 XSL 文档,用模板匹配的方法去遍历 XML 节点树,将树中的节点按模板的设定转换为模板指示的显示语言,即 HTML 语言。

下面,我们对上例进行解释,首先来看 XSL 的几条主要语句:

xsl: stylesheet:　声明语句。

xsl: template:　相当于编程中函数的概念。

xsl: template match = "":　相当于函数调用,去匹配引号中指定的节点。

xsl: apply - templates:　应用模板函数。

xsl: apply - templates select = "":　应用模板函数的调用,跳转到引号中指定的模板。

xsl: for - each select = "":　循环语句,遍历与引号中的属性值相同的节点。

xsl: value - of select = "":　赋值语句,取出引号中指定的属性值。

在了解了这几条语句的含义后,我们就可以来进一步分析这段 XSLT 源代码的执行过程了。

第一步:在作过 XML 声明和 XSL 声明之后,样式单利用 <xsl: template> <xsl: apply - templates/ > </ xsl: template>声明 XSL 模板,并调用该模板。

第二步:根据 <xsl: apply - templates/ >,系统最先匹配 XML 源树的根节点。根节点用"/"表示,它的匹配方法在一对 <xsl: template match = "/ ">括起的源码中声明。按照这段代码,首先生成带有样式信息的 HTML 文档的开头一段代码:

```
<HTML>
  <HEAD>
    <TITLE>学生名册</TITLE>
      <STYLE> .title{font-size: 15pt; font-weight: bold; color: blue} .name{color: red}
      </STYLE>
  </HEAD>
  <BODY>
  <P class = "title" >学生花名册</P>
```

第三步:系统看到了 <xsl: apply - templates select = "roster"/ >的指示,于是,它在 XML 源树中寻找标记为"roster"的节点进行匹配。就像函数调用一样,现在系统跳到了用 <xsl: template match = "roster" >括起的"函数"中继续生成下面的 HTML 代码:

```
  <TABLE BORDER = "1">
    <THEAD>
      <TD> <B>姓名<B> <TD>
      <TD> <B>籍贯<B> <TD>
      <TD> <B>年龄<B> <TD>
      <TD> <B>电话<B> <TD>
  </THEAD>
```

第四步:现在,系统又接到了指示 <xsl: for - each select = "student" order - by =

" name" >。这条指示要求系统寻找标记为"student"的子节点,并按照"name"下的内容将这些节点排序,然后一一处理。

第五步:对于每一个"student"子树中的内容,系统为其生成表中一行的内容。每一行包含四列,分别把标记为"name"、"origin"、"age"、"telephone"的子节点的内容填进去。其中"name"下的内容还是粗体显示。对应到本例中的 XML 数据,生成的 HTML 代码为:

```
<TR>
  <TD><B>王芳</B></TD>
  <TD>浙江</TD>
  <TD>18</TD>
  <TD>88656725</TD>
</TR>
<TR>
  <TD><B>李强</B></TD>
  <TD>江苏</TD>
  <TD>19</TD>
  <TD>72568855</TD>
</TR>
```

第六步:处理完 <xsl: for - each select = " student" order - by = " name" >中的内容后,系统继续生成 HTML 代码:

```
</TABLE>
```

到此为止,系统已处理完了 <xsl: template match = " roster" >中的所有内容,可以"函数返回"了。

第七步:系统返回到 <xsl: template match = "/ " >括起的源码中,完成 HTML 最后两行代码的生成:

```
</BODY>
</HTML>
```

3. 两种样式单的比较

前面我们介绍了 XML 的样式单——CSS 和 XSL。CSS 和 XSL 均属于样式单的一种,都可以用来设定文档的外观。那么,它们之间有何区别,我们在具体使用中应如何选择呢?下面我们来对此进行说明。

(1)用途不同

CSS 最早是针对于 HTML 提出的,后来又将其应用于 XML 之中,它既可以为 HTML 文档中的各个成分设定样式,又可以为 XML 中的成分设定样式。XSL 是专门针对 XML 提出的,它不能处理 HTML 文档。但它有一个 CSS 无法达到的功能,即用一个命令行将一个 XML 文档转换为另一个文档并存盘。

(2)处理结果不同

XSL 采用的是一种转换的思想,它将一种不含显示信息的 XML 文档转换为另一种可以用某种浏览器浏览的文档,转换后的输出码或者存为一个新的文档,或者暂存于内存中,但都不修改源代码。而 CSS 则没有任何转换动作,只是针对结构文档中的各个成分,依照样式规定一一设定外观式样,再由浏览器依据这些式样显示文档,在整个过程中没有任何新码产生。

(3)表现能力不同

在 XSL 中定义的 90% 的样式规定,实际上在 CSS 中都有定义。但仍然有一些效果是 CSS 无法描述的,必须使用 XSL 不可。这些功能包括文本的置换,例如将一个中国的时间表示格式转换为一个美国的时间表示格式;根据文本内容决定显示方式,例如将 60 分以上的分数用蓝色显示,60 分以下的分数用红色显示;将文档中的成分按照某一个子成分的值进行排序,例如将商品按售价进行排序。此外,还有对于超链接的支持,对于 FRAME 的支持,对于某些语种文字从上到下、行从右到左的排列格式的支持等,都是 XSL 所独有的。

(4)语法不同

XSL 是根据 XML 的语法进行定义的,实际上又是 XML 的一种应用。而 CSS 的语法自成体系,且比较简单,易学易用。

综上所述,一个 XML 文档的显示方式可以归纳为三种:利用 CSS 显示,利用 XSL 转化为 FO 显示,以及利用 XSL 转化为 HTML 文档显示(这个 HTML 文档中可包含 CSS 样式)。

6.5 XML 应用

6.5.1 XML 的实现手段

在学习了 XML 相关的基础知识后,可见若要使用户最后能够在客户端看到使用 XML 技术做出来的东西,主要可以用以下三种实现手段:

①让 XML 文档和与其关联的 XSL 级联样表同时被传送到客户端(通常使用的是浏览器),然后在客户端让 XML 文档根据 XSL 定义的显示格式显示其内容。

②在服务端就使用 XSL 级联样表转换 XML 文档为其他的格式(通常为 HTML 格式),然后在把转换过的文档传送给客户端(通常使用的是浏览器)。

③使用第三方的产品,在将 XML 文档放到服务端之前就将该文档转换成其他格式(一般为 HTML 格式)。然后服务端和客户端就和平常处理 HTML 一样来处理了。

正是由于有这三种不同的解决方法,也就意味着在开发 XML 应用时就有不同的解决方案。例如 XML 在 EDI 中的应用。

EDI(Electronic Data Interchange, 电子数据交换)已成为当今参与国际贸易竞争的重要手段,但是,传统的 EDI 需要各商业伙伴达成一致意见,然后改造现有的系统,购买(或开发)相应的转换软件,购买 VAN(Value Added Networks)服务,这些对于中小企业来说是难以轻易实现。因此,只有大的公司才有能力使用 EDI,这就 EDI 虽然已经存在了 20 多年,但至今仍未广泛普及的原因。

XML(Extensible Markup Language, 可扩展标识语言)的诞生引发了一场 Web 技术的革命,从而也使 EDI 获得新的生机。

XML 所采用的标准技术已被证明最适合 Web 开发,应用于 Internet EDI,则可以得到真正 Web 风格的 EDI, XML/EDI。XML 支持结构化的数据,可以更详细地定义某个数据对象的数据结构,如描述产品,详细定义该产品的生产厂、产品名、产品号、产地等信息,不仅为标记该产品提供方便，而且这种 XML 数据很容易按生产厂、产品名等排序，查询更方便。如果出现商业规则的例外，如填写一个订购单，销售商可能想增加注释，反映一定的商业操作，XML 编写的 Web，指定的数据放入文档中后，便可以加入一些注释，解决了以前固定格式 EDI 的困难。

XML/EDI 引进模板（Template）的概念，解决了 EDI 的主要问题映射。模板描述的不是消息的数据，而是消息的结构以及如何解释消息，能做到无须编程就可实现消息的映射。在用户计算机上，软件代理用最佳方式解释模板和处理消息，如果用户应用程序实现了 XML/EDI，那么代理可以自动完成映射，并产生正确的消息，同时，代理可以为用户生成一个 Web 表单。与 Web EDI 不同，XML/EDI 可以在客户端处理消息，自动完成映射，花费很小。通过模板，用户可以得到对其环境的最佳集成，模板可以存储在别处，动态结合到本地应用程序中，这些使 XML/EDI 成为名副其实的 Web 风格的 EDI。

Web/EDI 允许中小企业只需通过浏览器和 Internet 连接去执行 EDI 交换，但它是不对称的。一方实现 EDI 交换，承担所有实现 EDI 的费用，一般是较大的公司，它对 EDI 消息开发或购买相应的 Web 表格、改造成适合自己的 IC，然后放在 Web 站点上，成为 EDI 的接口，于是，它可以享受 EDI 带来的全部好处；另一方只参与 EDI 交换，但不能从 EDI 中得到好处；因此，Web/EDI 只能让中小企业负担得起上 EDI 的费用，但在得到 EDI 的好处方面，与实现 EDI 方（较大公司）是不均等的。

XML/EDI 则不同，它能让所有的参与者都从 EDI 中得到好处，它是对称的 EDI。一方面由 XML 的结构化和文件格式定义（DTD）特点所致；另一方面则由于 XML 的超链接，可以进一步指定目标找到后的动作。XML 本身的互操作性，使 XML/EDI 的参与者都能从中获得好处，无论是大企业，还是中小企业。

XML 的优越性带来了新一代 Web 应用，使 Internet 与 EDI 相融合，令 EDI 真正具备 Web 风格。

6.5.2 XML 与数据库

数据库管理系统发展至今技术上已相当成熟、应用也非常广泛，而 XML 是一种新的发展势头十分强劲的数据管理手段。那么随着 XML 的逐步成熟，XML 是否会取代数据库呢。

诞生于 20 世纪 60 年代的数据库技术及其应用系统，在经历了层次数据库、网状数据库到关系数据库、面向对象数据库的发展后，已成为计算机信息系统中的重要基础和支柱。但是，90 年代以来，Internet 的飞速发展使人类社会的信息量迅速膨胀，对信息管理和信息交换的需求更是空前强烈和迫切，使得已在传统的商业处理领域内趋于成熟的数据库技术，面临着许多新的问题和挑战。与此同时，XML 技术诞生并迅速成长起来，在诸多领域得到广泛的支持，有着广阔的应用前景，在一定程度上形成了对数据库技术的挑战，目前有不少将 XML 用于数据库应用的研究正在进行中。

1. 数据库技术面临的挑战

传统数据库的应用领域主要是针对商业与事务处理。Internet 时代到来以后，Web 改变了人们习惯的处理方式，也给数据库技术提出了一个必须面对的重要问题：即如何有效地存储和管理 Web 上以指数增长着的数据（文档），使它们既能被高效地操作和维护，又能在

Web 这个平台上方便地表示和交换。目前存在的代表性问题有:

①将现有数据库中数据转换成适于 Web 的形式,需要相当的工作量。时至今日,虽然从 CGI、Server API、Scripts 到 Java 等出现了许多解决方法,并且已在实际应用中取得了很好的效果,但仍有问题存在。

②传统数据库中的数据以二进制码的形式存储,并且不同的数据库管理系统有各自的专有格式,这既带来了表示上的困难,更是进行交换的一大障碍。而随着网络的发展,数据交换的能力已成为新的应用系统的一个至关重要的指标。

2. XML 的技术特点

从技术角度讲,XML 和关系数据同属于数据管理的手段。狭义的 XML 仅仅是指一种语言和采用该语言所描述的 XML 文档,广义的 XML 包括 XML 语言、XML 文档以及所有与 XML 相关的工具和技术,例如,XML 解析器及解析技术,XML 转换技术(XSL、XSML)等。广义的 XML 与 DBMS 大致具有相似的作用。

XML 与 DBMS 相同之处在于:

①提供数据存储。关系数据以数据库系统为手段,XML 以文件系统为手段。

②提供对数据的直接存取访问。两者都不需要用户关心数据的物理结构。

③提供数据的模式描述。XML 采用 DTD(Document Type Definition,文档类型定义)或 XML Schema(XML 规范)来描述数据的逻辑结构;关系数据通过关系模式来描述数据的逻辑结构。

④提供应用逻辑接口。XML 采用 SAX(Simple API for XML)和 DOM(Document Object Model)定义应用编程接口,使应用程序能够访问和更新 XML 文档的样式、结构和内容;关系数据采用 ODBC、JDBC、OLE DB 等。

XML 与 DBMS 的不同之处在于:

关系数据库的优势在于:技术成熟、应用广泛;数据管理能力强(包括存储、检索、修改等);数据安全程度高;稳定可靠的并发访问机制等。

相对于数据库技术,XML 技术在数据应用方面具有很多优点。第一,跨平台。XML 文件为纯文本文件,不受操作系统、软件平台的限制;第二,易表义。XML 具有基于 Schema 自描述语义的功能,容易描述数据的语义,这种描述能为计算机理解和自动处理。第三,XML 不仅可以描述结构化数据,还可以有效描述半结构化,甚至非结构化数据。

但另一方面,XML 技术在数据管理方面也存在明显缺点。首先,XML 技术采用的是基于文件的管理机制,文件管理存在着容量大、管理困难的缺点;第二,目前 XML 的检索是基于节点的检索,存放大量甚至海量数据的 XML 文件造成检索速度极低;第三,解析手段有缺陷。XML 具有两种解析机制,SAX 方式是基于文件的解析,速度慢,DOM 方式是基于内存的方式,资源消耗极大;第四,修改效率低,目前 XML 的修改是基于节点的;最后,XML 的安全性及并发操作机制也是需要解决的问题之一。

总体上看,XML 在数据应用方面上具有易表义、跨平台等优势,但客观上需要一种有效的存储、检索和修改等方面的管理机制。

3. XML 在数据管理上的发展趋势

通过上述分析比较不难得出，在数据管理方面数据库尤其是关系数据库具有其他方式(包括普通文件、XML 文件、对象数据库)无法比拟的优越特性。而在应用方面，尤其是在 Web 信息共享及异构应用数据交换方面，XML 又具有其他技术无法比拟的优点。

从技术角度讲，"以数据库为存贮手段，以 XML 为交换载体"的数据管理模式是一种趋势。XML 存放在关系数据库中，XML 数据以虚拟 XML 文档的形式存在。从用户的角度，XML 文档和数据库之间的区别是不透明的。数据库中存在的产品数据虚拟的 XML 文档，对用户而言，重要的不是数据存在何处，而是数据的逻辑结构合理性和操作界面的方便性。

目前，虽然处理和操作 XML 文档的开销要显著地大于关系数据库系统中类似的表。其中，对 XML 文档进行装载和转储的开销占了很大的比例。XML 文档的长度对其处理开销有非常明显的影响。但无论如何，XML 正在迅速地发展和不断地完善中，前景非常光明。例如，正在开发和标准化之中的 XML 查询语言(XQL)即是针对 XML 在数据库方面的应用。同时，在这个领域内，还有很多问题有待我们去研究和解决。

习题六

一、判断题(正确的打"√"，否则打"×")

1. XML 是 Extensible Markup Language 也是为可扩展的标记语言。(　　)

2. XML 它可能是或者不是一个文件。(　　)

3. XML 的元素只能重叠不能嵌套。(　　)

4. XML 的属性值必须加单引号。(　　)

5. XML 不能将现有数据库中数据转换成适于 Web 的形式。(　　)

6. 从技术角度讲，XML 和关系数据同属于数据管理的手段。(　　)

7. 样式单(Style Sheet)是一种专门描述结构文档格式的文档。(　　)

8. XML 声明在文件中是不可选内容。(　　)

9. 实体引用是指分析文档时会被字符数据取代的置标。(　　)

10. CSS 描述了绘制输出内容的一块两维画布。(　　)

二、填空题

1. HTML 语言__________、__________，使人们很容易地进行__________、检索和__________，从而使 Web 成了最大的环球信息资源库。

2. XML 的应用可分为__________与__________进行交互时、__________应用于需要将__________到客户端时、应用于需要将________________、应用于网络代理________________等。

3. XML 文档包含由__________和__________组成的文本。它是一个有__________的有序字节的集合，并遵守__________。

4. XML 的规则__________必须是 XML 声明、__________必须有起始标记和结束标记、不含数据并且仅使用一个标记的元素必须__________、文档只能包含________________。

5. XML 被作为一种__________语言，是一种________________、的

语言。这些新的标记语言也叫____________________，要通过____________________来定义。

6. Schema与DTD相比较具有以下优势：____________性、__________性、__________性、规范性和____________性。

7. 简单类型可以这样定义：____、简单类型不能____________，不能______________，元素属性值是____________的一部分。

8. 样式单可以支持____________和______________的精确定位、______________技术以及______________等，对于文档的表现力远远超过____________的标记。

9. CSS的定义的基本格式为：选择符｛样式属性：取值；样式属性：取值；…｝其中，选择符表示____________、样式属性表示______________________________________、字体属性可支持__________种基本类型。

10. SL由两大部分组成：第一部分描述了______________一个XML文档进行转换，转换为__________或__________的格式；第二部分则__________格式对象FO（formatted object）。

三、思考题

1. 简述XML概念。
2. 简述XML文件的结构。
3. 简述XML的发展过程。
4. 简述XML文档类型定义。
5. 如何建立XML DTD文件。
6. 简述DTD中的几个重要元素。
7. 简述Schema的特点。
8. 如何用Schema定义元素属性。
9. 简述样式单概念和特点。
10. 简述CSS的基本思想和基本语法。

第 7 章

数据库技术

信息社会中,计算机面临的一项重要任务就是处理大量的数据,而数据库技术正是在此需求下产生和发展的。它经历了人工管理阶段、文件系统阶段和数据库系统阶段。数据库技术越来越成熟、功能越来越强大。它已渗透到工业、商业、行政管理、科研和国防等领域。而近年来由于 Internet 的兴起,对我们现有的工作、生活方式带来了巨大的变革,最具代表性的就是电子商务,电子商务对数据库技术提出了新的要求,这就带来了 Web 数据库技术的发展。通过本章的学习,要求:

- 了解数据库运行环境和工作原理。
- 掌握数据库的基本概念和使用方法。
- 掌握 Web 数据库的基本概念和使用方法。
- 学会电子商务中数据库的应用。

7.1 数据库技术的产生与发展

7.1.1 数据库技术的产生与发展

计算机数据处理与其他技术的发展一样,经历了由低级到高级的发展过程。计算机数据管理随着计算机硬件(主要是外存储器)、软件技术和计算机应用范围的发展而不断发展,多年来大致经历了以下三个阶段。

1. 人工管理阶段

20 世纪 50 年代中期以前,计算机主要用于科学计算。当时在硬件方面,外存储器只有卡片、纸带、磁带,没有像磁盘这样的可以随机访问、直接存取的外部存储设备。软件方面,没有专门管理数据的软件,数据由计算或处理它的程序自行携带,两者混为一体,相互依赖。数据与程序都不具有“独立性”,数据的组织和管理完全靠程序员手工完成。

2. 文件系统阶段

20 世纪 50 年代后期至 60 年代中后期,大量的数据存储、检索和维护越来越成为人们迫切的需要。而此时,计算机硬件性能和软件技术均得到了较大的改进和发展,在硬件方面,出现了可直接存取的磁鼓、磁盘等外存储设备;在软件方面,出现了高级语言和操作系统,操作系统中的文件系统(有的也称信息处理模块)是专门管理外存的数据管理软件,数据处理方式有批处理,也有联机实时处理。

在这一阶段,程序与数据有了一定的独立性,程序和数据分开存储,有了程序文件和数据文件的区别。数据文件可以长期保存在外存储器上多次存取,如进行查询、修改、插入、删除等操作。数据的存取以记录为基本单位,并出现了多种文件组织形式,如顺序文件、索引文件、随机文件等。

在文件系统的支持下,数据的逻辑结构与物理结构之间可以有一定的差别,逻辑结构与物理结构之间的转换由文件系统的存取方法来实现。数据与程序之间有设备独立性,程序只需用文件名访问数据,不必关心数据的物理位置。这样,程序员可以集中精力在数据处理算法上,而不必考虑数据存储的具体细节。

3. 数据库系统阶段

从 20 世纪 60 年代后期开始,需要计算机管理的数据量激剧增长,并且对数据共享的需求日益增强。大容量磁盘(数百兆字节以上)系统的采用,使计算机联机存取大量数据成为可能;软件价格上升,硬件价格相对下降,使独立开发系统维护软件的成本增加。文件系统的数据管理方法受到了挑战,它已无法适应应用系统开发的需要。为解决数据的独立性问题,实现数据的统一管理,达到数据共享的目的,在此背景下出现了数据库技术。

数据库(database)是通用化的相关数据集合,它不仅包括数据本身,而且包括关于数据之间的联系。数据库中的数据不只面向某一项特定应用,而是面向多种应用,可以被多个用户、多个应用程序共享,是多个计算机应用系统的核心部分。

数据库系统的特点可总结为:增强数据结构化、提高数据可共享性、减少了数据的冗余、提高了数据的独立性和统一的数据控制功能。

7.1.2　数据模型

由于计算机不可能直接处理现实世界中的各种事物,因此,人们必须采用某种工具,把具体的各种形式的事物转换成计算机能够处理的数据,这一工具就是数据模型。数据模型就是用来抽象、表示和处理现实世界中的数据和信息的。

不同的数据模型具有不同的数据结构形式。目前最常用的数据模型有层次模型、网状模型和关系模型。其中层次模型和网状模型统称为非关系模型。非关系模型的数据库系统在 20 世纪 70 年代与 80 年代初非常流行,在数据库系统产品中占据了主导地位,现在已逐渐被关系模型的数据库系统取代。

20 世纪 80 年代以来,面向对象的方法和技术在计算机各个领域,包括程序设计语言、软件工程、信息系统设计、计算机硬件设计等各方面产生了深远的影响,也促进了数据库中面向对象数据模型的研究和发展。

1. 层次数据模型

层次模型是数据库系统中最早出现的数据模型,它用树形结构表示各实体以及实体间的联系。现实世界中许多实体之间的联系本来就呈现出一种很自然的层次关系,如行政机构、家族关系等。层次模型数据库系统的典型代表是 IBM 的 IMS(Information Management Systems)数据库管理系统,这是一个曾经广泛使用的数据库管理系统。

2. 网状数据模型

自然界中实体型间的联系更多的是非层次关系，用层次模型表示非树形结构是很不直接的，网状模型则可以克服这一弊病。网状数据模型的典型代表是 DBTG 系统，也称 CODASYL系统。网状数据模型可以更直接地描述现实世界，而层次结构实际上是网状结构的一个特例。

3. 关系数据模型

关系模型是目前最重要的一种模型。美国 IBM 公司的研究员 E. F. C 在 1970 年发表题为"大型共享系统的关系数据库的关系模型"的论文，文中首次提出了数据库系统的关系模型。20 世纪 80 年代以来，计算机厂商新推出的数据库管理系统(DBMS)几乎都支持关系模型，非关系系统的产品也大多加上了关系接口。

7.1.3 数据库的体系结构

从数据库管理系统角度来看，数据库系统是一个三级模式结构，但数据库的这种模式结构对最终用户和程序员是透明的，他们见到的仅是数据库的外模式和应用程序。从最终用户角度来看，数据库系统分为单用户结构、主从式结构、分布式结构和客户/服务器结构。

1. 单用户数据库系统

单用户数据库系统是一种早期的最简单的数据库系统。在单用户系统中，整个数据库系统，包括应用程序、DBMS、数据，都装在一台计算机上，由一个用户独占，不同机器之间不能共享数据。

2. 主从式结构的数据库系统

主从式结构是指一个主机带多个终端的多用户结构。在这种结构中，数据库系统，包括应用程序、DBMS、数据，都集中存放在主机上，所有处理任务都由主机来完成，各个用户通过主机的终端并发地存取数据库，共享数据资源。主从式结构的优点是简单，数据易于管理与维护，缺点是当终端用户数目增加到一定程度后，主机的任务会过分繁重，成为瓶颈，从而使系统性能大幅度下降。另外当主机出现故障时，整个系统都不能使用，因此系统的可靠性不高。

3. 分布式结构的数据库系统

分布式结构的数据库系统是指数据库的数据在逻辑上是一个整体，但物理上分布在计算机网络的不同结点。网络中的每个结点都可以独立处理本地数据库中的数据，执行局部应用；也可以同时存取和处理多个异地数据库中的数据，执行全局应用。分布式结构的数据库系统是计算机网络发展的必然产物，它适应了地理上分散的公司、团体和组织对于数据库应用的需求。但数据的分布存放，给数据的处理、管理与维护带来困难。此外，当用户需要经常访问远程数据时，系统效率会明显地受到网络交通的制约。

4. 客户/服务器结构的数据库系统

主从式数据库系统中的主机和分布式数据库系统中的每个结点机是一个通用计算机，既执行DBMS功能又执行应用程序。随着工作站功能的增强和广泛使用，人们开始把DBMS功能和应用分开。网络中某个(些)结点上的计算机专门用于执行DBMS功能，称为数据库服务器，简称服务器。其他结点上的计算机安装DBMS的外围应用开发工具，支持用户的应用，称为客户机。这就是客户/服务器结构的数据库系统。在客户/服务器结构中，客户端的用户请求被传送到数据库服务器，数据库服务器进行处理后，只将结果返回给用户(而不是整个数据)，从而显著减少了网络上的数据传输量，提高了系统的性能、吞吐量和负载能力。另一方面，客户/服务器结构的数据库往往更加开放。客户与服务器一般都能在多种不同的硬件和软件平台上运行，可以使用不同厂商的数据库应用开发工具，应用程序具有更强的可移植性，同时也可以减少软件维护开销。

7.2 面向对象数据库

7.2.1 数据库的层级模式结构

尽管目前数据库产品繁多，支持的数据模型和数据的存储结构各不相同，但大多数数据库系统都具有三层模式的结构特征。所谓三层模式结构就是由外模式、模式和内模式组成。

数据库的三层模式对应数据的三个抽象级别，数据的具体组织由DBMS管理，使用户能够逻辑地、抽象地处理数据，而不必关心数据在计算机中的表示和存储。为了实现这三个层次数据的联系及转换，数据库系统在这三层模式中提供了外模式/模式和模式/内模式的两层映像。

1. 模式

模式是指数据库中全体数据的逻辑结构和特性的描述，是所有用户的公共数据视图，它描述的是数据的全局逻辑结构。模式不涉及数据的物理存储细节和硬件环境，也与具体的程序设计语言无关。模式通常以某一种数据类型为基础，而不仅仅是数据的逻辑结构的定义。数据库系统提供模式描述语言(模式DDL)来严格表示这些内容。用DDL写出的一个数据库逻辑定义的全部语句称为该数据库的模式。模式是对数据库结构的一种描述，而非数据库本身。

2. 外模式

外模式又被称为子模式或用户模式，是数据库用户看得到的数据视图，它涉及的是数据的局部逻辑结构，通常是模式的子集。外模式是个别用户的数据视图，即与某一应用有关的数据的逻辑表示。不同用户的外模式可以互相覆盖。同一外模式可以为某一用户的任意多个应用启用。一个应用只能启用一个外模式。数据库系统提供了外模式描述语言(外模式DDL)来描述用户的数据视图。外模式DDL与用户选用的程序设计语言具有相容的语法。

3. 内模式

内模式又被称为存储模式,是数据在数据库系统内部的表示,即对数据的物理结构和方式的描述。内模式通常用内模式数据描述语言(内模式 DDL)来描述和定义的。

4. 二级映像

对应于同一个模式可以有任意多个外模式。外模式/模式的映像就是用于定义某一个外模式和模式之间的对应关系。这些映像通常包含在各自的外模式中。当模式改变时,外模式/模式的映像要作相应的改变。模式/内模式的映像用于定义数据逻辑结构和存储结构之间的对应关系。当数据库物理存储结构发生改变时,模式/内模式的映像也要作相应的改变。所以二级映像功能保证了数据库中的数据具有较高的逻辑独立性和物理独立性。

7.2.2 三层数据库模式向面向对象模式扩展

当前,在应用程序开发中普遍采用面向对象程序设计的方法。因此,在数据库设计(模式)时就要考虑该模式是否支持应用系统的对象模型。由于应用系统设计在前,数据库设计随后,所以应用系统对象模型向数据库模式的映射是面向对象数据库设计的关键。

一般数据库设计大多参照 ANSL/SPARC 关于数据库模式的三层标准结构提案。最接近物理数据库的内部模式是由 DBMS 提供的 SQL 来描述的。概念模式可以由若干个内部模式聚集而成,它是由数据库用户规范的一些表的集合。一般的概念模式是数据库物理模式作用域的边界,它能实现数据库的物理意义、特定 DBMS 的特殊操作对外部应用程序的信息隐蔽。外部模式是从特定用户应用角度看待的数据库模式,从不同的应用出发对同一概念模式可以给出多种不同的外部模式。当外部应用系统以对象模型进行抽象时,从各个应用出发抽象出的对象模型可以映射到外部模型上,对此我们不妨称之为外部对象模型。但是,外部模型只是概念模型的子集,所以面向对象的数据库设计核心在于系统对象模型(不妨称之为概念对象模型)向数据库概念模型的映射 。

由于 RDBMS 是以二维表为基本管理单元的,所以对象模型最终是由二维表及表间关系来描述的。换言之,对象模型向数据库概念模型的映射就是向数据库表的变换过程。有关的变换规则简单归纳如下:

①一个对象类可以映射为一个以上的库表,当类间有一对多的关系时,一个表也可以对应多个类。

②关系(一对一、一对多、多对多以及三项关系)的映射可能有多种情况,但一般映射为一个表,也可以在对象类表间定义相应的外键。对于条件关系的映射,一个表至少应有三个属性。

③单一继承的泛化关系可以对超类、子类分别映射表,也可以不定义父类表而让子类表拥有父类属性;反之,也可以不定义子类表而让父类表拥有全部子类属性。

④对多重继承的超类和子类分别映射表,对多次多重继承的泛化关系也映射一个表。

⑤对映射后的库表进行冗余控制调整,使其达到合理的关系范式。

7.2.3　面向对象数据库模式的效果

从某种意义上讲，正是由于数据库设计的面向对象特征奠定了整个应用系统的面向对象性，使面向对象方法在程序开发阶段得到全面使用。其效果归纳如下。

1. 数据库结构清晰，便于实现 OOP

由于实现了应用模块对象对数据库对象的完全映射，数据库逻辑模型可以自然并且直接地模拟现实世界的实体关系。用户所处的现实物理世界、系统开发者所抽象的系统外部功能以及与支持系统功能的内部数据库（数据结构）一一对应，从而使用户、开发者和数据库维护人员可以用一致的语言进行沟通。尤其是对多数不了解业务的程序开发人员来说，这种将应用对象与相应的数据对象封装在对象统一体中的设计方法，大大减轻了程序实现的难度，使他们只要知道加工的数据及所需的操作即可，而且应用程序大多雷同，可以多处继承由设计人员抽象出来的、预先开发好的各种物理级超类。

2. 数据库对象具有独立性，便于维护

除了数据库表对象与应用模块对象一一对应外，在逻辑对象模型中我们没有设计多重继承的泛化关系，所以这样得到的数据库结构基本上是由父表类和子表类构成的树型层次结构，表类间很少有继承以外的复杂关系，是一个符合局部化原则的结构，从而使数据库表数据破坏的影响控制在局部范围且便于修复，给系统开通后的数据库日常维护工作带来便利。

3. 需求变更时程序与数据库重用率高，修改少

在映射应用对象时，除关系映射规范化后可能出现一对多的表映射外，大多数应用对象与表对象是一一对应的。我们可以把规范化处理后的、由一个应用对象映射出来的多个表看成一个数据库对象。因此当部分应用需求变更时，首先，系统修改可以不涉及需求不变更的部分。其次，变更部分的修改可以基本上只限于追加或删除程序模块或追加新库表，而基本上不必修改原有程序代码或原有库表定义，从而大大减少了工作量，降低了工作难度。

7.3　数据仓库

随着信息化进程的不断推进，企业在运行过程中将涉及大量的数据，而这些数据可能分布在不同的硬件、数据库、网络环境中，那么企业或部门如何准确、及时地从大量的数据中提取有用的数据将变得越来越重要。

建立数据仓库的目的，就是把企业的内部数据和外部数据进行有效的集成，为企业的各层决策、分析人员使用。

7.3.1　数据仓库的概念

目前，数据仓库一词尚没有一个统一的定义，著名的数据仓库专家 W. H. Inmon 在其著作 *Building the Data Warehouse* 一书中给予如下描述：数据仓库（Data Warehouse）是一个面向主题的(Subject Oriented)、集成的(Integrate)、相对稳定的(Non-Volatile)、反映历史变化(Time Variant)的数据集合,用于支持管理决策。

对于数据仓库的概念我们可以从两个层次予以理解。首先,数据仓库用于支持决策,面向分析型数据处理,它不同于企业现有的操作型数据库;其次,数据仓库是对多个异构的数据源有效集成,集成后按照主题进行了重组,并包含历史数据,而且存放在数据仓库中的数据一般不再修改。

根据数据仓库概念的含义,数据仓库拥有以下四个特点。

1. 面向主题

操作型数据库的数据组织面向事务处理任务,各个业务系统之间各自分离,而数据仓库中的数据是按照一定的主题域进行组织。主题是一个抽象的概念,是指用户使用数据仓库进行决策时所关心的重点方面,一个主题通常与多个操作型信息系统相关。如企业的利润、销售成本等都可以是一个具体的主体。

2. 集成的

面向事务处理的操作型数据库通常与某些特定的应用相关,数据库之间相互独立,并且往往是异构的。而数据仓库中的数据是在对原有分散的数据库数据抽取、清理的基础上经过系统加工、汇总和整理得到的,必须消除源数据中的不一致性,以保证数据仓库内的信息是关于整个企业的一致的全局信息。

3. 相对稳定的

操作型数据库中的数据通常实时更新,数据根据需要及时发生变化。数据仓库的数据主要供企业决策分析之用,所涉及的数据操作主要是数据查询,一旦某个数据进入数据仓库以后,一般情况下将被长期保留,也就是数据仓库中一般有大量的查询操作,但修改和删除操作很少,通常只需要定期加载、刷新。

4. 反映历史变化

操作型数据库主要关心当前某一个时间段内的数据,而数据仓库中的数据通常包含历史信息,系统记录了企业从过去某一时点(如开始应用数据仓库的时点)到目前的各个阶段的信息,通过这些信息,可以对企业的发展历程和未来趋势作出定量分析和预测。一般数据仓库内的数据时限为5~10年,因此,数据仓库内的数据量是比较大的。

企业数据仓库的建设,是以现有企业业务系统和大量业务数据的积累为基础。数据仓库不是静态的概念,只有把信息及时交给需要这些信息的使用者,供他们作出改善其业务经营的决策,信息才能发挥作用,信息才有意义。而把信息加以整理归纳和重组,并及时提供给相应的管理决策人员,是数据仓库的根本任务。因此,从产业界的角度看,数据仓库建设是一个工程,是一个过程。

7.3.2 数据仓库的结构

1. 数据仓库的物理结构和逻辑结构

数据仓库是存储数据的一种组织形式。首先,它从数据库中获取原始数据,按辅助决策的主题要求形成基本数据层,然后再按综合决策的要求形成综合数据层(可分为轻度综合层和高度综合层)。随着时间的推移,由时间控制机制将当前基本数据层转为历史数据层。数据仓库中数据的物理存储形式有多维数据库组织形式和基于关系数据库组织形式。

2. 数据仓库系统体系结构

数据仓库系统的四层体系结构如图 7-1 所示。

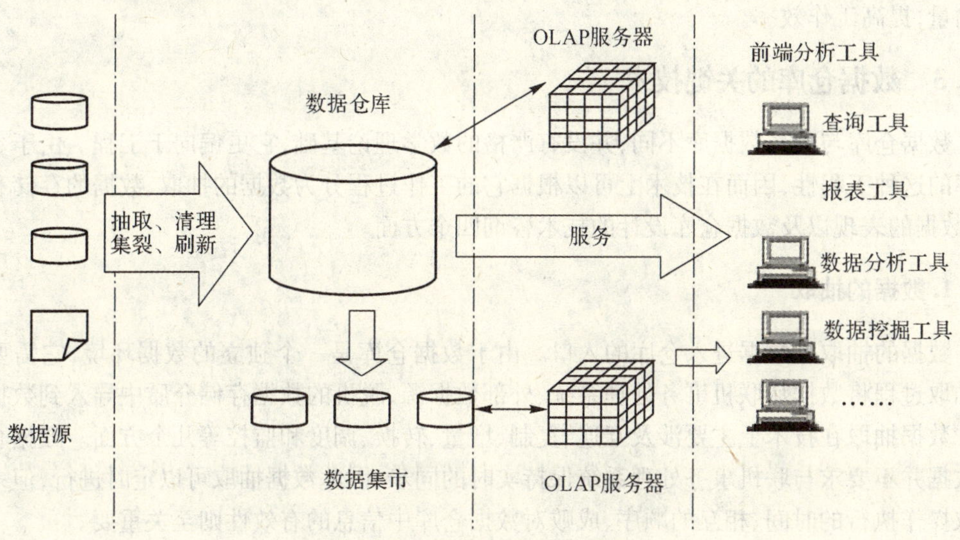

图 7-1 数据仓库系统的四层体系结构

(1)数据源

数据源是数据仓库系统的基础,是整个系统的数据源泉。通常包括企业内部信息和外部信息。内部信息包括存放于 RDBMS 中的各种业务处理数据和各类文档数据。外部信息包括各类法律法规、市场信息和竞争对手的信息等。

(2)数据的存储与管理

数据的存储与管理是整个数据仓库系统的核心。数据仓库的关键是数据的存储和管理。数据仓库的组织管理方式决定了它有别于传统数据库,同时也决定了其对外部数据的表现形式。要决定采用什么产品和技术来建立数据仓库的核心,则需要从数据仓库的技术特点着手分析。针对现有各业务系统的数据,进行抽取、清理,并有效集成,按照主题进行组织。数据仓库管理包括对数据的安全、归档、备份、维护、恢复等工作。数据仓库按照数据的覆盖范围可以分为企业级数据仓库和部门级数据仓库(通常称为数据集市)。

(3)OLAP 服务器

对分析需要的数据进行有效集成,按多维模型予以组织,以便进行多角度、多层次的分析,并发现趋势。其具体实现可以分为 ROLAP、MOLAP 和 HOLAP。ROLAP 基本数据和聚合数据均存放在 RDBMS 之中;MOLAP 基本数据和聚合数据均存放于多维数据库中;HOLAP基本数据存放于 RDBMS 之中,聚合数据存放于多维数据库中。

(4)前端分析工具

它主要包括各种报表工具、查询工具、数据分析工具、数据挖掘工具以及各种基于数据仓库或数据集市的应用开发工具。其中数据分析工具主要针对 OLAP 服务器,报表工具、数据挖掘工具主要针对数据仓库。

数据仓库应用是一种典型的 c/s 结构。目前一般采用的形式是三层结构。客户端的工作包括客户交互、格式化查询及结果和报表生成;服务器端完成各种辅助决策的 SQL 查询、复杂的计算和各类综合功能;在客户和服务器之间是一个多维数据分析服务器 OLAP,能加强和规范决策支持的服务工作,集中和简化客户端和服务器端的部分工作,降低系统的数据传输量,提高工作效率。

7.3.3 数据仓库的关键技术

数据仓库与关系数据库不同,并没有严格的数学理论基础,它更偏向于工程。由于数据仓库的这种工程性,因而在技术上可以根据它的工作过程分为数据的抽取、数据的存储和管理、数据的表现以及数据仓库设计的技术咨询四个方面。

1. 数据的抽取

数据的抽取是数据进入仓库的入口。由于数据仓库是一个独立的数据环境,它需要通过抽取过程将数据从联机事务处理系统、外部数据源、脱机的数据存储介质中导入到数据仓库。数据抽取在技术上主要涉及互连、复制、增量、转换、调度和监控等几个方面。数据仓库的数据并不要求与联机事务处理系统保持实时的同步,因此数据抽取可以定时进行,但多个抽取操作执行的时间、相互的顺序、成败对数据仓库中信息的有效性则至关重要。

在技术发展上,数据抽取所涉及的单个技术环节都已相对成熟,其中有一些是避免不了编程的,但整体的集成度还很不够。目前市场上所提供的大多是数据抽取工具。这些工具通过用户选定源数据和目标数据的对应关系,会自动生成数据抽取的代码。但数据抽取工具支持的数据种类是有限的;同时数据抽取过程涉及数据的转换,它是一个与实际应用密切相关的部分,其复杂性使得不可嵌入用户编程的抽取工具往往不能满足要求。因此,实际的数据仓库实施过程中往往不一定使用抽取工具。整个抽取过程能否因工具的使用而纳入有效的管理、调度和维护则更为重要。

2. 数据的存储和管理

数据仓库的真正关键是数据的存储和管理。数据仓库的组织管理方式决定了它有别于传统数据库的特性,同时也决定了其对外部数据的表现形式。要决定采用什么产品和技术来建立数据仓库核心,则需要从数据仓库的技术特点着手分析。

数据仓库遇到的第一个问题是对大量数据的存储和管理。这里所涉及的数据量比传统事务处理大得多,且随着时间的推移而不断累积。从现有技术和产品来看,只有关系数据库系统能够担当此任。关系数据库经过近 30 年的发展,在数据存储和管理方面已经非常成熟,非其他数据管理系统可比。目前不少关系数据库系统支持数据分割技术,能够将一个大的数据库表分散在多个物理存储设备中,进一步增强了系统管理大数据量的扩展能力。采用关系数据库管理数百个 GB 甚至到 TB 的数据已是一件平常的事情。一些厂商还专门考虑大数据量的系统备份问题,好在数据仓库对联机备份的要求并不高。

数据仓库要解决的第二个问题是并行处理。在传统联机事务处理应用中,用户访问系统的特点是短小而密集;对于一个多处理机系统来说,能够将用户的请求进行均衡分担是关键,这便是并发操作。而在数据仓库系统中,用户访问系统的特点是庞大而稀疏的,每一个查询和统计都很复杂,但访问的频率并不是很高。此时系统需要有能力将所有的处理机调动起来为这一个复杂的查询请求服务,将该请求并行处理。因此,并行处理技术在数据仓库中比以往更加重要。

数据仓库的第三个问题是针对决策支持查询的优化。这个问题主要针对关系数据库而言,因为其他数据管理环境连基本的通用查询能力都还不完善。在技术上,针对决策支持的优化涉及数据库系统的索引机制、查询优化器、连接策略、数据排序和采样等诸多部分。普通关系数据库采用 B 树类的索引,对于性别、年龄、地区等具有大量重复值的字段几乎没有效果。而扩充的关系数据库则引入了位图索引的机制,以二进制位表示字段的状态,将查询过程变为筛选过程,单个计算机的基本操作便可筛选多条记录。由于数据仓库中各数据表的数据量往往极不均匀,普通查询优化器所得出的最佳查询路径可能不是最优的。因此,面向决策支持的关系数据库在查询优化器上也作了改进,同时根据索引的使用特性增加了多重索引扫描的能力。

以关系数据库建立的数据仓库在应用时会遇到大量的表间连接操作,而连接操作对于关系数据库来说是一件耗时的操作。扩充的关系数据库中对连接操作可以做预先的定义,我们称之为连接索引,使得数据库在执行查询时可直接获取数据而不必实施具体的连接操作。数据仓库的查询常常只需要数据库中的部分记录,如最大的前五十家客户,等等。普通关系数据库没有提供这样的查询能力,只好将整个表的记录进行排序,从而耗费了大量的时间。决策支持的关系数据库在此做了改进,提供了这一功能。此外,数据仓库的查询并不需要像事务处理系统那样精确,但在大容量数据环境中需要有足够短的系统响应时间。因此,一些数据库系统增加了采样数据的查询能力,在精确度允许的范围内,大幅度提高系统查询效率。

总之,将普通关系数据库改造成适合担当数据仓库的服务器有许多工作可以做,它已成为关系数据库技术的一个重要研究课题和发展方向。可见,对于决策支持的扩充是传统关系数据库进入数据仓库市场的重要技术措施。

数据仓库的第四个问题是支持多维分析的查询模式,这也是关系数据库在数据仓库领域遇到的最严峻的挑战之一。用户在使用数据仓库时的访问方式与传统的关系数据库有很大的不同。对于数据仓库的访问往往不是简单的表和记录的查询,而是基于用户业务的分析模式,即联机分析。它的特点是将数据想象成多维的立方体,用户的查询便相当于在其中的部分维(棱)上施加条件,对立方体进行切片、分割,得到的结果则是数值的矩阵或向量,并将其制成图表或输入数理统计的算法。

关系数据库本身没有提供这种多维分析的查询功能,而且在数据仓库发展的早期,人们发现采用关系数据库去实现这种多维查询模式非常低效、查询处理的过程也难以自动化。

为此,人们提出了多维数据库的概念。多维数据库是一种以多维数据存储形式来组织数据的数据管理系统,它不是关系型数据库,在使用时需要将数据从关系数据库中转载到多维数据库中方可访问。采用多维数据库实现的联机分析应用我们称之为 MOLAP。多维数据库在针对小型的多维分析应用有较好的效果,但它缺少关系数据库所拥有的并行处理及大规模数据管理扩展性,因此难以承担大型数据仓库应用。几年前,数据仓库专家们发现,关系数据库若采用“星型模式”来组织数据就能很好地解决多维分析的问题。“星型模式”只不过是数据库设计中数据表之间的一种关联形式,它的巧妙之处在于能够找到一个固定的算法,将用户的多维查询请求转换成针对该数据模式的标准 SQL 语句,而且该语句是最优化的。“星型模式”的应用为关系数据库在数据仓库领域打开绿灯。采用关系数据库实现的联机分析应用称为 ROLAP。目前,大多数厂商提供的数据仓库解决方案都采用 ROLAP。

在数据仓库的数据存储管理领域,从当今的技术发展来看,面向决策支持扩充的并行关系数据库将是数据仓库的核心。在市场上,数据库厂商将成为数据仓库的中坚力量。

3. 数据的表现

数据的表现是数据仓库的门面。这是一个工具厂商的天下。它们主要集中在多维分析、数理统计和数据挖掘方面。

多维分析是数据仓库的重要表现形式,由于 MOLAP 系统是专用的,因此,关于多维分析领域的工具和产品大多是 ROLAP 工具。这些产品近两年来更加注重提供基于 Web 的前端联机分析界面,而不仅仅是网上数据的发布。

数理统计原本与数据仓库没有直接的联系,但在实际应用中,客户需要通过对数据的统计来验证他们对某些事物的假设,以进行决策。与数理统计相似,数据挖掘与数据仓库也没有直接的联系。而且这个概念在现实中有些含混。数据挖掘强调的不仅仅是验证人们对数据特性的假设,而且它更要主动地寻找并发现蕴藏在数据之中的规律。这听起来虽然很吸引人,但在实现起来却有很大的出入。市场上许多数据挖掘工具其实不过是数理统计的应用。它们并不是真正寻找出数据的规律,而是验证尽可能多的假设,其中包括许多毫无意义的组合,最后由人来判断其合理性。因此,在当前的数据仓库应用中,有效地利用数理统计就已经能够获得可观的效益。

4. 数据仓库设计的技术咨询

在数据仓库的实施过程中,有一些更为基本的问题需要解答。它们包括:数据仓库提供给哪些部门使用,不同的部门怎样发挥数据仓库的决策效益,数据仓库需要存放哪些数据,这些数据以什么样的结构存放,数据从哪里装载,装载的频率为多少才合适,需要购置哪些数据管理的产品和工具来建立数据仓库,等等。这些问题依赖于特定的数据仓库系统,属于技术咨询的范畴。

事实上,数据仓库决不是简单的产品堆砌,它是综合性的解决方案和系统工程。在数据仓库的实施过程中,技术咨询服务至关重要。

7.3.4 数据挖掘

数据挖掘技术是人们长期对数据库技术进行研究和开发的结果。起初各种商业数据是存储在计算机的数据库中的,然后发展到可对数据库进行查询和访问,进而发展到对数据库的即时遍历。数据挖掘使数据库技术进入了一个更高级的阶段,它不仅能对过去的数据进行查询和遍历,并且能够找出过去数据之间的潜在联系,从而促进信息的传递。现在数据挖掘技术在商业应用中已经可以马上投入使用,因为对这种技术进行支持的三种基础技术已经发展成熟,他们是:海量数据收集、强大的多处理器计算机、数据挖掘算法。

从商业数据到商业信息的进化过程中,每一步前进都是建立在上阶段的基础之上的。表 7-1 所示的是数据库发展的几个主要阶段,从中我们可以回顾一下数据库发展的历程,并看到第四阶段的进步是革命性的。因为从用户的角度来看,这一阶段的数据库技术已经可以解决商业上所需要解决的许多问题了。

表 7-1 数据挖掘的进化历程

数据库发展的几个阶段	具体解决的商业问题	支持的技术	产品厂家	产品特点
数据收集(20 世纪 60 年代)	过去三年该瓶装厂可口可乐的总销量是多少	计算机、磁带和磁盘	IBM CDC	提供历史性的、静态的数据信息
数据访问(20 世纪 80 年代)	在宁波地区上年上半年的销售额为多少	关系数据库(RDBMS)、结构化查询语言(SQL)	Oracle Sybase IBM Microsoft Informix	提供记录级的历史的、动态的数据信息
数据仓库、决策支持(20 世纪 90 年代)	杭州地区根据宁波地区上年上半年的销售额可得出何结论	连机分析处理、多维数据库、数据仓库	Pilot Comshare Arbor Microstrategy Cognos	在各种层次上提供回溯的动态的数据信息
数据挖掘(正在流行)	下个月杭州地区的销量会怎样,根据是什么	多处理器计算机、高级算法、海量数据库	Pilot Lockheed IBM SGI 其他	提供预测性的信息

数据挖掘的核心模块技术历经了数十年的发展,其中包括数理统计、人工智能、机器学习。今天,这些成熟的技术,加上高性能的关系数据库引擎以及广泛的数据集成,让数据挖掘技术在当前的数据仓库环境中进入了实用的阶段。

1. 数据挖掘的范围

"数据挖掘"这个名字来源于它有点类似于在山脉中挖掘有价值的矿藏。在商业应用里,它就表现为在大型数据库里面搜索有价值的商业信息。这两种过程都需要对巨量的材料进行详细的过滤,并且需要智能且精确地定位潜在价值的所在。对于给定了大小的数据库,数据挖掘技术可以用它如下的超能力产生巨大的商业机会。

(1)自动趋势预测

数据挖掘能自动在大型数据库里面找寻潜在的预测信息。传统上需要很多专家来进行分析的问题,现在可以快速而直接地从数据中间找到答案。一个典型的利用数据挖掘进行预测的例子就是目标营销。数据挖掘工具可以根据过去邮件推销中的大量数据找出其中最有可能对将来的邮件推销作出反应的客户。

(2)自动探测以前未发现的模式

数据挖掘工具扫描整个数据库并辨认出那些隐藏着的模式,比如通过分析零售数据来辨别出表面上看起来没联系的产品。

(3)数据挖掘技术可以让现有的软件和硬件更加自动化

并且可以在升级的或者新开发的平台上执行。当数据挖掘工具运行于高性能的并行处理系统上的时候,它能在数分钟内分析一个超大型的数据库。这种更快的处理速度意味着用户有更多的机会来分析数据,让分析的结果更加准确可靠,并且易于理解。

2. 在数据挖掘中最常用的技术

(1)人工神经网络

仿照生理神经网络结构的非线形预测模型,通过学习进行模式识别。

(2)决策树

代表着决策集的树型结构。

(3)遗传算法

基于进化理论,并采用遗传结合、遗传变异以及自然选择等设计方法的优化技术。

(4)近邻算法

将数据集合中每一个记录进行分类的方法。

(5)规则推导

从统计意义上对数据中的“如果……那么”规则进行寻找和推导。

采用上述技术的某些专门的分析工具已经发展了大约十年的历史,不过这些工具所面对的数据量通常较小。而现在这些技术已经被直接集成到许多大型的工业标准的数据仓库和联机分析系统中去了。

3. 数据挖掘是如何工作的

数据挖掘的功能如此强大,那么数据挖掘工具究竟是怎样准确地告诉你那些隐藏在数据库深处的重要信息的呢?它们又是如何作出预测的?

以上问题的答案就是建模。建模实际上就是在你知道结果的情况下建立起一种模型,并且把这种模型应用到你所不知道的那种情况中。比如说,如果你想要在大海上去寻找一艘古老的西班牙沉船,也许你首先想到的就是去找找过去发现这些宝藏的时间和地点有哪些。那么,经过调查你发现这些沉船大部分都是在百慕大海区被发现,并且那个海区有着某种特征的洋流,以及那个时代的航线也有一定的特征可寻。在这众多的类似特征中,你将它们抽象并概括为一个普通的模型。利用这个模型,你就很有希望在具有大量相同特征的另外一个地点发现一件不为人知的宝藏。

当然，在数据挖掘技术甚至计算机出现以前，这种建模抽象的方法就已经广泛地被人们所使用。在计算机中的建模和以前的建模方法并无很大不同，主要的差异在于计算机能处理的信息量比以前来得更加庞大。计算机中能够存储已知了结果的大量不同情况，然后由数据挖掘工具从这些大量的信息里面披沙拣金，将能够产生模型的信息提取出来。一旦当模型建立好了之后，就可以应用在那些情形相似但结果尚未知的判断中了。比如，现在假设你是一个电信公司的营销主任，公司想发展一些新的长途电话用户，那么你是不是会漫无目的地到街上去散发广告呢？——就像漫无目的地在海上去寻宝一样。其实，比起漫无目的地去进行宣传来，利用你以前的商业经验来有目的地去拉拢客户会产生高得多的效率。

4. 数据挖掘的体系结构

目前很多数据挖掘工具是独立于数据仓库以外的，它们需要独立地输入输出数据，以及进行相对独立的数据分析。为了最大限度地发挥数据挖掘工具的潜力，它们必须像很多商业分析软件一样，紧密地和数据仓库集成起来。这样，在人们对参数和分析深度进行变化的时候，高集成度就能大大地简化数据挖掘过程。

应用数据挖掘技术，较为理想的起点就是从一个数据仓库开始，这个数据仓库里面应保存着所有客户的合同信息，并且还应有相应的市场竞争对手的相关数据。这样的数据库可以是各种市场上的数据库：Sybase、Oracle、Redbrick 等，并且可以针对其中的数据进行速度上和灵活性上的优化。

联机分析系统 OLAP 服务器可以使一个十分复杂的最终用户商业模型应用于数据仓库中。数据库的多维结构可以让用户从不同角度，比如产品分类、地域分类，或者其他关键角度，来分析和观察他们的生意运营状况。数据挖掘服务器在这种情况下必须和联机分析服务器以及数据仓库紧密地集成起来，这样就可以直接跟踪数据并辅助用户快速作出商业决策，并且用户还可以在更新数据的时候不断发现更好的行为模式，并将其运用于未来的决策当中。

数据挖掘系统的出现代表着常规决策支持系统的基础结构的转变。不像查询和报表语言仅仅是将数据查询结果反馈给最终用户那样，数据挖掘高级分析服务器把用户的商业模型直接应用于其数据仓库之上，并且反馈给用户一个相关信息的分析结果。这个结果是一个经过分析和抽象的动态视图层，通常会根据用户的不同需求而变化。基于这个视图，各种报表工具和可视化工具就可以将分析结果展现在用户面前，以帮助用户计划将采取怎样的行动。

7.4 Web 数据库基础

随着 Internet 技术的兴起与发展和 Web 技术的蓬勃发展，人们已不满足于只在 Web 浏览器上获取静态的信息，人们需要通过它发表意见、查询数据、信息交流、进行网上购物等商务活动，这些活动都将涉及大量的异构的数据，因此，要完成这些活动就首先需要实现 Web 技术和数据库技术相结合。数据库技术的历史较悠久，发展到今天已比较成熟了。由于 Internet的广泛应用，Web 技术近年来得到迅速的发展，人们已经可以把数据库技术引入到 Web 系统中。数据库技术特别适用于对大量数据的组织管理，Web 技术具有较佳的信息发布途径，这两种技术的天然互补性决定相互融合是其发展的必然趋势，将 Web 技术与数据库相结合，开发动态的 Web 数据库应用已成为当今 Web 技术研究的热点。

Web 数据库技术采用三层或多层体系结构，前端采用基于搜客户机的浏览器技术，通过 Web 服务器及中间件访问数据库。如图 7-2 所示。

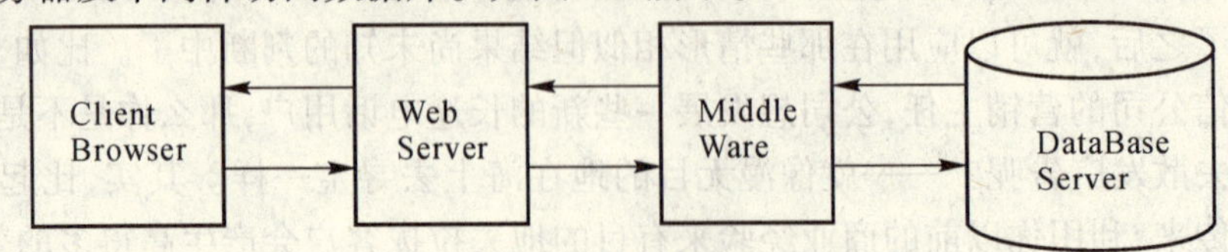

图 7-2　Web 数据库体系结构

由 Web 页访问数据库的技术在不断地发展，从最早的静态 HTML 的 Form 格式加 CGI 到如今的 ASP 等，目前，有以下几种 Web 数据库技术：CGI、SAPI、Java/JDBC、RAD 和 ASP。

访问 WWW 数据库常见的解决方案则有如下几种：Triogy 公司的 RDA/Web，Sybase 公司的 Web. sq，Allaire 公司的 ColdFusion，Netscape 公司的 LiveWire，Borland 公司的 IntraBuilder，Novell 公司的 NetBasic，Oracle 公司的 Web Application Server，Microsoft 公司的 IDC（Internet DataBase Connector），Microsoft 公司的 ADC（Advanced Data Connector），以及 Microsoft公司的 ASP 与 ADO。

7.4.1　Web 数据库技术简介

1. CGI

CGI 是 Web 服务器运行时外部程序的规范，按照 CGI 编写的程序可以扩展服务器的功能，完成服务器本身不能完成的工作，外部程序执行时间可以生成 HTML 文档，并将文档返回 Web 服务器。CGI 应用程序能够与浏览器进行交互作用，还可以通过数据库的 API 与数据库服务器等外部数据源进行通信，如一个 CGI 程序可以从数据库服务器中获取数据，然后格式化为 HTML 文档后发送给浏览器，也可以将从浏览器获得的数据放到数据库中。几乎所有被使用的服务器软件都支持 CGI，开发者可以使用任何一种 Web 服务器内置语言编写 CGI，其中包括流行的 C、C ++、VB 和 Delphi 等。按照应用环境的不同，CGI 又可以分为标准 CGI 和间接 CGI。

标准 CGI 使用命令行参数或环境变量来表示服务器的详细请求，服务器与浏览器间的通信采用标准输入输出方式。当服务器接收浏览器发来的 CGI 请求时，服务器对该请求进行分析，设置所需的环境变量或命令参数，然后创建一个子进程启动 CGI 程序，CGI 执行完毕后，使用标准输出将执行结果返回给服务器。CGI 的输出可以有许多类型，比如 HTML 文档、图像、纯文本或声音等，它还可以输出指向其他文档的链接。

间接 CGI 又称为缓冲 CGI 或 WinCGI。在 CGI 程序（不支持标准输入输出）和 CGI 接口之间插入一个缓冲程序，缓冲程序与 CGI 接口间用标准输入输出进行通信。这样 CGI 程序采用临时文件（缓冲区）而不是标准输入输出来进行数据通信。当服务器接收到浏览器的请求时，创建一个子进程启动缓冲程序，缓冲子进程与服务器进行通信。通过标准输入输出、命令行参数和环境变量获得有关数据，并将这些数据保存在一输入缓冲区中，然后缓冲子进程再创建一个子进程启动 CGI 程序,CGI 程序读取输入缓冲区的内容,处理浏览器的请求,将输出的内容保存在输出缓冲区中。缓冲进程通过命令行参数或环境变量等方式,传递输入缓冲区和输出缓冲区的地址(或临时文件)到 CGI 子进程。缓冲进程与 CGI 子进程保持同步以监测 CGI 程序的执行状态。当缓冲进程得到 CGI 子进程的输出时,设置有关环境并终止该子进程,然后通过标准输出与服务器通信,通过服务器 CGI 程序的输出结果返回给浏览器。相似地,服务器进程与缓冲进程也应保持同步以监测缓冲进程执行的状态。间接 CGI 最明显的特点是服务器与 CGI 程序间的数据交换是通过缓冲区而不是标准输入输出。

从以上可以看出,CGI 程序应用是作为一个独立的外部应用来运行,与服务器上的其他进程竞争处理器资源,这将导致运行速度减慢。而且,用 CGI 开发支持 WWW 的应用也是一个比较困难的过程。开发人员不仅要掌握 HTML 语言,还要掌握低级编程语言。而在将 Web 服务器访问数据库过程中,连接状态的管理也是很重要的。如果没有状态管理,那么浏览器的每一次请求,都需要一个连接的建立与释放的过程,效率较低。CGI 不提供状态管理功能。另外,必须用某个特定数据库服务器的专用 SQL 语言来手工编写数据库接口,其移植性也不好。

2. SAPI

由于 CGI 存在性能较低、编程困难等缺点,现在许多 Web 服务器软件厂商已经开发出各自服务器的 SAPI,以克服 CGI 性能方面的缺陷。

服务器 SAPI 一般作为一个 DLL 提供,是驻留在 Web 服务器中的程序代码,其扩展 Web 服务器的功能与 CGI 相同。Web 开发人员不仅可以利用 SAPI 解决 CGI 可以解决的一切问题。而且能够进一步解决基于不同 Web 应用程序的特殊请求。各种 API 与其相应的 Web 服务器紧密结合,将开发日标服务器的运行性能进一步发掘、提高。用 API 开发的程序比用 CGI 开发的程序在性能上提高了很多,但开发 SAPI 程序比开发 CGI 程序要复杂得多。SAPI 应用程序需要一些编程方面的专门知识,如多线程、进程同步、直接协议编程以及错误处理等。

Microsoft 的 ISAPI 开发的程序性能要优于用 CGI 开发的程序。这主要是因为 ISAPI 应用程序是一些与 Web 服务器软件处于同一个地址空间的 DLL,因此所有的 HTTP 服务器进程能够直接利用各种资源,这显然比起调用不在同一个地址空间的 CGI 程序语句要占用更少的系统时间。而 Netscape 公司的 NSAPI 同 ISAPI 一样,给 Web 开发人员定制了 NetscapeWeb 服务器基本服务的功能。开发人员利用 NSAPI 可以开发与 Web 服务器的接口,以及与数据库服务器等外部资源的接口。

但由于开发应用程序存在许多潜在的困难。所以 Netscape 与 Microsoft 在其各自的服务器中提供了基于 API 的编程接口。Netscape 提供了 LiveWire。Microsoft 提供了 IDC (Internet Database Connector)。

3. JDBC

Java 的推出,使 Web 有了活力和动感。Internet 用户可以从 Web 服务器上直接下载Java 小程序到本地浏览器上运行。这些下载的小程序就像本地程序一样,可独立地访问本地和其他服务器资源。而最初的 Java 语言并没有数据库访问的功能,随着应用的深入,要求Java 提供数据库访问功能的呼声越来越高。为了防止出现对 Java 在数据库访问方面各不相同的扩展,JavaSoft 公司制定了 JDBC,作为 Java 语言的数据库访问 API。JDBC 是第一个标准的、支持 Java 数据库的 API,它使得 Java 程序与数据库连接更为容易。JDBC 在功能上与 ODBC 相同。给开发人员提供了一个统一的数据库访问接口。目前,JDBC 已经得到了许多厂商的支持,包括 Borland、IBM、Oracle 和 Sybase 等公司。当前流行的大多数数据系统都推出了自己的 JDBC 驱动程序。

4. RAD

RAD 技术是快速应用开发(Rapid Application Development)的缩写。传统的 RAD 工具,如 Powerbuilder、Visual Basic、Oracle/Development 2000 是大家广为熟悉的。Borland 公司的 IntraBuilder 把 Internet 技术融入 DeLphi 3.0 中;而 PowerBuilder 增加的 Internet Development Kit 使 PB 6.0 的 Internet Web 技术更加突出。

RAD 工具的主要特点是具有图形开发界面和可视计算技术的支持,程序员只需通过简单的鼠标点击和键盘交互操作,即可以快速生成应用程序代码。它有几十种代表性的工具,例如:

- Interbuilder:它是一种 Web 快速开发工具(RDA)及支持服务器与客户端脚本语言 JavaScript 的数据库工具,包括 Borland 数据库引擎(BDE),IntraBuilder 设计器、IntraBuilder Broker 和 IntraBuilder Agents,以及个人服务器。IntraBuilder 提供以下几种主要工具:专家系统(Expert),设计器(Disigner),编辑器(Editer)。但 IntraBuilder 的不足之处是:需要一定的 JavaScript 编程知识;也有某些情况不太令人满意,如在使用导航按钮浏览数据库内容时必须刷新整个页面才能显示不同记录的数据;只支持 Windows NT/95 两个操作系统。
- PowerBuilder:它和 Delphi 一样,PowerBuilder 也是功能强大的可视化快速应用开发工具(RDA)。在 PowerBuilder 5.0 中,Internet Development Tool Kit 为之增加了许多对Internet 的支持,是开发人员可以快速地生成动态 Web 服务器的应用,并将 PowerBuilder 应用扩展到 Web 上。PowerBuilder 5.0 提供了许多实现 Web 数据库的功能。Web. PB 支持 ISAPI/NSAPI 和 CGI,并且有 PowerBuilder 作为快速开发工具,但它只适用于 Windows NT/95;且数据窗口 Plug-in 需要在浏览器上进行安装才能使用。

5. ASP

ASP 则是微软公司于 1996 年 11 月推出的 Web 应用程序开发技术。在 Microsoft 的有关文档中 ASP 被描述为:一个服务器端的脚本环境,可以生成和运行动态的、交互的、高性能的 Web 服务器应用程序。ASP 是目前公认的建立 Windows NT 动态站点最好的工具。它与 ADO(Active Data Object,一种新的数据访问模型)的充分结合,提供了强大的数据库访问功能,使之成为进行网上数据库管理的重要手段。

ASP 内含于 Internet Information Server(简称 IIS 3.0)中,扩展名以.asp 表示。ASP 文件可以用常规的文本编辑器编辑,也可以利用专门的辅助开发工具 InterDev 进行开发设计,InterDev 的优点是将整个 Web 程序设计(包括网页设计、ASP 程序设计和数据库管理等)融为一体,比较适合于较大工程项目的开发研制。ASP 使用 VBScript、JavaScript 等脚本语言作为开发工具,镶嵌于 HTML 文本中,使用"< %...% >",将 ASP 的程序包含起来。当用户从浏览器向 Web 服务器提出请求时,Web 服务器会自动将 ASP 的程序解释为标准的 HTML 格式的主页内容,用户端只要使用常规可执行 HTML 程序的浏览器,就可浏览 ASP 所设计的主页内容,因此与浏览器无关,并且保证了 ASP 的源程序代码不会外漏。

ASP 中包括五个内置的 ActiveX 服务器组件和五个内置的对象:Database Access component(数据库访问组件)、File Access component(文件访问组件)、Ad Rotator component(广告轮播器组件)、Content Linking component(内容链接组件)、Browser Capabilities component(浏览器信组件)以及 Request(请求对象)、Server(服务器对象)、Session(会话对象)、Response(响应对象)、Application(应用程序对象)。在所有 ASP 组件中,最有用的是数据库访问组件,也称为 ActiveX 数据对象或 ADO。在站点发布数据库将使用这个组件及其中包含的对象,以完成对 ODBC 数据源的读写。此外,ASP 技术的另一个重要特点是,程序员可以利用 Java、Visual Basic、visual C ++ 等语言制作适应自己特殊需要的 ActiveX 服务器组件来扩充 ASP 的功能,使自己的动态网页几乎具有无限的扩充能力,这是传统的 CGI 程序所不能及的。

7.4.2 ASP 原理简介

1. ASP 访问数据库的原理

ASP 是服务器端的脚本执行环境,可用来产生和执行动态的高性能的 Web 服务器程序。当用户使用浏览器请求 ASP 主页时,Web 服务器响应,调用 ASP 引擎来执行 ASP 文件,并解释其中的脚本语言(JScript 或 VBScript),通过 ODBC 连接数据库,由数据库访问组件 ADO(ActiveX Data Objects)完成数据库操作,最后 ASP 生成包含有数据查询结果的 HTML主页返回用户端显示。

由于 ASP 在服务器端运行,运行结果以 HTML 主页形式返回用户浏览器,因而 ASP 源程序不会泄密,增加了系统的安全保密性。此外,ASP 是面向对象的脚本环境,用户可自行增加 ActiveX 组件来扩充其功能,拓展应用范围。

ASP 访问 Web 数据库的工作原理如图 7-3 所示。

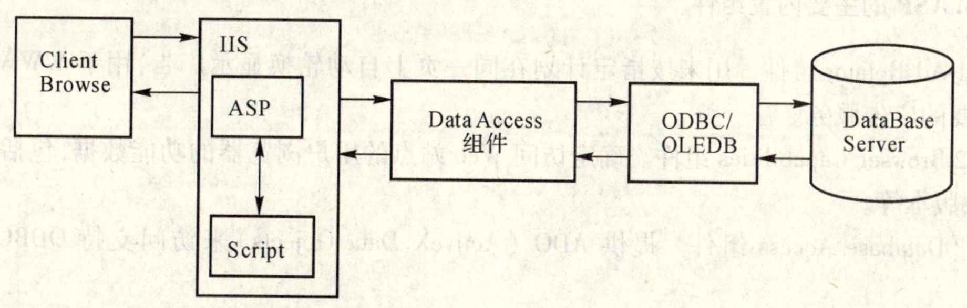

图 7-3　基于 ASP 访问 Web 数据库的工作原理

2. ASP 页面的结构

ASP 的程序代码简单、通用,文件名由. asp 结尾,ASP 文件通常由四部分构成:

①标准的 HTML 标记。所有的 HTML 标记均可使用。

②ASP 语法命令。位于<% %>标签内的 ASP 代码。

③服务器端的 include 语句。可用#include 语句调入其他 ASP 代码,增强了编程的灵活性。

④脚本语言。ASP 自带 JScript 和 VBScript 两种脚本语言,增加了 ASP 的编程功能,用户也可安装其他脚本语言,如 Perl、Rexx 等。

3. ASP 的运行环境

目前 ASP 可运行在以下三种环境中:

①Windows NT server 4.0 运行 IIS 3.0(Internet Information Server)以上。

②Windows NT workstation 4.0 运行 Peer Web Server 3.0 以上。

③Windows 95/98 运行 PWS(Personal Web Server)。

其中以 NT server 上的 IIS 功能最强,提供了对 ASP 的全面支持,是创建高速、稳定的 ASP 主页的最佳选择。

4. ASP 的内建对象

ASP 提供了六个内建对象,供用户直接调用:

①Application 对象。负责管理所有会话信息,可用来在指定的应用程序的所有用户之间共享信息。

②Session 对象。存贮特定用户的会话信息,只被该用户访问,当用户在不同 Web 页面跳转时,Session 中的变量在用户整个会话过程中一直保存。Session 对象需 cookie 支持。

③Request 对象。从用户端取得信息传递给服务器,是 ASP 读取用户输入的主要方法。

④Response 对象。服务器将输出内容发送到用户端。

⑤Server 对象。提供对服务器有关方法和属性的访问。

⑥Object Context 对象。IIS 4.0 新增的对象,用来进行事务处理。此项功能需得到 MTS(Microsoft Transcation Server)管理的支持。

5. ASP 的主要内置组件

①Ad Rotator 组件。用来按指定计划在同一页上自动轮换显示广告,用于 WWW 上日益重要的广告服务。

②Browser Capabilities 组件。确定访问 Web 站点的用户浏览器的功能数据,包括类型、性能、版本等。

③Database Access 组件。提供 ADO(ActiveX Data Objects)来访问支持 ODBC 的数据库。

④File Access 组件。提供对服务器端文件的读写功能。

⑤Content Linking 组件。生成 Web 页内容列表,并将各页顺序连接,用于制作导航条。此外,还可安装 Myinfo、Counters、Content Rotator、Page Count 等组件,用户也可自行编制 Actiive组件,以提高系统的实用性。

6. Database Access 组件 ADO

WWW 上很重要的应用是访问 Web 数据库,用 ASP 访问 Web 数据库时,必须使用 ADO 组件,ADO 是 ASP 内置的 ActiveX 服务器组件(ActiveX Server Component),通过在 Web 服务器上设置 ODBC 和 OLEDB 可连接多种数据库,如 SYBASE、ORACLE、INFORMIX、SQL SERVER、ACCESS、VFP 等,是对目前微软所支持的数据库进行操作的最有效和最简单直接的方法。

ADO 组件主要提供了以下七个对象和四个集合来访问数据库:

①Connection 对象。建立与后台数据库的连接。

②Command 对象。执行 SQL 指令,访问数据库。

③Parameters 对象和 Parameters 集合。为 Command 对象提供数据和参数。

④RecordSet 对象。存放访问数据库后的数据信息,是最经常使用的对象。

⑤Field 对象和 Field 集合。提供对 RecordSet 中当前记录的各个字段进行访问的功能。

⑥Property 对象和 Properties 集合。提供有关信息,供 Connection、Command、RecordSet、Field 对象使用。

⑦Error 对象和 Errors 集合。提供访问数据库时的错误信息。

7.4.3 ASP 访问数据库步骤

在 ASP 中,使用 ADO 组件访问后台数据库,可通过以下步骤进行。

1. 定义数据源

在 Web 服务器上打开“控制面板”,选中“ODBC”,在“系统 DSN”下选“添加”,选定你希望的数据库种类、名称、位置等。本文定义“SQL Server”,数据源为“STU”,数据库名称为“STUDATA”,脚本语言采用 Jscript。

2. 使用 ADO 组件查询 Web 数据库

(1)调用 Server. CreateObject 方法取得“ADODB. Connection”的实例,再使用 Open 方法打开数据库

```
conn = Server.CreateObject("ADODB.Connection")
conn.Open("STU")
```

(2)指定要执行的 SQL 命令

连接数据库后,可对数据库操作,如查询、修改、删除等,这些都是通过 SQL 指令来完成的,如要在数据表 signaltab 中查询代码中含有“X”的记录。

```
sqlStr = "select * from signaltab where code like '%X%'"
rs = conn.Execute(sqlStr)
```

(3)使用 RecordSet 属性和方法,并显示结果

为了更精确地跟踪数据,要用 RecordSet 组件创建包含数据的游标,游标就是储存在内存中的数据。

```
rs = Server.CreateObject("ADODB.RecordSet")
```

```
rs.Open(sqlStr,conn,1,A)
```

注:A=1 读取、A=3 新增、修改、删除。

在 RecordSet 组件中,常用的属性和方法有:

rs.Fields.Count:RecordSet 对象的字段数。

rs(i).Name:第 i 个字段的名称,i 为 0 至 rs.Fields.Count-1

rs(i):第 i 个字段的数据,i 为 0 至 rs.Fields.Count-1

rs("字段名"):指定字段的数据。

rs.Record.Count:游标中的数据记录总数。

rs.EOF:是否最后一条记录。

rs.MoveFirst:指向第一条记录。

rs.MoveLast:指向最后一条记录。

rs.MovePrev:指向上一条记录。

rs.MoveNext:指向下一条记录。

rs.GetRows:将数据放入数组中。

rs.Properties.Count:ADO 的 ResultSet 或 Connection 的属性个数。

rs.Properties(item).Name:ADO 的 ResultSet 或 Connection 的名称。

rs.Properties:ADO 的 ResultSet 或 Connection 的值。

rs.close():关闭连接。

(4)关闭数据库

```
conn.close()
```

7.5 电子商务实现案例

我们知道目前电子商务的应用广泛、模式多样,但无论是哪一种应用对系统均提出了一定的要求,即系统的安全性和完整性要求、集成性和可扩展性要求以及合作性要求。

由于 TCP/IP 的开放性,使网上电子商务面临着窃听、篡改和欺骗的威胁,为了确保数据不以非正确的方式泄露以及保护数据免遭破坏或非法改动,电子商务必须有严格可靠的安全保密措施。目前解决安全问题的主要方法是通过 SSL(Secure Socket Layer)和电子签字技术,保障 Internet 上传送的数据具有安全保密和不可否认的特性,以及确保安全机制被有力和正确地实施。

新建立的电子商务系统要求对以前旧的系统有很好的集成能力,包括支持对传统的客户/服务器模型的扩展,对遗留数据源的访问等。同时要求系统一定要有很好的可扩展性,因为一旦电子商务投入了使用,它面临的客户增长将是业务非常迅速的。

电子商务的应用,特别是像支付、购买等业务需要有许多相关的公司或机构相互配合来完成要求,因此,系统对合作性和协调性也提出了要求。

由此可见,电子商务系统对数据库技术提出了更高的要求,各大数据库厂商正着力于适用于电子商务应用的数据库系统的开发,并已取得了一定的成就。下面,我们就来看以下 Sybase 和 Oracle 公司的电子商务解决方案。

我们可以从它们的电子商务产品策略、数据库、应用服务器平台及应用产品系统开发等几个方面来介绍。

7.5.1 Sybase公司的电子商务解决方案

1. 电子商务产品策略

Sybase提倡以客户为中心的计算模式，让用户成为信息的主人，完成信息的自主化服务。为此而推出了开放的易于扩展的端到端的适应性组件的体系结构。通过Sybase的数据库服务器（Adaptive Server）和企业应用产品集（Enterprise Application Studio，包括应用服务器Enterprise Application Server以及开发工具PowerBuilder 6.5和PowerJ 2.5），为用户提供了完整的电子商务应用的开发和提交平台。另外，通过与InterShop这样的合作伙伴的紧密合作，为用户提供更加完整的应用解决方案。

2. 数据库

Sybase通过数据库服务器Adaptive Server为用户提供安全、高性能的数据管理。新版的ASE 11.9.2在保持ASE 11.5的优秀特性以外，增加了灵活的行数锁机制，可以为用户提供更加高效的并行处理能力，可以保证多处理器的高可扩展性，以及在不可预知的环境中提供了可预计的性能，同时完全提供了对Java的支持。

3. 应用服务器及应用产品系统

Sybase具有高性能的动态页面引擎和强大可伸缩的组件引擎，以及强大的轻量级的数据库系统的应用服务器Enterprise Application Server；第一个专门针对金融服务，为增强包括银行资金市场和保险业在内整个金融业的战略性应用而设计的，提供专业的、增值的组件，并帮助金融用户和开发商业业务发展需求的金融服务器Financial Server。

（1）Enterprise Application Server

Sybase的该应用服务器有机的集成了Sybase原有的Jaguar CTS组件事物服务器和PowerDynamo动态Web页面服务器，它提供了一个集成运行环境，支持从最为简单的动态Web站点到复杂的数据敏感型的事物应用。这种动态可伸缩的运行平台提供了强大的企业级基础环境，支持Web和非Web的应用。同时易于集成异构的后台系统，能够帮助客户将应用拓展至Web环境，满足客户在企业级平台上集成基于Web的数据驱动型应用和高速事务型应用的需求。此应用服务器内嵌CORBA体系结构，支持通用组件模式、任意客户类型、CORBA客户、HTML/XML客户，同时支持C++组件、Java Class和Java Beans，具有完整的安全性支持、命名服务的支持和企业级服务特性。另外它还具有很高的可伸缩性，组件下载快速，页面缓存可调，极大地增强了性能监控和性能调优。总之，Enterprise Application Server构成了Sybase电子商务解决方案的中间层，它们为电子商务应用提供了开放的中间层的提交平台。

（2）Financial Server

该应用服务器是一个多平台的适用多种数据库的产品，具有对标准的金融服务协议的本地化支持。它充分利用了Sybase的Jaguar CTS，构造了在网上提供完整的金融服务的应用服务器，并将支持在多分销渠道上实施金融产品，将为集成现有的处理系统提供一个公共平台。在金融服务器的整体结构中，系统的最下面是数据库，Financial Server不仅支持

Sybase的数据库服务器 Adaptive Server,而且还支持 Oracle、Informix 等主流数据库,甚至可以支持在金融业应用较多的主机系统的数据库,真正做到数据库无关性。在数据库之上,是Sybase 的 Jaguar CTS 组件事务服务器,它是金融服务器的核心部分。Jaguar CTS 具有许多优良的性能,如提供了在大量事务处理用户环境下可以预知的、可扩展的执行性能;提供高级的会话管理,连接和线索的调度;支持 SSL 3.0 和 X.509 的认证技术;以及同时支持传统的、同步的和异步的,基于队列的事务处理;支持所有流行的数据库;支持多种平台,包括Unix 和 NT. Jaguar CTS 组件事务服务器与其上层的金融协议不仅构成了 Sybase 金融服务器,而且能允许用户或开发商根据自己的特定需要进一步编码,生成各种金融业应用。

使用 Sybase 金融服务器不仅可以显著缩短开发时间、降低开发成本,而且开发出来的应用可以跨平台和数据库使用,非但没有降低灵活性,还在一定程度上提高了应用的灵活性,是开发金融应用良好的平台。

4. 开发工具

Sybase 的 Sybase Enterprise Application Studio 集成了 PowerBuilder 6.5 和 PowerJ 2.5,而且还包括了 AppModeler 以加速数据驱动的应用开发。PowerBuilder 6.5 几乎完全在 Web 上进行所有的工作,它成为建立客户/服务器和多层分布式应用的完整的 4GL RAD 环境。另外,它使用 Web 标准(HTML 和 Java),通过端对端的设计调试和提交,可以控制 Web 应用的整个生命周期。而 PowerJ 2.5 是 Sybase 的 RAD 的 Java 开发工具,它定位在高档的企业级 Java 开发工具,提供了完整而丰富的组件技术,包括集成 JavaBean、ActivezX,创建 JavaBean 和 CORBA 组件。PowerBuilder 6.5 和 PowerJ 2.5 都包含了 PowerSite,它为用户提供了 RAD Web 应用开发的所有能力。PowerJ 和 PowerSite 是 Sybase 在面向电子商务应用中最为重要,同时也是业界最领先的产品之一。

7.5.2 Oracle 公司的电子商务解决方案

1. 电子商务产品策略

Oracle 的电子商务平台是建立在网络计算机结构(NCA)之上的,它由许多面向商业的应用块和部件(Cartridge)组成,通过 Oracle 的应用服务器(Web Application Server)和全能服务器(Universal Data Server)向 Oracle Web 的应用产品(如 Oracle Web Suppliers,Oracle Web Customers)提供服务。由此在一个软件包的相关产品中覆盖了电子商务的全部方面。而 Oracle 的合作伙伴通过构造各种部件来拓展 Oracle 平台,如支付、运输、管理、安全性等,可提供更加完善、灵活的电子商务解决方案。

2. 数据库

Oracle 通过无所不在的 Internet,使用一系列支持 Web 的应用和一个在后端的公共的多媒体数据库,就能够获得全新的电子商务。借助于电子商务,企业能够以电子方式解放全部参与者,包括供应商、商业客户以及消费者。

3. 应用服务器及应用产品系统

Oracle 具有极高的可靠性，业界第一个用在 Internet 上的可伸缩的应用服务器 Web Application Server 为 Oracle 部件和 Oracle Web 的应用产品（如 Oracle Web Suppliers，Oracle Web Customers）提供全面的、高可伸缩性、高性能实施平台。

（1）Web Application Server

Oracle 的该应用服务器是业界第一个用在 Internet 上的可伸缩的应用服务器。它包含 WRB（Web Request Broker）的下一个版本，并将为电子商务提供快速、有效、可靠和安全的事务处理和内容管理。其核心是 WRB - Web 请求代理，这种机制能够高速地调度各个部件、均衡各个部件的负载，同时它的 WRB API（应用编程接口）提供了一个应用环境，而这些 API 优于低层的第一代 HTTP API（如那些 Web 服务器厂商提供的 API）。通过 WRB API，应用程序开发人员能够建立定制的应用部件，其编程语言可选用 Java、PL/SQL、LiveHTML（SSL）、C/C ++。所有服务器部件可以作为独立的进程运行，从而确保在任意一个第三方提供的部件（Cartridge）发生错误时，不会影响业务中其他部分的工作。因此，从这一点来说对于所有用户，这个服务器的可靠性都是相当好的。

（2）Universal Data Server

Oracle8 Universal Data Server 全能服务器的关键特性是它的灵活性。在新一代功能极强的信息管理系统中，Oracle8 全能服务器为商业应用提供了全面的、高可伸缩性、高性能的实施平台。它既支持关系型数据，也支持多媒体数据，还可以对图像数据、空间数据、分析数据进行处理、集成和传送。

（3）Payment Server、Security Server 和 Internet Commerce Sever

为了解决怎样支付、安全性和如何实现对订单条款的履行这三个基本问题，Oracle 提供了支付服务器 Oracle Payment Server、安全性服务器 Oracle Security Server 和商业服务器 Oracle Internet Commerce Sever。它们都架构在 Oracle Web Application Server 之上。从结构角度看，支付服务器是 Oracle Application WebServer 和提供特定支付功能的部件（Cartridge）的结合。这种方式可使其支持多个并发的支付机制（最初支持 Veri Fone，CyberCash 和 First Data），并提供一个开放的应用开发环境，以扩展对其他支付机制的支持。安全性服务器也是与 Oracle Web Application Server 捆绑在一起的，它提供资格认证权（CA）功能，包括生成公用/私用密钥对，发放符合 X. 509 工业标准的资格认证，以及撤销资格认证的能力。Oracle安全性服务器不仅向消费者提供安全性基础结构控制和资格认证发放管理的能力，还能对网络浏览器和在 Internet 或 Intranet 上使用 SSL 3. 0（Secure Socket Layer 3. 0）的服务器之间的通信进行加密。Internet 商业服务器是一个端到端的解决方案，可以让企业建立与现有商业基础无缝集成的商业服务器。实际产品（如服装、手表）和软件产品，包括服务都可以通过它出售，它通过全面的安全性控制——包括在数据库层使用加密的用户名和口令，用于数据传输和保密的 SSL 3. 0 及用于信用卡支付的安全电子协议（SET），可以同时保护商人和消费者的利益。

（4）Oracle Web Customers 和 Oracle Web supplier

前者提供对信息的随机访问和自我服务式的订货处理，从而使企业改善同其客户间的关系，后者通过为供应商提供更好的服务信息来改善企业与供应商之间的关系，同时能够与其他 Web 站点无缝连接,以便及时获得关键信息,如项目表、供应商的存货平衡表等。

4. 开发工具

Oracle 的 Oracle Web Develope Suite 是为电子商务的应用开发人员提供的一整套工具集,包括最新的 2000 系列 Oracle Designer 2000、Oracle Developer 2000、Oracle Web Application Server、Oracle 7 Enterprise Server、Oracle Interoffice 和 Network Computer Architecture Cartridge Kit。所有这些工具都可以使开发者在熟悉的客户/服务器环境中建立应用系统,然后在 Web 上实施,这样做的好处是可以保护用户在客户/服务器开发工具和应用设计上的大量投资。Oracle 提供的工具能够满足一个成功的电子商务应用的所有标准:可伸缩性、可靠性和高生产率。

7.6 SQL 语言基础

SQL 是 Structured Quevy Language(结构化查询语言)的缩写。它是一种介于关系代数与关系演算之间的结构化查询语言,其功能并不仅仅是查询。SQL 是一个通用的、功能极强的关系数据库语言。它集数据查询、数据操纵、数据定义和数据控制功能于一体,主要特点包括:

①综合统一。SQL 语言集数据定义语言、数据操纵语言、数据控制语言的功能于一体,语言风格同一,可以独立完成数据库生命周期中的全部活动,为数据库应用系统提供了良好的环境。用户在数据库系统投入运行后,还可以根据需要随时地逐步地修改模式,且并不影响数据库的运行,从而使系统具有良好的可扩展性。

另外,在关系模式中实体和实体的联系均用关系表示,这种数据结构的单一性带来了数据操作符的统一,从而克服了非关系系统由于信息表示方式的多样性所带来的复杂性。

②高度非过程化。SQL 语言高度非过程化,只要提出“做什么”,而无须指明“怎么做”,大大减轻了用户的负担,也有利于提高数据独立性。

③面向集合的操作方式。

④以同一种语法结构提供两种使用方式。SQL 语言既是自含式语言,又是嵌入式语言。

⑤语言简捷,易学易用。

7.6.1 SQL 数据库数据体系结构

SQL 语言支持关系数据库三级模式结构。其中外模式对应于视图和部分基本表,模式对应于基本表,内模式对应于存储文件。

用户可以用 SQL 语言对基本表和视图进行查询或其他操作,基本表和视图一样,都是关系。

基本表(base table)是本身独立存在的表,在 SQL 中一个关系就是一个基本表。一个基本表对应一个存储文件,一个表可以带若干索引,索引也存放在存储文件中。

存储文件(stored file)的逻辑结构组成了关系数据库的内模式。存储文件的物理结构是任意的,对用户是透明的。

视图(view)是从一个或几个基本表导出的表。它本身不独立存储在数据库中,即数据库中只存放视图的定义而不存放视图对应的数据，这些数据仍存放在导出视图的基本表中，因此视图是一个虚表。视图在概念上与基本表等同，用户可以在视图上再定义视图。

7.6.2　SQL语言的组成

首先我们来介绍一下SQL语言的组成：

①一个SQL数据库是表(Table)的集合，它由一个或多个SQL模式定义。

②一个SQL表由行集构成，一行是列的序列(集合)，每列与行对应一个数据项。

③一个表或者是一个基本表或者是一个视图。基本表是实际存储在数据库的表，而视图是由若干基本表或其他视图构成的表的定义。

④一个基本表可以跨一个或多个存储文件，一个存储文件也可存放一个或多个基本表。每个存储文件与外部存储上的一个物理文件对应。

⑤用户可以用SQL语句对视图和基本表进行查询等操作。从用户角度来看，视图和基本表是一样的，没有区别，都是关系(表格)。

⑥SQL用户可以是应用程序，也可以是终端用户。SQL语句可嵌入在宿主语言的程序中使用，宿主语言有FORTRAN，COBOL，PASCAL，PL/I，C和Ada语言等。SQL用户也能作为独立的用户接口，供交互环境下的终端用户使用。

7.6.3　数据库进行操作

SQL包括了所有对数据库的操作，主要由以下四部分组成：

①数据定义(SQL DDL)。定义数据库的逻辑结构，包括定义数据库、基本表、视图和索引。

②数据操纵(SQL DML)。包括数据查询和数据更新两大类操作，其中数据更新又包括插入、删除和更新三种操作。

③数据控制(SQL DCL)。对用户访问数据的控制有基本表和视图的授权、完整性规则的描述、事务控制语句等。

④嵌入式SQL语言的使用规定。规定SQL语句在宿主语言的程序中使用的规则。

下面我们就这几个部分分别进行介绍。

1.数据定义

SQL数据定义功能包括定义数据库、基本表、索引和视图。

(1)数据库的建立与删除

建立数据库：数据库是一个包括了多个基本表的数据集，其语句格式为：

```
CREATE   DATABASE   <数据库名>  [其他参数]
```

其中，<数据库名>在系统中必须是唯一的，不能重复，不然将导致数据存取失误。[其他参数]因具体数据库实现系统不同而异。

数据库的删除：将数据库及其全部内容从系统中删除。其语句格式为：

```
DROP   DATABASE   <数据库名>
```

(2)基本表的定义及变更

本身独立存在的表称为基本表，在SQL语言中一个关系唯一对应一个基本表。基本表的定义是指建立基本关系模式,而变更则是指对数据库中已存在的基本表进行删除与修改。

基本表的定义:基本表是非导出关系,其定义涉及表名、列名及数据类型等,其语句格式为:

```
CREATE  TABLE[<数据库名>.]<表名>
(<列名>  数据类型 [缺省值] [NOT  NULL /NULL]
[,<列名>  数据类型 [缺省值] [NOT  NULL /NULL]]...
[,UNIQUE (列名[,列名]...)]
[,PRIMARY  KEY(列名)]
[,FOREIGN  KEY(列名[,列名]...)REFERENCE <表名>(列名[,列名]...)]
[,CHECK(条件)] [其他参数])
```

其中,<数据库名>指出将新建立的表存放于该数据库中;新建的表由两部分组成:其一为表和一组列名,其二是实际存放的数据(即可在定义表的同时,直接存放数据到表中);<列名>为用户自定义的易于理解的名称,列名中不能使用空格;[NOT NULL/NULL]指出该列是否允许存放空值,SQL语言支持空值的概念,所谓空值是“不知道”或“无意义”的值,值得注意的是数据“0”和空格都不是空值,系统一般默认允许为空值,所以当不允许为空值时,必须明确使用NOT NULL;[,UNIQUE]将列按照其规定的顺序进行排列,如不指定排列顺序,则按列的定义顺序排列;[PRIMARY KEY]用于指定表的主键(即关系中的主属性),实体完整性约束条件规定:主键必须是唯一的,非空的;[,FOREIGN KEY (列名[,列名]...) REFERENCE<表名>(列名[,列名]...)]是用于指定外键参照完整性约束条件,FOREIGN KEY指定相关列为外键,其参照对象为另外一个表的指定列,即使用REFERENCE引入的外表中的列,当不指定外表列名时,系统将默认其列名与参照键的列名相同,要注意的是:使用外键时必须使用参照,另外数据的外键参照完整性约束条件规定:外键的值要么与相对应的主键相同,要么为空值(具体由实现系统不同而异);[,CHECK]用于使用指定条件对存入表中的数据进行检查,以确定其合法性,提高数据的安全性。

【例7.1】 建立一个学生基本情况表(student)。

```
CREATE  TABLE  student  //创建基本表student
(st_class  CHAR(8),//定义列st_class班级,数据类型为8位定长字符串
st_no  CHAR(10)  NOT  NULL,//定义列st_no学号,类型为10位定长字符串,非空
st_name  CHAR(8) NOT  NULL,//定义列st_name姓名,类型为8位定长字符串,非空
st_sex CHAR(2),//定义列st_sex性别,类型为2位定长字符串
st_age SMALLINT,//定义列st_age年龄,类型为短整型
PRIMARY  KEY (st_no))//定义st_no学号为主键。
```

【例7.2】 建立课程设置表(subject)。

```
CREATE  TABLE  subject//创建基本表subject
(su_no  CHAR(4) NOT  NULL,//定义列su_no课号,类型为4位定长字符串,非空
su_subject CHAR(20) NOT  NULL,//定义列su_subject课程名,类型为20位定长字符串,
非空
su_credit  INTEGER,//定义列su_credit学分,类型为长整数
su_period  INTEGER,//定义列su_period学时,类型为长整数
su_preno CHAR(4),//定义列su_preno选修课号,类型为4位定长字符串
PRIMARY  KEY(su_no))//定义su_no课号为主键。
```

【例 7.3】 建立学生选课表(score)。

```
CREATE TABLE score  //创建基本表 score
(st_no  CHAR(10),//定义列 st_no 学号,类型为 10 位定长字符串
su_no  CHAR(4),//定义列 su_no 课号,类型为 4 位定长字符串
sc_score  INTEGER  NULL,//定义列 sc_score,类型为长整形,可以为空值
FOREIGN  KEY (st_no) REFERENCE  student,//从表 student 中引入参照外键 st_no,以确保本表与表 student 的关联与同步
FOREIGN  KEY (suno) REFERENCE  subject)//从表 subject 中引入参照外键 su_no,以确保本表与表 subject 的关联与同步
```

基本表的删除:用以从数据库中删除一个基本表及其全部内容,其语句格式为:

```
DROP TABLE[ <数据库名>.]表名
```

若要将上面建立的表都删除,可写以下语句:

```
DROP TABLE  student,subject,score
```

在基本表建立并使用一段时间后,可能需要根据实际要求对基本表的结构进行修改,即增加新的属性或删除属性,我们可以对基本表进行修改。

增加属性的语句格式为:

```
ALTER TABLE [ <数据库名>.]表名 ADD
( <列名> 数据类型 [缺省值] [NOT  NULL /NULL]
[,<列名> 数据类型[缺省值][NOT  NULL /NULL]]...
[,UNIQUE (列名[,列名]...)]
[,PRIMARY  KEY(列名)]
[,FOREIGN  KEY(列名[,列名]...) REFERENCE  <表名>(列名[,列名]...)]
[,CHECK(条件)][其他参数])
```

例如:在基本表 student 中加入列 stborn 出生日期,数据类型为 DATE,且不能为空值

```
ALTER  TABLE  student  ADD  (stborn  DATE  NOT  NULL)
```

删除属性的语句格式为:

```
ALTER  TABLE  [ <数据库名>.]表名  DROP
( <列名>  数据类型 [缺省值][NOT  NULL /NULL]
[,<列名>  数据类型 [缺省值][NOT  NULL /NULL]]...)
```

例如:将基本表 student 中的列 st_age 删除:

```
ALTER  TABLE student  DROP (st_age)
```

(3)视图的定义与删除

在 SQL 中,视图是外模式一级数据结构的基本单位。它是从一个或几个基本表中导出的表,是从现有基本表中抽取若干子集组成用户的“专用表”。这种构造方式必须使用 SQL 中的 SELECT 语句来实现。在定义一个视图时,只是把其定义存放在系统的数据中,而并不直接存储视图对应的数据,直到用户使用视图时才去求得对应的数据。

视图的定义可以使用 CREATE VIEW 语句实现,其语句格式为:

```
CREATE  VIEW  视图名 AS SELECT 语句
```

从一个基本表中导出视图。

【例 7.4】 从基本表 student 中导出只包括男学生情况的视图。

```
CREATE  VIEW  MANVIEW  AS //创建一个视图 MANVIEW
```

SELECT st_class,st_no,st_name,st_age //选择列 st_class,st_no,st_name,st_age 显示

FROM student //从基本表 student 引入

WHERE st_sex = '男' //引入条件为性别为"男",注意字符变量都使用单引号引用

从多个基本表中导出视图:

【例 7.5】 从基本表 student 和 score 中导出只包括男学生且分数在 80 分以上的视图

```
CREATEVIEW  MAN_SCORE  AS //定义视图 MANSCORE
SELECT  student.st_class, student.st_no, student.st_name, student.st_age, score.sc_score //有选择性显示相关列
FROM  student.score //从基本表 student 和 score 中引入
WHERE  student.st_sex = '男'AND  score.sc_score > =80
                  AND  student.st_no = score.st_no
//选择条件:性别为"男" 且分数在 80 分以上。并使用 st_no 将两表联系起来。
```

以后如果进行这一视图的应用,则只需使用语句

SELECT * FROM MAN_SCORE //其中"*"为通配符,代表所有元素

如果某视图不再使用,则可删除该视图,其语句格式如下:

DROP VIEW 视图名

例如:

DROP VIEW MAN_SCORE

(4)索引的定义与删除

索引属于物理存储概念,而不是逻辑的概念。在 SQL 中抛弃了索引概念,直接使用主键概念。有些关系 DBMS 同时包括索引机制和主键机制,这里我们推荐使用主键机制,因为它对系统资源占用较低且效率较高,主键通常只包含一列,多列也能组合成主键,主键在建表时分配,如例 7.5 中学生基本情况表中 st_no 为主键。

```
CREATE  TABLE  student
(st_class  CHAR(8)    NOT  NULL  PRIMARY KEY,
st_no  CHAR(10)  NOT  NULL,
st_name  CHAR(8) NOT  NULL,
st_sex CHAR(2),
st_age SMALLINT )
```

2. 数据查询

SQL 是一种查询功能很强的语言,只要是数据库存在的数据,总能通过适当的方法将它从数据库中查找出来。SQL 中的查询语句只有一个:SELECT 语句,它可与其他语句配合完成所有的查询功能。SELECT 语句可以有 6 个子句,完整的语法如下:

```
SELECT  目标表的列名或列表达式集合
FROM 基本表或(和)视图集合
[WHERE 条件表达式]
[GROUP BY 列名集合
[HAVING 组条件表达式]]
[ORDER BY 列名[集合]...]
```

整个语句的语义为:从FROM子句中列出的表中,选择满足WHERE子句中给出的条件表达式的元组,然后按GROUPBY子句(分组子句)中指定列的值分组,再提取满足HAVING子句中组条件表达式的那些组,按SELECT子句给出的列名或列表达式求值输出。ORDER子句(排序子句)是对输出的目标表进行重新排序,并可附加说明ASC(升序)或DESC(降序)排列。

在WHERE子句中的条件表达式中可出现下列操作符和运算函数。

①算术比较运算符:<,<=,>,>=,=,<>。

②逻辑运算符:AND,OR,NOT。

③集合运算符:UNION(并),INTERSECT(交),EXCEPT(差)。

④集合成员资格运算符:IN,NOT　IN。

⑤谓词:EXISTS(存在量词),ALL,SOME,UNIQUE。

⑥聚合函数:AVG(平均值),MIN(最小值),MAX(最大值),SUM(和),COUNT(计数)。

其中,运算对象还可以是另一个SELECT语句,即SELECT语句可以嵌套,又由以上WHERE子句中可出现的表达式可见:WHERE子句中的条件表达式可以很复杂,因此SELECT句型能表达的语义远比其数学原形要复杂得多。

下面,我们以上面所建立的三个基本表为例,演示一下SELECT的应用。

(1)无条件查询

无条件查询不带WHERE子句,是比较简单的查询语句。

【例7.6】　找出所有学生的的选课情况。

```
SELECT st_no,su_no
FROM score
```

【例7.7】　列出所有学生的全部情况。

```
SELECT *
FROM student
```

“*”为通配符,表示查找FROM中所指出关系的所有属性的值。

(2)条件查询

条件查询即带有WHERE子句的查询,所要查询的对象必须满足WHERE子句所给出的条件。

【例7.8】　找出任何一门课成绩在60分以上的学生学号、学生姓名、课程号及分数。

```
SELECT UNIQUE student.st_class,student.st_no,student.st_name,score.su_no,
score.score
FROM student,score
WHERE score.score >=60 AND score.stno = student.st_no
```

该例中使用UNIQUE的含义是不从查询结果集中去掉重复行,如果使用DISTINCT则会去掉重复行。

【例7.9】　找出课程号为C 101的课程成绩为不及格的所有学生。

```
SELECT st_no
FROM score
WHERE su_no ='C_101'AND score <60
```

(3)排序查询

排序查询是指将查询结果按指定属性的升序(ASC)或降序(DESC)排列,由 ORDER BY 子句指明。

【例 7.10】 查找不及格的课程,并将结果按课程号从大到小排列。

```
SELECT UNIQUE su_no
FROM score
WHERE score < 60
ORDER BY su_no DESC
```

(4)嵌套查询

嵌套查询是指 WHERE 子句中又包含 SELECT 子句,它用于较复杂的跨多个基本表查询的情况。

【例 7.11】 查找课程编号为 C_101 且课程成绩在 60 分以上的学生的学号、姓名。

```
SELECT st_no,st_name
FROM   student
WHERE stno IN ( SELECT   st_no
                FROM   score
                WHERE   su_no = 'C_101' AND score > 60 )
```

这里需要明确的是:当查询涉及多个基本表时用嵌套查询逐次求解层次分明,具有结构程序设计特点。在嵌套查询中,IN 是常用到的谓词。若用户能确切知道内层查询返回的是单值,那么也可用算术比较运算符表示用户的要求。

(5)计算查询

计算查询是指通过系统提供的特定函数(聚合函数)在语句中的直接使用而获得某些只有经过计算才能得到的结果。常用的函数有:

- COUNT(*)　　　计算元组的个数
- COUNT(列名)　　对某一列中的值计算个数
- SUM(列名)　　　求某一列值的总和(此列值是数值型)
- AVG(列名)　　　求某一列值的平均值(此列值是数值型)
- MAX(列名)　　　求某一列值中的最大值
- MIN(列名)　　　求某一列值中的最小值

【例 7.12】 求男学生的总人数和最大、最小和平均年龄值。

```
SELECT COUNT( * ),MAX(st_age ),MIN(st_age ),AVG(st_age)
FROM student
WHERE st_sex = '男'
```

3. 数据更新

数据更新包括数据插入、删除和修改操作。它们分别由 INSERT 语句、DELETE 语句及 UPDATE 语句完成。这些操作都可在任何基本表上进行,但在视图上有所限制。其中,当视图是由单个基本表导出时,可进行插入和修改操作,但不能进行删除操作;当视图是从多个基本表中导出时,上述三种操作都不能进行。

(1)数据插入

将数据插入 SQL 的基本表有两种方式:一种是单元组的插入,另一种是多元组的插入。

单元组的插入语句格式:

```
INSERT INTO 表名(列名1[,列名2]...) VALUES(列值1[,列值2]...)
```

其中,列名序列为要插入值的列名集合,列值序列为要插入的对应值。若插入的是一个表的全部列值,则列名可以省略不写;若插入的是表的部分列值,则必须列出相应列名,此时,该关系中未列出的列名取空值。

【例7.13】 向基本表 score 中插入一个成绩元组(100108,C_105,90)。

可使用以下语句:

```
INSERT INTO score(st_no,su_no,score) VALUES('100108','C_105',90)
```

多元组的插入是一种把 SELECT 语句查询结果插入到某个已知的基本表中去的方法。

【例7.14】 需要在表 score 中求出每个学生的平均成绩,并保留在某个表中。此时可以先创建一个新的基本表 stu_avergrade,再用 INSERT 语句把表 score 中求得的每一个学生的平均成绩插入至 stu_avergrade 中。

```
CREATE TABLE stu_avergrade
(st_no  CHAR(10) NOT  NULL,
aver_grade SMALLINT  NOT  NULL )
INSERT INTO stu_avergrade(st_no,aver_grade)
SELECT st_no,AVG(score)
FROM   score
GROUP  BY  st_no //因为要求每一个学生所有课程的平均成绩,必须按学号分组进行计算。
```

(2)数据删除

SQL 的删除操作是指从基本表中删除满足 WHERE <条件表达式>的记录。如果没有 WHERE 子句,则删除表中全部记录,但表结构依然存在。其语句格式为:

```
DELETE  FROM 表名[WHERE  条件表达式]
```

【例7.15】(单元组的删除) 把学号为100108的学生从表 student 中删除。

可用以下语句:

所谓单元组的删除就是学号为100108的学生在表 student 中只有一个

```
DELETE FROM student
WHERE st_no ='100108'
```

【例7.16】(多元组的删除) 把学号为100108的成绩从表 score 中删除。

可用以下语句:

所谓多元组的删除就是学号为100108的元组在表 score 中可能有多个

```
DELETE FROM  score
WHERE st_no ='100108'
```

【例7.17】(带有子查询的删除操作) 删除所有不及格的学生记录。

可用以下语句:

```
DELETE FROM student
WHERE st_no IN
(SELETE st_no
```

```
FROM score
WHERE score<60)
```

(3)数据修改

修改语句是按 SET 子句中的表达式,在指定表中修改满足条件表达式的记录的相应列值。其语句格式如下:

```
UPDATE 表名 SET  列名=列改变值[WHERE  条件表达式]
```

【例 7.18】 把 c_102 的课程名改为"电子商务概论"。

可以用下列语句:

```
UPDATE subject
SET su_subject='电子商务概论'
WHERE su_no='c_102'
```

【例 7.19】 将课程成绩达到 55 分的学生成绩,再加 5 分。

```
UPDATE score
SET score=score+5
WHERE score>=55
```

SQL 的删除语句和修改语句中的 WHERE 子句用法与 SELECT 中 WHERE 子句用法相同。数据的删除和修改操作,实际上要先做 SELECT 查询操作,然后再把找到的元组删除或修改。

习题七

一、判断题(正确的打"√",否则打"×")

1. 不同的数据模型具有不同的数据结构形式。(　　)

2. 层次模型是数据库系统中出现最迟的数据模型。(　　)

3. 数据库系统分为单用户结构、主从式结构、分布式结构和客户/服务器结构。(　　)

4. 尽管目前数据库产品繁多,支持的数据模型和数据的存储结构各不相同,但大多数数据库系统都具有三层模式的结构特征。(　　)

5. 数据仓库是一个面向主题的、集成的、相对稳定的、反映历史变化的数据集合,用于支持管理决策。(　　)

6. 数据仓库是查询数据的一种组织形式。(　　)

7. 由于数据仓库的这种工程性,因而在技术上可以根据它的工作过程分为:数据的抽取、存储和管理以及数据仓库的设计的技术咨询三个方面。(　　)

8. "数据挖掘"这个名字来源于它有点类似于在山脉中挖掘有价值的矿藏。(　　)

9. Web 数据库技术采用二层或三层体系结构,前端采用基于瘦客户机的浏览器技术,通过 Web 服务器及中间件访问数据库。(　　)

10. SQL 语言支持关系数据库三级模式结构。(　　)

二、填空题

1. 数据模型有________________模型、________________模型和________________模型等。

2. 模式是指数据库中____________的逻辑结构和________________的描述,是所有用户的____________视图,它描述的是数据的________________结构。

3. 外模式又被称为________或________，是数据库用户看得到的________，它涉及的是数据的________结构，通常是模式的________。

4. 数据仓库拥有以下四个特点：________特点、________特点、________特点、________特点等。

5. 数据挖掘技术是人们________技术进行________和________的结果。起初各种商业数据是________在计算机的________的，然后发展到可对________进行________和访问，进而发展到对数据库的即时遍历。

6. 在数据挖掘中最常用的技术有________技术、________技术、________技术、________技术和________技术等。

7. ASP是________的脚本执行环境，可用来________和________高性能的________。

8. ASP文件通常由________标记、________命令、________语句和________语言等四部分构成。

9. SQL是一种介于________与________之间的结构化查询语言，其功能并不仅仅是________，是一个________的、功能极强的________语言。

10. 一个SQL数据库是________的集合，它由________或________SQL模式定义，用户可以用SQL语句对________和________进行查询等操作。从用户角度来看，________和________是一样的，没有区别，都是关系(表格)。

三、思考题

1. 简述数据库经历的几个阶段。

2. 简述数据的几个模型。

3. 简述数据库的体系结构。

4. 简述数据库系统三层模式内容。

5. 简述数据仓库的概念。

6. 简述数据仓库的特点。

7. 简述数据仓库的结构。

8. 简述数据挖掘的概念。

9. 简述数据挖掘的特点。

10. 简述数据挖掘中最常用的几个技术。

参考文献

[1] 陈孟建编著. 电子商务基础. 北京:电子工业出版社,2002.
[2] 陈孟建主编. 网络营销与策划. 北京:人民邮电出版社,2009.
[3] 陈孟建主编. 电子商务技术基础. 杭州:浙江大学出版社,2006.
[4] 陈孟建主编. 电子商务网站建设与管理(第 2 版). 北京:清华大学出版社,2009.
[5] 藏良运等主编. 电子商务支付与安全. 北京:电子工业出版社,2006.
[6] 贾伟著. 网络与电子商务安全. 北京:国防工业出版社,2006.
[7] 管有庆等主编. 电子商务安全技术. 北京:北京邮电大学出版社,2006.
[8] [美]Bud Smith,Frank Catalano 著. 网上营销指南. 王思宁,曲康等译. 北京:电子工业出版社,2000.
[9] [美]Daniel Amor 著. 电子商务基础教程. 剪爱玲,熊志辉等译. 北京:北京希望电子出版社,2000.
[10] 李琪等编著. 电子商务概论. 北京:人民邮电出版社,2002.
[11] 书缘工作室编著. 电子商务技术. 北京:人民邮电出版社,2002.
[12] 李红等编著. 电子商务技术. 北京:人民邮电出版社,2001.
[13] 印冥编著. Java 与面向对象程序设计教程. 北京:高等教育出版社,2002.
[14] 冯沃辉编著. 最新网页设计与制作教程. 上海:冶金工业出版社,2001.
[15] 吴洋编著. 电子商务编程实例与技巧. 上海:浦东电子出版社,2002.
[16] James T. Perry. New perspectives on E-Commerce. Course Technology,2001.
[17] V. K 工作室编著. HTML + CSS 入门讲座. 北京:科学出版社,2001.
[18] 荣钦科技主笔室编著. 最新 HTML 入门与应用. 北京:中国铁道出版社,2001.